U0853967

21世纪普通高等教育
法 学 系 列 教 材

证券法案例教程

主 编 邢会强

中国人民大学出版社
·北京·

主编简介

邢会强，中央财经大学首批“龙马学者”特聘教授、法学院教授、博士研究生导师。兼任中国法学会证券法学研究会副会长兼秘书长、北京市金融服务法学研究会会长、中国法学会经济法学研究会常务理事兼副秘书长、中国上市公司协会第三届独立董事专业委员会委员、北京金融法院专家咨询委员会专家委员、2018 年国家社会科学基金重大项目“大数据法制立法方案研究”首席专家。

前　　言

《中华人民共和国证券法》（以下简称《证券法》）是纸面上的法，证券法案例则是行动中的法。

只有研习了证券法案例，才能真正了解和掌握证券法。

只有研习了最新证券法案例，才能把握住证券法跳动的脉搏。

证券法代表着金融法的未来发展方向①，要真正理解金融法，攻克金融法中最艰深的部分，掌握金融法的核心，就必须研习透证券法。

而证券法入门的钥匙，就是证券法案例。

我在大学本科三年级时开始学习证券法，当时尽管市面上已有若干证券法教材，但最令我喜爱的乃是一本名叫《证券法实例说》的案例教材。由于过于喜爱，因而保存至今。当然，这些案例是二十多年前的案例，已经非常陈旧了。

自从从事证券法学的研究和教学以来，我一直有一个编写一部证券法案例教材的想法，通过以案说法，深入浅出，将深奥艰深的证券法原理以更容易理解的方式呈现给初学者。

2019 年 9 月，我主编的教材《证券法学》在中国人民大学出版社出版。在当年即荣获北京市教委评选的“北京高等学校优质本科教材”荣誉称号。2019 年 12 月，《证券法》修订通过，《证券法学》第二版迅即推出。编写《证券法案例教程》的时机终于成熟了。与该案例教程同步的是，《证券法学》第三版的修订也完成了。

如何编写一部优秀的证券法案例教程？我认为标准有三：第一，案例的选取最重要，要选择那些有代表性的、具有广泛影响力的、释法说理透彻的里程碑式案例。当然，如有更新的案例，则新案优于旧案。第二，案例的撰写者要有一定的研究基础，要真正了解其撰写的案例，最好了解其撰写的案例的背景、故事。第三，全书要有系统性，要点面结合，重、难点突出，既能覆盖证券法制度的全部内容，又能主次分明。

基于这一考虑，我们邀请了许多案件的亲历者，请他们指导、把关甚至亲自撰写案例。遗憾的是，一些亲历者不愿署名，一些愿意署名的撰稿人也由于种种考虑不愿表明其与案件的特定关系。但尽管如此，本书的顾问和作者仍是学术界代表与实务界代表的有机结合：在学术界方面，中央财经大学法学院缪因知教授、杜晶副教授、董新义副教授，西南政法大学民商法学院赵吟教授，国家法官学院王锐教授，北京物资学院法学院杜一华副教授，等等，大力支持。在实务界方面，广东省深圳市中级人民法院金融庭的秦拓法官，原北京市第一中级人民法院行政庭法官、北京已任律师事务所顾问龙非博士，北京市中伦律师事务所张保生律师团队、北京市金杜律师事务所夏东霞律师团队、

① 邢会强. 金融法的未来：金融法内部结构之变动趋势展望. 法学评论，2022（5）.

北京市竞天公诚律师事务所刘思远律师团队、北京市通商律师事务所上海分所李阿敏律师团队、北京市锦略律师事务所余伟平律师团队、北京市策略律师事务所谢会生主任及其律师团队、北京市天同律师事务所何海锋律师团队以及新金融团队、天册（深圳）律师事务所曾斌博士团队，他们作为很多著名证券法案件的亲历者，于繁忙之中专门抽出时间鼎力相助。上述人员或参与研讨，共同遴选案例，或亲自撰稿，令本书的案例选择不再是一家之言，而是集思广益，照顾到各个方面，在点面结合的同时突出证券法的重点和难点。

因此，本书的章节安排与证券法学教材的章节安排略有不同，尤其是将三大证券欺诈行为——虚假陈述、内幕交易、操纵证券市场单独成章，予以详解。此外，本书还将证券中介机构的勤勉尽责标准与法律责任单独成章，实际上这大部分都属于虚假陈述规制制度的内容，而虚假陈述规制制度实际上承接信息披露法律制度。这五章（信息披露法律制度、虚假陈述的法律责任、内幕交易的法律责任、操纵证券市场的法律责任，以及证券中介机构的勤勉尽责标准与法律责任）的内容，涉及证券法领域90%以上的案件，是证券法的重点和难点所在。其他章节其实是围绕这五章的内容而展开的。

本书的大部分案例都摘编自行政处罚决定书或法院的裁判文书，还有一些案例由于被立案调查的当事人在证券律师的帮助下抗辩成功而得以免责，最后并未形成行政处罚决定书。后者其实更为宝贵，更有利于人们明晰勤勉尽责的边界和法律的边界。但这样的案例没有公开。所幸的是，我们从当事人代理律师的手里找到了这些案例，在隐去当事人的个人信息之后，摘编和呈现于本书中，奉献给读者。

本书共编写了 77 个案例，每个案例平均 4 000 字，篇幅适中，既讲解了相关的基本知识点，又结合案例进行了分析，以案释法，便于学习。需要说明的是，本书所选取的案例均为真实案例。我国《证券法》自 1998 年制定以来，历经多次修订和修正。评析该案例时，所引用的法律法规和条文均为当时有效的法律法规和条文。但这些法律法规和条文在目前有的已失效或被修订。对此，本书在相应位置予以注明。

本书既适合高等学校本科生、研究生学习证券法，也适合法官、律师、上市公司和证券中介机构法务人员研习证券法。当然，对于那些已经在证券法学界耕耘多年的学者来讲，我们也希望本书所呈现的最新案例及裁判思路，对其进一步结合实践的理论研究亦有所助益。

中央财经大学法学院教授

中国法学会证券法学研究会副会长兼秘书长

邢会强

2023 年 5 月 8 日

目　　录

第一章 证券的概念与证券法的调整范围

第一节 证券的概念

案例简介

蒋某凤与东方魔汤美食公司等原始股集资纠纷案①

东方魔汤美食公司的股东系王某丰（持股49%）、武陵山珍公司（持股51%）。武陵山珍公司的股东系被告王某丰（持股51%）及案外人王某某（持股49%）。2015年4月20日，武陵山珍公司向武陵山珍公司、东方魔汤美食公司等公司员工发出“2015东方魔汤美国上市公司CQGU内部员工原始股票分配原则方案”，主要内容为：武陵山珍集团（武陵山珍公司）以“东方魔汤”品牌于2014年11月13日在美国纳斯达克资本市场成功上市，原始股价为2.5美元/股，公司为感谢感恩员工及其亲友，共同分享上市成功的喜悦与财富，现对内部员工原始股票配额如下：在原始股票发行价2.5美元/股的基础上进行优惠，按美元与人民币固定汇率1∶6.3结算……请各子公司、集团各部门、各直营店落实认购人员，缴纳原始股金……认购原始股票的截止时间为2015年5月20日，所剩原始股配额若未认购交款完毕全部收回集团。2015年5月13日、6月1日、7月4日，武陵山珍公司又多次发出通知，通知公司员工及其亲友或推荐客户认购CQGU公司原始股。

2015年5月22日，蒋某凤向东方魔汤美食公司支付了78 750元，该公司向蒋某凤出具了收据，载明的“品名及事项”为投资款。2015年11月，东方魔汤美食公司向蒋某凤交付了落款时间为2015年11月11日的“股票”一张。该股票为英文，主要内容为（中文译文）：东方魔汤公司，编号1166，授权普通股150 000 000，每股价值0.001美元，份额10 000，兹证明艾某蓉为东方魔汤美食公司一万份普通股的记录持有人，该普通股可通过持有人亲自或其正式授权代理人出示正确签署的本证明在公司账簿中进行转让。该股票加盖“内华达东方魔汤公司”公章，并由被告王某丰以秘书、总裁名义签

---

① 本案例摘编自重庆市渝北区人民法院（2019）渝0112民初264号民事裁定书。

字。在此期间，除蒋某凤外，东方魔汤美食公司、武陵山珍公司及其关联公司的员工、员工亲友、客户等多人亦缴款认购了前述股票。

之后，蒋某凤起诉东方魔汤美食公司、王某丰及武陵山珍公司，称被告以公司上市、还本分红等为诱饵骗取原告向被告投资，但被告东方魔汤美食公司收款至今，既未履行上市分红承诺，也未向原告返还出资本金和资金占用损失，因此要求三被告返还原告投资款 78 750 元并支付资金占用损失。

重庆市渝北区人民法院经审查认为：2014 年《证券法》第 2 条第 1 款规定："在中华人民共和国境内，股票、公司债券和国务院依法认定的其他证券的发行和交易，适用本法；本法未规定的，适用《中华人民共和国公司法》和其他法律、行政法规的规定。"该法第 7 条第 1 款规定："国务院证券监督管理机构依法对全国证券市场实行集中统一监督管理。"当时该法第 10 条还规定，公开发行证券，必须符合法律、行政法规规定的条件，并依法报经国务院证券监督管理机构或者国务院授权的部门核准；未经依法核准，任何单位和个人不得公开发行证券。①《刑法》第 179 条还规定了擅自发行股票、公司、企业债券罪。被告武陵山珍公司等未经有关主管部门审批公开或变相公开发行股票，其行为已涉嫌犯罪。《最高人民法院关于在审理经济纠纷案件中涉及经济犯罪嫌疑若干问题的规定》第 11 条规定："人民法院作为经济纠纷受理的案件，经审理认为不属经济纠纷案件而有经济犯罪嫌疑的，应当裁定驳回起诉，将有关材料移送公安机关或检察机关。"由于本案不属经济纠纷而有经济犯罪嫌疑，故依法应裁定驳回起诉。

法律要点

1. 证券的概念与种类；
2. 证券法的调整范围。

知识点介绍

证券法上的证券不同于民法上的证券。民法上的证券分为金券、资格证券、有价证券三大类：金券是指具有一定金额并为特定目的而使用的证券，如邮票。资格证券是指持有人享有行使一定权利的资格的证券，如电影票。有价证券是记载并代表一定财产权利的证券。有价证券又分为商品证券、货币证券和资本证券：商品证券是指证明持有人对某项商品享有一定数量请求权和处置权的有价证券，如提单。货币证券是指对货币享有请求权，代替货币履行支付和结算职能的有价证券，如本票、支票、汇票等。资本证券是指对一定的资本金所带来的收益享有请求权的凭证。证券法上的证券属于民法上的资本证券。

---

① 2019 年修订后的《证券法》第 9 条根据注册制改革的需要已对该条进行了修改。

一、我国《证券法》的调整范围

我国 2019 年《证券法》没有给证券下定义，而是采取列举的方式规定了《证券法》调整的证券范围。

2019 年《证券法》第 2 条前 3 款规定：“在中华人民共和国境内，股票、公司债券、存托凭证和国务院依法认定的其他证券的发行和交易，适用本法；本法未规定的，适用《中华人民共和国公司法》和其他法律、行政法规的规定。”“政府债券、证券投资基金份额的上市交易，适用本法；其他法律、行政法规另有规定的，适用其规定。”“资产支持证券、资产管理产品发行、交易的管理办法，由国务院依照本法的原则规定。”

我国《证券法》调整的证券范围呈现出由窄到宽的历史发展过程。在 1998 年《证券法》颁布时，其所调整的证券仅包括“股票、公司债券和国务院依法认定的其他证券”。2005 年我国《证券法》修订时，在证券的调整范围上作了两点修改：一是将政府债券、证券投资基金份额的上市交易纳入《证券法》的调整范围，但其发行与非上市交易适用其他相关法律法规的规定；二是将证券衍生品种的发行与交易纳入《证券法》的调整范围，但仅准用《证券法》所规定的原则。2019 年 12 月《证券法》修订时，在第 2 条第 1 款增加了一种新的证券种类——存托凭证，第 3 款将“证券衍生品种”修改为“资产支持证券、资产管理产品”。

二、证券的认定

美国在司法实践中主要通过两种方式判定一种产品是否属于证券。第一，“投资合同”是主要的证券种类。1946 年的 SEC v. W. J. Howey Co. 案建立了识别“投资合同”的四项标准，即“豪威测试”标准：（1）必须是资金投资；（2）必须投资于共同的事业（common enterprise）；（3）目的是获取利润；（4）该利润仅依靠他人的努力。如果一种产品属于“投资合同”，则它属于证券。第二，美国法院还在 Reves v. Ernst & Young 案中确立了“家族相似”方法来测试某种金融工具是否与不被当作证券对待的“票据”（note）具有相似性。某种金融工具如果不具有家族相似性，则应属于证券。“家族相似”方法考虑四个因素：（1）什么是推动当事人进行交易的合理动机？如果融资者是为了募集一般的营运资金，投资者是为了赚取利润，那么它就可能是证券。如果是为了买卖便利或消费，那么它就不可能是证券。（2）分销、流通之计划，它是投机或投资常见的交易工具吗？如是，则是证券。（3）投资者大众是否合理期待它为证券。（4）有无其他规范体系的存在以降低投资者的损失风险。如无，则是证券。这被称为“里夫斯测试”（Reves test）。“里夫斯测试”标准与“豪威测试”标准虽有所不同，但相同之处是都强调证券的“投资性”，即投资者有获取利润的动机；二者的不同之处在于“里夫斯测试”标准还强调风险性。

遍览域外证券法可以发现，在学理上，证券是投资者为了获取利润而取得的代表投资性权利的凭证或合同。投资者之间共同进行了投资或者它允许投资者对外拆分转让该证券。证券具有损失本金的风险且该风险未受其他专门法律的有效规制。①

---

① 邢会强. 我国《证券法》上证券概念的扩大及其边界. 中国法学，2019（1）：244－263.

根据上述定义，证券的构成要件有三：(1) 投资是为了获取利润。此即投资性。(2) 投资者之间共同进行了投资或者它允许投资者对外拆分转让该证券。此即横向共同性。(3) 在受证券法规制之前，它有损失本金的风险，且未受到其他专门法律的有效规制。此即风险未受规制性或风险裸露性。任何投资都有损失本金的可能性，但有的金融产品损失本金的可能性已被其他专门法律安排（如存款保险、银行监管、保险监管、企业年金监管等）规制，投资者已经受到了相应的专门法律的保护，因此，没有适用证券法的必要。但是，如果该损失本金的可能性没有被其他专门法律规制，投资者没有受到其他专门法律的保护，且该产品具有投资性和横向共同性的特征，那么就该考虑适用证券法以使投资者获得特别的法律保护。

三、学理上的证券

以下金融产品，虽目前尚未被完全纳入我国 2019 年《证券法》的调整范围，但在学理上属于证券：第一是部分债券品种，包括由中国人民银行管理的各类金融债券，由银行间市场交易商协会自律管理的超短期融资券、短期融资券以及中期票据等非金融企业债务融资工具。第二是作为企业直接融资工具的符合证券定义的各种“类金融产品”。这些产品未被纳入金融监管体系，但在实践中经常被用来作为企业的直接融资工具，如有限合伙份额，各种公开发售的“计划”“基金”“收益权凭证”等，它们具有投资性、横向共同性和风险裸露性。第三是所有符合证券定义的债权。如果可以对外转让的债权份额同时具备投资性、可对外拆分转让性和风险裸露性，则它属于证券。实践中很多所谓的“创新”，如艺术品份额化交易、P2P 平台债权拆分转让等，常常借我国民法允许的债权转让之名，行证券发行和交易之实，意图规避金融监管。这严重损害了投资者的利益。其实它们都具有投资性、可对外拆分转让性和风险裸露性，在本质上都属于证券。

案例评析

一、本案中的“股票”属于证券

《公司法》第 125 条规定：“股份有限公司的资本划分为股份，每一股的金额相等。”“公司的股份采取股票的形式。股票是公司签发的证明股东所持股份的凭证。”我国《公司法》将公司类型划分为股份有限公司和有限责任公司，股份有限公司的股东所持的股份权利凭证被称为“股票”，有限责任公司的股东所持的股份权利凭证不被称为“股票”，而是被称为“出资”或“股权”。

但本案中的“股票”，不是我国境内公司发行的股票，而是境外公司——“内华达东方魔汤公司”的股票。美国没有股份有限公司与有限责任公司之分，美国不存在“股份有限公司”。“股份有限公司”是大陆法系的概念。而美国存在“有限责任公司”，但对股东数量没有任何限制。美国的有限责任公司的股权，同时也可被称为“股票”。

本案中，2015 年 4 月 20 日，武陵山珍公司向武陵山珍公司、东方魔汤美食公司等公司员工发出“2015 东方魔汤美国上市公司 CQGU 内部员工原始股票分配原则方案”，该方案名称中就使用了“股票”字样。该方案的内容中，也多次出现“股票”字样。

《证券法》第 2 条规定的“股票”应采取实质解释原则，它不仅指依据我国《公司法》而成立的股份有限公司发行的“股票”，也指依据外国公司法而成立的公司发行的“股票”。甚至依据我国《公司法》而成立的有限责任公司发行的“股权”，也可能会被解释为《证券法》第 2 条规定的“股票”。

二、本案应适用我国《证券法》

在本案中，蒋某凤向东方魔汤美食公司投资了 78 750 元，获得了“股票”一张。该“股票”虽为英文，计价也为美元，并加盖了“内华达东方魔汤公司”（英文）的公章，但签署地、投资人、募集行为等均在我国境内，投资人认购的资金也是人民币，今后如发生转让，也是在我国境内进行的转让（“该普通股可通过持有人亲自或其正式授权代理人出示正确签署的本证明在公司账簿中进行转让”）。

2014 年《证券法》第 2 条第 1 款规定：“在中华人民共和国境内，股票、公司债券和国务院依法认定的其他证券的发行和交易，适用本法……”因此，所谓“内华达东方魔汤公司”在我国境内发行股票和转让交易股票的行为，应适用我国《证券法》。

我国 2014 年《证券法》第 10 条，以及 2019 年《证券法》第 9 条均规定了证券“公开发行”的含义和程序，并明确未经依法核准，任何单位和个人不得公开发行证券。在我国境内公开发行证券，应遵守《证券法》的上述规定。同时，我国《刑法》第 179 条还规定了擅自发行股票、公司、企业债券罪。被告武陵山珍公司等未经有关主管部门审批公开或变相公开发行股票，其行为已涉嫌犯罪。虽然法院认为本案不属经济纠纷而有经济犯罪嫌疑，裁定驳回起诉，并将有关材料移送公安机关，但实质上法院的裁定也是适用了《证券法》第 2 条以及该法的其他有关规定。

（撰稿人：邢会强）

第二节　证券法的域外适用

案例简介

黄某芳与昆明机床（H 股）等证券虚假陈述纠纷案①

沈机集团昆明机床股份有限公司（以下简称“昆明机床”）是在上海证券交易所（以下简称“上交所”）和香港交易所同时上市的公司。

---

① 本案例摘编自云南省昆明市中级人民法院（2018）云 01 民初 78 号民事裁定书，云南省高级人民法院（2020）云民终 162 号民事裁定书，最高人民法院（2020）最高法民申 1763 号民事裁定书（再审）。

原告黄某芳起诉称：2015 年 11 月 12 日，西藏紫光卓远股权投资有限公司（以下简称“西藏紫光公司”）、沈阳机床（集团）有限责任公司（以下简称“沈机公司”）通过昆明机床披露了“详式权益变动报告书”，未披露全部生效条件，信息披露存在重大遗漏和未按照规定披露信息。同日，中德证券公司出具的“财务顾问声明”“详式权益变动报告书之财务顾问核查意见”，未取得沈机公司和西藏紫光公司正式签署的“股份转让协议”，未通过核查发现该协议文本中的新增条款。因此，起诉要求法院判令中德证券公司、西藏紫光公司、沈机公司、昆明机床四被告赔偿其投资昆明机床股票的损失 149 万余元。

云南省昆明市中级人民法院经审查认为，本案原告主张损失赔偿系基于其购买昆明机床在香港交易所上市的 H 股股票，因香港交易所不属于国家批准设立的证券市场，根据最高人民法院 2003 年发布的《关于审理证券市场因虚假陈述引发的民事赔偿案件的若干规定》（以下简称 2003 年《虚假陈述司法解释》）第 3 条第 1 项关于“因下列交易发生的民事诉讼，不适用本规定：（一）在国家批准设立的证券市场以外进行的交易”之规定，本案不适用该司法解释。同时，因昆明机床的公司章程中有仲裁条款，因而裁定驳回了黄某芳的起诉。

黄某芳不服，向云南省高级人民法院提起上诉。黄某芳上诉称，其使用沪市 A 股账户，通过沪港通市场交易昆明机床 H 股股票，沪港通市场属于国家许可并支持的合法证券市场，其合法交易理应受到中国证券法律和中国法院的保护，请求撤销一审裁定。

云南省高级人民法院经审查认为：首先，按照 2003 年《虚假陈述司法解释》第 3 条，黄某芳无权依据该规定提起证券虚假陈述民事赔偿诉讼。其次，沪港通是沪港股票市场通过建立技术连接，使内地和香港投资者可以通过当地证券公司或经纪商买卖规定范围内对方交易所上市股票的交易互联互通机制，即使黄某芳通过沪港通购买昆明机床港股上市股票，亦未改变该交易是在香港交易所进行交易的实质。最后，昆明机床的公司章程中有仲裁条款，黄某芳作为昆明机床港股投资人，上述章程内容对其具有约束力。综上，一审法院裁定驳回黄某芳起诉并无不当，予以维持。

黄某芳不服，又向最高人民法院申请了再审。

最高人民法院经审查认为，香港交易所不属于国家批准设立的证券市场，相关证券交易不属于发生在中华人民共和国境内的交易。黄某芳基于我国《证券法》及 2003 年《虚假陈述司法解释》的相关规定提起本案诉讼，没有事实和法律依据，一、二审法院裁定驳回黄某芳的起诉并无不当。黄某芳使用沪港通不改变案涉证券交易发生在香港交易所的实质，因而裁定驳回了黄某芳的再审申请。

法律要点

1. 我国《证券法》的域外效力；
2. 我国《证券法》域外效力的边界。

知识点介绍

一、我国《证券法》具有域外效力

2019 年《证券法》第 2 条第 4 款规定："在中华人民共和国境外的证券发行和交易活动，扰乱中华人民共和国境内市场秩序，损害境内投资者合法权益的，依照本法有关规定处理并追究法律责任。"这是我国首次在《证券法》中增加域外适用的条款。

由于法律责任既包括行政责任又包括民事责任，因此，"处理"可以被解释为既包括行政处罚又包括民事诉讼、民商事仲裁。此外，由于我国《刑法》第 6 条第 3 款规定："犯罪的行为或者结果有一项发生在中华人民共和国领域内的，就认为是在中华人民共和国领域内犯罪。"因此，境外的证券犯罪活动，只要其结果发生在中华人民共和国领域内，即可以依据我国《刑法》追究刑事责任。

这里的"境外"，应采取《出境入境管理法》中的划分标准，即指管理边境。《出境入境管理法》第 89 条中规定："出境，是指由中国内地前往其他国家或者地区，由中国内地前往香港特别行政区、澳门特别行政区，由中国大陆前往台湾地区。""入境，是指由其他国家或者地区进入中国内地，由香港特别行政区、澳门特别行政区进入中国内地，由台湾地区进入中国大陆。"因此，境外是指其他国家或者地区、香港特别行政区、澳门特别行政区以及我国台湾地区；境内是指中国内地。

2021 年 3 月发布的《最高人民法院关于北京金融法院案件管辖的规定》（法释〔2021〕7 号）第 2 条以及 2021 年 4 月修正施行的《最高人民法院关于上海金融法院案件管辖的规定》（法释〔2021〕9 号）第 2 条均规定，境内投资者以发生在中华人民共和国境外的证券发行、交易活动损害其合法权益为由向北京金融法院或上海金融法院提起的诉讼，可以由这两个法院受理。2021 年 7 月，中共中央办公厅、国务院办公厅印发的《关于依法从严打击证券违法活动的意见》第 21 条强调，"抓紧制定证券法有关域外适用条款的司法解释和配套规则，细化法律域外适用具体条件"。

发生在中华人民共和国境外的证券发行、交易活动，既可能是合同行为，也可能是侵权行为。对于合同行为，我国《涉外民事关系法律适用法》第 41 条规定："当事人可以协议选择合同适用的法律。当事人没有选择的，适用履行义务最能体现该合同特征的一方当事人经常居所地法律或者其他与该合同有最密切联系的法律。"对于侵权行为，《涉外民事关系法律适用法》第 44 条规定："侵权责任，适用侵权行为地法律，但当事人有共同经常居所地的，适用共同经常居所地法律。侵权行为发生后，当事人协议选择适用法律的，按照其协议。"这就意味着，发生在中华人民共和国境外的证券发行、交易活动，无论是合同行为，还是侵权行为，在特定情况下（如当事人选择了我国《证券法》，或者我国的《证券法》被认为是与该合同有最密切的联系；侵权地在我国境内，或者侵权法律关系的双方当事人的共同经常居所地在我国境内），是可以适用我国《证券法》的。

二、我国《证券法》的域外效力有边界

我国《证券法》具有域外适用效力，并不意味着可以毫无限制地域外适用我国《证券法》，而应采取有条件域外适用原则。在我国《证券法》中需要确立的此原则应包括以下内容：(1) 发生在我国境外的证券发行与交易行为必须对我国产生直接影响。(2) 我国证券法域外适用的实质内容不与行为发生地国的法律相抵触。(3) 通过双边或多边途径协调与其他国家和地区的利益冲突，加强与有关国家和地区的合作，避免损害别的国家和地区的管辖权，避免发生法律适用冲突。①

证券跨境监管冲突的根本原因在于国家主权/管辖权的独立性，对此仍需遵循国际法上的礼让原则。如果所涉争诉事项与域外国家的管辖利益更加紧密，并且其相关证券法律制度更加完备，则应当尊重境外证券法的管辖权而撤除本国审理。②

因此，发生在境外证券交易场所的证券发行与交易活动，即便是损害了我国境内投资者的合法权益，原则上也不宜适用我国证券法予以处理，但扰乱中华人民共和国境内市场秩序或损害我国国家安全的除外，发生在境外证券交易场所之外的证券发行与交易活动也除外。

案例评析

一、国家已对内地与香港的证券法律适用作出了安排

根据“一国两制”的方针，香港特别行政区享有高度自治权。《香港特别行政区基本法》第 2 条也对此予以了明确。香港特别行政区有权自行制定、实施有关的法律、政策和行政措施，中央政府对内地实施的经贸法律、法规政策和行政措施，均不及于香港。③

为解决内地企业赴港上市方面的监管与法律适用问题，1994 年发布的《国务院关于股份有限公司境外募集股份及上市的特别规定》第 4 条规定：“国务院证券委员会或者其监督管理执行机构中国证券监督管理委员会，可以与境外证券监督管理机构达成谅解、协议，对股份有限公司向境外投资人募集股份并在境外上市及相关活动进行合作监督管理。”中国证监会等与香港证监会于 1993 年 6 月 19 日签订的《监管合作备忘录》规定：中国证监会的职能包括“监管境内企业直接或间接向境外发行股票和上市的行为，对违反证券法规的行为进行调查”。香港证监会“负责监管香港的证券及期货市场。香港证监会的职能包括执行证券法规，以保护投资者、维持市场稳健操作；执行有关规定，以确保公众股东及投资者获得完整的信息披露和公平的对待；监督香港联交所的活动，以确保其以专业性态度，就所有与上市及其会员有关的事宜，公平地执行其监管职

① 邱永红. 证券跨国发行与交易中的若干法律问题. 中国法学，1999 (6).

② 李翔宇. 我国《证券法》域外适用的规范演进与实践进路. 上海金融，2022 (10).

③ 贾东焰. 国有企业股票在香港上市的法律问题以及 1997 年后的法律适应化和发展. 政法论坛，1997 (4).

责；监管证券商和投资顾问；促进香港的证券及期货市场的发展；鼓励香港及外地投资者增加使用上述市场”。因此，对于境内企业在香港交易所上市后二级市场的交易以及信息披露事宜的监管，是香港证监会的监管职能，而非中国证监会的监管职能。中国证监会与香港证监会于 2016 年 11 月 3 日签订的《内地与香港股票市场交易互联互通机制下中国证监会与香港证监会加强监管执法合作备忘录》规定，中国证监会与香港证监会将在执法方面加强合作，在各自法律权限内尽可能为对方提供最充分的执法协助；一方发现对方市场违法违规行为线索的，应在第一时间通报对方。遇涉及两地的重大紧急案件时，或涉嫌违法主体、证人或证据处于双方管辖区，双方可启动联合调查程序。因此，即便是执法协助，在调查完成后，适用法律对证券违法行为进行处理时，也是各自适用各自的法律。

至于民事纠纷，1994 年《国务院关于股份有限公司境外募集股份及上市的特别规定》（目前已被废止）第 29 条中已经作出了安排：“境外上市外资股股东与公司之间……的争议，依照公司章程规定的解决方式处理。”1994 年国务院证券委与国家体改委《到境外上市公司章程必备条款》第 163 条规定，到香港上市的公司，应当将下列内容载入公司章程：凡境外上市外资股股东与公司之间发生争议，应当提交仲裁解决，可选择中国国际经济贸易仲裁委员会或香港国际仲裁中心仲裁。该等争议，无论是合同争议还是证券虚假陈述侵权争议，均应通过仲裁予以解决。因此，在香港交易所上市的境内企业与境内投资者之间的纠纷，不能通过民事诉讼的方式予以处理，内地法院不能适用我国《证券法》对香港交易所上市公司的证券违法行为追究民事责任。

二、香港交易所上市公司的证券虚假陈述纠纷不适用我国《证券法》是内地法院的一贯做法

早在 2006 年，广东科龙电器股份有限公司（以下简称“科龙电器”）被中国证监会认定为财务造假并予以行政处罚。二百多名投资者向广州市中级人民法院对科龙电器提起了虚假陈述索赔诉讼。广州市中级人民法院还同时受理了 4 件 H 股股东提起的虚假陈述索赔诉讼。经过调解，2009 年 6 月，二百多名投资者与科龙电器达成和解协议。另外，根据最高人民法院的相关批复，4 件 H 股股东提起的诉讼被广州市中级人民法院驳回，理由为：H 股股票不适用最高人民法院 2003 年《虚假陈述司法解释》，科龙电器的公司章程第 23.1 条的“可选择中国国际经济贸易仲裁委员会或香港国际仲裁中心仲裁”的约定有效。这是最高人民法院第一次对 H 股股票虚假陈述民事赔偿案作出批复。

在 2019 年的刘某与山东墨龙石油机械股份有限公司（以下简称“山东墨龙”）证券虚假陈述责任纠纷案中，刘某以其投资山东墨龙发行的 H 股，因该公司虚假陈述导致其投资损失为由，提起了证券虚假陈述诉讼。山东省济南市中级人民法院认为，香港交易所不属于国家批准设立的证券市场；根据最高人民法院 2003 年《虚假陈述司法解释》第 3 条第 1 项的规定，本案不适用该司法解释。山东墨龙的公司章程第 270 条约定的仲裁条款符合我国《仲裁法》的规定，应为有效的仲裁条款。遂裁定驳回起诉。[①]

① 详见山东省济南市中级人民法院（2019）鲁 01 民初 1233 号民事裁定书。

因此，本案被驳回起诉也是法院的一贯做法。

三、沪港通之后香港与内地的证券法律适用并未发生改变

沪港通是沪港股票市场通过建立技术连接，使内地和香港投资者可以通过当地证券公司或经纪商买卖规定范围内对方交易所上市股票的交易互联互通机制。因此，法院认为，投资者使用沪港通并不改变案涉证券交易发生在香港交易所的实质，因而，投资者不能因为沪港通而对香港交易所上市公司提起民事诉讼。

（撰稿人：邢会强）

第二章 证券法的基本原则

第一节　公开、公平、公正原则

案例简介

申银万国证券股份有限公司诉上海国宏置业有限公司财产权属纠纷案①

原告申银万国证券股份有限公司（以下简称“申银万国”）起诉称：2000年10月之前，原告是上海九百股份有限公司（以下简称“上海九百”）的前五大股东。按照中国证监会当时的规定，证券公司持有企业7%以上股份，或者是其前五位股东之一，不得成为其承销商。原告为了成为上海九百配股的主承销商，于2000年10月将其所拥有的上海九百法人股中的400万股挂靠到上海国宏置业有限公司（以下简称“国宏公司”）名下。后经送股，400万股增至600万股。2000年3月，原告成为上海九百的承销商，并很快完成了配股。2001年9月，中国证监会发布通知，规定对未按照证券交易所、证券登记结算公司有关业务规则进行上市公司非流通股协议转让的，一律不得办理股份转让、过户登记手续。至此，由被告国宏公司代持的上述法人股无法转回至原告名下。故原告请求判令确认被告国宏公司名下的600万股上海九百法人股归原告所有。

一审法院经审理查明：2002年10月、11月，法院作出两份判决，国宏公司对案外人所欠上海银行福民支行借款本金及利息承担连带保证的还款责任。法院在执行上述两起案件中，轮候冻结了本案系争600万股上海九百法人股。

对于申银万国的主张，国宏公司不持异议。但第三人上海银行福民支行申请参加诉讼并提出，申银万国所称代持法人股没有事实依据，其目的是与国宏公司串通以规避法院执行，故要求法院驳回申银万国的诉请。

一审法院认为，原、被告已就系争法人股的转让达成合意，并已办理相关登记手续，具有公示效力。原告通过出售的方式将法人股的所有权转移到了被告国宏公司名下。即使被告国宏公司没有支付过任何对价，原告也已丧失了对系争法人股的所有权，

① 本案例摘编自《中华人民共和国最高人民法院公报》，2010(3)，上海市第二中级人民法院(2008)沪二中民三(商)初字第6号民事判决书，上海市高级人民法院(2008)沪高民二(商)终字第106号民事判决书。

其只能根据相关转让协议对被告国宏公司享有一定的债权。原、被告之间所签订的还款质押协议也印证了这一点。故国宏公司持有系争法人股并不是代持或挂靠行为，而是所有权的转移，因此对于原告的诉讼请求不予支持。

申银万国不服，向上海市高级人民法院提起上诉。

上海市高级人民法院认为，申银万国与国宏公司之间系股权转让关系，而非股权代持关系，系争股权不应归申银万国所有，并列出五点理由。二审法院还认为，即使按申银万国所称，其与国宏公司存在实际的代持股权关系，申银万国要求确认系争法人股归其所有的主张，依法亦不能予以支持。因为申银万国与国宏公司在签订股权转让协议后已在中国证券登记结算有限责任公司（以下简称“中国结算”）办理股权转让的变更登记手续，故系争股权已移转于受让人国宏公司名下，即股权变动已发生法律效力。根据我国《公司法》和《证券法》的相关规定，公司股权转让应办理变更登记手续，以取得对外的公示效力，否则不得对抗第三人。该规定遵循的是商法的外观主义原则，立法目的在于维护商事交易安全。该种对抗性登记具有公示力，第三人有权信赖登记事项的真实性。同时，根据《证券法》公开、公平、公正的交易原则和上市公司信息公开的有关规定，对上市公司信息披露的要求，关系到社会公众对上市公司的信赖以及证券市场的交易安全和秩序。因此，上海九百作为上市公司，其股东持有股权和变动的情况必须以具有公示效力的登记为据。国宏公司的债权人基于中国结算登记而申请法院查封执行国宏公司名下的系争股权的信赖利益，应依法予以保护。因此，即使如申银万国所称有实际的代持股权关系存在，系争股权也不能归申银万国所有，因此驳回上诉，维持原判。

法律要点

1.《证券法》上的公开、公平、公正原则；
2.《证券法》上的公开、公平、公正原则的适用。

知识点介绍

《证券法》第 3 条规定：“证券的发行、交易活动，必须遵循公开、公平、公正的原则。”公开、公平、公正原则，简称“三公原则”，是证券法的第一原则。

一、公开原则

公开原则，又称信息公开原则或信息披露（disclosure）原则，是指负有披露义务的主体应向证券市场披露相关重大信息。信息披露分为自愿性信息披露和强制性信息披露。强制性信息披露制度是各国证券立法的核心制度，信息公开原则是各国证券立法的核心原则。它是保护投资者利益的基本途径，是实现证券市场效率的基本条件。

二、公平原则

公平可以分为机会公平、起点公平与结果公平。

机会公平或曰机会平等是指所有主体都有平等地参与某项活动的机会或权利。例如，所有的公司、企业都有平等地进入证券市场进行融资的机会和权利，所有投资者都有平等地进入证券市场进行证券投资的机会和权利。证券交易中的“价格优先、时间优先”原则是机会公平的体现。

起点公平可以分为对人的起点公平和对事的起点公平。由于人与人之间的差别是天生存在的，所以，对人的起点公平要求对起点低的主体予以倾斜性的保护。对事的起点公平等同于机会公平，它是指所有主体处于同一“起跑线”上，不允许有人“抢跑”，所有主体都有平等地参与某项活动的机会或权利。

尽管机会是平等的，但由于人生的起点不同，能力发挥的状况不同，以及各种自然和社会条件不同，结果也会不同。如果结果差距过大，反过来会造成社会不公，甚至会引起社会动荡，最终会影响社会效率，因此，应追求结果公平。

三、公正原则

公正与公平非常相近，但二者有细微差别。具体而言，公正是理念化、理想化的公平，公平是现实化、具体化了的公正。证券法上有反欺诈理论（anti-fraud theory）和市场诚信理论（market integrity theory），二者都是公正原则的体现。反欺诈理论反对交易一方对另一方的欺诈，因为这损害了平等、自由和社会合作。市场诚信理论反对个别人不平等地获取公司信息，以保护市场的诚信以及整体投资者对证券市场的信心。这也是为了维护平等、自由和社会合作等理念。

案例评析

一、代持上市公司股权的协议因违反了“三公原则”而应归于无效

在发行上市过程中，发行人必须股权清晰，股份不存在重大权属纠纷，公司上市需遵守如实披露的义务，披露的信息必须真实、准确、完整，不允许隐匿真实股东身份，否则就违反了公开原则。

因此，证券法对上市公司信息披露的要求，关系到社会公众对上市公司的信赖以及证券市场的交易安全和秩序。在本案中，系争股权已移转于国宏公司名下，股权变动已发生法律效力，已经取得对外的公示效力。根据商法的外观主义原则，为维护商事交易安全，根据《证券法》的“三公原则”，上市公司股权代持应被认定为无效。

后来，最高人民法院在杨某国诉林某坤股权转让纠纷再审案的裁定中也坚持了这一裁判路径。该裁定指出：对上市公司股权代持协议效力的认定应当根据上市公司监

管的相关法律法规以及《合同法》等规定综合予以判定。首先，中国证监会于2006年颁布的《首次公开发行股票并上市管理办法》第13条规定："发行人的股权清晰，控股股东和受控股股东、实际控制人支配的股东持有的发行人股份不存在重大权属纠纷。"2014年《证券法》第12条第1款规定："设立股份有限公司公开发行股票，应当符合《中华人民共和国公司法》规定的条件和经国务院批准的国务院证券监督管理机构规定的其他条件……"第63条规定："发行人、上市公司依法披露的信息，必须真实、准确、完整，不得有虚假记载、误导性陈述或者重大遗漏。"中国证监会于2007年颁布的《上市公司信息披露管理办法》第3条规定："发行人、上市公司的董事、监事、高级管理人员应当忠实、勤勉地履行职责，保证披露信息的真实、准确、完整、及时、公平。"[①] 从上述规定等可以看出，公司上市发行人必须股权清晰，且股份不存在重大权属纠纷，并且公司上市需遵守如实披露的义务，披露的信息必须真实、准确、完整，这是证券行业监管的基本要求，也是证券行业的基本共识。由此可见，上市公司发行人必须真实，且不允许在发行过程中隐匿真实股东，否则公司股票不得上市发行，通俗而言，上市公司股权不得隐名代持。如果连上市公司的真实股东都不清晰的话，其他对于上市公司系列信息披露的要求、关联交易审查、高管人员任职回避等监管举措必然落空，必然损害广大非特定投资者的合法权益，从而损害资本市场基本交易秩序与基本交易安全，损害金融安全与社会稳定，进而损害社会公共利益。在杨某国诉林某坤股权转让纠纷案中，杨某国与林某坤签订的"委托投资协议书"违反公司上市系列监管规定，而这些规定有些属于法律明确应予遵循之规定，有些虽属于部门规章性质，但因经法律授权且与法律并不冲突，且属于证券行业监管基本要求与业内共识，对广大非特定投资人利益构成重要保障，对社会公共利益亦为必要保障所在，故诉争协议应被认定为无效。[②] 该案虽晚于申银万国证券股份有限公司诉上海国宏置业有限公司财产权属纠纷案，且未直接援引《证券法》第3条规定的"三公原则"，但两案殊途同归，都论证了上市公司股权代持协议的无效。

二、在《证券法》规则不明时可以援引"三公原则"作为裁判依据

虽然《证券法》对于上市公司隐名持股问题没有作出直接的禁止性规定，但相关监管部门明确规定公司上市股权应当清晰明确，从而可以间接推出不允许上市公司存在隐名持股的结论。

法律规则具有明确性，法官在审判时应优先选择法律规则作为裁判依据。但社会生活是复杂多样的，法律规则不可能对社会生活中的所有情况都规定得完备无遗。在法律没有明确规定，即法律规则不明时，可适用法律原则作为裁判依据。法律原则具有抽象性及不确定性，法官自由裁量的空间很大。一方面，为防止法官自由裁量权的滥用，在有法律规则时，法官应优先适用规则。另一方面，法律原则的弹性空间反而为新型疑难案件提供了裁判依据。因此，法律适用的基本原则是：有规则时，适用规则；无规则

① 该条已修改。修改后该条移到了《上市公司信息披露管理办法》(2021年修订)第4条。

② 参见最高人民法院(2017)最高法民申2454号民事裁定书。

时，适用原则。《证券法》的基本原则，如“三公原则”，就是在《证券法》对某一事项无明确规定时，为法官裁判案件提供了法律依据。

（撰稿人：邢会强）

第二节　平等、自愿、有偿、诚实信用原则

案例简介

荆某迪与北京金刚游戏科技股份有限公司股东资格确认纠纷案①

荆某迪于2018年1月23日通过证券公司营业部以每股5元的价格购买全国股转系统（俗称“新三板”）挂牌公司北京金刚游戏科技股份有限公司（以下简称“金刚游戏”）股票13万股。荆某迪为购买该股票付出650 536.25元，其中65万元用于购买股票，剩余536.25元系手续费。荆某迪于2018年1月24日卖出10万股，尚持有3万股。2018年5月2日，金刚游戏发布公告：公司股票自2018年5月2日起在全国股转系统暂停转让，直至按规定披露2017年年报后恢复转让。此后，公司股票一直处于不能转让状态。荆某迪称：其所持金刚游戏股票既不能转让，也存在无股权凭证导致的权利不确定状态，故其曾要求金刚游戏出具股票证明书，但公司不予理睬。因此荆某迪诉至法院，要求法院确认其持有被告金刚游戏股票3万股，金刚游戏向其出具股票证明书。

一审法院经审理查明：2018年12月26日，被告发布的“金刚游戏关于公司股票在全国股转系统终止挂牌的公告”（以下简称“公告”）显示：公司已向全国股转系统报送了终止挂牌的申请材料。根据全国股转系统出具的同意终止挂牌函，公司股票自2018年12月27日起终止在全国股转系统挂牌。为保护异议股东的权益，公司控股股东、实际控制人已作出承诺：自公司终止挂牌之日起30个自然日内，对于异议股东所持公司股份，公司控股股东、实际控制人以及协调的其他受让方自愿进行回购；异议股东需在公司终止挂牌之日起30个自然日内将书面申请材料通过快递寄送至公司。若在上述期间异议股东未向公司联系股份回购申报事宜，则视为同意继续持有公司股份。在庭审过程中，原告对“公告”内容予以认可，但称其是在“公告”发出后很久才知道的，不清楚为何未向被告申请对股票进行回购。

原、被告双方还确认：金刚游戏股票自2018年12月27日开始就无法在公开市场进行股票交易了。经查，原告账户显示：2019年1月11日，金刚游戏交易类型托管转出，成交数量3万股，成交价格、成交金额、附加费、印花税、过户费、实收佣金、应

① 本案例摘编自北京市东城区人民法院（2020）京0101民初6731号民事判决书，北京市第二中级人民法院（2021）京02民终2699号民事判决书。

收金额均为零。

关于“托管转出”，原告认为由于金刚游戏股票不能在股票公开市场进行交易，“托管转出”是证券营业部对该股票进行处置的方式，但实际上该股票还由原告实际持有；被告对此不予认可，被告认为“托管转出”就是将金刚游戏股票从原告账户中转出去了，原告现在并不持有前述3万股金刚游戏股票，但被告确认未对原告持有的3万股金刚游戏股票进行过回购。

经一审法院向证券营业部核实，该营业部就“托管转出”的含义作出如下答复：托管转出一般是原证券代码退出在结算系统结算时发生的动作，是根据中国结算的清算文件记录结果，这笔记录代表中国结算向证券公司发送的该股票“退出结算”的明细结果。

一审法院结合证券营业部就“托管转出”所作解释，认为剩余3万股金刚游戏股票，由于原告未在异议期内要求被告回购，已无法在公开市场进行股票交易，依据《公告》内容，视为原告同意继续持有公司股份。被告作为股票发行人，应向原告出具股票权利证书。最后，一审法院依据《证券法》第4条之规定，判决确认原告荆某迪通过全国股转系统购买并持有被告公司名称为金刚游戏的股票3万股，被告向原告出具股票证书。

金刚游戏不服一审判决，提起了上诉。二审法院经审理认为，在2019年1月11日金刚游戏股票退出结算系统时，荆某迪尚持有3万股金刚游戏股票。鉴于金刚游戏于一审中确认未对荆某迪持有的3万股金刚游戏股票进行过回购，同时结合“公告”关于异议股东未在指定期间内向公司联系股份回购申报事宜，则视为同意继续持有公司股份的内容，故一审法院的判决并无不妥。因此，驳回上诉，维持原判。

法律要点

1. 平等原则的含义；
2. 自愿原则的含义；
3. 有偿原则的含义；
4. 诚实信用原则的含义。

知识点介绍

《证券法》第4条规定：“证券发行、交易活动的当事人具有平等的法律地位，应当遵守自愿、有偿、诚实信用的原则。”这规定了四项原则：平等原则、自愿原则、有偿原则、诚实信用原则。平等、自愿、有偿、诚实信用的原则是商事活动的基本原则，证券法也不例外。

一、平等原则

我国《宪法》第33条第2款规定：“中华人民共和国公民在法律面前一律平等。”

《证券法》中的平等原则是《宪法》中的平等原则在证券法中的具体落实。

《民法典》第 4 条也规定："民事主体在民事活动中的法律地位一律平等。"《证券法》中的平等原则也是民法中的平等原则在证券法中的具体体现。

《证券法》是民商法与经济法的结合体。《证券法》中有大量的民商法规范，也有大量的经济法规范。在民商法规范中，证券发行、交易活动的当事人具有平等的法律地位。在经济法规范中，证券监管机构与证券经营者和投资者等民商事主体之间的地位是不平等的。《证券法》第 4 条所规定的平等原则主要是指前者。

二、自愿原则

《民法典》第 5 条规定："民事主体从事民事活动，应当遵循自愿原则，按照自己的意思设立、变更、终止民事法律关系。"《证券法》中的自愿原则是民法中的自愿原则在证券法中的具体体现。

由此，《证券法》中的自愿原则，也称意思自治原则，是指证券发行、交易市场的参加者根据自己的意愿参与证券市场的发行、交易活动，按照自己的意思自主决定证券法律关系的内容及其设立、变更和终止，自觉承受相应的法律后果。①

三、有偿原则

有偿原则，是指在证券法律关系中一方在付出自己的利益的情况下，有权得到相应的利益。这一原则要求参加证券发行、交易的市场主体必须进行有偿的发行、交易活动，不能任意损害对方的经济利益，意在强调在证券市场的发行、交易活动中当事人任何一方不得无偿占有、剥夺他人的财产，不得损害他人的利益。

四、诚实信用原则

《民法典》第 7 条规定："民事主体从事民事活动，应当遵循诚信原则，秉持诚实，恪守承诺。"《证券法》中的诚实信用原则是民法中的诚信原则在证券法中的具体体现。不仅民商法要讲究诚信，所有的部门法都应讲诚信。

诚实信用原则要求，在证券市场的发行、交易活动中的当事人应当自觉遵守社会公德，诚实守信，不弄虚作假，不欺诈他人，尊重市场习惯，遵守自己的诺言，恪守信用。

案例评析

本案中，原告支付了对价，获得了相应的股票，有部分股票已经卖出，还有 3 万股股票没有卖出，而是进行了所谓的"托管转出"，但"托管转出"并不是转让、卖出，而仅仅是原证券代码退出在结算系统结算时发生的动作。由于被告金刚游戏于 2018 年

① 郭锋，等.中华人民共和国证券法制度精义与条文评注.北京：中国法制出版社，2020：95.

12月27日开始终止在新三板的挂牌，无法在新三板进行股票交易，相应地，被告也退出了中国结算的结算系统，因此才发生了原告持有的3万股被“托管转出”的情况。由于被告对“托管转出”的含义不了解，误以为原告的股票是卖出了，因此才产生了本案的纷争。

原告由于自身的原因而错过了在异议期内要求被告回购其持有的3万股股票的机会，依据被告的《公告》，被视为同意继续持有金刚游戏的股份，因此，原告仍是被告的股东。根据《证券法》第4条的平等、自愿、有偿和诚实信用原则，被告应遵守自己公告的承诺。原告作为被告的股东，有权行使作为股东的所有权利，即要求被告向其出具股票证书。具体言之，原告与被告是平等的民商事主体，原告支付了对价，有偿获得了股票，双方之间是自愿的民商事法律关系，被告应该遵守民法、公司法、证券法等法律，自己的承诺，以及证券市场习惯，在终止挂牌后尊重原告作为股东的所有权利，包括为其出具股票证书。

（撰稿人：邢会强）

第三节　守法与反欺诈原则

案例简介

中海信托与健桥证券等证券交易代理纠纷案①

原告中海信托投资有限责任公司（以下简称“中海信托”）起诉称：2002年8月12日，中海信托在健桥证券股份有限公司（以下简称“健桥证券”）漕东营业部办理指定交易“D890583834”并开立资金账户“11196”。后中海信托向该资金账户划入人民币5亿元，并买入了国债。2002年8月13日，中海信托的证券账户被健桥证券漕东营业部擅自作了回购登记，国债回购所得资金被挪用。经交涉，健桥证券同意偿还全部资金，并出具了还款计划。后健桥证券陆续偿付了部分款项，尚余1.43亿元人民币未偿付。另，陕西省国际信托投资股份有限公司（以下简称“陕国投”）系健桥证券的股东，其未完成出资额为人民币111 862 076.35元。故中海信托诉请判令健桥证券漕东营业部、健桥证券共同偿付其资金人民币1.43亿元等，陕国投在人民币111 862 076.35元范围内承担连带赔偿责任。

一审法院认为：原告系健桥证券漕东营业部的机构客户，双方当事人之间依据指定交易行为形成证券交易代理关系。本案查证的事实反映，原告的证券账户办理了回购登记，因健桥证券漕东营业部未举证证明该回购登记系原告真实意思表示或指令明示，故

---

①　本案例摘编自上海市第一中级人民法院（2004）沪一中民三（商）初字第260号民事判决书，上海市高级人民法院（2004）沪高民二（商）终字第275号民事判决书。

本院认定该回购登记系健桥证券漕东营业部擅自所为。健桥证券漕东营业部此举属于无权代理，侵害了原告的财产权益，依法应当向原告返还其证券账户内的国债。现因上述国债已被质押转移，健桥证券漕东营业部已无法恢复原状并返还原物。健桥证券作为漕东营业部的上级法人，其向原告所出具的“还款计划”和“关于归还中海信托投资有限责任公司国债资金的承诺函”，已然将其分支机构漕东营业部对原告所构成的侵权之债转化为其与原告之间的契约之债。健桥证券所确认的 1.43 亿元契约债务完全是基于健桥证券漕东营业部擅自回购原告证券账户内国债之侵权行为。上述两份还款承诺均为健桥证券的真实意思表示，合法有效，对此健桥证券应予恪守践行。又因原告在庭审中确认另提取的资金人民币 500 万元可予抵销，故健桥证券应归还原告资金数额为人民币 1.38 亿元。同时，鉴于健桥证券及其漕东营业部擅自将原告账户回购登记并占用回购资金之侵权行为属违规操作，严重违背了证券公司对客户资产应负善良管理之基本义务，故应当赔偿原告回购资金被占用期间的全部孳息损失。

另经一审法院查证，被告陕国投作为健桥证券的股东，至今尚有价值人民币 111 862 076.35 元的净资产未办理产权过户手续，此举应被认定为其对健桥证券出资未完全充实，客观上侵害了健桥证券及其出资到位的其他股东以及原告等善意债权人的合法利益。据此，陕国投依法应当在其未出资到位的计 111 862 076.35 元人民币的范围内对原告承担民事赔偿责任。原告依据陕国投出资不实之法律事实追究其民事责任，符合法律规定，应予支持。因此依照 1998 年《证券法》第 4 条、第 5 条、第 73 条①、第 192 条②、第 193 条，1999 年《公司法》第 25 条、第 208 条等的规定，一审法院判决健桥证券应偿付原告人民币 13 800 万元及该款的孳息损失；健桥证券不能偿还上项债务的，由陕国投在其出资未到位的计 111 862 076.35 元人民币的范围内对原告中海信托承担补充赔偿责任。

陕国投不服，提起上诉。

二审法院判决，健桥证券若不能偿还所欠债务，由陕国投在出资未到位的人民币 97 424 674.55 元的范围内对中海信托承担补充赔偿责任。

法律要点

1. 证券法上的反欺诈原则的具体内涵；
2. 反欺诈原则与诚信原则的关系。

---

① 1998 年《证券法》第 73 条规定：“在证券交易中，禁止证券公司及其从业人员从事下列损害客户利益的欺诈行为：（一）违背客户的委托为其买卖证券；（二）不在规定时间内向客户提供交易的书面确认文件；（三）挪用客户所委托买卖的证券或者客户账户上的资金；（四）私自买卖客户账户上的证券，或者假借客户的名义买卖证券；（五）为牟取佣金收入，诱使客户进行不必要的证券买卖；（六）其他违背客户真实意思表示，损害客户利益的行为。”

② 1998 年《证券法》第 192 条规定：“证券公司违背客户的委托买卖证券、办理交易事项，以及其他违背客户真实意思表示，办理交易以外的其他事项，给客户造成损失的，依法承担赔偿责任，并处以一万元以上十万元以下的罚款。”

知识点介绍

《证券法》第 5 条规定:“证券的发行、交易活动,必须遵守法律、行政法规;禁止欺诈、内幕交易和操纵证券市场的行为。”这规定了守法原则与反欺诈原则。

一、守法原则

早期的证券发行、交易活动主要依靠自律管理。在美国《1933 年证券法》《1934 年证券交易法》之后,各国才逐步建立起对证券发行、交易活动的法律监管。我国《证券法》第 5 条申明了证券的发行、交易活动,必须遵守法律和行政法规,意在强调国家将证券的发行、交易活动,依法纳入法治约束的轨道。证券的发行、交易活动的相关当事人,必须遵守法律和行政法规,这是法治最起码的要求。

证券的发行、交易活动必须遵守的法律和行政法规,不仅包括《证券法》《公司法》《股票发行与交易管理暂行条例》等具体的单行的法律和行政法规,也包括民法、行政法、经济法、刑法、诉讼法等与证券的发行、交易活动相关的法律和行政法规。

二、反欺诈原则

证券市场是一个关涉利益巨大、充满各种诱惑、违法犯罪从未绝迹的“名利场”。从各国证券市场的具体实践来看,各种欺诈活动往往充斥其中,花样翻新,层出不穷,危及投资者的投资安全和他们对证券市场的信心。因此,《证券法》第 5 条在原则条款层面禁止欺诈、内幕交易和操纵证券市场的行为。虚假陈述、内幕交易和操纵证券市场是最为常见的三大证券欺诈行为,此外,证券公司欺诈客户、投资顾问欺诈客户等也是比较常见的证券欺诈行为。

关于“欺诈”的含义,我国 1986 年《民法通则》第 58 条规定,一方以欺诈、胁迫的手段或者乘人之危,使对方在违背真实意思的情况下所为的民事法律行为无效。随后,《最高人民法院关于贯彻执行〈中华人民共和国民法通则〉若干问题的意见(试行)》第 68 条指出,一方当事人故意告知对方虚假情况,或者故意隐瞒真实情况,诱使对方当事人作出错误意思表示的,可以认定为欺诈行为。民法上的欺诈可以按行为表现分为三种类型:沉默、隐瞒真实信息和告知虚假信息。[①] 但证券法上的“欺诈”,其含义比民法上的“欺诈”的含义更丰富。证券法不但禁止依法应披露信息而不披露,隐瞒真实情况而作误导性的陈述,以及故意披露虚假信息;还禁止各种各样的故意制造假象(如操纵市场),不当利用各种优势(含资金优势、信息优势),擅自处置客户资产,等等。只有反欺诈,才能维护证券市场的诚信,维护证券市场的公平与公正。因此,反欺诈原则是诚信原则与“三公原则”的延伸和必然要求。

---

① 许德风. 欺诈的民法规制. 政法论坛,2020(2):3-18.

案例评析

在本案中，中海信托的证券账户被健桥证券漕东营业部擅自作了回购登记，国债回购所得资金被挪用，这就是欺诈客户。因此，一审法院认为：鉴于健桥证券及其漕东营业部擅自将原告账户回购登记并占用回购资金之侵权行为属违规操作，严重违背了证券公司对客户资产应负善良管理之基本义务，故应当赔偿原告回购资金被占用期间的全部孳息损失。这是一个证券法问题。

健桥证券作为漕东营业部的上级法人，其向原告所出具的“还款计划”和“关于归还中海信托投资有限责任公司国债资金的承诺函”，将其分支机构漕东营业部对原告所构成的侵权之债转化为其与原告之间的契约之债。一审法院认为，上述两份还款承诺均为健桥证券的真实意思表示，合法有效，对此健桥证券应予恪守践行。这维护的是证券法上的诚信原则。如果健桥证券有能力履行而不履行这两份承诺，也就构成了欺诈。证券法反欺诈，就要求证券公司践行其对客户的承诺。

此外，陕国投作为健桥证券的股东，尚有价值不菲的净资产未办理产权过户手续（一、二审法院认定的具体数额有差异），一审法院认为此举应被认定为其对健桥证券出资未完全充实，客观上侵害了健桥证券及其出资到位的其他股东以及原告等善意债权人的合法利益，因此判决健桥证券若不能偿还所欠债务，由陕国投在出资未到位的资金范围内对中海信托承担补充赔偿责任。这其实是一个公司法问题，而非证券法问题。

总之，证券法禁止各种欺诈客户和投资者的行为。《证券法》第 5 条可以被看作一个反欺诈的一般条款，在《证券法》无具体规则规定时，其可发挥一般条款作为裁判依据的作用。

（撰稿人：邢会强）

第三章 证券发行法律制度

第一节　擅自公开发行证券与变相公开发行证券

案例简介

上海安基生物科技股份有限公司、郑某擅自发行股票案①

上海市浦东新区人民检察院指控：2001 年 12 月至 2007 年 8 月，被告人郑某担任被告单位上海安基生物科技股份有限公司（以下简称“安基公司”）的董事长、法定代表人，为了给单位募集资金，经股东会集体决定，在未经证券监管部门批准的情况下，擅自委托中介公司与个人代理，向社会不特定公众转让安基公司自然人股东的股权，共计向 260 余人发行股票 322 万股，募集资金人民币 1 109 万余元，用于单位的经营活动及支付代理费用。安基公司未经证券监管部门批准擅自发行股票，其行为已构成擅自发行股票罪，且系单位犯罪；郑某作为安基公司直接负责的主管人员，其行为亦构成擅自发行股票罪，提请法院依法惩处。

上海市浦东新区人民法院一审查明：被告单位安基公司成立于 1997 年 4 月，注册资金为人民币 3 400 万元，股东包括 2 家单位和 16 名自然人。被告人郑某担任安基公司的董事长、法定代表人，持股比例为 44%。2001 年 12 月，被告单位安基公司为筹集研发资金，由被告人郑某提议，经股东会集体同意后，委托中介公司及个人向社会不特定公众转让自然人股东的股权。此后直到 2007 年 8 月，由郑某负责联系并先后委托上海新世纪投资有限公司、上海天成投资实业公司，以及王某国、周某平、黄某等个人，以随机拨打电话的方式，对外谎称安基公司的股票短期内将在美国纳斯达克上市并能获取高额回报，向不特定社会公众推销郑某及其他自然人股东的股权。郑某和中介人员具体商定每股转让价格为人民币 2～4 元间不等。安基公司与受让人分别签订“股权转让协议书”和“回购承诺书”（承诺如果三年内公司不能上市就回购股权），并发放自然人股东缴款凭证卡和收款收据。经审计，被告单位安基公司向社会公众 260 余人发行股票计

---

① 本案例摘编自《中华人民共和国最高人民法院公报》，2010（9）。

322万股，筹集资金人民币1 109万余元。上述募集资金全部用于安基公司的经营活动和支付中介代理费。安基公司成立后主要从事治疗艾滋病药物的研发，一直处于研发阶段，没有任何生产和销售行为。案发后安基公司不能回购股票，不能退还钱款，仅有土地及房产被查封。

上海市浦东新区人民法院认为：被告单位安基公司违反国家政策及相关法律规定，未经证券监管部门的批准，委托他人以公开方式向不特定社会公众发行股票，情节严重；被告人郑某系安基公司直接负责的主管人员，其行为均已构成擅自发行股票罪。公诉机关指控的罪名成立。被告单位与被告人均有自首情节，依法从轻处罚。对被告人应予数罪并罚。据此，上海市浦东新区人民法院依照《刑法》第179条、第67条、第69条、第70条、第53条、第64条之规定，于2009年9月24日判决如下：被告单位安基公司犯擅自发行股票罪，判处罚金人民币30万元；被告人郑某犯擅自发行股票罪，判处有期徒刑2年；违法所得予以追缴。

宣判后，被告单位安基公司与被告人郑某均未上诉，公诉机关未抗诉，一审判决已经生效。

法律要点

1. 什么是公开发行证券？
2. 公开发行证券需要经过何种法定程序？
3. 什么是擅自公开发行证券？
4. 什么是变相公开发行证券？
5. 擅自公开发行证券、变相公开发行证券的法律责任。

知识点介绍

一、公开发行证券的定义与程序以及擅自公开发行证券、变相公开发行证券的界定

1993年国务院颁布的《股票条例》第81条第3项曾对公开发行进行过界定：“‘公开发行’是指发行人通过证券经营机构向发行人以外的社会公众就发行人的股票作出的要约邀请、要约或者销售行为。”2019年《证券法》第9条规定：“公开发行证券，必须符合法律、行政法规规定的条件，并依法报经国务院证券监督管理机构或者国务院授权的部门注册。未经依法注册，任何单位和个人不得公开发行证券。证券发行注册制的具体范围、实施步骤，由国务院规定。”“有下列情形之一的，为公开发行：（一）向不特定对象发行证券；（二）向特定对象发行证券累计超过二百人，但依法实施员工持股计划的员工人数不计算在内；（三）法律、行政法规规定的其他发行行为。”“非公开发行证券，不得采用广告、公开劝诱和变相公开方式。”

由此可见，我国2019年《证券法》定义的“公开发行”分为三种情形。

第一种是向不特定对象发行证券的。这里的“不特定对象”是指“不特定的社会公众”，即发行对象是不特定的，任何社会公众投资者均可认购。

第二种是向特定对象发行证券累计超过200人的，但依法实施员工持股计划的员工人数不计算在内。向特定对象发行证券，一般涉及人数较少，发行对象与发行人有一定联系，对发行人的情况比较了解，所以向特定对象发行证券是非公开发行的特征之一。但是，如果特定对象人数过多，就失去了非公开发行本身所具备的人数较少的特征，实质上属于变相的公开发行。因此，2019年《证券法》在界定公开发行时还考虑了人数，目的是防止发行人通过多次向不超过200人的特定对象发行证券，规避监管。

第三种是法律、行政法规规定的其他发行行为。根据《国务院办公厅关于严厉打击非法发行股票和非法经营证券业务有关问题的通知》（国办发〔2006〕99号）的精神，结合《证券法》，非公开发行股票及其股权转让，不得采用广告、公告、广播、电话、传真、信函、推介会、说明会、网络、短信、公开劝诱等公开方式或变相公开方式向社会公众发行。严禁任何公司股东自行或委托他人以公开方式向社会公众转让股票。向特定对象转让股票，未依法报经证监会核准或注册的，转让后，公司股东累计不得超过200人，但依法实施员工持股计划的员工人数不计算在内。这里其实对非公开发行进行了定义。非公开发行是指向特定对象发行股票后股东累计不超过200人（依法实施员工持股计划的员工人数不计算在内）的发行，且该发行不得采用广告、公告、广播、电话、传真、信函、推介会、说明会、网络、短信、公开劝诱等公开方式或变相公开方式。

二、擅自公开发行证券、变相公开发行证券的法律责任

《证券法》第180条还规定了擅自公开或者变相公开发行证券的法律责任：“违反本法第九条的规定，擅自公开或者变相公开发行证券的，责令停止发行，退还所募资金并加算银行同期存款利息，处以非法所募资金金额百分之五以上百分之五十以下的罚款；对擅自公开或者变相公开发行证券设立的公司，由依法履行监督管理职责的机构或者部门会同县级以上地方人民政府予以取缔。对直接负责的主管人员和其他直接责任人员给予警告，并处以五十万元以上五百万元以下的罚款。”

《刑法》第179条规定了擅自发行股票、公司、企业债券罪的刑事责任：“未经国家有关主管部门批准，擅自发行股票或者公司、企业债券，数额巨大、后果严重或者有其他严重情节的，处五年以下有期徒刑或者拘役，并处或者单处非法募集资金金额百分之一以上百分之五以下罚金”。“单位犯前款罪的，对单位判处罚金，并对其直接负责的主管人员和其他直接责任人员，处五年以下有期徒刑或者拘役。”

案例评析

本案的争议焦点是：被告单位安基公司与被告人郑某的行为是否构成擅自发行股票罪？判断行为人的行为是否构成擅自发行股票罪，应从以下两个方面分析。

一、发行股票行为是否经国家有关主管部门批准、核准或注册

2005年《证券法》第10条规定，向不特定对象或向特定对象累计超过200人发行证券，属于公开发行证券。公开发行证券，必须经国务院证券监管机构或国务院授权的部门核准。此时实行的是核准制。2019年《证券法》第9条规定："公开发行证券，必须符合法律、行政法规规定的条件，并依法报经国务院证券监督管理机构或者国务院授权的部门注册。未经依法注册，任何单位和个人不得公开发行证券。"本案中，被告单位安基公司与被告人郑某在2001年至2007年8月间，连续不间断地擅自向社会公众转让股权，其行为违反2005年《证券法》第10条的规定，系在未经有关主管部门核准的情况下实施发行股票行为。

二、是否实施发行股票的行为

一审法院认为，根据本案事实，被告单位安基公司与被告人郑某擅自向社会公众转让股权的行为，属于《国务院办公厅关于严厉打击非法发行股票和非法经营证券业务有关问题的通知》所禁止的行为，应当认定为《刑法》第179条规定的"擅自发行股票或者公司、企业债券"的行为。具体而言：

1.受让人属于不特定对象。被告单位安基公司委托中介公司与个人，随机向上海及浙江宁波等地的居民进行推销，不审查财产状况且没有人数限制，应当认定为向不特定对象转让股权。

2.采用公开的形式转让股权。被告单位安基公司与被告人郑某委托多家中介公司与个人，先采用随机拨打电话的方式，以提供理财帮助为名邀请不特定对象到中介公司，后由业务员介绍并推销股权，对于犹豫不决的客户，业务员反复打电话以动员劝诱，故可以认定涉案股权转让形式属于公开发行。

3.转让股权的运作模式不合规。一审法院认为，由于涉及社会公众权益，转让股权必须接受多方面的监管，要求运作模式必须合法规范，包括中介机构的主体资格、签订合同的内容、披露信息的要求、财务情况公开、区分收费账户与公司账户、按约履行权利义务等。本案中，被告单位安基公司与被告人郑某转让股权没有详细工作计划，没有披露公司的详细财务状况，没有委托固定有资质的中介机构，没有签订规范的服务合同，在2001年到2007年8月间，被告方频繁地更换中介公司与个人，这种运作模式完全不符合规范。

4.募集资金全部用于经营活动和支付中介费用。实践中，存在利用擅自发行股票的方法取得资金以实施集资诈骗的情况，这种集资诈骗罪与擅自发行股票罪的主要区别在于主观上是否具有非法占有的目的。集资诈骗罪是以非法占有为目的，行为人发行股票只是诈骗财产的一种手段，在取得钱款后往往出现携款逃跑、挥霍滥用、抽逃转移资金、隐匿销毁账目等情况。擅自发行股票罪的主观方面则是为了非法募集生产经营资金，不具备非法占有的目的。本案中，被告单位安基公司募集资金1 109万元均存入公司账户，有400万元支付中介代理费，另有600余万元用于公司的生产经营活动，包括

租用厂房、购买设备、支付工资、研发费用等，且公司财务账册中未反映有挪用、抽逃资金等不正常现象发生，仅仅由于客观上经营不善导致钱款不能返还，不能认定主观上具有非法占有目的。因此，应认定为擅自发行股票，不宜认定为集资诈骗。集资诈骗罪的刑事责任重于擅自发行股票罪。

本案中，由于已经追究了违法犯罪行为人的刑事责任，因而，不再追究当事人的行政责任。但投资者可以继续追究被告人的民事责任。

（撰稿人：邢会强）

第二节　欺诈发行证券

案例简介

绿大地欺诈发行股票案[①]

云南绿大地生物科技股份有限公司（简称“绿大地”）于2007年11月在深圳证券交易所（以下简称“深交所”）中小板公开发行股票并上市。

2009年8月，监管部门注意到了绿大地的财务异常，绿大地的资金链紧张。董事长何某葵给出的自救方案是定向增发：拟定向增发2 500万股，融资4.66亿元。为使这次增发成功，绿大地继续做假账。

虚增的业绩引起监管层的注意，并从多处“不合理”的数据变化中发现了财务造假的线索。云南证监局不但驳回了绿大地的增发申请，还提出了严厉的整改意见。数月之后，绿大地最终曝出了1.5亿元的巨额亏损。

2010年3月17日，因涉嫌信息披露违规，中国证监会对绿大地立案调查。2011年3月17日，因涉嫌欺诈发行股票，何某葵被云南省公安厅直属公安局逮捕。

2011年5月4日，中准会计师事务所有限公司对绿大地2010年度的财务报告出具了无法表示意见的审计报告，深交所对公司股票实施“退市风险警示”，股票简称由“绿大地”变更为“*ST大地”。

2011年8月，昆明市检察机关以欺诈发行股票罪、违规披露重要信息罪，对绿大地及何某葵等责任人提起公诉。

在一审刑事判决前夕，何某葵将所持股权折价转让给云南国资旗下的云投集团，后者成为新的控股股东。但何某葵仍持有13 257 985股，持股比例为8.77%（2012年2月数据）。

2011年12月，云南省昆明市官渡区人民法院以欺诈发行股票罪判处绿大地罚金

---

① 本案例摘编自云南省昆明市中级人民法院（2012）昆刑一初字第73号刑事判决书，云南省高级人民法院（2013）云高刑终字第365号刑事裁定书，中国证监会行政处罚决定书（云南绿大地生物科技股份有限公司、赵某权、胡某等12名责任人）〔2013〕23号。

400万元（约为其上市募集资金的1%），判处前董事长何某葵、财务总监蒋某西、庞某星等五人有期徒刑一到三年，缓期执行，所有案犯当庭释放。《人民日报》对此评论说："如此轻判，相当于纵容上市造假。"①

2012年1月，云南省昆明市人民检察院提起"刑事抗诉书"，认为案件一审判决确有错误，原审法院对欺诈发行股票罪部分量刑偏轻，应当认定各被告人违规披露重要信息罪，原审审级违法。

2012年3月15日9时30分，公司涉嫌欺诈发行股票一案在云南省昆明市中级人民法院第二法庭再次公开开庭审理。2012年3月底，云南省昆明市中级人民法院裁定撤销云南省昆明市官渡区人民法院（2011）官刑一初字第367号刑事判决，发回原审云南省昆明市官渡区人民法院重新审理。2012年4月，昆明市人民检察院提起"起诉书"[（2012）昆检刑诉字第172号]。2013年2月，云南省昆明市中级人民法院作出判决：(1) 绿大地公司犯欺诈发行股票罪，判处罚金1 000万元；犯伪造金融票证罪，判处罚金20万元；犯故意销毁会计凭证罪，判处罚金20万元；决定执行罚金1 040万元。(2) 何某葵犯欺诈发行股票罪，判处有期徒刑3年；犯伪造金融票证罪判处有期徒刑5年，并处罚金20万元；犯违规披露重要信息罪，判处有期徒刑2年，并处罚金20万元；犯故意销毁会计凭证罪，判处有期徒刑1年，并处罚金20万元；决定执行有期徒刑10年，并处罚金60万元。(3) 原绿大地公司财务总监蒋某西、原绿大地公司聘请的财务顾问庞某星、原绿大地公司出纳主管赵某丽、原绿大地大客户中心负责人赵某艳等也分别被判处6年至2年3个月不等的有期徒刑，并处罚金。

判决下达后，何某葵不服，向云南省高级人民法院提起上诉。

2013年4月，云南省高级人民法院以（2013）云高刑终字第365号"刑事裁定书"，驳回上诉，维持原判。

2013年5月13日，中国证监会下发"行政处罚决定书"（〔2013〕23号）对绿大地在2007年、2008年、2009年年度报告中虚增资产、虚增业务收入的行为，责令绿大地改正，给予警告，并处以60万元罚款。由于司法机关已对绿大地在招股说明书中虚增资产、虚增业务收入的行为处以刑事处罚，不再行政处罚。对11名董事、监事、高级管理人员给予警告，并分别处以10万元或30万元罚款。同日，中国证监会还作出了"市场禁入决定书"（〔2013〕4号），认定何某葵、蒋某西为市场禁入者，终身不得从事证券业务或者担任上市公司董事、监事、高级管理人员职务。

2015年11月，云南省昆明市中级人民法院以刑事裁定书[（2015）昆刑执字第14666号]对罪犯何某葵减去有期徒刑10个月。

法律要点

1. 公开发行证券信息披露的基本要求；

① 沈寅. 严惩上市造假　力度还要加大. 人民日报，2013-02-08.

2. 欺诈发行证券；

3. 欺诈发票股票的法律责任。

知识点介绍

一、公开发行证券的信息披露的基本要求

《证券法》第 19 条规定：发行人报送的证券发行申请文件，应当充分披露投资者作出价值判断和投资决策所必需的信息，内容应当真实、准确、完整。为证券发行出具有关文件的证券服务机构和人员，必须严格履行法定职责，保证所出具文件的真实性、准确性和完整性。

二、欺诈发行证券的认定与行政责任

2019 年《证券法》第 181 条规定了欺诈发行证券的行政责任：发行人在其公告的证券发行文件中隐瞒重要事实或者编造重大虚假内容，尚未发行证券的，处以 200 万元以上 2 000 万元以下的罚款；已经发行证券的，处以非法所募资金金额 10%以上 1 倍以下的罚款。对直接负责的主管人员和其他直接责任人员，处以 100 万元以上 1 000 万元以下的罚款。发行人的控股股东、实际控制人组织、指使从事前款违法行为的，没收违法所得，并处以违法所得 10%以上 1 倍以下的罚款；没有违法所得或者违法所得不足 2 000 万元的，处以 200 万元以上 2 000 万元以下的罚款。对直接负责的主管人员和其他直接责任人员，处以 100 万元以上 1 000 万元以下的罚款。

根据该规定，欺诈发行证券是指发行人在其公告的证券发行文件中隐瞒重要事实或者编造重大虚假内容的情形，而无论该证券是否发行成功。欺诈发行证券仅是指公开发行证券时的虚假陈述欺诈，仅在发行上市后的信息披露违法不构成欺诈发行。在私募发行时的隐瞒重要事实或者编造重大虚假内容的，也不构成欺诈发行证券而构成集资诈骗。

需要说明的是，2019 年《证券法》对欺诈发行证券的界定比 2005 年《证券法》的界定更为严谨。根据 2005 年《证券法》第 189 条，在发行人已经发行证券的情况下，构成证券欺诈发行的构成要件主要有两个，即“发行人不符合发行条件”和“骗取发行核准”[①]。在 2017 年欣泰电气欺诈发行股票行政诉讼中，欣泰电气辩解说，即使不进行财务造假，它的财务指标等实质条件均符合公开发行证券的要求，不能认定上诉人“不符合发行条件”。在后来的“五洋债”案件中，“五洋债”也被认定为“欺诈发行”。对此，也有人质疑说，剔除“五洋债”造假的部分，“五洋债”也符合发行债券的法定条件。这些质疑是站不住脚的，因为发行人报送的证券发行申请文件，应当充分披露投资者作出价值判断和投资决策所必需的信息，内容应当真实、准确、完整，这是基本要求，也是法定条件。但为了避免再有类似争议，2019 年《证券法》将欺诈发行证券的

① 北京市高级人民法院（2017）京行终 3243 号行政判决书。

构成要件修改为“发行人在其公告的证券发行文件中隐瞒重要事实或者编造重大虚假内容”，而不论扣除虚假成分后是否符合最低的公开发行财务条件。换言之，只要公开发行文件中存在虚假陈述且具有重大性，即构成欺诈发行证券；欺诈发行证券是虚假陈述的一个特别类别。

三、欺诈发行证券的刑事责任

《刑法》第160条还规定了欺诈发行证券罪：在招股说明书、认股书、公司、企业债券募集办法等发行文件中隐瞒重要事实或者编造重大虚假内容，发行股票或者公司、企业债券、存托凭证或者国务院依法认定的其他证券，数额巨大、后果严重或者有其他严重情节的，处5年以下有期徒刑或者拘役，并处或者单处罚金；数额特别巨大、后果特别严重或者有其他特别严重情节的，处5年以上有期徒刑，并处罚金。控股股东、实际控制人组织、指使实施前款行为的，处5年以下有期徒刑或者拘役，并处或者单处非法募集资金金额20%以上1倍以下罚金；数额特别巨大、后果特别严重或者有其他特别严重情节的，处5年以上有期徒刑，并处非法募集资金金额20%以上1倍以下罚金。单位犯前两款罪的，对单位判处非法募集资金金额20%以上1倍以下罚金，并对其直接负责的主管人员和其他直接责任人员，依照第1款的规定处罚。这是经2020年12月26日通过的《刑法修正案（十一）》修正后《刑法》第160条的新规定，显著提高了欺诈发行证券的刑事责任。

四、欺诈发行证券的民事责任

欺诈发行股票还应负民事责任。《证券法》第24条规定，国务院证券监督管理机构或者国务院授权的部门对已作出的证券发行注册的决定，发现不符合法定条件或者法定程序，尚未发行证券的，应当予以撤销，停止发行。已经发行尚未上市的，撤销发行注册决定，发行人应当按照发行价并加算银行同期存款利息返还证券持有人；发行人的控股股东、实际控制人以及保荐人，应当与发行人承担连带责任，但是能够证明自己没有过错的除外。股票的发行人在招股说明书等证券发行文件中隐瞒重要事实或者编造重大虚假内容，已经发行并上市的，国务院证券监督管理机构可以责令发行人回购证券，或者责令负有责任的控股股东、实际控制人买回证券。此外，《证券法》第85条和第163条规定的虚假陈述的民事责任也是包括欺诈发行证券的民事责任。

案例评析

一、绿大地欺诈发行股票的刑事责任

绿大地欺诈发行股票，由于涉嫌欺诈发票股票罪，首先追究其刑事责任。根据当时《刑法》第160条的规定，最高刑期是有期徒刑5年。绿大地为达到上市发行股票的目的，在招股说明书中编造重大虚假内容，发行股票，符合欺诈发行股票罪的主客

观构成要件，构成欺诈发行股票罪，非法募集资金达 3.462 9 亿元。最后昆明市中级人民法院判决绿大地公司犯欺诈发行股票等罪，判处罚金 1 040 万元；何某葵犯欺诈发行股票罪，判处有期徒刑 3 年；其他 4 名责任人也被判犯欺诈发行股票罪，判处有期徒刑 2～3 年。

二、本案的后续影响

案发当时欺诈发行股票罪的最高法定刑较低，且没有规定对个人的罚金刑。2020 年 12 月 26 日通过的《刑法修正案（十一）》将欺诈发行证券罪的最高法定刑提高到了 5 年以上有期徒刑，同时规定了控股股东、实际控制人的刑事责任，还提高了对单位的罚金数额，并规定了直接负责的主管人员和其他直接责任人员的罚金刑。

表 3－1　欺诈发行证券罪修改前后条文对照

修改前《刑法》	《刑法修正案（十一）》修改后
第一百六十条　【欺诈发行股票、债券罪】在招股说明书、认股书、公司、企业债券募集办法中隐瞒重要事实或者编造重大虚假内容，发行股票或者公司、企业债券，数额巨大、后果严重或者有其他严重情节的，处五年以下有期徒刑或者拘役，并处或者单处非法募集资金金额百分之一以上百分之五以下罚金。 单位犯前款罪的，对单位判处罚金，并对其直接负责的主管人员和其他直接责任人员，处五年以下有期徒刑或者拘役。	第一百六十条　【欺诈发行证券罪】在招股说明书、认股书、公司、企业债券募集办法等发行文件中隐瞒重要事实或者编造重大虚假内容，发行股票或者公司、企业债券、存托凭证或者国务院依法认定的其他证券，数额巨大、后果严重或者有其他严重情节的，处五年以下有期徒刑或者拘役，并处或者单处罚金；数额特别巨大、后果特别严重或者有其他特别严重情节的，处五年以上有期徒刑，并处罚金。 控股股东、实际控制人组织、指使实施前款行为的，处五年以下有期徒刑或者拘役，并处或者单处非法募集资金金额百分之二十以上一倍以下罚金；数额特别巨大、后果特别严重或者有其他特别严重情节的，处五年以上有期徒刑，并处非法募集资金金额百分之二十以上一倍以下罚金。 单位犯前两款罪的，对单位判处非法募集资金金额百分之二十以上一倍以下罚金，并对其直接负责的主管人员和其他直接责任人员，依照第一款的规定处罚。

注：下划线为增加或变化的内容。

尽管锒铛入狱了，但何某葵仍持有重组后的“绿大地”股票 13 257 985 股。2014 年 8 月 6 日，公司名称变更为“云南云投生态环境科技股份有限公司”（以下简称“云投生态”）。当时云投生态的股价约为每股 16 元，这 1 300 多万股股票仍价值 2 亿元。造假者、“首恶”仍是亿万富翁。因此，何某葵很快缴纳了 60 万元的罚金，这成为其后来减刑 10 个月的重要因素。

鉴于此，为了让造假者不再风光，切切实实地付出代价，我国引入了“重大违法公司强制退市制度”，对存在欺诈发行、信息披露等重大违法行为的公司严格实施强制退市。丹东欣泰电气股份有限公司（以下简称“欣泰电气”）是我国因欺诈发行而退市的第一股，其因在首次公开发行股票并在创业板上市申请文件中相关财务数据存在虚假记载，以及上市后披露的定期报告中存在虚假记载和重大遗漏，于2016年7月7日被中国证监会行政处罚。欣泰电气的股票自2016年9月6日起暂停上市。2017年6月23日，深交所决定欣泰电气股票退市。由此，法律漏洞被堵上，强力地震慑了欺诈发行人。

（撰稿人：邢会强）

第四章

证券交易法律制度

第一节　证券转让的期限限制

案例简介

上海瀛翊违规减持案①

上海瀛翊投资中心（有限合伙）（以下简称“上海瀛翊”）成立于2015年9月22日，是投资药明康德项目设立的专门基金，基金执行事务合伙人是江苏瑞联投资基金管理有限公司。药明康德于2018年5月8日在上交所主板A股首发上市，上海瀛翊持有药明康德1 047.87万股，占药明康德总股本的1.005 6%，后经两次权益分派以及港股上市定向增发，上海瀛翊持有药明康德2 053.83万股，占药明康德总股本的0.838 1%。根据上市日起36个月内不减持承诺，2021年5月10日上海瀛翊所持药明康德禁售期满解禁。

上海瀛翊在2018年药明康德IPO以及2018年、2019年、2020年年报中都作出有关股份减持的承诺：“通过集中竞价交易减持股份的，应履行在首次卖出股份的15个交易日前向交易所报告备案减持计划、公告等相关程序，并保证合并计算在任意连续90日内减持股份的总数不超过公司届时股份总数的1%”。

2021年5月10日，上海瀛翊所持药明康德禁售期满后，上海瀛翊的执行事务合伙人江苏瑞联投资基金管理有限公司执行董事、总经理陈某杰向工作人员下达了减持药明康德的指令，上海瀛翊于2021年5月14日开始减持药明康德。2021年6月11日晚间，药明康德披露“关于股东违反承诺减持公司股份并通过公司致歉的公告”称，药明康德2018年IPO时持股0.838 1%的股东上海瀛翊于2021年5月14日至6月8日期间，通过集中竞价交易减持药明康德股份合计17 249 686股，占总股本的0.696 2%，减持价格143.49～176.88元/股，减持金额28.94亿元，减持后持股比例降至0.141 9%，按照虚拟成本法计算，违法所得为零。

---

① 本案例摘编自中国证监会行政处罚决定书（上海瀛翊）〔2022〕26号。

中国证监会认为，依据《证券法》第 36 条及《上市公司股东、董监高减持股份的若干规定》（以下简称《减持规定》）第 2 条、第 3 条及《上海证券交易所上市公司股东及董事、监事、高级管理人员减持股份实施细则》（以下简称《减持细则》）第 2 条、第 3 条的规定，上海瀛翊系药明康德首次公开发行前的股东，其减持应当遵守《证券法》《减持规定》及《减持细则》等规定，对减持行为作出承诺的，应当严格履行所作出的承诺。

上海瀛翊承诺提前 15 个交易日向交易所报告备案的信息披露义务，应为减持时需预先披露的信息披露义务人。上海瀛翊作为信息披露义务人，减持行为未及时依法履行信息披露义务，违反了《证券法》第 78 条和《减持规定》第 15 条，构成《证券法》第 197 条所述行为。

上海瀛翊作为药明康德公开发行前的股东，在药明康德 IPO 及相关年报中作出承诺后，系因承诺而应当履行信息披露的义务人。其减持未及时依法履行信息披露义务的行为，违反《证券法》第 36 条的规定，构成了《证券法》第 186 条所述行为。

上海瀛翊未按承诺进行披露即进行股票减持的行为分别构成了《证券法》第 186 条和第 197 条所述两项违法行为，对其择一重，适用第 186 条进行处罚。

综上，根据当事人违法行为的事实、性质、情节与社会危害程度，依据《证券法》第 186 条的规定，中国证监会决定：对于上海瀛翊未按规定履行信息披露义务及转让股票不符合法律、行政法规和国务院证券监督管理机构规定的行为，责令上海瀛翊改正，给予警告，并处以 2 亿元的罚款。

法律要点

1. 证券转让的期限限制；
2. 违反信息披露承诺引起的违规减持。

知识点介绍

一、我国减持规则的立法变迁

可自由流转性是股票的核心特征之一，证券法原则上保障上市公司股份的自由流通，但是为了防止特定股东滥用权利以及保护中小股东的合法权益，有必要在特定情形下限制股票的自由转让。2014 年《证券法》第 38 条规定："依法发行的股票、公司债券及其他证券，法律对其转让期限有限制性规定的，在限定的期限内不得买卖。"《公司法》以及部分证券监管规范性文件对此进行了更为具体的规定，例如中国证监会出台的《减持规定》从减持数量、减持方式以及信息披露等方面对上市公司股东的减持股份行为作出要求。鉴于股份转让是上市公司股东的基本权利，相关限制应当有明确的法律授权，然而《证券法》（2014 年修正）第 38 条并未对中国证监会和交易所作出授权，造成包括《减持规定》在内的一系列由证监会和交易所制定的规范文件存在法律授权上的缺陷。

在《证券法》修改的过程中，一读稿（2015 年 4 月）曾经作出了拟允许上市公司股东所持公开发行前的股份通过申请公开发行而获得转让自由的规定，但在后续立法中未采取该思路；二读稿（2017 年 4 月）和延续其规定的三读稿（2019 年 4 月）授权国务院证券监督管理机构对有关股份转让受时间、方式、比例、数量限制及信息披露要求进行规定；四读稿（2019 年 12 月）在综合考虑各方意见后删除了三读稿关于减持比例和公告义务的规定，新增了减持行为应当遵守证券交易所业务规则的要求。

最终通过的 2019 年《证券法》第 36 条新增第 2 款，一方面将现行股份减持监管制度限制的特定股东范围及其持股类别上升为法律规定；另一方面授予证券监管机构和证券交易所相应的监管权限，明确其可以对特定股东持股期限、卖出时间数量方式以及信息披露等作出规定。[①] 该轮修订使证监会、证券交易所等证券监管机构限制减持的规定获得法律层面的正式承认。

二、证券转让期限的限制

2019 年《证券法》第 36 条规定了证券转让期限的限制："依法发行的证券，《中华人民共和国公司法》和其他法律对其转让期限有限制性规定的，在限定的期限内不得转让。"具体包括以下方面。

第一是对发起人、持有发行人首次公开发行前发行的股份或者上市公司向特定对象发行的股份的股东的限制。发起人与公司之间存在着特殊的利益关系，对发起人转让股份设定限制可以有效实现发起人和公司的利益捆绑，从而避免发起人利用设立公司来投机套利，此外也能促使发起人勤勉尽责地参与公司设立和经营。对于持有发行人首次公开发行前发行的股份或者上市公司向特定对象发行的股份的股东，其地位类似于发起人，相较于其他投资者具有价格和信息上的优势，故为了保护广大公众投资者的利益，对特定股东持有的股份转让需要予以限制。《公司法》第 141 条第 1 款规定："发起人持有的本公司股份，自公司成立之日起一年内不得转让。公司公开发行股份前已发行的股份，自公司股票在证券交易所上市交易之日起一年内不得转让。"

第二是对上市公司大股东、实际控制人、董事、监事、高级管理人员的限制。作为掌握公司内部信息并且能够影响公司运营的内部人员，若允许上市公司持股 5%以上的股东、实际控制人以及董事、监事、高级管理人员随意转让股份，无疑会出现利用内幕交易攫取超额收益的情况，因此法律对这些内部人员作出了必要的限制。《公司法》第 141 条第 2 款规定："公司董事、监事、高级管理人员应当向公司申报所持有的本公司的股份及其变动情况，在任职期间每年转让的股份不得超过其所持有本公司股份总数的百分之二十五；所持本公司股份自公司股票上市交易之日起一年内不得转让。上述人员离职后半年内，不得转让其所持有的本公司股份。公司章程可以对公司董事、监事、高级管理人员转让其所持有的本公司股份作出其他限制性规定。"2019 年《证券法》第 36 条第 2 款更为全面地将上市公司持有 5%以上股份的股东和实际控制人也纳入限制转让

① 钟洪明，唐洁. 上市公司特定股东持股转让的法律规制与制度完善：以《证券法》第三十六条为核心//陈洁. 商法界论集：第 8 卷. 北京：中国金融出版社，2021：125－143.

人员的范围。同时，2019 年《证券法》对中国证监会和交易所进行了授权，上市公司大股东、实际控制人和董事、监事、高级管理人员进行股份转让时也不得违反包括《减持规定》在内的规范文件作出的限制。

第三是对证券服务机构和相关人员的限制。证券服务机构及相关人员为上市公司或其关联方提供专业服务的过程中，不可避免地会知晓普通投资者难以掌握的内幕信息。为了从制度上遏制其进行内幕交易，维护证券市场的交易秩序，应当限制证券服务机构和相关人员买卖其所服务的公司的证券。2019 年《证券法》第 42 条规定："为证券发行出具审计报告或者法律意见书等文件的证券服务机构和人员，在该证券承销期内和期满后六个月内，不得买卖该证券。除前款规定外，为发行人及其控股股东、实际控制人，或者收购人、重大资产交易方出具审计报告或者法律意见书等文件的证券服务机构和人员，自接受上市公司委托之日起至上述文件公开后五日内，不得买卖该证券。"

第四是对收购者的限制。在收购过程中，存在某些"收购者"假借收购之名操纵证券交易市场的可能。对此，2019 年《证券法》第 63 条前两款通过信息披露义务和限制转让期限予以规制：投资者在持有上市公司已发行的有表决权股份达到 5%后，应及时报告且在报告期内不得再行买卖相关证券；在所持股份比例每增减变动达到 5%时，在报告期限内及公告后 3 日内皆不得再行买卖相关证券。

案例评析

本案系违反承诺的信息披露义务构成违规减持

2019 年《证券法》第 36 条第 2 款专门规定："上市公司持有百分之五以上股份的股东、实际控制人、董事、监事、高级管理人员，以及其他持有发行人首次公开发行前发行的股份或者上市公司向特定对象发行的股份的股东，转让其持有的本公司股份的，不得违反法律、行政法规和国务院证券监督管理机构关于持有期限、卖出时间、卖出数量、卖出方式、信息披露等规定，并应当遵守证券交易所的业务规则。"上海瀛翊系药明康德首次公开发行前的股东，其减持应当遵守《证券法》《减持规定》《减持细则》等规定。

对于本案的法律适用存在不同的观点。观点一认为，上海瀛翊既不构成信息披露违规，更不构成违规转让股份。持此观点的学者坚持市场主体"自我加压"式的承诺本质上只能归于私法上的承诺，不宜据此构成公法上的信息披露义务，因此即使上海瀛翊违反了其作出的先报备再减持的自我承诺，也不构成信息披露违法，进而不存在违规转让股份的可能。观点二认为，上海瀛翊构成信息披露违规，但不构成违规转让股份。依据 2019 年《证券法》第 84 条、《减持规定》第 3 条和《减持细则》第 3 条，作出承诺的上市公司股东应当严格遵守其承诺，应当公开披露。上海瀛翊因其自我承诺获得信息披露义务人身份，进而被认定为信息披露违规并无不当。但是违反关于先报备再减持的自我承诺的行为并不能进一步构成 2019 年《证券法》第 36 条规定的转让股份违规，更为妥当的处理方式是依据 2019 年《证券法》第 84 条中规定的"赔偿责任"赋予其他股东私法上救济的权利。观点三认为，上海瀛翊同时构成信息披露违规和违规转让股份。构成信息披露违规的理由如上所陈，同时上海瀛翊作为药明康德 IPO 原始股东，在减持行为发生前未及时依法履行信息披露义务，违反了《证券法》《减持规定》等相关规定，应依据 2019 年《证券法》第 186 条对其进行处罚，最终与信息披露违规竞合择一重处罚，即按违规转让股份处理。

中国证监会的处罚决定中采取第三种观点，在此次处罚中中国证监会释放出更为严格的监管信号并表现出维护市场交易公平的坚定决心。本案早在药明康德于 2022 年 5 月 14 日首次披露行政处罚事先告知书时就激起资本市场千层浪，一方面是因为本案系 2019 年《证券法》通过后的首个机构违规减持被行政处罚的案例，另一方面约占交易金额 6.91%的 2 亿元天价罚款不仅远高于以往此类案件量罚的平均百分比，还刷新了 A 股违规减持罚款金额的新纪录。在利益驱动下火中取栗的违规减持屡见不鲜，实践中往往以证监会出具警示函或者处数十万元轻微罚款等处罚措施收场，而本案意味着监管态度的全新变化，极大地提升了监管的威慑力和约束性。对此，证监会有关部门负责人答记者问时也指出，上市公司股东、董监高违规减持股份，破坏证券市场秩序、损害投资者权益，一直以来是证监会监管执法的重点。相关主体应当深刻理解规则内涵、充分认识违规责任、自觉遵守有关要求，促进形成良好市场生态和环境。①

（撰稿人：赵　吟）

第二节　禁止从事证券交易的人员

案例简介

证券从业人员郭某纲违法买卖股票案②

郭某纲于 2011 年 7 月 18 日至 2011 年 11 月 10 日担任财达证券研究发展中心研究员，2011 年 11 月 11 日至 2018 年 1 月 30 日（调查日）先后担任财达证券投资部投资经理、项目二部负责人。郭某霞系郭某纲妹妹，于 2000 年 12 月 12 日在申万宏源证券南京华侨路证券营业部开立“郭某霞”证券账户，并于 2011 年 11 月 10 日办理撤指定和转托管，转托管至申万宏源证券大连分公司，2011 年 11 月 22 日开立信用证券账户。

2008 年 7 月 8 日至 2015 年 11 月 16 日，郭某纲先后通过自己的银行账户、其侄子郭某龙银行账户、其母亲于某英银行账户向“郭某霞”银行账户累计转入 158.95 万元，上述资金绝大部分于当日或次日转入“郭某霞”证券账户。2011 年 7 月 18 日至 2018 年 1 月 30 日，郭某纲使用电脑和手机，与郭某霞共同操作“郭某霞”证券账户，共交易股票 75 只，成交金额 10 553.95 万元，盈利 72.36 万元。

---

① 中国证券监督管理委员会. 证监会有关部门负责人答记者问.（2022－05－13）. http：//www.csrc.gov.cn/csrc/c100028/c2570635/content.shtml.

② 本案例摘编自中国证监会行政处罚决定书（郭某纲）〔2019〕116 号。

郭某纲作为证券公司从业人员，借郭某霞名义持有、买卖股票的行为，违反了《证券法》第 43 条第 1 款的规定，构成《证券法》第 199 条所述情形。

在听证过程中，郭某纲及其代理人提出如下申辩意见：第一，郭某纲取得证券执业证书的时间是 2013 年 7 月 24 日，因此，其证券从业时间应从该日开始计算。在此之前，郭某纲未取得证券执业证书，不是证券从业人员。第二，郭某纲在证券从业期间没有借郭某霞名义持有、买卖股票的行为，具体理由为：(1) 当事人在证券从业期间没有向“郭某霞”证券账户投入资金用于持有和买卖股票。(2) 其对“郭某霞”证券账户因买卖股票所产生的实际损益没有承担任何责任。(3) 没有证据证明其在证券从业期间操作过“郭某霞”证券账户。(4) 郭某霞及当事人侄子郭某龙均承认郭某霞和郭某龙共同操作“郭某霞”证券账户。(5) 郭某纲与郭某霞之间没有郭某纲借郭某霞名义持有、买卖股票的书面或口头协议。第三，从 2018 年 1 月 30 日（调查日）往前推两年，郭某纲 2016 年 1 月 29 日前的行为已过行政处罚追究时效，即使有充分证据证明其行为违法，也应依法不予追究。综上，郭某纲请求免于处罚。

经复核，中国证监会认为：第一，《证券法》第 43 条所述证券公司的从业人员，不仅指证券公司从事证券业务的专业人员，而且还包括证券公司从事党务工作、辅助支持业务、综合管理业务在内的其他工作人员。只要属于证券公司工作人员，均应被认定为《证券法》第 43 条规定的证券公司的从业人员。证券公司的从业人员认定不以其取得从业资格或执业证书为前提。郭某纲 2011 年 7 月 8 日入职财达证券，自该日起即为财达证券工作人员，其证券从业时间应以该日为起始时间。第二，在案证据足以认定郭某纲证券从业期间借郭某霞名义持有、买卖股票的行为。第三，郭某纲借他人名义持有、买卖股票的违法行为是自 2011 年 7 月 18 日起一直持续到 2018 年 1 月 30 日为止。中国证监会于 2018 年 1 月 30 日向当事人送达了立案调查通知书，依据《行政处罚法》第 29 条第 2 款的规定，当事人的违法行为具有连续性，因此，当事人 2011 年 7 月 18 日至 2018 年1 月 30 日的违法行为仍在行政处罚追究时效内。综上，对郭某纲及其代理人的申辩意见均不予采纳。

根据当事人违法行为的事实、性质、情节与社会危害程度，依据《证券法》第 199 条的规定，中国证监会决定：没收当事人郭某纲违法所得 72.36 万元，并处以 217.08 万元罚款。

法律要点

1. 禁止从事证券交易的人员范围；
2. 证券从业人员的认定。

知识点介绍

一、禁止从事证券交易的人员范围

为了保护广大投资者的合法权益，维护证券市场的长期稳定，减少和避免证券从业人员利用自身监管权能和信息优势破坏证券市场的公平公正，我国证券法对证券从业人员从事证券交易作出限制性规定。2019 年《证券法》第 40 条第 1 款禁止“证券交易场所、证券公司和证券登记结算机构的从业人员，证券监督管理机构的工作人员以及法律、行政法规规定禁止参与股票交易的其他人员”这三类主体持有、买卖、取得股票或者其他具有股权性质的证券。

第一类是证券交易场所、证券公司和证券登记结算机构的从业人员。《证券法》对专业从事证券交易和证券经营业务的单位作出禁止性规定有其正当性和合理性。一方面，证券从业人员是市场上一类特殊人员，其运用专业能力为投资者服务，如果允许其买卖股票，则可能出现证券从业人员利益与投资者利益相冲突的情况[①]，需要防范他们利用业务和信息的双重优势进行不利于其他投资者的证券交易。另一方面，这些机构负有实施自律监管的职责，一定程度上具备证券市场监管者的身份，在其行使监管职责的同时又上场进行交易无疑会导致证券市场的不公。此外，2019 年《证券法》将“证券交易所”修改为“证券交易场所”，进一步扩大了限制范围，将禁止从事证券交易的人员范围拓展至证券交易所外的新三板和区域性股权市场的从业人员。

第二类是证券监督管理机构的工作人员。相较于普通投资者，监管机构工作人员作为规则制定者、监督管理者对市场情况的了解往往更为全面，对市场规则的变化也能更早知悉，利用职务便利牟取私益的巨大风险与其监管职权相伴相生。为防范其不公正履职、保护广大投资者合法权益，《证券法》将证券监督管理机构的工作人员列入禁止从事证券交易的人员范围。

第三类是法律、法规规定的其他禁止参与股票交易的人员。除上述两类人员外，一些其他人员因地位、职务和与有关人员的关系也被列入禁止参与股票或者其他具有股权性质的证券交易的主体范围。

二、证券公司股权激励计划或者员工持股计划的豁免安排

2019 年《证券法》第 40 条第 3 款为修订中新增的适用于证券公司从业人员的一项禁止证券交易豁免安排，即“实施股权激励计划或者员工持股计划的证券公司的从业人员，可以按照国务院证券监督管理机构的规定持有、卖出本公司股票或者其他具有股权性质的证券。”

股权激励计划是指公司以本公司股票为标的，采用限制性股票、股票期权或者其他方式，对董事、高级管理人员及其他员工进行的长期性激励。员工持股计划是指公司根据员工意愿，通过合法方式使员工获得本公司股票并长期持有，股份权益按约定分配给员工的制度安排。

为了避免证券从业人员以权谋私，损害其他投资者利益和保证市场公平性，传统证券法律制度对证券从业人员进行证券交易予以限制。不同于证券监督管理机构、证券交易场所和证券登记结算机构因承担的法定职能具有较多的公益色彩，证券公司属于市场

① 李响玲. 我国证券从业人员买卖股票制度及其完善//黄红元，徐明. 证券法苑：第 9 卷. 北京：法律出版社，2013：673－690.

化的主体，客观上具有吸引人才和提升自身竞争力的需求，允许作为营利性企业法人的证券公司实施股权激励计划或者员工持股计划具有合理性。

2019年《证券法》在原则上禁止证券公司从业人员从事证券交易的情况下，又例外地为证券公司实施股权激励计划和员工持股计划留下空间，通过法律对此情形予以豁免有力增强我国证券公司的竞争力。但需要注意，此豁免规定仍属于例外情形，证券公司的从业人员不得在二级市场进行交易，只能通过参与有关股权激励计划或者员工持股计划进行股票交易。

三、禁止从事证券交易的行为类型

《证券法》禁止证券交易场所、证券公司和证券登记结算机构的从业人员，证券监督管理机构的工作人员以及法律、行政法规规定禁止参与股票交易的其他人员直接或间接持有、买卖股票或者其他具有股权性质的证券，也禁止原合法持有状态的非法延续。

直接持有、买卖既包括有偿购买也包括无偿受赠；间接持有、买卖包括以虚假的名字、以家庭成员或者其他人员的名义持有、买卖股票或者其他具有股权性质的证券。对此，《证券法》采取实质认定，严格禁止上述人员在任期或者法定限期内参与证券交易。

证券法基于特定身份而对上述人员予以限制，但特定身份不是与生俱来的。在担任相关职位前，或成为法律、行政法规禁止参与股票交易的人员前，上述人员可能已经合法获得并持有股票或者其他具有股权性质的证券。证券法不能苛责其先前行为，但上述人员在具备特定身份后应当将其持有的股票或者其他具有股权性质的证券依法转让，避免原合法持有状态的非法延续。

案例评析

我国2014年《证券法》第43条，以及2019年《证券法》第40条均对证券从业人员买卖股票予以规制，被规制的违法主体属于特殊主体，包括“证券交易场所、证券公司和证券登记结算机构的从业人员，证券监督管理机构的工作人员以及法律、行政法规规定禁止参与股票交易的其他人员”。其中，证券公司的从业人员违法持有、买卖股票行为是当前证券市场违法行为的常见类型之一，但实务中对“证券公司从业人员”的具体认定存在一定争议，被调查的当事人也常常以此为由进行抗辩。

本案中，郭某纲2011年7月8日入职财达证券，但其取得证券执业证书时间是2013年7月24日，郭某纲本人在申辩意见中也提出其证券从业时间应从取得证券执业证书之日开始计算，即在2013年7月24日之前郭某纲不是证券从业人员。对于入职后一段时间才取得证券执业证书的情况，相关主体究竟何时成为“证券公司从业人员”在实践中有不同的观点。

尽管大多数当事人认为，《证券法》中的“证券公司从业人员”应当采取最严格的定义，即必须是取得证券从业资格和执业证书，且在证券公司中专门从事证券业务的人员。但实际上只要是证券公司的员工，其相比于一般投资者就具有一定的优势地位，即使不具有业务上的优势，在信息的获取上也处于优势地位，因此应当对其买卖股票进行规制。

中国证监会在本案中明确了以下两点：第一，证券公司从业人员不仅指从事证券业务的专业人员，还包括证券公司内的其他工作人员。第二，证券公司从业人员的认定不以其取得从业资格或执业证书为前提。概而言之，只要是证券公司的工作人员，均应被认定为《证券法》规定的证券公司从业人员。郭某纲自 2011 年 7 月 8 日入职财达证券时即为“证券公司从业人员”，应当遵守《证券法》对证券公司从业人员行为的规范要求。

在证券从业人员买卖股票的问题上，《证券法》在 2019 年修订之前保持着完全禁止的态度，对此理论界也一直存在着不同的认识。部分学者认为完全禁止的规定损害了宪法赋予公民的财产权利，同时不利于证券从业人员积累经验和提升专业性，并建议借鉴域外证券市场的经验，允许证券从业人员在没有利益冲突的情况下进行股票交易。虽然 2019 年修订后的《证券法》新增了证券公司实施股权激励或员工持股计划的例外豁免，但目前的市场环境尚不具备全面放开的条件，因此 2019 年《证券法》第 40 条最终仍然坚持禁止交易的原则。待我国资本市场和监管体系更为成熟时，证券从业人员买卖股票的限制或许会迎来改变。

（撰稿人：赵　吟）

第三节　证券服务机构和人员买卖股票的限制

案例简介

胡某文、马某违法买卖股票案①

经查，胡某文作为四川华信（集团）会计师事务所（特殊普通合伙）（以下简称“四川华信”）通威股份有限公司（以下简称“通威股份”）2020 年、2021 年度财务报表审计项目组成员，在四川华信接受通威股份年报审计委托后至审计报告公开后 5 日内（通威股份 2020 年财务报表审计报告于 2021 年 4 月 13 日披露），于 2020 年 12 月 2 日至 2021 年 3 月 8 日期间，通过名下账户累计买入通威股份股票 400 股（成交金额 13 491 元），累计卖出通威股份股票 200 股（成交金额 6 560 元）。上述行为违反了《证券法》第 42 条有关规定，根据《证券法》第 170 条第 2 款的有关规定，四川证监局决定对胡某文采取出具警示函的行政监管措施。

经查，马某作为四川华信通威股份 2021 年度财务报表审计项目组成员，在四川华信接受通威股份年报审计委托后至审计报告公开后 5 日内（通威股份 2021 年财务报表

① 本案例摘编自中国证监会四川监管局行政处罚决定书〔2023〕11 号、〔2023〕12 号。

审计报告于 2022 年 4 月 26 日披露），于 2022 年 4 月 26 日，通过名下账户累计买入通威股份股票 200 股（成交金额 7 336 元）。上述行为违反了《证券法》第 42 条有关规定，根据《证券法》第 170 条第 2 款的有关规定，四川证监局决定对马某采取出具警示函的行政监管措施。

法律要点

1. 证券服务机构的种类及勤勉尽责义务；
2. 证券服务机构和人员买卖股票的限制。

知识点介绍

一、证券服务机构的种类及勤勉尽责义务

证券服务机构是资本市场的重要参与主体，尤其在证券发行注册制改革的背景下，证券服务机构“看门人”的作用更为凸显。我国 2019 年《证券法》第 160 条第 1 款明确了证券服务机构有 7 类，包括会计师事务所、律师事务所以及从事证券投资咨询、资产评估、资信评级、财务顾问、信息技术系统服务的证券服务机构。

2019 年《证券法》第 160 条第 1 款规定了证券服务机构的勤勉尽责义务，要求证券服务机构要恪尽职守，勤勉尽责。2019 年《证券法》第 163 条的规定，证券服务机构为证券的发行、上市、交易等证券业务活动制作、出具审计报告及其他鉴证报告、资信评估报告、资信评级报告、财务顾问报告、法律意见书等文件，应当勤勉尽责，不得有虚假记载、误导性陈述或者重大遗漏，对发行人、上市公司提供的资料内容的真实性、准确性、完整性进行核查和验证。①

二、证券服务机构和人员买卖股票的限制及违反规定应承担的法律责任

2019 年《证券法》第 42 条规定了证券服务机构和人员买卖股票的限制，为证券发行出具审计报告或者法律意见书等文件的证券服务机构和人员，在该证券承销期内和期满后 6 个月内，不得买卖该证券。除前款规定外，为发行人及其控股股东、实际控制人，或者收购人、重大资产交易方出具审计报告或者法律意见书等文件的证券服务机构和人员，自接受委托之日起至上述文件公开后 5 日内，不得买卖该证券。实际开展上述有关工作之日早于接受委托之日的，自实际开展上述有关工作之日起至上述文件公开后 5 日内，不得买卖该证券。根据 2019 年《证券法》第 42 条的规定，“证券服务机构和人员”的范畴应为证券发行及为发行人及其控股股东、实际控制人，或者收购人、重大资产交易方出具审计报告或者法律意见书等文件的证券服务机构和人员。

---

① 郭锋. 中华人民共和国证券法制度精义与条文评注. 北京：中国法制出版社，2020：770.

2019年《证券法》第188条规定了证券服务机构及其从业人员违反规定买卖证券应承担的法律责任，证券服务机构及其从业人员，违反《证券法》第42条的规定买卖证券的，责令依法处理非法持有的证券，没收违法所得，并处以买卖证券等值以下的罚款。

案例评析

一、本案中"证券服务机构和人员"应履行的法律职责

证券服务机构，即在证券市场上为证券投资者提供信息认证、为证券发行和上市出具相关法定文件，保证证券品质的服务性机构。其范围包括2019年《证券法》第160条列举的从事证券服务的会计师事务所、律师事务所以及从事证券投资咨询、资产评估、资信评级、财务顾问以及信息技术系统服务的各类机构。证券服务机构作为证券市场的重要组成部分，承担着核查验证、专业把关法律职责，发挥着平衡证券市场主体之间信息不对称，降低交易成本的作用。本案中，四川华信作为证券服务机构，应当履行专业职责内的勤勉义务，审慎核查发行人的财务数据，出具无保留意见的审计报告，确保其符合会计基础规范，胡某文、马某作为会计师事务所的工作人员，则应当履行核查验证、专业把关的法律职责。

二、本案中会计师事务所工作人员违反的法律责任

2019年《证券法》第42条是由2014年《证券法》第45条修改而来的，本条规定的是对证券服务机构和人员买卖股票的限制。主要有以下修改：一是将"股票"修改为"证券"，扩大了证券服务机构和人员限制买卖的对象。二是删除了"资产评估报告"，限缩了证券服务机构的范围。三是审计报告或者法律意见书等文件的出具对象由"上市公司"扩展至"发行人及其控股股东、实际控制人，或者收购人、重大资产交易方"，对象得以扩大，规制范围更加周延。四是在第2款中增加："实际开展上述有关工作之日早于接受委托之日的，自实际开展上述有关工作之日起至上述文件公开后五日内，不得买卖该证券。"将限制买卖证券的时间提前到实际开展工作之日，使法律更周延、更科学。[①]

本案中，胡某文作为四川华信通威股份2020年、2021年度财务报表审计项目组成员，在四川华信接受通威股份年报审计委托后至审计报告公开后5日内（通威股份2020年财务报表审计报告于2021年4月13日披露），于2020年12月2日至2021年3月8日期间，通过名下账户累计买入通威股份股票400股（成交金额13 491元），累计卖出通威股份股票200股（成交金额6 560元）。马某作为四川华信通威股份2021年度财务报表审计项目组成员，在四川华信接受通威股份年报审计委托后至审计报告公开后5日内（通威股份2021年财务报表审计报告于2022年4月26日披露），于2022年4月26日，通过名下账户累计买入通威股份股票200股（成交金额7 336元）。上述行

① 邢会强. 中华人民共和国证券法新旧条文对照与适用精解. 北京：中国法制出版社. 2020：23.

为违反了《证券法》第 42 条有关规定，根据《证券法》第 170 条第 2 款的有关规定，四川证监局决定对胡某文、马某采取出具警示函的行政监管措施。2019 年《证券法》第 188 条规定了证券服务机构及其从业人员违反规定买卖证券应承担的法律责任，证券服务机构及其从业人员，违反 2019 年《证券法》第 42 条的规定买卖证券的，责令依法处理非法持有的证券，没收违法所得，并处以买卖证券等值以下的罚款。

证券服务机构和人员应当按照 2019 年《证券法》规定的要求，在该证券承销期内和期满后 6 个月内，不得买卖该证券。同时，为发行人及其控股股东、实际控制人，或者收购人、重大资产交易方出具审计报告或者法律意见书等文件的证券服务机构和人员，自接受委托之日起至上述文件公开后 5 日内，不得买卖该证券。实际开展上述有关工作之日早于接受委托之日的，自实际开展上述有关工作之日起至上述文件公开后 5 日内，不得买卖该证券。

（撰稿人：李欣豫）

第四节　短线交易及归入权

案例简介

九龙山公司短线交易及归入权案①

2009 年 1 月 13 日，浙江九龙山国际旅游开发有限公司（以下简称“九龙山国旅”）完成受让上海九龙山股份有限公司（以下简称“上海九龙山”）66 254 198 股 A 股的过户登记手续。自 2009 年 3 月 2 日起至 2009 年 6 月 5 日，九龙山国旅合计减持上海九龙山 A 股 31 892 500 股，成交金额 165 390 536.49 元，盈利 112 582 401.78 元，扣除所得税后，净盈利 84 436 801.34 元。九龙山国旅减持前持股比例为 15.25%，减持后持股比例为 11.58%。

2011 年 12 月 13 日，中国证监会作出〔2011〕54 号行政处罚决定，认定九龙山国旅构成短线交易，给予警告并处 10 万元罚款。九龙山国旅不服该行政处罚决定，向北京市第一中级人民法院提起行政诉讼，请求撤销行政处罚。

一审法院认为，九龙山国旅关于撤销被诉处罚决定的诉讼请求，缺乏事实及法律依据，不予支持，驳回其诉讼请求。

九龙山国旅不服，向北京市高级人民法院提起上诉。

二审法院认为，中国证监会对九龙山国旅的处罚并无不当，驳回上诉，维持一审判决。

九龙山国旅遂向最高人民法院申请再审。

---

①　本案例摘编自最高人民法院（2015）行提字第 24 号行政判决书，上海市高级人民法院（2015）沪高民五（商）终字第 S9 号民事判决书。

九龙山国旅在再审中提出：其不符合短线交易的主体要件。短线交易收益归入制度规制的对象是具有特定身份，且凭借其身份可以形成公司内幕交易的人，2005 年《证券法》第 47 条将此类人员细化为公司董事、监事、高级管理人员、持有上市公司股份 5%以上的股东。短线交易构成以行为人具有上述身份为前提。而 2005 年《证券法》第 47 条又将“短线交易”定义为行为人在 6 个月内有“买入卖出”或“卖出买入”之一组以上反向买卖交易行为。因此，上市公司股东要构成短线交易，首先应获得持有 5%以上股份股东之身份，然后在 6 个月内有一组以上反向买卖交易行为。九龙山国旅通过协议买入上海九龙山 15.25%股份成为持股 5%以上股东后，仅有一个卖出 31 892 500 股的行为，尚缺乏一组反向交易行为，如果认定九龙山国旅“购入 15.25%股份、卖出 31 892 500 股”构成《证券法》第 47 条所规制的反向交易行为，九龙山国旅因实施该组交易行为之前尚不是持股 5%以上的股东而不具备短线交易的主体资格。

中国证监会在再审中答辩称：九龙山国旅符合短线交易主体资格。根据 2005 年《证券法》第 47 条规定，并无要求交易主体必须“在买入和卖出两个时点均属于 5%以上股东特定身份”，九龙山国旅交易行为符合“持有上市公司股份 5%以上的股东，将其持有的该公司的股票在买入后 6 个月内卖出，或者在卖出后 6 个月内买入”的规定，构成短线交易。

最高人民法院根据《立法法》第 64 条规定正式向全国人民代表大会常务委员会法制工作委员会提出法律询问。全国人民代表大会常务委员会法制工作委员会（以下简称全国人大法工委）作出法工办复［2016］1 号《关于证券法第四十七条第一款理解问题的答复意见》明确答复：《证券法》第 47 条第 1 款并没有作出只有在当事人具备上市公司董事、监事、高级管理人员、持有上市公司股份 5%以上的股东身份后，在 6 个月内买卖本公司股票的行为才适用本条规定的限制。当事人在买入上市公司股票时不是“上市公司董事、监事、高级管理人员”，在买入后 6 个月内卖出时具备上述身份的，或者当事人因买入上市公司股票才成为“持有上市公司股份百分之五以上的股东”，其后又在 6 个月内卖出该上市公司股票的，均应当适用《证券法》第 47 条第 1 款的规定。最高人民法院参照适用这一意见，认定九龙山国旅构成短线交易的主体。

海航置业控股（集团）有限公司（后更名为海航资产管理集团有限公司，以下简称“海航资管”）系持有上海九龙山 13.77%股权的股东。海航资管于 2012 年 6 月 20 日向上海九龙山董事会及 7 名董事发出公函，要求上海九龙山董事会向包括九龙山国旅在内的三名短线交易行为人追讨短线交易收益。之后，因上海九龙山董事会未提起相关诉讼，海航资管遂向上海市第一中级人民法院提起诉讼，请求九龙山国旅在内的三名被告向第三人上海九龙山返还短线交易收益，并由 7 名被告董事对该债务返还承担连带责任。

一审法院认为，三被告既存在短线交易的不当行为，其所得收益应归第三人所有，第三人董事会应当收回其所得收益。鉴于第三人董事会未向前述三被告主张相关权利，在原告书面要求后亦未在法定期限内执行，原告作为第三人的股东提起本案诉讼并无不当，其诉讼请求具有法律依据。二审法院驳回了上诉，维持原判。

法律要点

1. 短线交易的主体范围和行为；
2. 归入权的概念和行使。

知识点介绍

一、短线交易的主体范围

1. 短线交易的主体

在证券法研究中，短线交易曾经属于内幕交易的下位概念。之所以将短线交易从内幕交易中独立出来，主要是因为法律规制短线交易和内幕交易的出发点有所差别：短线交易的行为人拥有“内部人”地位，拥有比外部人更准确、更优先的信息获知途径，为防止这种内部优势地位被滥用服务于个人利益攫取，只要其在短期内进行了反向操作的交易，法律就一概认定这种交易行为的非法性，并剥夺其可能获得的短线交易利益，本质上是“内部人”违反了其对公司的信义义务。而对于内幕交易，尽管大多数内幕交易的主体也是传统意义上的“内部人”（即内幕信息知情人），但内幕交易的主体还包括非法获取内幕信息的人（这类主体并不局限“内部人”范畴），且内幕交易的规制重点在于行为人利用内幕信息进行交易，违反了证券交易的公平原则和信息披露原则。

因此，短线交易的主体表现出了比较明显的“内部人”特点。2019 年《证券法》第 44 条第 1 款规定：“上市公司、股票在国务院批准的其他全国性证券交易场所交易的公司持有百分之五以上股份的股东、董事、监事、高级管理人员，将其持有的该公司的股票或者其他具有股权性质的证券在买入后六个月内卖出，或者在卖出后六个月内又买入，由此所得收益归该公司所有，公司董事会应当收回其所得收益。但是，证券公司因购入包销售后剩余股票而持有百分之五以上股份，以及有国务院证券监督管理机构规定的其他情形的除外。”根据该规定，短线交易主体为：

（1）上市公司、股票在国务院批准的其他全国性证券交易场所交易的公司的董事、监事、高级管理人员。

（2）上市公司、股票在国务院批准的其他全国性证券交易场所交易的公司持有百分之五以上股份的股东。

2. 自然人控制账户证券的合并计算

根据 2019 年《证券法》第 44 条第 2 款的规定，董事、监事、高级管理人员、自然人股东持有的股票或者其他具有股权性质的证券，包括其配偶、父母、子女持有的及利用他人账户持有的股票或者其他具有股权性质的证券。这一规定可以避免相关主体利用亲属及他人账户规避短线交易的限制。

二、短线交易的行为

短线交易不是一个交易行为，而是指短线交易的主体在 6 个月内实施的买入、卖出两个方向相反的行为，既可以是先买入再卖出，也可以是先卖出再买入。

但《证券法》第44条并未明确规定何为“买入”和“卖出”。一般而言，可作如下理解。

1.一级市场上增发股份的认购行为属于“买入”

认购公开增发股份属于证券发行环节。2019年《证券法》第40条例外排除了发行环节中证券公司因购入包销售后剩余股票而持有百分之五以上股份继而在6个月内又卖出该股票的情形，但是，并未将短线交易的“买入”限定在证券交易环节。证券发行本质上就是销售证券，发行人卖出证券，投资人买入证券。法定主体认购公司公开增发股份的行为也应构成短线交易行为中的“买入”。

至于上市公司向特定对象的发行，因为向特定对象发行的股份有限售要求，所以短线交易所要求的双向操作基本上无法实现。[①] 否则，不构成短线交易行为，而是违反了向特定对象发行股份的限售规定。

2.大宗交易、协议转让等方式属于“买入”“卖出”

在二级市场上，“买入”和“卖出”不仅包括在证券交易所场内以集中竞价方式进行的买、卖行为，还应包括以大宗交易、协议转让等方式进行的买、卖行为。

另外，根据法理分析，因司法强制执行、继承、遗赠、依法分割财产等非交易转让导致股份变动的，应不属于短线交易的“买入”和“卖出”情形。[②]

3.短线交易的豁免

根据2019年《证券法》第44条第1款的规定，短线交易的豁免主要有两种情形：一是证券公司因购入包销售后剩余股票而持有5%以上股份的，二是有国务院证券监督管理机构规定的其他情形。

之所以如此规定，主要有如下原因：第一，证券公司包销是将公司发行的股票按照协议全部购入或者在承销期结束时将售后剩余证券全部自行购入的承销方式，其目的在于通过证券公司将公司发行的股票售出。为便于证券公司尽早将其因包销而购入的售后剩余证券出售给社会公众实现股权分散。第二，证券公司并不参与发行人的经营管理，不具有传统“内部人”的信息优势。第三，授权证监会对短线交易的豁免予以规定，为将约定购回式证券交易、公开募集证券投资基金和不谋求对上市公司的控制和管理的专业机构投资者被动持股超过5%以及做市交易等情形豁免适用短线交易提供了制度空间。

三、归入权的概念、特征和行使

1.归入权的概念和特征

2019年《证券法》第44条第3款规定，“公司董事会不按照第一款规定执行的，股东

---

① 《上市公司证券发行注册管理办法》（中国证券监督管理委员会令第206号）第59条规定，“向特定对象发行的股票，自发行结束之日起六个月内不得转让。发行对象属于本办法第五十七条第二款规定情形的，其认购的股票自发行结束之日起十八个月内不得转让。”

② 例如，《上市公司董事、监事和高级管理人员所持本公司股份及其变动管理规则》（2022年修订）第5条第1款规定：“上市公司董事、监事和高级管理人员在任职期间，每年通过集中竞价、大宗交易、协议转让等方式转让的股份不得超过其所持本公司股份总数的百分之二十五，因司法强制执行、继承、遗赠、依法分割财产等导致股份变动的除外。”

有权要求董事会在三十日内执行。公司董事会未在上述期限内执行的，股东有权为了公司的利益以自己的名义直接向人民法院提起诉讼。”第44条第4款规定，“公司董事会不按照第一款的规定执行的，负有责任的董事依法承担连带责任。”根据该条规定，归入权是指公司所享有的，向短线交易行为人主张将短线交易利益收归公司所有的权利。

归入权有如下特征：

第一，归入权的权利主体是公司。

归入权是法律赋予公司的权利，归入权的权利主体是公司，而非股东或其他利益相关主体。而公司的执行机关为董事会，因此应由董事会代表公司将短线交易利益予以收回。

但是，公司毕竟是拟制法律主体，如果公司（董事会）怠于行使其权利，可由股东以代位诉讼的方式代位行使。

第二，归入权的行使客体是短线交易利益。

如果行为人的行为构成了短线交易，例如，外观上具备短期内针对同一股票的反向操作行为，但这种反向操作如果没有为行为人带来经济利益的话，就无所谓归入权的行使。换言之，短线交易是否有实际利益或收益并不是短线交易的构成要件，但却是公司行使归入权的实际前提。

第三，归入权行使的对象是短线交易行为人。

根据2019年《证券法》第44条第2款的规定，在判断短线交易时，董事、监事、高级管理人员、自然人股东持有的股票或者其他具有股权性质的证券，不仅指其个人名下的，还包括其配偶、父母、子女持有的及利用他人账户持有的。这其实是在解释2019年《证券法》第44条第1款中的“持有”，即该“持有”并不仅限于董事、监事、高级管理人员、自然人股东以自己名义进行的“名义持有”，还包括“实际持有”。

当公司行使归入权时，行权对象应为短线交易行为人，并不包括被控制账户的其他名义持有人。[①]

第四，归入权是公司恢复因短线交易损失利益的“私力”救济方式。

归入权的实现，可以由公司向行为人进行请求，也可以诉讼的方式进行，并不以是否有行政监管机关的行政处罚为前提。

2.归入权的行使

对于公司有关人员短线交易所得的收益，董事会应当代表公司予以收回。

如果董事会不收回公司有关人员短线交易所得的收益，公司的任何一个股东，无论持股多少，都有权要求董事会在30日内执行。经股东请求，公司董事会超过30日仍不执行的，股东有权提起代位诉讼，即以自己的名义向人民法院起诉实施了短线交易的有

① 例如，在深圳市康达尔（集团）股份有限公司诉林某等短线交易收益纠纷案［广东省高级人民法院（2018）粤03民终5121号民事判决书，以下简称“康达尔案”］中，短线交易行为人为林某。原告康达尔公司认为，根据深圳证监局作出的〔2014〕6号处罚决定书，13名被告所持有13个账户买卖康达尔股票存在短线交易，收益应归康达尔公司所有，请求判决林某等13名被告连带支付短线交易所获得的收益及占用期间的利息。法院认为，林某利用其他12名被告的账户买卖股票，系13个账户的实际控制人及实际的交易主体，在判断涉案交易是否构成短线交易的股份比例时应以13个账户合计数量为标准，符合短线交易股东持股比例要求……（但）林某系短线交易的实际行为人，13个账户仅系实现短线交易的工具，康达尔公司未提供证据证明13名被告对于短线交易存在合意或分享收益或属一致行动人，本案责任应由林某个人承担。

关人员，要求其交回短线交易的收益。

对于应属于公司的收益，董事会应当及时收归公司所有，以维护公司利益。如果公司董事会不依法将公司有关人员短线交易的收益收归公司所有，负有责任的董事应当依法承担连带责任。

案例评析

一、本案对短线交易主体的认定采用了“一端说”

对于短线交易的认定，除了须符合特定主体要求外，还有“买入、卖出”或“卖出、买入”的行为要求，因此对于短线交易构成是否以行为人具有董事、监事、高级管理人员或持有上市公司5%以上股份的股东的身份为前提，并在其后6个月内实施“买入卖出”或“卖出买入”一组以上买卖交易行为，证券法理论和执法实践一直存在“一端说”“两端说”和“折中说”的分歧。“两端说”，是指行为人在买入和卖出时都应为“持有上市公司股份百分之五以上的股东”，即行为人首先已经具备了“持有上市公司股份百分之五以上的股东”的身份要求，进而再从事了买入和卖出的行为。“一端说”，是指只要是在买入或卖出的任一点属于“持有上市公司股份百分之五以上的股东”即可。“折中说”，则是指区分董事、监事、高级管理人员和股东，认为对于董事、监事、高级管理人员应采“一端说”；对于股东，则应采“两端说”。

从我国已有相关案例来看，主流看法是“折中说”更为合理，即对董事、监事、高级管理人员的认定，适用“一端说”；对如何认定“持有上市公司股份百分之五以上的股东”，则适用“两端说”。例如，在华夏建通诉严某证券短线交易归入权纠纷案中，法院认为，“证券法将此类人员细化为公司董事、监事、高级管理人员、持有上市公司股份百分之五以上的股东。如此，短线交易之构成是以行为人具有上述人员之身份为前提的。而证券法第四十七条又是将‘短线交易’定义为行为人在六个月内有‘先买后卖’或‘先卖后买’之两次以上相反买卖交易行为。因此，以上要件对短线交易收益归入制度所演绎的逻辑过程显然为：行为人首先应获得公司董事、监事、高级管理人员或持有百分之五以上股份股东之身份，然后在六个月内有一组以上买卖反向交易行为。”① 又如，在前文提到的康达尔案中，亦是采“两端说”来对持股5%以上股东的短线交易行为进行定性并计算应归入利益的。②

但在本案行政诉讼的再审中，最高人民法院在参照全国人大常委会法工委的意见后适用了“一端说”，“当事人在买入上市公司股票时不是‘上市公司董事、监事、高级管理人员’，在买入后六个月内卖出时具备上述身份的，或者当事人因买入上市公司股票

① 上海市卢湾区人民法院（2009）卢民二（商）初字第984号民事判决书。

② “根据调取的13个账户的交易记录，在2013年10月10 013个账户合计持股达5%后，至2016年1月27日逐步清空前，该期间所有的买入卖出均未导致13个账户持股低于5%，即2013年10月10日持股达5%后至2016年1月27日前所有的买入、卖出均属于持股达5%股东的交易行为，符合短线交易股东持股比例要求。”[唐春丽.短线交易的认定及收益计算.人民司法，2020（32）.]

才成为‘持有上市公司股份百分之五以上的股东’，其后又在六个月内卖出该上市公司股票的，均应当适用《证券法》第四十七条第一款的规定。”即不区分董事、监事、高级管理人员和持股5%以上的股东，皆适用“一端说”。

这其实是不符合禁止短线交易的规制目的的。“禁止短线交易是为了防范内部人利用其身份地位获取内幕信息进行交易，应充分注意到董监高与股东身份性质、在公司中地位及对公司决策影响的不同，不能一刀切而应有所区别。上市公司董监高作为管理人员，了解公司各种信息，直接掌握公司的运营，只要拥有这样的身份就更容易接触到内部消息。而上市公司股东较为分散，只有在持股达到法定比例成为大股东后，才有可能接触到内部信息，故折中说更符合短线交易的立法目的与制度功能。”①

二、负有责任的董事可成为归入权派生诉讼的连带被告

归入权的实现，主要有三种方式：一是行为人主动履行。在实践中，上市公司通常会以董事会决议并发布公告的方式提醒行为人其行为已构成短线交易，并督促、要求其将短线交易收益交付公司。二是公司诉讼。即公司董事会以公司的名义，以短线交易行为人为被告，以将行为人短线交易收益交付公司为诉讼请求诉至法院。三是股东派生诉讼。如果公司董事会怠于行使归入权，例如，既不以公告方式要求行为人返还归入利益，也未就利益归还提起诉讼，股东就可以自己的名义对行为人就归入利益的返还提起派生诉讼。

本案中，上海九龙山董事会并未主动向九龙山国旅主张归入权，在股东海航资管要求后亦未能在法定期限内执行；董事会7名董事亦无证据证明其及时召开了董事会并作出了相关决议，且未能说明其未能履行归入职责的合理理由，可见，该7名董事违反了勤勉义务，应承担相应责任。根据2005年《证券法》第47条的规定，负有责任的董事可成为归入权股东派生诉讼的连带被告，与短线交易行为人就短线交易利益的返还承担连带责任。

（撰稿人：杜　晶）

第五节　程序化交易

案例简介

伊世顿国际贸易有限公司利用出现交易操纵期货市场案②

被告单位伊世顿国际贸易有限公司（以下简称“伊世顿公司”）于2012年9月成

① 唐春丽. 短线交易的认定及收益计算. 人民司法，2020（32）.

② 本案例摘编自上海市第一中级人民法院（2016）沪01刑初78号刑事判决书，上海市高级人民法院（2017）沪刑终59号刑事裁定书。

立，后通过被告人金某献在华鑫期货有限公司开设期货账户。2013年6月起至2015年7月间，伊世顿公司为逃避证券期货监管，通过被告人高某、金某献介绍，以租借或者收购方式，实际控制了19名自然人和7个法人期货账户，与伊世顿公司自有账户组成账户组，采用高频程序化交易方式从事股指期货合约交易。其间，伊世顿公司隐瞒实际控制伊世顿账户组、大量账户从事高频程序化交易等情况，规避中国金融期货交易所（以下简称“中金所”）的监管措施，从而取得不正当交易优势；还伙同金某献等人，将自行研发的报单交易系统非法接入中金所交易系统，直接进行交易，从而非法取得额外交易速度优势。2015年6月1日至7月6日间，伊世顿公司及被告人高某、梁某中伙同金某献，利用以逃避期货公司资金和持仓验证等非法手段获取的交易速度优势，大量交易中证500股指期货主力合约、沪深300股指期货主力合约合计377.44万手，从中非法获利人民币3.893亿余元。此外，被告人金某献还利用职务便利侵占华鑫期货有限公司资金1 348万余元。

法院认为，被告单位伊世顿公司、被告人高某、梁某中、金某献在股指期货交易中，在已使用高频程序化交易的基础上，利用不正当交易优势和额外交易速度优势抢占交易先机，限制或排除其他合规投资者最优交易机会，其行为严重破坏了股指期货市场公平交易秩序和原则，符合操纵期货市场的行为特征。遂以操纵期货市场罪判处被告单位伊世顿公司罚金人民币3亿元，追缴违法所得人民币3.893亿元；判处被告人高某有期徒刑3年，缓刑4年，并处罚金人民币100万元；判处被告人梁某中有期徒刑2年6个月，缓刑3年，并处罚金人民币80万元；对被告人金某献以操纵期货市场罪、职务侵占罪判处有期徒刑5年，并处罚金人民币60万元。

法律要点

1. 什么是程序化交易？
2. 证券法如何规范程序化交易？
3. 程序化交易与操纵市场是何关系？

知识点介绍

《证券法》第45条规定：“通过计算机程序自动生成或者下达交易指令进行程序化交易的，应当符合国务院证券监督管理机构的规定，并向证券交易所报告，不得影响证券交易所系统安全或者正常交易秩序。”这是2019年修改《证券法》后新增的条款。原《证券法》没有对于程序化交易作出规定，使得程序化交易缺乏可遵循的基本行为规范。2019年《证券法》专门增加了有关程序化交易管理的规定。

2022年4月通过的《期货和衍生品法》第21条也规定：“通过计算机程序自动生成或者下达交易指令进行程序化交易的，应当符合国务院期货监督管理机构的规定，并向期货交易场所报告，不得影响期货交易场所系统安全或者正常交易秩序。”

目前，国务院期货监督管理机构与国务院证券监督管理机构是同一机构，即中国证监会。

一、程序化交易的定义

程序化交易（Program Trading）是指通过既定程序或特定软件，自动生成或执行交易指令的交易行为和技术。[①]

与程序化交易相近的一个概念是“高频交易”（High-Frequency Trading）。简单地讲，高频交易就是一种采用高速度和高频率的自动化证券交易方法或策略。与高频交易相对应的则是低频交易（Low Frequency Trading）。高频交易的速度之快，是常人难以想象的。在高频交易的世界里，几微秒（1秒等于一百万微秒）便足以改变交易的输赢。高频交易被称为“高频”的原因在于，高频交易公司不会长时间地持有股票。一旦买入，它们会立即卖出，有时一天之内同一只股票会来回买卖成百上千次。高频交易者会在当天收盘之前平掉所有仓位，一方面为了节约交易成本，另一方面为了规避风险。高频交易具有如下特征：交易量大但平均每笔交易量很小；利用高速计算机程序下单、传输和执行订单；其计算机主机往往被托管在离交易所很近的地方；建仓和清仓的时间通常都非常短；在交易日结束时通常会平掉所有仓位。由于高频交易快速执行的特点，高频交易系统必须是程序化的，但并不是所有的程序化交易都是高频的。[②] 如果不是高频的程序化交易，其优势并不明显。

在中国内地股票市场，由于T+1交易制度以及高昂的印花税与交易手续费成本，程序化交易和高频交易不易施展拳脚。但在商品期货、金融期货、ETF（交易型开放式指数基金）等允许T+0交易方式且交易税费成本比较低的领域，程序化交易和高频交易已出现。除了伊世顿公司涉嫌特大操纵期货市场犯罪案外，中国证监会已对东海恒信操纵市场案和江泉操纵市场案作出了行政处罚，这两个案例具有程序化交易和高频交易的特征。

总之，在技术日益发达的今天，证券市场和期货市场都愈加盛行程序化交易和高频交易，但在目的的交易制度约束之下，程序化交易和高频交易在期货市场更加盛行。

二、程序化交易的具体情形

2019年《证券法》修订，明确了程序化交易的两种类型：一种是通过计算机程序自动生成交易指令，具体执行可能由计算机或者人工完成；另一种是通过计算机程序自动下达交易指令的交易行为。前者侧重于由计算机程序进行投资决策，后者强调由计算机程序执行交易行为。

① 此处参考了中国证券监督管理委员会《证券期货市场程序化交易管理办法（征求意见稿）》（2015年10月）第2条的定义，但增加了其技术属性。

② 邢会强. 证券期货市场高频交易的法律监管框架研究. 中国法学，2016（5）.

三、程序化交易的管理

本次《证券法》修订对程序化交易管理作了原则规定。

一是明确进行程序化交易的原则要求。程序化交易是市场利用技术进行创新的成果，在境外证券期货市场使用较为普遍，交易量占比较高，是未来证券市场发展的一个重要方向。我国程序化交易处于快速发展阶段，应当支持程序化交易进行规范发展。在允许进行程序化交易的同时，也不得影响证券交易所系统安全或者正常交易秩序。

二是进行程序化交易应当符合国务院证券监督管理机构的规定。基于程序化交易的两面性和复杂性，2019 年《证券法》通过授权监管机构作出规定的方式，对程序化交易实施监管。由于程序化交易监管较为复杂，需要统筹考虑监管与发展之间的关系，《证券法》难以对程序化交易监管作出细化规定，因此授权国务院证券监督管理机构对此作出具体规定。证券监督管理机构应当根据《证券法》的授权，结合市场上程序化交易开展的实际情况，制定程序化交易监管的具体规定。2015 年，中国证监会曾起草了《证券期货市场程序化交易管理办法（征求意见稿）》，向社会公开征求意见。沪深证券交易所也配套制定了相应的业务细则，并对外征求意见。但因种种原因，迄今尚未出台正式管理办法。2020 年 12 月中国证监会发布的《可转换公司债券管理办法》第 3 条第 3 款则规定："进行可转债程序化交易的，应当符合中国证监会的规定，并向证券交易所报告，不得影响证券交易所系统安全或者正常交易秩序。"

三是进行程序化交易应当向证券交易所报告。程序化交易投资者由于程序化交易使用复杂计算机软件和系统进行交易，实现自动化运作，容易出现技术故障、重大差错等异常事件，对市场秩序和交易安全造成较大冲击。因此，进行程序化交易应当向证券交易所报告，并且不得影响证券交易所系统安全或者正常交易秩序。证券交易所将根据证券监督管理机构的规定制定有关进行程序化交易报告的具体业务规则，明确程序化交易管理的具体内容和报告要求。2021 年修改的《证券交易所管理办法》第 48 条也规定："通过计算机程序自动生成或者下达交易指令进行程序化交易的，应当符合中国证监会的规定，并向证券交易所报告，不得影响证券交易所系统安全或者正常交易秩序。证券交易所应当制定业务规则，对程序化交易进行监管"。

案例评析

本案是 2020 年 9 月 24 日最高人民法院发布的 7 件人民法院依法惩处证券、期货犯罪典型案例之一。本案是国内首例利用程序化交易操纵市场的案例，尽管发生在期货市场，但对于证券市场也具有借鉴意义。

本案在 2015 年审理时，法律、司法解释对本案中操纵方法没有明确规定。本案中，被告单位伊世顿公司、被告人金某献等人违反有关规定，隐瞒实际控制伊世顿公司账户组、大量账户从事高频程序化交易等情况，规避中金所对风险控制的监管措施，将自行研发的报单交易系统非法接入中金所交易系统，利用以逃避期货公司资金和持仓验证等非法手段获取的交易速度优势，大量操纵股指期货交易，影响期货交易价格或者期货交易量，其行为符合操纵期货市场罪的构成要件。伊世顿公司的操纵行为严重破坏了股指期货市场的公平交易秩序和原则，与刑法规定的连续交易、自买自卖等操纵行为的本质相同，因此被认定为“以其他方法操纵证券、期货市场的”情形。

从国外的经验看，在程序化交易和高频交易领域，有三种常见的操纵市场方法。

第一种是“幌骗”（英文为“spoofing”，有时也称为“layering”）。它是指一个交易商下达一个较大的买单，而其实早已准备取消它；其下单的目的是创造一个买方很多的印象，以使价格上涨；一旦价格上涨，该交易者就会取消它原来的买单，并挂出卖单以一个更高的价格卖给被引诱进场的投资者。当然，这一切都发生在极短的时间内（不到一秒钟）。这一模式也被称为“哄抬股价”（pump and dump）。当然，“幌骗”也可以做相反方向的操作，但“哄抬股价”的“幌骗”则更为常见。“幌骗者”（spoofer）通过假装有意以特定价格买卖证券、期货，制造需求假象，企图引诱其他交易者进行交易来影响市场，是一种市场操纵行为。美国 2010 年《多德法》第 747 条明令禁止“幌骗”交易。

第二种是“塞单”（Quote Stuffing）。它是指在极短的时间内（例如几十分之一秒），交易商突然向市场抛下巨量买单或卖单，然后迅速撤单。这会导致交易系统“塞车”，当没有经验投资者正在准备消化和处理这些巨量信息时，塞单者得以隐藏其投资策略。“塞单”与“幌骗”的共同之处都是申报大量订单后迅速撤销申报，不同之处在于，前者没有紧跟着一个相反方向的订单。“塞单”也是一种市场操纵行为。

第三种是“高速试探”。它的通常做法是，高频交易商不停地用小额的（通常是一两百股）、不断提价的（例如每次增加一分钱）、不能立即成交便立即撤销的订单（Immediate-or-Cancel Order，简称“IOC 订单”）来探测机构投资者的大订单，一旦发现了“大订单”（又叫“冰山订单”，英文 Iceberg Order），高频交易商就能很好地判断出其价位和大概的数量，于是高频交易商就以其速度优势，先扫清市场上现有的所有该只股票的订单（哪怕个别“扫货”会出现一点儿亏损），然后再统一提价卖给该机构投资者。当然，也可以做相反方向的交易。欧洲证券与市场监管局于 2012 年发布的指南明确将试探订单定性为市场操纵行为。试探订单存在的前提是“暗池交易”。在“暗池交易”中，委托人是匿名的，其真实交易数量也是被隐藏的，一个大单往往被拆分为若干个小单。我国目前没有“暗池交易”，而竞价交易和大宗交易又是比较公开透明的，因此没有试探订单存在的必要性。

2019 年《证券法》第 55 条规定：“禁止任何人以下列手段操纵证券市场，影响或者意图影响证券交易价格或者证券交易量：……（四）不以成交为目的，频繁或者大量申报并撤销申报……”

中国证监会于 2019 年制定的《关于〈期货交易管理条例〉第七十条第五项“其他操纵期货交易价格行为”的规定》（以下简称《第七十条第五项规定》，已失效）第 2 条曾规定：“不以成交为目的，频繁申报、撤单或者大额申报、撤单，影响期货交易价格或者期货交易量，并进行与申报方向相反的交易或者谋取相关利益的，构成操纵。”

2022年4月，《期货和衍生品法》通过后，《第七十条第五项规定》第2条已经被新法第12条所吸收，即“禁止以下列手段操纵期货市场，影响或者意图影响期货交易价格或者期货交易量：……（五）不以成交为目的，频繁或者大量申报并撤销申报……”《第七十条第五项规定》也随后被中国证监会废止了。

不以成交为目的，频繁或者大量申报并撤销申报是“幌骗”、“塞单”和高速试探的共同特征，此项规定，将这三种操纵手法一网打尽，纳入操纵市场的范畴予以禁止。

（撰稿人：邢会强）

第五章
证券上市与退市法律制度

第一节　证券上市

案例简介

陈某诉深圳证券交易所等证券纠纷案件①

2012 年 3 月 7 日，发行人超日公司在深交所发行“11 超日债”，债券规模 10 亿元。该期债券于 2012 年 4 月 20 日上市交易。2014 年 3 月 4 日晚间，超日公司发布“11 超日债”第二期利息无法按期全额支付的公告，该期债券发生违约。另外，超日公司于 2015 年被中国证监会下发“行政处罚决定书”，中国证监会认定，超日公司在 2011 年至 2012 年间存在未如实披露“在海外收购光伏电站项目”等多项信息披露违法行为。

针对上述债券，投资者陈某认为深交所未能尽到审慎审查义务，批准本应停止上市并应撤销发行核准决定的“11 超日债”非法上市，从而导致包括其在内的广大债券投资者蒙受财产损失，故深交所及债券发行人超日公司、主承销商中信建投应连带赔偿其因买入、卖出涉案债券所造成的本金损失。基于该等事实与理由，该投资者以深交所、超日公司、中信建投为被告，向深圳市中级人民法院提起了证券纠纷民事诉讼。

深圳市中级人民法院、广东省高级人民法院经两审审理，最终裁定驳回陈某起诉。人民法院裁判认为：2005 年《最高人民法院关于对与证券交易所监管职能相关的诉讼案件管辖与受理问题的规定》第 3 条规定：“投资者对证券交易所履行监管职责过程中对证券发行人及其相关人员、证券交易所会员及其相关人员、证券上市和交易活动做出的不直接涉及投资者利益的行为提起的诉讼，人民法院不予受理。”根据该规定，深交所同意超日公司债券上市交易，属于深交所对证券上市和交易活动作出决定的行为，不直接涉及投资者利益。故陈某以深交所行为违反《深圳证券交易所债券市场规则》第 2.3 条为由提起本案诉讼，应当不予受理。

---

① 本案例主要摘编自广东省高级人民法院（2014）粤高法立民终字第 1443 号民事裁定书。

法律要点

1. 证券上市的概念及基本条件；
2. 证券上市的基本流程。

知识点介绍

一、证券上市的概念及基本条件

证券上市是指符合发行条件的股票、债券、存托凭证等证券，经相应审核程序后，在证券交易市场公开挂牌交易的行为。证券上市不仅发生在证券交易所市场，也同样会发生在银行间债券市场等其他交易市场。鉴于不同证券交易市场特点不同且尚未完全统一法律适用，故本节暂且聚焦于交易所市场的证券上市问题。

证券上市是连接证券发行与证券交易的纽带与桥梁。一方面，证券发行是证券上市的基础，证券上市是实现证券发行目的之必要手段。另一方面，证券上市是证券自由流通、证券集中交易的重要前提，证券交易则是证券上市的最终目的。

关于证券上市的法定条件，2019 年《证券法》大幅删减了原《证券法》中关于证券上市交易的法定条件，将证券上市交易的决定权主要授予证券交易所。2019 年《证券法》第 47 条规定："申请证券上市交易，应当符合证券交易所上市规则规定的上市条件。证券交易所上市规则规定的上市条件，应当对发行人的经营年限、财务状况、最低公开发行比例和公司治理、诚信记录等提出要求。"应当认为，交易所作为证券市场的组织者，其审核确定发行人能否获得"证券上市资格"具备合理性与正当性。

根据交易所现行上市规则，不同证券、不同板块的上市条件各有不同。例如，沪深交易所主板《股票上市规则》(2023 年 2 月修订) 规定，股票在沪深主板上市的基本条件包括：(1) 符合法定发行条件；(2) 发行后的股本总额不低于 5 000 万元：(3) 公开发行的股份达到公司股份总数的 25%以上；公司股本总额超过 4 亿元的，公开发行股份的比例为 10%以上；(4) 市值及财务指标符合交易所规定的相应具体标准；(5) 交易所要求的其他条件。又如，沪深交易所《公司债券上市规则》(2022 年修订) 规定，公司债券上市的基本条件包括：(1) 符合法定发行条件；(2) 经有权部门注册并依法完成发行；(3) 债券持有人符合本所投资者适当性管理规定；(4) 交易所规定的其他条件。

二、证券上市的基本流程

证券上市通常包括发行人提交申请、交易所审核、双方签订上市协议及上市公告等步骤，上市审核、签署上市协议是两个核心环节。

(一) 证券上市审核环节

证券发行人在满足上市条件后，向证券交易所提出上市申请并报送交易所要求的有关文件，证券交易所受理后并予以审核。

在核准制下，中国证监会负责发行审核，证券交易所负责上市审核。但通常而言，证券发行须经过较为严格的实质性审核，交易所通常不会否定证监会的发行审核结果。故有观点认为，交易所负责的上市审核环节看似独立，但“发行审核”实质吸收了“上市审核”。总览过往实践情况，证监会曾在“立立电子”“苏州恒久”“胜景山河”等极少数案例中撤销首次公开发行股票的核准决定；但该等决定并非因为拟上市公司在交易所上市审核中遭遇障碍，而是因为该等公司被证监会发现涉嫌欺诈发行等问题。

2019 年《证券法》取消证券发行核准制并施行注册制。2019 年《证券法》施行后，公司债券领域先行落实注册制。至 2023 年 2 月 17 日，中国证监会正式发布全面实行股票发行注册制的系列规则，我国证券市场全面迈入注册制时代。

在注册制下，证券交易所需同时负责“发行审核”与“上市审核”，并出具发行人是否“符合发行条件、上市条件和信息披露要求”的审核意见；而后，证券交易所将前述审核意见、发行上市申请文件及相关审核资料报送证监会，由证监会履行证券发行注册程序。在全新的制度格局下，交易所不仅需实质履行《证券法》所规定的上市审核权能，还被赋予了发行审核权能，两项权能在流程上合二为一。

基于以上情况，在核准制下，实践中可能将不会存在“已核准发行但不予上市”的情形。在注册制下，证券交易所成为“把球队带入球场并组织比赛的裁判”[①]，证券交易所履行发行审核、上市审核职能的正当性将承受更大程度的检验。

（二）签署上市协议

证券交易所审核通过上市申请后，将与证券发行人签署上市协议，该上市协议是证券交易所与发行人之间权利义务关系的基础法律文件。就此，《全国人大法律委员会关于〈中华人民共和国证券法（修订草案）〉修改情况的汇报》阐明：“证券交易所应当与上市申请人签订上市协议，通过上市协议规范对方的权利义务，形成一种民事法律关系。”

案例评析

一、证券交易所上市审核行为不直接涉及投资者利益

两审法院均认定，证券交易所上市审核行为及相应决定不直接涉及投资者利益，投资者依法无权对交易所提起诉讼。该等司法审查边界系服务于明确的制度目的。

本案原告起诉深交所的逻辑在于，深交所未能审慎履行上市审核职能，致使“不合格债券”进入证券市场并成为造成投资者投资损失的根源。但如前所述，两审法院最终认定原告起诉不属于司法审查范畴。

两审法院驳回投资者起诉的主要法律依据是，根据《最高人民法院关于对与证券交易所监管职能相关的诉讼案件管辖与受理问题的规定》（2005 年发布，2020 年修订）第 3 条的规定，“不直接涉及投资者利益”的案件不具有可诉性，不纳入司法审查的范畴内。框定这一司法审查边界的制度意旨相对清晰、明确，即防止投资者对交易所行为

① 甘培忠，张菊霞. IPO 注册体制下证券监管机构的功能调整：从证监会和交易所分权视角观察. 法律适用，2015（7）：47-52.

的滥诉，从而削弱交易所从事监管活动的积极性，导致交易所在监管过程中过于保守。这反而不利于证券市场的良性发展。

基于上述规定，关于交易所上市审核行为是否会“直接涉及投资者利益”可进一步解读如下。从协议层面出发，证券交易所通过上市审核程序确定是否与证券发行人签署上市协议，该法律关系当然不直接涉及投资者利益。从侵权层面出发，关于本案是否“直接涉及投资者利益”，则涉及如下两种不同的理解。第一种理解是，证券上市审核系面向提交申请的证券发行人作出决定，不涉及面向任何投资者作出具体监管行为，故投资者不能以此为由提出侵权之诉。第二种理解是，既然投资者认为“上市审核”这一动作构成证券上市流通的必备环节、证券上市流通系投资者发生损失的实质原因，那么其当然可以起诉交易所，故其依法享有对交易所提起诉讼的权利。只不过，由于交易所上市审核行为与投资者损失之间的因果链条过于遥远，故投资者对交易所的诉讼请求很难获得实体上的支持。目前，人民法院倾向于采纳前述第一种理解，从而避免证券交易所时刻处于被大量证券投资者围攻的风险之中。

综上，人民法院在本案中认定，证券交易所上市审核行为不直接涉及投资者利益，投资者依法无权对交易所提起诉讼。该等司法审查边界系服务于明确的制度目的，即避免投资者滥诉对交易所正常履职的干扰。

二、虽然人民法院在本案中驳回投资者起诉，但交易所未来确有可能因证券发行上市审核而引发争议诉讼

《最高人民法院关于对与证券交易所监管职能相关的诉讼案件管辖与受理问题的规定》（2005年颁布，2020年修订）明确列明三类诉讼可纳入司法审查范畴，即：（1）证券交易所根据法律、法规和规章进行监管所引发的诉讼；（2）证券交易所根据证监会的授权进行监管所引发的诉讼；（3）证券交易所根据其章程、业务规则、业务合同的规定进行监管所引发的诉讼。

在上述概括性规定下，证券交易所确有可能因履行发行上市审核职能而面临相应诉讼。注册制施行背景下，对于不符合发行条件、上市条件或信息披露要求的，证券交易所有权依法依规作出终止发行上市审核决定。此时，发行人确有可能提出异议，进而引发相应诉讼。此类争议并非无先例可循——在发行审批制向核准制转型初期，跌宕起伏的“海南凯立诉证监会案”引得诸多关注。该案项下，证监会决定“退回海南凯立股票发行申报材料”，从而引发了诉讼争议，最终以证监会败诉，但是未能执行的方式落幕。① 由此可见，在发行上市审核权全面下放至证券交易所行使的制度背景下，证券交易所同样面临相应的诉讼风险。②

（撰稿人：杨　婷　刘　颖）

① 刘燕.走下“自由裁量权”的神坛：重新解读凯立案及“自由裁量权”之争.中外法学，2002（5）：540－570.

② 至于上市主体通过民事诉讼还是行政诉讼主张权利，目前尚无共识，已作出判决的“厦华电子案”提供了一定参考。

第二节　证券退市

案例简介

厦门华侨电子股份有限公司诉上海证券交易所行政处理决定纠纷案[①]

厦门华侨电子股份有限公司（以下简称“厦华电子”）系原告，上海证券交易所系被告。原告厦华电子股票原在上交所上市，因2020年度经审计的净利润为负值且营业收入低于人民币（以下币种同）1亿元，触发2020年《上海证券交易所股票上市规则》（以下简称《上交所股票上市规则》）第13.9.1条和第13.3.2条规定，自2021年5月6日起被实施退市风险警示，并于同年4月30日停牌一天。上交所于2021年11月5日、2022年1月28日、2022年3月1日先后向厦华电子发出问询函。2022年4月30日，被告上交所向原告发出“关于拟终止厦门华侨电子股份有限公司股票上市的事先告知书”，告知其根据年报审计机构出具的“2021年度专项核查意见”，原告营业收入扣除后金额为零元。2022年4月29日，厦华电子2021年年度报告和尤尼泰振青会计师事务所出具的“关于对厦门华侨电子股份有限公司2021年度营业收入扣除情况的专项核查意见”（尤振专审字［2022］第0222号，以下简称“2021年度专项核查意见”）显示，厦华电子扣除非经常性损益后的净利润－623.77万元，营业收入1.52亿元，扣除与主营业务无关或不具备商业实质的收入后的金额为零元；上述情形属于《上交所股票上市规则》第9.3.11条规定的终止上市情形，根据《上交所股票上市规则》第9.3.14条的规定，经上交所上市委员会审核，决定终止厦华电子股票上市，并在退市整理期届满后5个交易日内，对厦华电子股票予以摘牌，股票终止上市。若厦华电子不服终止上市决定，可以在上交所公告决定之日后的5个交易日内申请复核。同年5月20日，应原告申请，被告组织进行了听证。同月25日，上交所对厦华电子股票作出〔2022〕148号“关于厦门华侨电子股份有限公司股票终止上市的决定”（以下简称“终止上市决定”）。厦华电子不服，向上海金融法院提起行政诉讼，请求：撤销“终止上市决定”。

上海金融法院一审认为，被告上交所依照《证券法》等作出被诉决定，应当视为授权行政主体，被告对原告股票所实施的强制退市监管措施对原告权益产生终局性影响，属于可诉的行政行为；被告依据《上交所股票上市规则》所规定的组合财务退市指标等认定原告厦华电子2021年度营业收入在扣除与主营业务无关或不具备商业实质的收入后的金额为0元，并无不当，且被告上交所所作“终止上市决定”，认定事实清楚，适用法律正确，程序正当、合法。原告厦华电子的主张缺乏事实根据和法律依据，故一审法院不予支持。

---

① 本案例摘编自上海市高级人民法院（2022）沪行终288号行政判决书。

厦华电子不服，遂向上海市高级人民法院提起上诉。

上海市高级人民法院二审认为，厦华电子未能合理说明进口冻牛肉业务在 2021 年度营业收入中占比存在明显异动的具体原因，以及该项业务与既往业务之间的延续性。上交所根据厦华电子定期报告、问询公告等公开披露材料，并结合审计机构“2021 年度专项核查意见”，对厦华电子触及退市指标作出认定，具有相应事实依据和法律依据。上诉人认为被诉“终止上市决定”程序违法，理由不能成立，故驳回厦华电子的诉讼请求，维持原判。

法律要点

1. 退市制度的概念及类型；
2. 退市救济制度。

知识点介绍

一、退市制度的概念及类型

退市制度是指上市公司股票在证券交易所终止交易。退市制度总体可分为两大类型，第一类是主动退市，即上市公司基于发展战略转变、维持控制权、维护合理估值、私有化等考虑，主动向证券交易所申请其股票终止交易。第二类是强制退市，是指上市公司因为其经营状况不佳或者出现重大违法等行为被证券交易所摘牌导致上市公司退市的情形。强制退市又分为交易类强制退市、财务类强制退市、规范类强制退市和重大违法退市四大类。证券交易所对存在严重违法违规行为的公司股票，依法强制其退出市场交易或为维护股票的总体质量和市场信心，根据股票交投活跃程度、股权分布、市值、净利润、净资产、营业收入、审计意见等指标，要求股票终止交易。

2023 年 2 月修订的《上交所股票上市规则》及 2023 年修订的《深圳证券交易所股票上市规则》（以下简称《深交所股票上市规则》）第九章将退市分为主动退市和强制退市，其中强制退市又分为交易类强制退市、财务类强制退市、规范类强制退市和重大违法类强制退市四类情形。交易类强制退市包含在交易所仅发行 A 股股票的上市公司，连续 120 个交易日通过本所交易系统实现的累计股票成交量低于 500 万股，或者连续 20 个交易日的每日股票收盘价均低于人民币 1 元等六种情形；财务类强制退市包含公司未在法定期限内披露最近一年年度报告、公司撤销退市风险警示申请未被交易所同意等五种情形；规范类强制退市包含公司股票因财务会计报告存在重大会计差错或者虚假记载，被中国证监会责令改正但公司未在规定期限内改正，公司股票及其衍生品种自前述期限届满的次一交易日起停牌，此后公司在股票及其衍生品种停牌 2 个月内仍未改正的情形而被实施退市风险警示之日后 2 个月内，仍未披露经改正的财务会计报告等情形；重大违法类强制退市包含上市公司存在欺诈发行、重大信息披露违法或者其他严重损害证券市场秩序的重大违法行为，以及存在涉及国家安全、公共安全、生态安全、生产安全和公众健康安全等领域的违法行为，情节恶劣，严重损害国家利益、社会公共利益，或者严重影响上市地位，其股票应当被终止上市的情形。

二、退市救济制度

（一）申请复核

《上交所股票上市规则》第 14 章第 14.7 条规定：申请人对本所作出的不予上市、终止上市、不同意主动终止上市决定申请复核的，应当在向交易所提出复核申请之日后的次一交易日披露有关内容。前述当事人在收到交易所是否受理其复核申请的决定后，以及收到本所作出的复核决定后，应当及时披露决定的有关内容，并提示相关风险。《深交所股票上市规则》14.4 条规定：申请人对本所作出的不予上市、终止上市、不予重新上市、不同意主动终止上市决定申请复核的，交易所自收到申请人提交的复核申请后 5 个交易日内作出是否受理的决定并通知申请人。不符合本章和交易所其他规定，或者未按规定提交复核申请材料的，交易所不受理其复核申请。

（二）提起行政诉讼

上交所出具的“终止上市决定”属于可诉的行政行为。首先，根据《证券法》第 96 条、第 99 条第 1 款的规定，证券交易所的设立由国务院决定，其组织、监督证券交易并基于公益优先原则履行自律管理职能，维护市场的公平、有序、透明。《证券法》第 115 条规定：“证券交易所依照法律、行政法规和国务院证券监督管理机构的规定，制定上市规则、交易规则、会员管理规则和其他有关业务规则，并报国务院证券监督管理机构批准。”“在证券交易所从事证券交易，应当遵守证券交易所依法制定的业务规则。”证券交易所是依法设立的重要金融基础设施，公开上市的证券交易是受国家监管的金融活动。上述所列法律条款授权证券交易所组织和监管证券交易，属于公法规范。因此，证券交易所在实施监管行为时，可以作为公法上的法律主体履行相应职责并承担相应责任。其次，证券交易所根据法律授权并经证监会批准，依照自律监管规则实施证券交易监管行为，系维护证券市场公平、有序、透明的公益目的，其并不仅仅以证券交易所与上市公司订立的“证券上市协议”为基础，自律监管措施也不单纯基于意思自治而为之，而应依照法律、法规等上位法并结合自律监管规则予以实施，并因此受到合法性原则的约束。同时，鉴于证券交易所自律监管措施类型多样，对参与证券交易相关主体的权益所产生的效果也不同，故纳入司法审查的自律监管措施应当对当事人权益产生实质影响并具有成熟性。

依照《证券法》第 9 条的规定，证券须“依法报经国务院证券监督管理机构或者国务院授权的部门注册”后方能上市，证券上市注册属行政行为自不待言。而强制退市虽系证券交易所依照《股票上市规则》实施的自律监管措施，但其褫夺了原由行政行为赋予之资格，改变了公司股票上市的法律状态，对公司权利义务产生重要影响，故应当纳入司法审查的范围。

《行政诉讼法》第 2 条规定：“公民、法人或者其他组织认为行政机关和行政机关工作人员的行政行为侵犯其合法权益，有权依照本法向人民法院提起诉讼。”“前款所称行政行为，包括法律、法规、规章授权的组织作出的行政行为。”因此，《终止上市决定》作为交易所履行证券交易监管职责之表现，交易所依照《证券法》第48条、《证券交易所管理办法》以及《股票上市规则》的规定作出“终止上市决定”，交易所应当被视为授权行政主体；“终止上市决定”系交易所依照《股票上市规则》对公司股票所实施的强制退市监管措施，该决定对公司权益产生终局性影响，属于可诉的行政行为。

案例评析

一、本案中原告2021年年报中所确认并经“2021年度专项核查意见”扣除的营业收入属于“与主营业务无关的业务收入和不具备商业实质”的收入

《证券法》第48条第1款规定：“上市交易的证券，有证券交易所规定的终止上市情形的，由证券交易所按照业务规则终止其上市交易。”2021年证监会依照《证券法》修订之主旨，公布《关于修改、废止部分证券期货规章的决定》，废止了原证监会制发的《关于改革完善并严格实施上市公司退市制度的若干意见》，从而进一步明确了交易所业务规则在退市制度中的核心规范定位。因此，2022年《上交所股票上市规则》第9.3.2条、第9.3.11条等条款所规定的组合财务退市指标，构成了约束上市公司股票财务类强制退市的法定条件。原告作为市场参与主体应当予以遵守，被告上交所亦应依照业务规则规定的构成要件，依法对原告财务情况予以认定。

2022年《上交所股票上市规则》第9.3.2条第1款第1项以及第9.3.11条规定：“上市公司最近一个会计年度经审计的净利润为负值且营业收入低于1亿元，或追溯重述后最近一个会计年度净利润为负值且营业收入低于1亿元，即触发退市风险。”第9.3.2条第2款明确，“所述‘营业收入’应当扣除与主营业务无关的业务收入和不具备商业实质的收入。”本案中，首先，原告厦华电子2021年年报与“2021年度专项核查意见”对主营业务收入在标准和维度上的确认存在矛盾，而实际上“与主营业务无关收入的扣除”并非《企业会计准则》所规定的会计标准，其为依照法律规定在业务规则中确立的监管标准。其次，上交所发布的《上海证券交易所上市公司自律监管指南第2号——财务类退市指标：营业收入扣除》（以下简称《营收扣除指南》）中表明“未形成或难以形成稳定业务模式的业务所产生的收入”属“主营业务无关的业务收入和不具备商业实质的收入”情形之一。厦华电子未能合理说明进口冻牛肉业务在2021年度收入中占比存在明显异动以及该项业务与既往业务之间的延续性，同时根据厦华电子的定期报告等证据，仅证明其具备一定的采购资质，但不能证明其相关进口肉类业务具备加工处理过程和产出能力以及该项业务所需完整投入的资源及能力。在新都酒店诉深交所一案[①]中，法院认为偶发的、与正常经营业务无直接关系的收入属于非经常性损益，

① 参见广东省高级人民法院（2018）粤行终366号行政判决书；深圳市中级人民法院（2017）粤03行初128号行政判决书。

其影响报表使用人对公司经营业绩和盈利能力作出正常判断的各项交易和事项产生的损益，扣除该非经常性损益后年度净利润为负值的，不满足恢复上市条件。

因此，相关营业收入与主营业务无关联性，进口冻牛肉业务尚未形成稳定业务模式。本案中，依据《股票上市规则》和《营收扣除指南》所确立的标准可以认定原告2021年年报中所确认并经“2021年度专项核查意见”扣除的营业收入属于“与主营业务无关的业务收入和不具备商业实质”的收入。

二、本案强制退市程序正当

2022年《上交所股票上市规则》第9.3.2条第3款规定：“公司最近一个会计年度经审计的扣除非经常性损益前后的净利润孰低者为负值的，公司应当在年度报告或者更正公告中披露营业收入扣除情况及扣除后的营业收入金额；负责审计的会计师事务所应当就公司营收扣除事项是否符合前述规定及扣除后的营收金额出具专项核查意见。”由此可见，根据相应规则指引对营业收入扣除进行核算、认定并予以披露，也是上市公司和中介机构应予履行的信息披露义务之一。本案中，被告上交所根据原告相关披露文件中记载的内容，对其营业收入的真实性、与主营业务的关联性以及是否符合会计准则等进行了问询，确保了监管的公开性。

2022年《上交所股票上市规则》第13.1.1条规定：上交所对上市公司等监管对象可以单独或者合并采取要求对有关问题作出解释和说明、要求提供相关文件或者材料、要求相关中介机构进行核查并发表意见、发出各种通知和函件、约见有关人员等十三类日常监管措施。本案中，虽然在《证券交易所管理办法》《股票上市规则》等规范性文件中规定了交易所可以在特定情况下实施现场检查、调阅材料等监管工作措施，但采取何种监管手段须由交易所根据实际情况予以选择，属于被告的程序裁量范围。

同时，依照2022年《上交所股票上市规则》第9.3.2条、第9.3.11条、第9.3.13条和第9.3.14条的规定，在原告被实施退市风险警示后，再次触及第9.3.2条组合财务退市指标时，事先告知了拟终止上市决定，并依申请组织了听证，调查了相关事实。根据听证笔录记载，听证会召开过程中上交所出示了厦华电子触及退市规则的主要事实，厦华电子就此对2018年以来的经营情况进行了陈述申辩，上市委员会围绕事实争议对听证参与人进行了询问。经上市委员会审核，结合审计机构近两年出具的专项核查意见后，被告上交所就此作出“终止上市决定”，程序正当、合法。

（撰稿人：杜一华）

第六章

信息披露法律制度

第一节　信息披露义务人

案例简介

陈某涛减持上市公司股份未履行信息披露义务案[①]

陈某涛系A股上市公司北京旋极信息技术股份有限公司（以下简称“旋极信息公司”）控股股东、实际控制人，其与北方信托·恒生一号证券投资单一资金信托之间存在信托关系。根据信托合同约定，陈某涛通过恒生一号的证券账户持有旋极信息公司股份，享有恒生一号投资旋极信息公司的股份收益，并承担损失，同时拥有该部分旋极信息公司股份的表决权。2020年3月9日至3月20日，恒生一号证券账户以集中竞价方式减持旋极信息公司股份28 046 142股，占到旋极信息公司总股本的1.6%。由于陈某涛与恒生一号信托构成一致行动人且减持旋极信息公司股份比例超过1%，按照证券法的规定，陈某涛应及时通知该上市公司。然而，陈某涛并未履行该信息披露义务。直到2020年4月10日，旋极信息公司查阅股东名册时方知悉上述减持事项，于2020年5月22日披露了该信息。

除此之外，中国证监会北京监管局还查明，陈某涛持有徐州中天涌慧企业管理有限公司（以下简称“徐州中天涌慧”）88.89%的股权，徐州中天涌慧又持有旋极信息公司1.69%的股份，与陈某涛同样构成一致行动人。2020年5月12日，陈某涛将其持有的徐州中天涌慧的股权全部转让。经核查，在该笔股权转让后，陈某涛及徐州中天涌慧持有的旋极信息公司股份减少比例为该上市公司总股本的1.69%，超过了1%。陈某涛同样未及时通知上市公司履行信息披露义务。到2020年5月22日，上市公司方披露该信息。以上事实，有旋极信息公司相关公告、信托合同、情况说明、相关人员询问笔录、工商档案、证券账户资料等证据在案证明。

中国证监会北京监管局认为，陈某涛超比例减持旋极信息公司股份未履行信息披露义务，违反2019年《证券法》第63条第3款的规定，构成该法第197条第1款“未按

---

① 本案例摘编自中国证监会北京监管局行政处罚决定书（陈某涛）〔2021〕9号。

照本法规定报送有关报告或者履行信息披露义务”所述违法行为。根据当事人违法行为的事实、性质、情节与社会危害程度，决定对陈某涛给予警告，并处以100万元罚款。

法律要点

1. 信息披露义务人的范围；
2. 信息披露的原则；
3. 信息披露违法的行政责任。

知识点介绍

一、信息披露义务人的范围

“公开是现代证券立法的基本哲学和指导思想，是证券法的核心内容和灵魂所在。”① 而证券法为了达致公开的目的，使投资者获得必要信息进行投资决策，采取的首要手段即是对证券市场中的有关主体课以向公众进行信息披露的义务。因此，信息披露义务人是证券法中的重要概念，常见于《证券法》《证券投资基金法》，以及与证券相关的国务院行政法规、最高人民法院司法解释及中国证监会制定的部门规章和规范性文件等法律文本。2019年《证券法》第78条第1款对信息披露义务人的信息披露义务进行了基本规定：“发行人及法律、行政法规和国务院证券监督管理机构规定的其他信息披露义务人，应当及时依法履行信息披露义务。”但该款在范围上仅明确列举了发行人，尚难形成对其他信息披露义务人的准确认识。

《上市公司信息披露管理办法》(2021年修订)第62条细化了信息披露义务人的具体范围，规定：“信息披露义务人，是指上市公司及其董事、监事、高级管理人员、股东、实际控制人，收购人，重大资产重组、再融资、重大交易有关各方等自然人、单位及其相关人员，破产管理人及其成员，以及法律、行政法规和中国证监会规定的其他承担信息披露义务的主体。”该列举基本涵盖了常见重要的信息披露义务主体。不过，由于信息披露义务人相当广泛，仍有待从有关具体规定中明确和把握。

二、信息披露的原则

信息披露义务人披露的信息，应当真实、准确、完整，简明清晰，通俗易懂，不得有虚假记载、误导性陈述或者重大遗漏。证券同时在境内境外公开发行、交易的，其信息披露义务人在境外披露的信息，应当在境内同时披露（此即信息披露的公平原则）。

从具体内涵来看，“真实”要求披露的信息与事实无误，“准确”要求披露的信息恰当地描述了事实，不会引人误解，“完整”要求披露的信息能够反映事实的全貌，不存

① 朱锦清. 证券法学. 4版. 北京：北京大学出版社，2019：108.

在重大遗漏，“及时”则要求在事实发生后很快予以披露。[①]

信息披露的公平原则，或称同步原则，主要强调信息平等，要求信息披露义务人履行信息披露义务时，必须向所有投资者公开披露，以使其均可同时获得同样的信息。[②]对此，2019 年《证券法》第 83 条第 1 款也作出了重要补充，规定：“信息披露义务人披露的信息应当同时向所有投资者披露，不得提前向任何单位和个人泄露。但是，法律、行政法规另有规定的除外。”

总之，信息披露的原则包括：真实、准确、完整、及时、公平以及简明清晰、通俗易懂。

三、信息披露违法的行政责任

违反信息披露原则和具体规定，信息披露义务人将承担信息披露违法的行政责任。2019 年《证券法》第 197 条对此分两个层次进行了基本规定，第 1 款规定：“信息披露义务人未按照本法规定报送有关报告或者履行信息披露义务的，责令改正，给予警告，并处以五十万元以上五百万元以下的罚款；对直接负责的主管人员和其他直接责任人员给予警告，并处以二十万元以上二百万元以下的罚款。发行人的控股股东、实际控制人组织、指使从事上述违法行为，或者隐瞒相关事项导致发生上述情形的，处以五十万元以上五百万元以下的罚款；对直接负责的主管人员和其他直接责任人员，处以二十万元以上二百万元以下的罚款。”而如果信息披露存在虚假记载、误导性陈述或者重大遗漏，则适用第 2 款，即：“信息披露义务人报送的报告或者披露的信息有虚假记载、误导性陈述或者重大遗漏的，责令改正，给予警告，并处以一百万元以上一千万元以下的罚款；对直接负责的主管人员和其他直接责任人员给予警告，并处以五十万元以上五百万元以下的罚款。发行人的控股股东、实际控制人组织、指使从事上述违法行为，或者隐瞒相关事项导致发生上述情形的，处以一百万元以上一千万元以下的罚款；对直接负责的主管人员和其他直接责任人员，处以五十万元以上五百万元以下的罚款。”

当然，除了第 197 条的基本规定，信息披露违法的行政责任还见诸 2019 年《证券法》的其他条文，如第 181 条规定了发行人在其公告的证券发行文件中隐瞒重要事实或者编造重大虚假内容的行政责任，第 182 条规定了保荐人出具有虚假记载、误导性陈述或者重大遗漏的保荐书的行政责任，等等。需注意的是，信息披露违法不仅可能引发行政责任，还可能导致民事责任和刑事责任，甚至出现三种责任的竞合。此处仅就行政责任进行了介绍。

案例评析

一、本案当事人属于证券法明确规定的信息披露义务人

如前述，行为人是否构成信息披露义务人需要结合法律、行政法规和国务院证券监

① 邢会强. 证券法学. 2 版. 北京：中国人民大学出版社，2020：109－110.

② 周友苏. 证券法新论. 北京：法律出版社，2020：326.

督管理机构的有关规定具体确定和把握。2019 年《证券法》第 63 条第 3 款规定："投资者持有或者通过协议、其他安排与他人共同持有一个上市公司已发行的有表决权股份达到百分之五后，其所持该上市公司已发行的有表决权股份比例每增加或者减少百分之一，应当在该事实发生的次日通知该上市公司，并予公告。"该规则旨在通过强制信息披露要求，向市场和投资者预警可能导致公司控制权转移的股份交易，保障投资者更好地评估公司的股票价值。[①]

本案中，陈某涛通过恒生一号证券账户和徐州中天涌慧持有旋极信息公司股份，是该公司控股股东、实际控制人，并因减持股份触发信息披露义务，完全符合上述第 63 条第 3 款规定的情形。因此，当陈某涛持有的股份比例增加或者减少 1%及以上，应当履行报告的信息披露义务，其属于证券法明确规定的信息披露义务人，学理上又将之称为大额信息披露义务人。

二、本案当事人违反了信息披露的及时性要求

本案中，陈某涛两次减持分别发生于 2020 年 3 月 9 日至 3 月 20 日和 2020 年 5 月 12 日，由于其并未进行通知，最终旋极信息公司于 2020 年 5 月 22 日以公告的形式进行了合并披露。从时间节点来看，陈某涛严重违反了信息披露的及时性原则。对此，2019 年《证券法》第 63 条第 3 款有明确要求，即"应当在该事实发生的次日通知该上市公司，并予公告"。《上市公司信息披露管理办法》(2021 年修订) 亦在第 62 条中规定："及时，是指自起算日起或者触及披露时点的两个交易日内。"因此，陈某涛进行减持，应至迟在减持达到旋极信息公司股份比例规定的下一个交易日内通知公司，如遇到法定节假日方可顺延。尽管并不清楚陈某涛第一次减持时达到 1%的比例是哪一天，但很显然，5 月 22 日已远远超过这一要求。同样，第二次减持发生日虽然与披露日间隔较短，但亦不符合及时性要求。

（撰稿人：姜　帅）

第二节　定期报告

案例简介

康达尔未及时披露年报被行政处罚案[②]

2017 年 10 月 27 日，深圳市康达尔（集团）股份有限公司（以下简称"康达尔"）召开第八届董事会审议通过"关于聘请会计师事务所的议案"，董事会拟聘请瑞华会计

① 解正山. 大额持股披露义务规制. 现代法学，2018 (3)：29－32.

② 本案例摘编自中国证监会行政处罚决定书（康达尔）〔2022〕3 号。

师事务所（特殊普通合伙，以下简称“瑞华所”）作为公司2017年度审计机构，并提请后续股东大会审议。

2018年2月8日，康达尔召开2018年第一次临时股东大会审议“关于聘请会计师事务所的议案”等议案，议案内容为聘请瑞华所为康达尔2017年度财务审计机构和内控审计机构。公司大股东京基集团有限公司（以下简称“京基集团”）在该次股东大会上对该议案投了弃权票，聘请会计师事务所的议案同意率为47.57%，该议案最终未能通过股东大会审议。

2018年4月9日，康达尔召开第八届董事会第四次临时会议审议通过“关于聘请会计师事务所的议案”，董事会拟聘请瑞华所作为公司2017年度财务审计机构和内控审计机构，并提请后续股东大会审议。

2018年4月11日，康达尔收到京基集团提交的关于聘请立信会计师事务所（特殊普通合伙，以下简称“立信所”）为公司2017年度报告审计机构的议案。康达尔公告称，因时任独立董事兼审计委员会主任曾某虹为立信所合伙人，京基集团该议案违反有关法规规定的独立性原则，故公司董事会决定不将该议案提交临时股东大会审议。

2018年4月14日，康达尔的电子邮箱中收到京基集团关于聘请信永中和会计师事务所（以下简称“信永中和所”）为公司2017年年度报告审计机构的议案，4月16日，康达尔收到京基集团的相关书面文件。康达尔公告称，康达尔董事会以京基集团相关提案不符合上市公司会计师事务所的正常选聘程序、提案中的信永中和所在未就年审工作有关事项与公司进行事先接洽与沟通的情况下便出具相关承诺函（同意承接康达尔2017年年度报告审计业务）系不负责任的行为、在距离年报披露不到半个月的时间内频繁要求临时改聘会计师事务所不考虑年审工作的实际操作性、公司收到京基集团书面材料距离股东大会召开时间不足10日等为由，决定不将该议案提交临时股东大会审议。

2018年4月25日，康达尔召开2018年第二次临时股东大会审议“关于聘请会计师事务所的议案”，议案内容为聘请瑞华所为康达尔2017年度财务审计机构和内控审计机构。根据公司公告，公司于4月24日收到深圳市福田区人民法院民事裁定书，裁定书要求康达尔不得在4月25日举行的公司2018年第二次临时股东大会上剥夺京基集团的表决权，并应当将京基集团所持康达尔123 677 371股全部计入该次会议的有效表决权总数。京基集团在该次股东大会上再次投了弃权票，聘请会计师事务所的议案同意率为42.965 5%，该议案最终未能通过股东大会审议。

2018年4月28日，康达尔发布“关于无法在法定期限内披露定期报告及公司股票停牌的公告”。公告载明，公司原定于2018年4月28日披露2017年年度报告及2018年第一季度报告，但基于2018年4月25日召开的2018年第二次临时股东大会对“关于聘请会计师事务所的议案”的表决结果，公司无法聘请会计师事务所对公司2017年度财务报告进行审计并出具2017年年度审计报告，导致公司不能在法定期限内披露相关定期报告。

截至2018年4月30日，康达尔未披露2017年年度报告和2018年第一季度报告。

2018年8月31日，康达尔披露了2017年年度报告及2018年第一季度报告。

中国证监会认为，康达尔未在2017会计年度结束之日起4个月内披露2017年年度报告，违反2014年《证券法》第66条的规定，构成2014年《证券法》第193条第1款所述的“未按照规定披露信息”的行为。康达尔未在2018会计年度第3个月结束后的1个月内编制完成并披露2018年第一季度报告，违反2007年《上市公司信息披露管理办法》第20条第1款的规定，构成2007年《上市公司信息披露管理办法》第61条所述的“信息披露义务人未在规定期限内履行信息披露义务”应按照2014年《证券法》第193条处罚的行为。

根据2007年《上市公司信息披露管理办法》第3条、第38条、第58条第1款和第3款的规定，康达尔未及时披露2017年年度报告和2018年第一季度报告，时任董事长罗某华和时任总经理季某智应当承担主要责任，是直接负责的主管人员。

根据当事人违法行为的事实、性质、情节与社会危害程度，依据2014年《证券法》第193条第1款的规定，中国证监会决定：对康达尔给予警告，并处以40万元的罚款；对罗某华给予警告，并处以20万元的罚款；对季某智给予警告，并处以10万元的罚款。

法律要点

1. 证券市场强制信息披露制度的设立原因与意义；
2. 定期报告披露的范围。

知识点介绍

一、证券市场强制信息披露制度的设立原因与意义

较之普通商品的买卖，证券发行和交易中的一个重要制度是信息披露。披露分为向公众的公开披露和个别、私下披露，法律调整的重心是公开披露。个别、私下披露重大非公开信息，可能构成泄露内幕信息。狭义的披露指特定主体的积极的披露行为，即知悉证券相关重大信息的发行人及其关联人对投资者发布信息的行为。广义的披露包括任何主体发布与证券相关的重大信息的行为。狭义披露主体具有真实、准确、完整、及时披露的法定义务，非狭义披露主体其实具有不披露的义务，即消极披露义务。

证券公开发行时，发行人需要披露以招股说明书为核心的一系列文件；非公开发行时，发行人实际上同样要做大量披露，只不过披露信息不公开，披露的形式、内容更灵活、更定制化。在证券发行体制从审核制向注册制转变后，发行人所需要做的披露工作实际上会变得更多、更重要。

证券持续挂牌交易时，发行人亦需要披露定期报告和临时公告。证券同时在境内、境外公开发行、交易的，其信息披露义务人在境外披露的信息，应当在境内同时披露。

二、定期报告披露的范围

《证券法》要求上市公司、公司债券上市交易的公司、股票在国务院批准的其他全

国性证券交易场所交易的公司在每一会计年度的上半年结束之日起 2 个月内，向国务院证券监督管理机构和证券交易所报送中期报告，并予公告。上市公司、公司债券上市交易的公司、股票在国务院批准的其他全国性证券交易场所交易的公司应当在每一会计年度结束之日起 4 个月内，向国务院证券监督管理机构和证券交易所报送年度报告，并予公告。

除此之外，2007 年中国证监会《上市公司信息披露管理办法》还仿效美国的制度，要求在每个会计年度第 3 个月、第 9 个月结束后的 1 个月内编制完成季度报告并披露。这样，一年四季就都需要有定期报告发布，但第一季度的季度报告的披露时间不得早于上一年度的年度报告的披露时间。

在发布定期报告前，公司董事、高级管理人员应当对定期报告签署书面确认意见，监事会应当提出书面审核意见，说明董事会的编制和审核程序是否符合法律、行政法规和中国证监会的规定，报告的内容是否能够真实、准确、完整地反映上市公司的实际情况。

董事、监事和高级管理人员无法保证证券发行文件和定期报告内容的真实性、准确性、完整性或者有异议的，应当在书面确认意见中发表意见并陈述理由，发行人应当披露。发行人不予披露的，董事、监事和高级管理人员可以直接申请披露。

定期报告披露前出现业绩泄露或者出现业绩传闻且公司证券及其衍生品种交易出现异常波动的，上市公司应当及时披露本报告期相关财务数据。

定期报告中财务会计报告被出具非标准审计报告的，上市公司董事会应当针对该审计意见涉及事项作出专项说明。

上市公司未在规定期限内披露年度报告和中期报告的，中国证监会应当立即立案稽查，证券交易所应当按照股票上市规则予以处理，包括暂停该证券上市。

案例评析

按期披露定期报告是上市公司的法定义务。年度报告集中反映了上市公司在一定时期内的经营情况、财务状况和发展前景，是上市公司信息披露体系的核心内容，是投资者了解上市公司整体情况的主要渠道，具有不可替代性。本案中，康达尔未在 2017 会计年度结束之日起 4 个月内披露 2017 年年度报告，违反 2014 年《证券法》第 66 条的规定，构成 2014 年《证券法》第 193 条第 1 款所述的“未按照规定披露信息”的行为。康达尔未在 2018 会计年度第 3 个月结束后的 1 个月内编制完成并披露 2018 年第一季度报告，违反 2007 年《上市公司信息披露管理办法》第 20 条第 1 款的规定，构成 2007 年《上市公司信息披露管理办法》第 61 条所述的“信息披露义务人未在规定期限内履行信息披露义务”应按照 2014 年《证券法》第 193 条处罚的行为。而且在本案中，康达尔直至 2018 年 8 月 31 日才公布 2017 年年度报告和 2018 年第一季度报告，延期时间较长，违法情节并非显著轻微，因此，应受行政处罚。

（撰稿人：李欣豫）

第三节 临时报告

案例简介

广西慧球科技股份有限公司、鲜某未及时披露临时报告被行政处罚案①

2016年12月31日至2017年1月2日，广西慧球科技股份有限公司（以下简称“慧球科技”）董事会秘书陆某安根据慧球科技实际控制人、证券事务代表鲜某的指使，经与鲜某，慧球科技董事长董某亮、董事温某华等人讨论，起草了1001项议案。经鲜某同意，陆某安将含有1001项议案的“慧球科技第8届董事会第39次会议的决议”通过电子邮件发送给慧球科技董事李某国、刘某林，通过微信发送给慧球科技董事刘某如，并电话通知了慧球科技董事温某华。

2017年1月3日，慧球科技以通讯方式召开第8届董事会第39次会议，审议通过了含有1001项议案的“慧球科技第8届董事会第39次会议的决议”。对慧球科技董事会决议表示同意的董事为董某亮、李某国、刘某如、温某华。刘某林对决议未能发表意见，按公司章程被认定为弃权。

2017年1月3日，陆某安向上交所报送含有1001项议案的“广西慧球科技股份有限公司第8届董事会第39次会议决议公告”和“广西慧球科技股份有限公司关于召开2017年第一次临时股东大会的通知”，申请进行披露。上交所当天即向慧球科技下发《关于公司信息披露有关事项的监管工作函》，指出慧球科技股东大会的通知中，议案数量极大，诸多议案前后交叉矛盾，逻辑极其混乱，因此未批准信息披露申请。1月4日，慧球科技再次向上交所报送“广西慧球科技股份有限公司关于收到上交所《关于公司信息披露有关事项的监管工作函》的公告”，并将含有996项议案（删除了上述1001项议案中的“关于公司建立健全员工恋爱审批制度”“关于第一大股东每年捐赠上市公司不少于100亿元现金的议案”“关于公司全体员工降薪300元的议案”“关于公司全体员工加薪50元的议案”“关于公司全体员工加薪300元的议案”等5项议案）的“广西慧球科技股份有限公司关于召开2017年第一次临时股东大会的通知”作为附件，上交所未批准慧球科技的信息披露申请。

2017年1月4日，根据鲜某的指使，陆某安安排他人注册了域名为www.600556.com.cn的网站，并指挥他人将含有上述996项议案的“广西慧球科技股份有限公司关于召开2017年第一次临时股东大会的通知”和“广西慧球科技股份有限公司关于收到上交所《关于公司信息披露有关事项的监管工作函》的公告”两份文件以链接的形式刊登于域名为www.600556.com.cn的网站，公众点击链接即可阅读上述两份文件。同

① 本案例摘编自中国证监会行政处罚决定书（广西慧球科技股份有限公司、鲜某、董某亮等7名责任人员）〔2017〕48号。

日，陆某安使用鲜某为实际控制人的上海柯塞威股权投资基金有限公司的办公电脑，以“神兽出没”的用户名登录东方财富网股吧，将照片版的“关于公司信息披露有关事项的监管工作函”和“广西慧球科技股份有限公司关于召开2017年第一次临时股东大会的通知”通过东方财富网股吧向公众披露。

慧球科技所披露信息的内容违反法律规定。2014年《证券法》第67条、2007年《上市公司信息披露管理办法》第30条规定，发生可能对上市公司股票交易价格产生较大影响的重大事件，上市公司应当予以公告，说明事件的起因、目前的状态和可能产生的影响。同时，2014年《证券法》第67条、2007年《上市公司信息披露管理办法》第30条以列举方式对重大事件的范围作出了明确规定。但慧球科技将《关于公司坚决拥护共产党领导的议案》《关于坚持钓鱼岛主权属于中华人民共和国的议案》等依法不应由董事会审议，与2014年《证券法》第67条、2007年《上市公司信息披露管理办法》第30条所列重大事件无任何相关性、相似性的内容作为公告的组成部分予以披露，违反了2014年《证券法》第67条对信息披露内容的规定。

慧球科技的披露渠道违反法律规定。在信息披露申请被交易所严厉驳斥的情况下，慧球科技仍然擅自将相关公告通过域名为www.600556.com.cn的网站、东方财富网股吧向公众披露，造成极其恶劣的社会影响。该行为违反了2014年《证券法》第70条关于“依法必须披露的信息，应当在国务院证券监督管理机构指定的媒体发布”的规定。

综上，慧球科技的上述行为，违反了2013年《公司法》第5条、第46条、第108条第4款的规定，违反了2014年《证券法》第63条、第67条、第70条的规定，构成2014年《证券法》第193条所述的违法行为。董某亮为公司董事长，是上市公司信息披露工作的直接领导者。温某华作为公司董事，未勤勉尽责，在表决通过相关议案的董事会决议上签字同意。陆某安、鲜某分别担任上市公司董事会秘书、证券事务代表职务。鲜某、陆某安、董某亮、温某华参与了上述议案的起草工作，陆某安具体实施了违法信息披露行为。鲜某、陆某安、董某亮、温某华对违法行为负有直接责任，是慧球科技违法行为的直接负责的主管人员。董事李某国、刘某如未勤勉尽责，同意相关董事会决议，未能保证慧球科技所发布信息符合法律规定，是慧球科技违法行为的其他直接责任人员。

根据当事人违法行为的事实、性质、情节与社会危害程度，依据2014年《证券法》第193条第1款、第3款的规定，中国证监会决定：对慧球科技责令改正，给予警告，并处以60万元罚款；对鲜某给予警告，并处以90万元罚款，其中作为直接负责的主管人员罚款30万元，作为实际控制人罚款60万元；对董某亮、温某华、陆某安给予警告，并分别处以30万元罚款；对刘某如、李某国给予警告，并分别处以20万元罚款。

法律要点

1. 临时报告的范围；
2. 何谓对证券交易价格产生较大影响的重大事件？

知识点介绍

2019年《证券法》第78条第2款规定："信息披露义务人披露的信息，应当真实、准确、完整，简明清晰，通俗易懂，不得有虚假记载、误导性陈述或者重大遗漏。"信息之所以需要被披露，是因为信息具有重大性。

发生可能对上市公司、股票在国务院批准的其他全国性证券交易场所交易的公司的股票及上市交易公司债券的交易价格产生较大影响的重大事件，投资者尚未得知时，上市公司应当立即将有关该重大事件的情况向国务院证券监督管理机构和证券交易所报送临时报告，并予公告，说明事件的起因、目前的状态和可能产生的法律后果。

上市公司控股子公司、参股公司发生重大事件，可能对上市公司证券及其衍生品种交易价格产生较大影响的，上市公司也应当履行信息披露义务。涉及上市公司的收购、合并、分立、发行股份、回购股份等行为导致上市公司股本总额、股东、实际控制人等发生重大变化的，除上市公司外，收购人也可能构成信息披露义务人，而需自行依法履行报告、公告义务，披露权益变动情况。上市公司控股股东、实际控制人及其一致行动人应当及时、准确地告知上市公司是否存在拟发生的股权转让、资产重组或者其他重大事件，并配合上市公司做好信息披露工作。

上市公司披露重大事件后，已披露的重大事件出现可能对上市公司证券及其衍生品种交易价格产生较大影响的进展或者变化的，上市公司应当及时披露进展或者变化情况、可能产生的影响。

案例评析

本案中，2017年1月，在鲜某的指使下，慧球科技在信息披露申请未获上交所批准的情况下，将包含996项议案的临时公告通过域名为www.600556.com.cn的网站、东方财富网股吧对社会公开。慧球科技董事会提出并审议996项议案的行为违反了公司守法义务及董事会职权的相关法律规定，慧球科技的披露渠道违反法律规定，所披露信息的内容违反法律规定，存在虚假记载、误导性陈述及重大遗漏。我国资本市场是中国特色社会主义市场经济的组成部分。作为资本市场的参与者，上市公司及其实际控制人、股东、董事、监事、高级管理人员都必须遵守法律法规，拥护《宪法》规定的基本制度，尊重社会公德。任何上市公司都不得打着信息披露的幌子，发布违背法律规定、破坏社会公德的内容。

信息是否具有重大性是决定有关信息是否应当被披露、不披露是否会承担法律责任的标准。同时，也应看到，重大性意味着信息披露不应追求越多越细越严就越好。在实践中，我国的信息披露存在膨胀化的总体趋势。信息披露本来是为了增加投资者的有效信息获得量，但在一些环节上反而导致过度披露，过犹不及，给发行人的信息提供和投资者的信息接收都带来了更多的成本。而且，过多的披露其实削弱了强制披露的一个重要优点，即统一披露尺度以便比较。

综上所述，信息披露是上市公司的法定义务。披露内容、披露渠道必须严格按照法律要求。任何上市公司都不得践踏法律红线，无视法律规定，将与公司经营活动无关的事项通过公司公告予以披露。上市公司董事、监事、高级管理人员务必勤勉尽责，确保上市公司依法依规做好信息披露工作，保证上市公司信息披露的真实、准确、完整。

（撰稿人：李欣豫）

第四节 自愿性信息披露

案例简介

宝利国际自愿披露信息违法案①

江苏宝利国际投资股份有限公司（以下简称“宝利国际”）是一家主营沥青制品产、销、研的民营上市公司。2014 年，受宏观经济下行影响，宝利国际所在行业景气度不高，沥青产品售价持续低迷。由于市场疲软，竞争加剧，回款困难，2015 年，宝利国际董事长、实际控制人周某洪提出，要利用国家大力扶持，响应“一带一路”倡议，通过“走出去”的方式，完成公司的“二次创业”。

2015 年 1 月，宝利国际发布公告，拟通过全资子公司新加坡宝利以自筹资金方式在俄罗斯设立宝利俄罗斯控股有限公司（以下简称“俄罗斯宝利”），注册资本 2 000 万美元。2015 年 7 月 2 日，俄罗斯宝利完成商务部门备案手续，但注册资本按当期外汇牌价折合仅为 100 万美元。此后至 8 月期间，宝利国际又发布 4 项对外投资公告，称与俄罗斯联邦远东发展部签署“合作备忘录”、与俄罗斯联邦公路署签署“公路署合作备忘录”，与白俄罗斯国家石化公司及纳夫坦炼油公司签署“意向备忘录”，与中航飞机股份有限公司签署“合作框架协议”。其中，其与俄罗斯远东发展部、联邦公路署签订的“合作备忘录”涉及的拟投资金额分别为 20 亿美元，均已达到母公司净资产的 10%，且绝对金额超过 500 万元。

但与这些公告形成鲜明对比的是，宝利国际对公告发布后的不利进展只字不提，在此期间所公告的投资意向书，后续也均未能签订具体协议。特别是在 2015 年 8 月宝利国际与俄罗斯联邦公路署达成谅解，解除“公路署合作备忘录”的情况下，其仍于 2015 年 12 月 5 日发布“自查更正公告”称该合作备忘录仍在履行中，并声明将原公告的“公路署合作备忘录”中第 3 条新加坡宝利“将融资 20 亿美元参与俄罗斯联邦的基础道路建设工程”更正为“为联邦公路署计划实现的 20 亿美元项目提供帮助”，其他内容不变。但经中国证监会调查核实，该更正内容并非“公路署合作备忘录”中的条款和

① 本案例摘编自中国证监会行政处罚决定书（江苏宝利国际投资股份有限公司、周某洪、陈某勤等 6 名责任人员）〔2017〕66 号。

含义，存在误导性陈述。

此外，宝利国际还未如实披露其与白俄罗斯国家石化公司及纳夫坦炼油公司签订的“意向备忘录”已发生重大变化的情况。2015 年 5 月 15 日，宝利国际发布公告称，合作各方有意向成立生产改性沥青及沥青衍生品的合资企业，设计产能为年产 80 万吨以上，等等。但截至 2015 年 10 月，筹建合资企业并无进展，公司已决定终止白俄罗斯的业务。其与中航飞机股份有限公司签订的“合作框架协议”也存在同样状况。2015 年 8 月 19 日，宝利国际公告曾称双方签订协议的内容包括宝利国际有意在俄罗斯建立航空产业基地，投资新舟700 型项目，等等。但2015 年10 月16 日，宝利国际收到中航飞机西安民机有限责任公司的“告知函”，确认有关适航标准不具备要求等，协议已没有能够履行的条款。

综上，中国证监会认为，宝利国际拟通过新加坡宝利投资设立俄罗斯宝利，注册资本2 000 万美元，与俄罗斯联邦远东发展部签订拟投资 20 亿美元的“合作备忘录”、与俄罗斯联邦公路署签订拟投资 20 亿美元的“公路署合作备忘录”均属于 2014 年《证券法》第 67 条第 1 款、第 2 款第 2 项规定的重大事件，是强制性信息披露事项。宝利国际未对上述已披露重大事件的变更、进展等重大变化及时履行信息披露义务，且在被立案调查后，在发布的“自查更正公告”中继续隐瞒有关已发生重大变化的事实，并对原“公路署合作备忘录”中的部分条款作出了误导性陈述。上述行为违反了 2014 年《证券法》第 63 条，第 67 条第 1 款、第 2 款第 2 项，以及 2007 年《上市公司信息披露管理办法》第 32 条，第 58 条第 1 款、第 2 款的规定，构成 2014 年《证券法》第 193 条第 1 款所述情形。除此之外，宝利国际未如实披露与白俄罗斯国家石化公司等签订的“意向备忘录”的进展，以及与中航飞机股份有限公司签订的“合作框架协议”的进展等已发生重大变化的行为，则违反了 2014 年《证券法》第 63 条，以及 2007 年《上市公司信息披露管理办法》第 2 条第 1 款的规定，构成 2014 年《证券法》第 193 条第 1 款所述情形。中国证监会最终决定：对宝利国际责令改正，给予警告，并处以 60 万元罚款；对直接负责的主管人员与其他责任人员给予警告，并处以罚款。

法律要点

1. 自愿性信息披露制度；
2. 自愿性信息披露的限制。

知识点介绍

一、自愿性信息披露制度的概念与规则框架

在进一步强化信息披露要求和完善投资者保护的修法背景下，2019 年《证券法》首次正式引入自愿性信息披露制度，第 84 条第 1 款规定：“除依法需要披露的信息之

外，信息披露义务人可以自愿披露与投资者作出价值判断和投资决策有关的信息，但不得与依法披露的信息相冲突，不得误导投资者。”

所谓自愿性信息披露制度，其实是证券市场中强制性信息披露制度的对称。与后者要求信息披露义务人披露的信息必须满足法律规定的所有条件不同，自愿性信息披露是一种以市场激励为动机和导向的披露形式。信息披露义务人在披露的信息方面享有一定自主权，可以依据自愿原则，选择披露法定披露信息之外的信息，披露方式也较为灵活。对此，深交所 2015 年 9 月编制的《董秘信息披露实用手册》给出了自愿性信息披露的定义和主要类型：“自愿性信息披露：指除强制性披露的信息之外，上市公司基于公司形象、投资者关系、回避诉讼风险等动机主动披露的信息，如管理者对公司长期战略及竞争优势的评价、环境保护和社会责任、公司实际运作数据、前瞻性预测信息、公司治理效果等。”可见，自愿性信息披露是上市公司吸引投资者，显示公司竞争优势、投资价值的重要路径。

实际上，在 2019 年《证券法》修订前，自愿性信息披露已长期存在于我国证券市场，中国证监会、证券交易所也制定了有关规则。[①] 典型的如中国证监会制定的《上市公司治理准则》（2018 年修订）第 91 条、《公开发行证券的公司信息披露内容与格式准则第 3 号——半年度报告的内容与格式》（2017 年修订）第 3 条第 2 款等。伴随着该制度进入《证券法》，我国自愿性信息披露制度正式形成了证券法、中国证监会部门规章与规范性文件、交易所上市规则和业务指南等多个层次的规则面貌。在此之后，2020 年 9 月，上交所发布了《上海证券交易所科创板上市公司自律监管规则适用指引第 2 号——自愿信息披露》，针对科创板上市公司的自愿性信息披露作出了较为具体的规定。2021 年修订的《上市公司信息披露管理办法》也进一步完善了该制度的有关规则。

二、自愿性信息披露的限制

自愿性信息披露虽系自愿，却并不意味着不受限制；如若不然，则有可能助长有关不当行为，最终难以为投资者决策提供有效的信息辅助。2019 年《证券法》第 84 条第 1 款对披露的内容即作出了两点限制：第一，不得与依法披露的信息相冲突；第二，不得误导投资者。在客体层面，还要求自愿性信息披露的信息需与投资者作出价值判断和投资决策有关。除此之外，自愿性信息披露还需遵循《证券法》第 78 条第 2 款关于信息披露的一般规定，即“应当真实、准确、完整，简明清晰，通俗易懂，不得有虚假记载、误导性陈述或者重大遗漏”。

不过，从下位规则来看，对自愿性信息披露的限制远不止如此。《上市公司治理准则》（2018 年修订）第 91 条第 2 款规定：“自愿性信息披露应当遵守公平原则，保持信息披露的持续性和一致性，不得进行选择性披露，不得利用自愿性信息披露从事市场操纵、内幕交易或者其他违法违规行为，不得违反公序良俗、损害社会公共利益。自愿披露具有一定预测性质信息的，应当明确预测的依据，并提示可能出现的不确定性和风

① 程茂军. 试论上市公司自愿性信息披露的法律规制//黄红元，卢文道. 证券法苑：第 20 卷. 北京：法律出版社，2017：176 - 201.

险。”《上市公司信息披露管理办法》（2021 年修订）第 5 条第 2 款也作了相同内容的规定。在交易所层面，《深圳证券交易所上市公司规范运作指引》（2020 年修订）第 5.2.23 条第 2 款额外规定：“进行自愿性信息披露的……当已披露的信息情况发生重大变化，有可能影响投资者决策的，应当及时披露进展公告，直至该事项完全结束。”第 5.2.24 条还要求：“自愿披露预测性信息时，应当以明确的警示性文字，具体列明相关的风险因素，提示投资者可能出现的不确定性和风险。”

案例评析

一、本案宝利国际未合理把握自愿性信息披露的内容

本案因被称为证券市场首例上市公司自愿性信息披露违法违规案而备受关注。不过需提及的是，从本案最终的处罚结果来看，本案既存在对宝利国际违反自愿性信息披露规定的处罚，也包含对违反强制性信息披露规定的处罚。具体而言，中国证监会认为，宝利国际拟通过新加坡宝利投资设立俄罗斯宝利，注册资本 2 000 万美元，与俄罗斯联邦远东发展部签订拟投资 20 亿美元的“合作备忘录”、与俄罗斯联邦公路署签订拟投资 20 亿美元的“公路署合作备忘录”构成强制性信息披露事项，未如实披露与白俄罗斯国家石化公司等签订的“意向备忘录”的进展，以及与中航飞机股份有限公司签订的“合作框架协议”的进展等已发生重大变化的行为构成对自愿性披露要求或者说信息披露一般要求的违反。

实际上，宝利国际早先发布的 5 项公告以及后续的有关披露均系自愿，部分内容后来转化为强制性信息披露事项主要是因为有关内容具有“重大性”。2019 年《证券法》第 80 条第 1 款规定：“发生可能对上市公司、股票在国务院批准的其他全国性证券交易场所交易的公司的股票交易价格产生较大影响的重大事件，投资者尚未得知时，公司应当立即将有关该重大事件的情况向国务院证券监督管理机构和证券交易场所报送临时报告，并予公告，说明事件的起因、目前的状态和可能产生的法律后果。”第 2 款第 2 项进一步规定公司的重大投资行为和重大的购置财产的决定属于上述重大事件。由此可见，宝利国际在实施自愿性信息披露时，未通过把握信息的“重大性”来合理确定自愿性信息披露的内容，导致触发了强制性信息披露规定。

二、本案宝利国际违反了自愿性信息披露中的一致性与持续性要求

中国证监会指出，针对自愿性信息披露事项，宝利国际未就其进展等已发生重大变化的情况进行披露。从前述有关自愿性信息披露的要求来看，这违反了一致性与持续性要求。《上海证券交易所科创板上市公司自律监管规则适用指引第 2 号——自愿信息披露》对这两项要求进行了阐述。其指出：“一方面，自愿披露的事项类型和披露标准要有一致性，不应基于个别主体的利益，对同类事项进行选择性披露；另一方面，自愿披露的内容要有持续性，同一事件的重要进展应当持续披露，既要披露正面、有利的进展，也要披露负面、不利的进展。”以此进行对照可以发现，宝利国际基于自身利益，

对同属于对外投资公告的5项事宜，在后续只就其中的1项进行了披露，而且该披露存在隐瞒和误导性陈述，具有明显的选择性特征，而对其他4项投资公告的后续事宜更是只字不提，更难符合持续性要求。

三、本案依据信息披露的一般规定对宝利国际进行处罚

本案发生于2019年《证券法》修订之前，当时自愿性信息披露尚未被《证券法》明确规定。但如前所述，自愿性信息披露作为信息披露的一种，需遵循信息披露的一般规定，即“应当真实、准确、完整，简明清晰，通俗易懂，不得有虚假记载、误导性陈述或者重大遗漏”。而宝利国际违反自愿性信息披露一致性与持续性的行为亦可以为“真实、准确、完整”的要求所包含。因此，当时中国证监会依据2014年《证券法》第67条关于信息披露的一般规定，以及与其匹配的法律责任，即第193条第1款，对宝利国际及有关人员进行了处罚。

（撰稿人：姜　帅）

第五节　预测性信息披露

案例简介

美尚生态景观股份有限公司预测性信息披露违规案①

一、违规事项

深圳证券交易所查明，美尚生态景观股份有限公司（以下简称“＊ST美尚”）存在以下违规行为：

2022年1月28日，＊ST美尚披露“2021年度业绩预告”，预计2021年度归属于上市公司股东的净利润（以下简称“净利润”）为亏损40 000万元至28 000万元。4月30日，＊ST美尚披露“2021年年度报告”“关于2021年度业绩预告的更正公告”，2021年度经审计净利润为亏损104 568.06万元。＊ST美尚业绩预告披露的预计净利润与年度报告披露的经审计净利润相比，存在重大差异且未及时修正。

上市公司全年业绩情况是投资者作出价值判断和投资决策的重要依据，可能对上市公司股票价格及投资者的交易决策产生重大影响。因此，上市公司应当严格按照深交所相关规则合理、谨慎、客观、准确地披露业绩预告，同时，上市公司董事会预计实际业绩或者财务状况与已披露的业绩预告或业绩快报差异较大的，应当及时披露修正公告。＊ST美尚2021年实际业绩较前期业绩预告存在重大差异，公司应按照规定及时披露业绩预告修正公告，但公司直至2022年4月30日，在披露2021年年报的同时才披

① 本案例摘编自深圳证券交易所“信息披露”栏目“纪律处分”子栏目。

露相关业绩预告的修正公告。

*ST 美尚未能真实、准确、完整、及时地披露业绩预告修正情况，违反了《深圳证券交易所创业板股票上市规则》(2020 年 12 月修订) 第 1.4 条、第 5.1.1 条、第 6.2.1 条、第 6.2.5 条的规定。

*ST 美尚时任董事长、总经理、主管会计工作负责人王某燕作为上市公司主要负责人，未能恪尽职守、勤勉尽责，对 *ST 美尚上述违规行为负有重要责任，违反了《深圳证券交易所创业板股票上市规则》(2020 年 12 月修订) 第 1.4 条、第 4.2.2 条、第 5.1.2 条的规定。

二、申辩情况

在纪律处分过程中，*ST 美尚、王某燕提交了书面申辩意见并提出了听证申请。*ST 美尚和相关当事人的主要申辩理由为：一是业绩预告不准确是客观情况发生变化所致，当事人不存在违规故意。业绩预告时，公司基于当时的客观情况对磴口县黄河风情小镇项目合同资产及长期应收款计提资产减值准备，未对应收实际控制人资金占用款计提坏账准备，未对无锡文旅一期产业投资中心（有限合伙）未决诉讼计提预计负债，未确认企业所得税滞纳金。业绩预告披露后客观情况发生变化，年审会计师基于谨慎性原则，对公司部分业务活动的会计处理进行调整，当事人不存在主观故意。二是尽管业绩预告不准确，但未改变盈亏性质，未造成重大影响，且深交所在既往监管实践中对于盈亏性质未发生变化的业绩预告不准确普遍给予通报批评处分或书面警示的自律监管措施。

根据违规事实和情节，结合当事人的申辩情况，深交所认为：一是 *ST 美尚于 2022 年 1 月 28 日披露业绩预告时，未能基于有关事项的实际情况予以审慎判断并计提资产减值准备、坏账准备、预计负债及企业所得税滞纳金。二是 *ST 美尚业绩预告披露的预计净利润与年报披露的经审计净利润存在重大差异，且存在最近 12 个月内曾因业绩预告披露不准确且修正不及时被深交所给予纪律处分等情节严重情形，当事人列举的案例与本案实际情况存在差异，不具有可比性。因此，对 *ST 美尚及相关当事人提出的申辩理由不予采纳。

三、纪律处分情况

鉴于上述违规事实及情节，依据《深圳证券交易所创业板股票上市规则》(2020 年 12 月修订) 第 12.4 条、第 12.6 条和《深圳证券交易所上市公司自律监管指引第 12 号——纪律处分实施标准》第 7 条、第 17 条的规定，深交所作出如下处分决定：对 *ST 美尚给予公开谴责的处分；对 *ST 美尚时任董事长、总经理、主管会计工作负责人王某燕给予公开谴责的处分。

法律要点

1. 预测性信息披露；
2. 预测性信息披露的意义与作用。

知识点介绍

一、预测性信息披露

预测性信息通常也称作“软信息”，相较于能够用硬指标来表述的、正式的、客观拟定的、可追溯的“硬信息”，例如财务报表、业绩报告、年度报告等，其不确定性程度较高，主要体现为基于主观所作出的预测性陈述、估计与评价，往往缺少客观数据直接证明其描述的精准性。根据2022年《最高人民法院关于审理证券市场虚假陈述侵权民事赔偿案件的若干规定》（以下简称新《虚假陈述司法解释》）第6条之规定，“原告以信息披露文件中的盈利预测、发展规划等预测性信息与实际经营情况存在重大差异为由主张发行人实施虚假陈述的……”，预测性信息总体上包括盈利预测、发展规划等。此外根据最高人民法院民事审判第二庭所编著的《最高人民法院关于审理证券市场虚假陈述案件司法解释的理解与适用》，预测性信息则更为细化地体现为如下五个方面：（1）对利润、收入（或亏损）、每股盈利（或亏损）、资本成本、股利、资金结构或者其他财务事项预测的陈述；（2）公司管理层对未来经营计划与目标的陈述，包括有关发行人产品或服务的计划与目标；（3）对未来经济表现的陈述，包括管理者对财务状态分析与讨论中的任何陈述；（4）任何对上述事项所依据的假设前提及相关事项的陈述；（5）任何证券管理机构可能要求对上述事项预测与估计的陈述。

二、预测性信息披露的意义与作用

一方面，在证券投资理论学项下，证券价格在一定程度上依赖于发行人的未来业绩或营收潜力，故而有关发行人前景预测的信息成为投资者开展交易决策的重要依据，券商研究部门、证券投资顾问等也常常在其研究报告及其他证券投资建议中将该等前景性信息相应地作为重要内容加以分析、论证。从预测性信息的内容和特征上看，良性的预测性信息可作为一般信息披露制度的合理补充，为投资者进一步了解发行人提供更多渠道和维度，降低证券投资风险。此外，预测性信息的披露在一定情形下，例如合理分析、判断后所预估的增长性预测信息，也可以鼓励发行人更为积极、合法的信息披露意愿，提升和维护发行人正面、负责的市场形象。

另一方面，预测性信息披露的意义与作用则主要体现在，缓解中小投资者与发行人的实控人、董监高、机构投资者、证券分析部门、投资顾问等优势信息主体之间的信息不对称问题。具体来说，根据相关法律法规及监管规定，发行人年度报告等定期报告需要在每一个会计年度结束之后4个月以内完成编制及披露，也即中小投资者需要等前述期间经过，才能通过该等报告文件了解发行人上一年度的经营、业绩情况。然而现实情况却是，包括发行人的实控人、董监高以及机构投资者等在内的主体，依赖于其区别于普通投资者的天然信息优势，早已于每一个会计年度结束之时，或者在早于普通投资者的其他时点，知悉了发行人上一年度的经营、业绩数据，以及发行人的整体情况。前述信息不对称情形的客观存在，不仅使普通投资者投资判断的能力受到负面影响，更会为信息优势地位者从事内幕交易、操纵市场等违法违规行为提供温床。有鉴于此，证券监管部门相应地制定了预测性信息披露制度，强制要求发行人根据制度规定披露相关预测性信息，以增强证券市场的公开性与公平性，促进资本市场的健康发展。

案例评析

一、预测性信息披露违规的监管惩处

预测性信息披露的相关规则主要见于深交所、上交所的相关监管规则，一般聚焦于预测性财务信息。其对业绩预告、业绩快报、盈利预测等事项的披露规则作出明确规定，并且相关规则细化到强制披露的时间与情形、豁免披露的情形、更正公告披露情形、业绩快报强制披露情形、盈利预测更正披露情形等等。

针对预测性信息披露违规行为，中国证监会及证券交易所均有监管处置权，中国证监会通常采取的惩处方式包括警告、罚款及行政监管措施，证券交易所则主要采取公开谴责、通报批评等方式，并且证券交易所的监管处置比中国证监会的监管处置多发，属于针对预测性信息披露违规行为的日常监管方式，本案当中深交所即是就＊ST 美尚的预测性信息披露违规行为给予公开谴责的纪律处分。

结合监管实践观察，上市公司如出现包括但不限于如下预测性信息披露异常情形，则可能会引起监管关注并引致监管惩处：(1) 未及时披露业绩预告；(2) 超前预测业绩并披露；(3) 业绩预告业绩与此前披露业绩差距较大；(4) 业绩预告业绩与实际业绩差距较大；(5) 更正公告出现业绩变脸或差异较大；(6) 未及时进行业绩预告更正；(7) 业绩预告出现盈亏方向变化。本案当中，＊ST 美尚即同时存在前述第四种、第六种预测性信息披露违规情形。

二、预测性信息披露违规的民事责任

新《虚假陈述司法解释》第 6 条明确规定："原告以信息披露文件中的盈利预测、发展规划等预测性信息与实际经营情况存在重大差异为由主张发行人实施虚假陈述的，人民法院不予支持，但有下列情形之一的除外：(一) 信息披露文件未对影响该预测实现的重要因素进行充分风险提示的；(二) 预测性信息所依据的基本假设、选用的会计政策等编制基础明显不合理的；(三) 预测性信息所依据的前提发生重大变化时，未及时履行更正义务的。""前款所称的重大差异，可以参照监管部门和证券交易场所的有关规定认定。"

根据上述规定，投资者以发行人预测性信息披露内容与实际经营情况存在重大差异为由主张发行人需承担证券虚假陈述民事赔偿责任的，人民法院一般不予支持，除非存在上述除外情形，该等除外情形对预测性信息披露提出了风险提示、选择合理的编制基础、履行更正义务等要求。综合来看，新《虚假陈述司法解释》基本遵循了"预测性信息安全港”制度①，在一定程度上保障发行人合理的预测性信息披露不至于引致严苛的民事责任，目的在于鼓励、督促发行人积极且合法合规地进行预测性信息披露，规范自愿性信息披露行为。

（撰稿人：刘思远　李龙宇）

第六节　公平信息披露原则

案例简介

董某珠提前透露公司业绩数据被警示案②

2019年1月16日下午，珠海格力电器股份有限公司（以下简称“格力电器”）董事长董某珠因在股东大会上提前透露公司业绩数据，在1月17日收到了深交所的关注函，在2月1日被广东证监局出具警示函。

深交所的关注函指出：你公司（即格力电器）于2019年1月16日下午召开股东大会，你公司董事长在股东大会上发表了“2018年税后利润为260亿元”等有关你公司业绩的言论，而你公司当日晚间才对外披露业绩预告公告。本所《股票上市规则》（2018年修订）第2.15条规定，上市公司及相关信息披露义务人在指定媒体上公告之前不得以新闻发布或答记者问等任何其他方式透露、泄露未公开重大信息。你公司董事长发表前述言论的时间早于你公司在中国证监会指定媒体公告的时间。我部对此表示关注，请你公司严格规范董事、监事、高级管理人员对外发布信息的行为，切实提高信息披露意识，遵守并促使有关人员遵守《股票上市规则》和本所其他相关规定。同时，提醒你公司董事、监事、高级管理人员应当恪尽职守、诚信勤勉，严格遵守《证券法》《公司法》等法律法规及《股票上市规则》的规定，真实、准确、完整、及时、公平地履行信息披露义务。

广东证监局的行政监管措施决定书则指出：董某珠作为格力电器董事长，在2019年1月16日下午召开的格力电器2019年第一次临时股东大会上，发布了格力电器2018年营业收入和净利润等有关业绩信息，而格力电器在股东大会结束后的当天晚间才发布2018年度业绩预告。董某珠的上述行为违反了2007年《上市公司信息披露管理办法》第6条第2款、第45条第2款的规定，根据2007年《上市公司信息披露管理办法》第

① “预测性信息安全港”规则属于舶来品，通常被理解为一种法律保护条款，即旨在保障合理合法的预测性信息披露，为合法合规的预测性信息披露不受法律责任追究提供合理保护，其构成要件一般包括：(1) 心理确知要件，即预测性信息披露者在主观心理状态上合理确信所披露预测性信息的正当性，陈述时不知晓其他影响所披露信息客观性的未披露事项；(2) 预先警示要件，即应当充分、明确地使用警示性语言，并在合理限度内使阅看者引起注意。

② 本案例摘编自深圳证券交易所公司管理部“关于对珠海格力电器股份有限公司的关注函”（公司部关注函〔2019〕第8号），广东证监局行政监管措施决定书〔2019〕6号。

59条的规定，决定对董某珠采取出具警示函的行政监管措施。

幸好董某珠的言论是在股票收盘后发表的，同时公司在当晚补救及时，发布了相关公告，否则就有可能被监管处罚，引发投资者索赔。

法律要点

1. 选择性披露；
2. 公平信息披露原则。

知识点介绍

一、选择性披露

选择性披露（selective disclosure）可分为披露对象上的选择和内容上的选择。前者是指披露行为人向特定的人士披露未公开的信息，后者是指行为人并未披露信息的全部，而是有选择地披露有关信息。一般而言，选择性披露多指的是前者，即上市公司在公开披露信息之前向特定的人士或特别类型人员披露有关重大信息的行为。

选择性披露行为对证券市场危害重大：首先，选择性披露行为向特定人（群）泄露未公开的信息，违背了证券市场赖以健康发展的基本法则，侵犯了投资者平等获取信息的权利。其次，选择性披露行为往往是一些不正常证券交易的前奏，例如内幕交易和市场操纵行为均以优先获取内幕信息为前提，从而使一部分人员获利或转嫁风险，使另一部分人员因此遭受损失，导致市场不公行为的发生。再次，选择性披露行为动摇了证券市场的价值取向，不利于理性投资方式的形成。最后，选择性披露行为将使市场降低效率。

二、公平信息披露原则

选择性披露行为监管规范要求上市公司在向特定对象披露尚未公开的重大信息时，应立即向公众公开该等信息。在美国，规范这方面的规则是美国证券交易委员会（SEC）于2000年10月发布的《公平信息披露规章》（Regulation Fair Disclosure）。该规章规定，选择性披露行为是指披露了未公开的重大信息，它包括两层含义，即所披露的信息既是“未公开的信息”，又是“实质性的信息”。根据《公平信息披露规章》，上市公司应将公司的重大信息向所有投资者进行公平披露。倘若公司出现选择性信息披露行为，即公司将非公开的实质性信息向某些特定的对象进行信息披露，那么该公司也应将该信息详尽地向所有市场参与者进行公开披露，但也有例外情况。上市公司在将实质性信息公开之前应将该信息向以下几类对象进行披露，不适用《公平信息披露规章》对选择性信息披露的限制：(1) 暂时内幕者（temporary insiders），是指那些由于与公司的特殊业务关系而知悉公司内幕信息的对象，如在公司证券上市发行中的投资银行、会计师事务所和律师等。他们对公司内幕信息负有保密的义务，并且各国一般都规定这些暂时内幕者在证券承销期间及上市后的一段时间之内不准就该证券进行交易。(2) 同意保密的知情者，他们保证在该信息公开披露之前不会向其他人泄密，并且保证不利用该信息进行交易。(3) 信用评级机构，若该机构保证将所得信息仅用于对公司进行信用评级，并且使公众都能获悉该机构对公司的信用评级结果，则上市公司对信用评级机构的信息披露不受《公平信息披露规章》的限制。SEC 认为，信用评级机构和公众媒体较为相似，都承担着向公众传递公开信息的职责，它对上市公司进行信用评级的整个过程实际上就是在向公众提供公开信息，因而确保信用评级所需信息的专用性及信用评级结果的公开是该类机构不受《公平信息披露规章》有关选择性信息披露规则限制的关键。

我国也禁止选择性信息披露。2019 年《证券法》第 83 条规定："信息披露义务人披露的信息应当同时向所有投资者披露，不得提前向任何单位和个人泄露。但是，法律、行政法规另有规定的除外。""任何单位和个人不得非法要求信息披露义务人提供依法需要披露但尚未披露的信息。任何单位和个人提前获知的前述信息，在依法披露前应当保密。"

上交所和深交所的《股票上市规则》均规定，上市公司及相关信息披露义务人在指定媒体上公告之前不得以新闻发布或答记者问等任何其他方式透露、泄露未公开重大信息。上市公司在股东大会上不得披露、泄露未公开重大信息。

《上市公司信息披露管理办法》(2021 年修订) 规定：上市公司的董事、监事、高级管理人员应当忠实、勤勉地履行职责，保证披露信息的真实、准确、完整，信息披露及时、公平。信息披露义务人披露的信息应当同时向所有投资者披露，不得提前向任何单位和个人泄露，但是，法律、行政法规另有规定的除外。自愿性信息披露应当遵守公平原则，保持信息披露的持续性和一致性，不得进行选择性披露。上市公司应当制定董事、监事、高级管理人员对外发布信息的行为规范，明确非经董事会书面授权不得对外发布上市公司未披露信息的情形。上市公司通过业绩说明会、分析师会议、路演、接受投资者调研等形式就公司的经营情况、财务状况及其他事件与任何单位和个人进行沟通的，不得提供内幕信息。

中国证监会于 2022 年修改的《上市公司投资者关系管理工作指引》规定：上市公司及其他信息披露义务人应当严格按照法律法规、自律规则和公司章程的规定及时、公平地履行信息披露义务，披露的信息应当真实、准确、完整，简明清晰，通俗易懂，不得有虚假记载、误导性陈述或者重大遗漏。上市公司及其控股股东、实际控制人、董事、监事、高级管理人员和工作人员不得在投资者关系管理活动中出现下列情形：(1) 透露或者发布尚未公开的重大事件信息，或者与依法披露的信息相冲突的信息；(2) 透露或者发布含有误导性、虚假性或者夸大性的信息；(3) 选择性透露或者发布信息，或者存在重大遗漏；(4) 对公司证券价格作出预测或承诺；(5) 未得到明确授权的情况下代表公司发言；(6) 歧视、轻视等不公平对待中小股东或者造成不公平披露的行为；(7) 违反公序良俗，损害社会公共利益；(8) 其他违反信息披露规定，或者影响公司证券及其衍生品种正常交易的违法违规行为。

案例评析

广东证监局的警示函曾遭到中央财经大学会计学教授、新上任的格力电器独立董事刘某威的挑战。刘某威发微博称，针对《深交所股票上市规则》中的在通过指定媒体公开信息披露前无权在股东大会上报告公司业绩预期的相关规定，刘某威认为这一规定违反了《公司法》第98条关于“股东大会是公司的权力机构”的规定。刘某威指出：有两个原则问题必须有明确答案：第一，公司董事高管是否有义务向股东大会报告业绩预期？第二，违反《上市公司信息披露管理办法》的是在股东大会上报告公司业绩预期的董事高管还是擅自向媒体发布股东大会内容的股东？证监局应该处罚谁？刘某威表示，这两个原则问题关系到上市公司的董事高管、股东和媒体的行为准则，关系到中国证券市场的风气和社会风气。“中国证监会和广东证监局必须对上述两个原则问题给出明确的答案，否则，广东证监局发布〔2019〕6号警示函作为具有示范性的案例，将使全国上市公司无所适从。”

笔者认为，股东大会固然是公司的权力机关，股东固然拥有知情权，但股东知情权也是有限的。股份有限公司和有限责任公司的股东知情权不尽相同。《公司法》第33条规定了有限责任公司股东的知情权，即有限责任公司的股东“有权查阅、复制公司章程、股东会会议记录、董事会会议决议、监事会会议决议和财务会计报告”，并“可以要求查阅公司会计账簿”。《公司法》第97条规定了股份有限公司股东的知情权：“股东有权查阅公司章程、股东名册、公司债券存根、股东大会会议记录、董事会会议决议、监事会会议决议、财务会计报告，对公司的经营提出建议或者质询。”可见，股东可知情的范围是有限的。

上市公司不但要遵守《公司法》，也要遵守《证券法》。《证券法》规定了公开、公平与公正原则。公平信息披露原则正是公平原则的体现。《证券法》还规定了国务院证券监督管理机构依法对全国证券市场实行集中统一监管，并有权制定有关证券市场监督管理的规章与规则。作为证券市场的参与者，发行人应遵守国务院证券监督管理机构依法制定的规章与规则，包括《上市公司信息披露管理办法》等。此外，公司上市时，还在上市协议中承诺遵守证券交易所的自律规则，而遵守承诺则是证券法上诚信原则的要求。

《上市公司信息披露管理办法》（2021年修订）明确规定：“信息披露义务人披露的信息应当同时向所有投资者披露，不得提前向任何单位和个人泄露。但是，法律、行政法规另有规定的除外。”“上市公司的股东、实际控制人不得滥用其股东权利、支配地位，不得要求上市公司向其提供内幕信息。”上交所、深交所的《股票上市规则》均规定：上市公司在股东大会上不得透露、泄露未公开重大信息。因此，在股东大会上提前披露公司业绩，直接违反了上述规定。

股东大会是现场举行的，并非所有股东都实际参加，有的股东可能因为各种主客观的原因没有参加，例如，那些距离发行人较远的小股东现场出席股东大会并不经济。尽管可以为所有股东的投票提供网络投票方式，但目前的股东大会还没有实现直播。在股东大会上提前披露公司业绩，其实是在惩罚未现场参加股东大会的股东，违反了公平原则。尽管股东有知情权，却无权要求公司提前向其披露公司业绩。董监高对公司负有信义义务，有义务确保全体股东受到公平对待，不得擅自披露公司秘密。在不是所有股东参加的股东大会上提前向部分股东披露公司业绩，违反了董监高的义务。

该案发生在2019年年初，2019年年底修订通过的《证券法》第83条规定："信息披露义务人披露的信息应当同时向所有投资者披露，不得提前向任何单位和个人泄露。但是，法律、行政法规另有规定的除外。""任何单位和个人不得非法要求信息披露义务人提供依法需要披露但尚未披露的信息。任何单位和个人提前获知的前述信息，在依法披露前应当保密。"这就在法律层面强化了信息披露义务人的公平信息披露义务。

（撰稿人：邢会强）

第七节　信息披露违法行为中的责任人认定

案例简介

新疆中基实业财务造假被证监会处罚案①

经中国证监会查明，新疆中基实业股份有限公司（以下简称"新中基"）存在以下违法事实：2006年1月，在刘某的指使下，经吴某成等人策划与操办，新中基通过隐蔽出资，设立了空壳公司天津晟中国际贸易有限公司（以下简称"天津晟中"）。天津晟中表面上与新中基在法律上没有任何关系，但其业务与财务实际上完全由新中基控制。天津晟中成立后，先从新中基采购番茄酱，再销售给新中基的控股子公司天津中辰番茄制品有限公司（以下简称"天津中辰"）。2007年，刘某找到曾任新中基销售负责人、已辞职独立经商的吴某安，请其帮忙从新中基采购番茄酱之后再卖给天津中辰。2007年至2010年间，吴某安控制的新疆豪客国际贸易有限公司（以下简称"新疆豪客"）先从天津晟中采购番茄酱，加上应交税款与新疆豪客获得的纯利润后，再转手全部销售给天津中辰。相关证据显示，新中基利用非关联企业新疆豪客中转与过账，货物基本不动，实际上的交易就是仓单的转移。

从2006年至2008年，新中基各分、子公司向天津晟中累计销售番茄酱15.27万吨，总额66 336.62万元，占期间天津晟中采购额的99.22%。2006年至2010年，天津晟中向天津中辰累计销售番茄酱3.45万吨，总额13 731.75万元，占期间天津晟中销售总额的19.75%；向新疆豪客累计销售番茄酱11.73万吨，总额54 647.50万元，占期间天津晟中销售总额的78.61%；两项合计15.18万吨，总额68 379.25万元，占期

① 本案例摘编自中国证监会行政处罚决定书（新疆中基实业股份有限公司、刘某、文某等8名责任人）〔2014〕68号。

间天津晟中销售总额的98.36%。2007年至2010年，新疆豪客向天津中辰累计销售番茄酱11.73万吨，总额54 853.94万元。

按照调查核查计算口径，涉案事项对新中基年度财务报表数据的影响情况如下：2006年虚增收入31 566.92万元，虚增成本22 481.37万元，虚增利润9 085.55万元，虚增利润占经核查更正后净利润的138.57%，导致当年利润由亏损变盈利；2007年虚增收入26 849.77万元，虚增成本24 915.95万元，虚增利润1 933.81万元，虚增利润占经核查更正后净利润的34.50%；2008年虚增收入7 559.67万元，虚增成本10 365.51万元，虚减利润2 805.84万元，虚减利润占经核查更正后净利润的68.57%；2009年虚增收入0元，虚增成本675.04万元，虚减利润675.04万元，虚减利润占经核查更正后净利润的25.43%；2010年虚增收入0元，虚增成本5 648.11万元，虚减利润5 648.11万元，虚减利润占经核查更正后净利润的26.25%；2011年虚增收入0元，虚增成本1 890.47万元，虚减利润1 890.47万元，虚减利润占经核查更正后净利润的1.64%。

新中基通过自己设立的隐形空壳公司天津晟中，利用非关联的公司新疆豪客中转过账，连续多年虚构购销业务，虚增业务收入与成本，虚增或者虚减利润，不仅隐瞒关联关系、关联交易，更直接导致公司2006年至2011年年度报告信息披露存在虚假记载及重大遗漏。

上述行为，违反了2005年《证券法》第63条的规定，构成了《证券法》第193条所述违法行为。中国证监会认定：

刘某在任新中基董事长期间，授意、策划、指挥了新中基和天津晟中、新疆豪客之间的虚假销售采购业务，是对新中基违法行为直接负责的主管人员。

吴某成在任新中基总会计师、主管财务的副总经理期间，知悉并组织实施了新中基和天津晟中、新疆豪客之间的虚假销售采购业务，是对新中基违法行为直接负责的主管人员。

侯某军在任新中基财务部经理期间，作为新中基2006年至2009年年度财务报告的会计机构负责人，签字承诺保证财务报告的真实、完整，知悉并执行了新中基和天津晟中之间的虚假采购销售业务，是对新中基违法行为负责的其他直接责任人员。

文某在任新中基总经理、兼任天津中辰董事长期间，未勤勉尽责，是对新中基违法行为负责的其他直接责任人员。

成某在任新中基董事会秘书期间，未勤勉尽责，是对新中基违法行为负责的其他直接责任人员。

李某在任天津中辰财务部经理期间，明知天津晟中系刘某为实施违法行为设立的空壳公司，仍安排下属工作人员操作相关事项，应当受到处罚。

吴某安明知是在帮助刘某实施违法行为，仍连续多年配合新中基违法，应当受到处罚。

根据当事人违法行为的事实、性质、情节与社会危害程度，依据2005年《证券法》第193条的规定，中国证监会决定：对新中基给予警告，并处以40万元罚款；对刘某给予警告，并处以30万元罚款；对吴某成给予警告，并处以20万元罚款；对侯某军、吴某安给予警告，并分别处以 10 万元罚款；对李某给予警告，并处以 5 万元罚款；对文某、成某给予警告，并分别处以 3 万元罚款。

法律要点

1. 直接负责的主管人员；
2. 其他直接责任人员；
3. 公司之外的帮助造假者的法律责任。

知识点介绍

对发行人、上市公司信息披露违法进行行政处罚的依据是 2005 年《证券法》第 193 条（2019 年《证券法》第 197 条）。

根据 2019 年《证券法》第 197 条，信息披露义务人未按照本法规定报送有关报告或者履行信息披露义务的，责令改正，给予警告，并处以 50 万元以上 500 万元以下的罚款；对直接负责的主管人员和其他直接责任人员给予警告，并处以 20 万元以上 200 万元以下的罚款。发行人的控股股东、实际控制人组织、指使从事上述违法行为，或者隐瞒相关事项导致发生上述情形的，处以 50 万元以上 500 万元以下的罚款；对直接负责的主管人员和其他直接责任人员，处以 20 万元以上 200 万元以下的罚款。

信息披露义务人报送的报告或者披露的信息有虚假记载、误导性陈述或者重大遗漏的，责令改正，给予警告，并处以 100 万元以上 1 000 万元以下的罚款；对直接负责的主管人员和其他直接责任人员给予警告，并处以 50 万元以上 500 万元以下的罚款。发行人的控股股东、实际控制人组织、指使从事上述违法行为，或者隐瞒相关事项导致发生上述情形的，处以 100 万元以上 1 000 万元以下的罚款；对直接负责的主管人员和其他直接责任人员，处以 50 万元以上 500 万元以下的罚款。

本条将信息披露违法分为两种情况：一种是未按照规定披露信息的违法行为，即信息披露义务人未按照本法规定报送有关报告或者履行信息披露义务的情形。另一种是信息披露义务人虽然披露了信息，但有虚假记载、误导性陈述或者重大遗漏的情形。对这两种违法行为，2019 年《证券法》都大幅度提高了罚款额度。此外，对于发行人的控股股东、实际控制人组织、指使从事上述违法行为或者隐瞒相关事项导致发生上述情形的，也给予处罚。

上述法条虽然规定在发行人、上市公司等单位信息披露违法时，应追究“直接负责的主管人员和其他直接责任人员”的责任，但并未明确谁是“直接负责的主管人员”，谁是“其他直接责任人员”？其实，《行政处罚法》上也有“直接负责的主管人员和其他直接责任人员”之区分，这是沿用或者套用《刑法》上的相同概念。2001 年《全国法院审理金融犯罪案件工作座谈会纪要》指出，“单位犯罪直接负责的主管人员和其他直接责任人员的认定：直接负责的主管人员，是在单位实施的犯罪中起决定、批准、授意、纵容、指挥等作用的人员，一般是单位的主管负责人，包括法定代表人。其他直接责任人员，是在单位犯罪中具体实施犯罪并起较大作用的人员，既可以是单位的经营管理人员，也可以是单位的职工，包括聘任、雇佣的人员。应当注意的是，在单位犯罪中，对于受单位领导指派或奉命而参与实施了一定犯罪行为的人员，一般不宜作为直接责任人员追究刑事责任。对单位犯罪中的直接负责的主管人员和其他直接责任人员，应根据其在单位犯罪中的地位、作用和犯罪情节，分别处以相应的刑罚，主管人员与直接责任人员，在个案中，不是当然的主、从犯关系，有的案件，主管人员与直接责任人员在实施犯罪行为的主从关系不明显的，可不分主、从犯。”

中国证监会于2011年颁布的《信息披露违法行为行政责任认定规则》规定：(1) 发生信息披露违法行为的，依照法律、行政法规、规章规定，对负有保证信息披露真实、准确、完整、及时和公平义务的董事、监事、高级管理人员，应当视情形认定其为直接负责的主管人员或者其他直接责任人员承担行政责任，但其能够证明已尽忠实、勤勉义务，没有过错的除外。信息披露违法行为的责任人员可以提交公司章程，载明职责分工和职责履行情况的材料，相关会议纪要或者会议记录以及其他证据来证明自身没有过错。(2) 董事、监事、高级管理人员之外的其他人员，确有证据证明其行为与信息披露违法行为具有直接因果关系，包括实际承担或者履行董事、监事或者高级管理人员的职责，组织、参与、实施了公司信息披露违法行为或者直接导致信息披露违法的，应当视情形认定其为直接负责的主管人员或者其他直接责任人员。(3) 有证据证明因信息披露义务人受控股股东、实际控制人指使，未按照规定披露信息，或者所披露的信息有虚假记载、误导性陈述或者重大遗漏的，在认定信息披露义务人责任的同时，应当认定信息披露义务人控股股东、实际控制人的信息披露违法责任。信息披露义务人的控股股东、实际控制人是法人的，其负责人应当认定为直接负责的主管人员。控股股东、实际控制人直接授意、指挥从事信息披露违法行为，或者隐瞒应当披露信息、不告知应当披露信息的，应当认定控股股东、实际控制人指使从事信息披露违法行为。

案例评析

一、直接负责的主管人员与其他直接责任人员的区分与认定

《全国法院审理金融犯罪案件工作座谈会纪要》提出，直接负责的主管人员，是在单位实施的犯罪中起决定、批准、授意、纵容、指挥等作用的人员，一般是单位的主管负责人，包括法定代表人。其他直接责任人员，是在单位犯罪中具体实施犯罪并起较大作用的人员，既可以是单位的经营管理人员，也可以是单位的职工，包括聘任、雇佣的人员。

在中国证监会以往的执法实践中，已经形成了如下的信息披露违法行为责任主体认定的逻辑：一般将董事长，偶尔也将总经理、副董事长，个别案例中还将副总经理、董事会秘书和财务负责人认定为“负有直接责任的主管人员”，而签字的董事、监事、高

级管理人员等往往被认定为“其他直接责任人员”[①]。

在本案中，刘某在任新中基董事长期间，授意、策划、指挥了新中基和天津晟中、新疆豪客之间的虚假销售采购业务；吴某成在任新中基总会计师、主管财务的副总经理期间，知悉并组织实施了新中基和天津晟中、新疆豪客之间的虚假销售采购业务，这二人都被认定为对新中基违法行为“负有直接责任的主管人员”。其他董事、监事、高级管理人员则被认定为“其他直接责任人员”。“负有直接责任的主管人员”的罚款幅度一般高于“其他直接责任人员”。

二、上市公司体系内非董事、监事、高级管理人员的帮助造假者的法律责任

本案中对李某的处罚，是中国证监会在信息披露违法案件中，第一次对董事、监事、高级管理人员之外的上市公司体系人员给予行政处罚，开创了对非董事、监事、高级管理人员之外的公司雇员进行处罚的先例。[②] 此后，此类处罚就非常多了。例如，在2019 年的抚顺特钢系统造假案中，时任抚顺特钢财务处副处长权某纯，不是董事、监事或高级管理人员，他组织各部门人员配合完成财务欺诈操作，也被认定为抚顺特钢信息披露违法行为的“其他直接责任人员”[③]。

不过，需要指出的是，证监会处罚董事、监事、高级管理人员，实行过错推定原则，董事、监事、高级管理人员需自证清白，否则就要受到处罚。而证监会处罚董事、监事、高级管理人员之外的上市公司体系人员，实行过错原则，证监会需举证证明其具有过错。

三、上市公司体系之外的第三人在配合、帮助财务造假中的法律责任

还有供应商、客户、交易对手方、提供相关服务的金融机构等上市公司体系之外的第三人在配合、帮助财务造假中的法律责任问题。中国证监会网站公布的《对十三届全国人大四次会议第 1068 号建议的答复》显示：供应商、客户、交易对手方、提供相关服务的金融机构等明知证券违法行为人实施财务造假等证券违法行为，仍为其提供交易合同、发票、存货、存款证明等凭证予以配合的情况时有发生，“帮助者”在证券违法活动中扮演了重要角色，加强对其法律责任的追究确有现实意义。《关于完善证券违法中“帮助者”责任追究的建议》提出，要增加“帮助者”行政法律责任，同时合理设置责任认定的标准。目前，2019 年《证券法》暂未对“帮助者”的法律责任作出明确规定，2021 年 7 月 15 日施行的《行政处罚法》中亦无关于共同行政违法行为法律责任的一般规定。因此，除银行等特定主体可能因其帮助行为违反《商业银行法》等法律法规而须承担行政法律责任外，对于“帮助者”应否就其对证券违法的帮助行为承担行政处罚责任以及承担何种责任，目前暂无专门法律规定。基于此，中国证监会将积极配合立

① 但在慧球科技案中，董事温某华（处罚决定书未显示其担任其他职务）被认定为“负有直接责任的主管人员”，这是因为他参与了 1001 项议案的起草。

② 张子学. 信息披露违法案中行政处罚帮助教唆者的尝试与提示//黄红元，徐明. 证券法苑：第 15 卷. 北京：法律出版社，2015：1－22.

③ 中国证监会行政处罚决定书（抚顺特钢、赵某远、董某等多名责任人员）〔2019〕147 号。

法机关，做好在相关法律或行政法规中以专门规定的形式，明确“帮助者”行政责任的研究论证等相关工作。此外，虽然行政处罚责任暂缺，但是我国《刑法》已就“帮助者”的刑事责任作出规定。具体而言，一是针对提供虚假资信证明的金融机构，《刑法》第188条规定了违规出具金融票证罪；对于故意提供虚假证明文件，或者因严重不负责任出具的证明文件重大失实的，《刑法》第229条规定了提供虚假证明文件罪、出具证明文件重大失实罪。二是对于财务造假的“帮助者”，如果参与程度较深，根据《刑法》第25条，可以按照欺诈发行证券罪，违规披露、不披露重要信息罪的共犯处理。三是《刑法修正案（十一）》将《刑法》第229条提供虚假证明文件罪的法定最高刑由5年提高到10年，加大了对财务造假犯罪中“帮助者”的刑事打击力度。实践中，中国证监会曾在调查云南绿大地生物科技股份有限公司的财务造假案件中，将帮助上市公司财务造假的庞某星依法移送公安机关以追究其刑事责任。

至于帮助者的民事责任问题，新《虚假陈述司法解释》第22条明确规定：有证据证明发行人的供应商、客户，以及为发行人提供服务的金融机构等明知发行人实施财务造假活动，仍然为其提供相关交易合同、发票、存款证明等予以配合，或者故意隐瞒重要事实致使发行人的信息披露文件存在虚假陈述，原告起诉请求判令其与发行人等责任主体赔偿由此导致的损失的，人民法院应当予以支持。

（撰稿人：邢会强）

第七章
虚假陈述的法律责任

第一节　欺诈市场理论

案例简介

投资者诉某军工板块上市公司证券虚假陈述责任纠纷案[①]

Z公司是一家军工板块的上市公司。2018年10月30日，湖南证监局对Z公司等作出行政处罚决定书，认定Z公司2014年、2015年虚增利润，2016年虚减利润，导致2014—2016年度财务报告存在虚假披露，并对公司及相关责任人员作出行政处罚。随后，在案涉期间买入Z公司股票的投资者向Z公司及相关责任人提起证券虚假陈述诉讼，请求法院判令被告赔偿其投资损失。起诉的原告投资者包括自然人投资者、专业投资公司和小额贷款公司等机构投资者。

在专业投资公司起诉的案件中，专业投资公司提交了两份研究报告，明确其系依据该两份报告作出购买Z公司股票的交易决定。研究报告载明：Z公司是兵工集团旗下唯一智能弹药平台，拟收购兵工集团旗下6家智能弹药公司，收购定价合理、业绩增厚价值显现；智能弹药将深刻影响未来战争，具有广阔市场空间，看好Z公司在智能弹药的发展，并购完成后业绩有望快速增长。在两份研究报告作出后，该专业投资公司首次买入Z公司股票，并随着股价上涨加大持仓。在小额贷款公司起诉的案件中，小额贷款公司提交了情况说明，表示其研判Z公司重大资产重组完成后将有很强的内生动力，遂开始对该股票分批建仓。

针对上述机构投资者起诉的案件，Z公司举证证明，Z公司在案涉期间进行了重大资产重组，披露收购6家公司100%股权的重组进展、完成情况，导致公司股价升至高位；同时，Z公司所属的国防军工行业在案涉期间受市场关注度较高，带动包括Z公司在内的军工板块公司股价大幅上涨。Z公司据此主张，专业投资公司、小额贷款公司系受公司重大资产重组和军工板块大热的影响作出投资决策，与虚假陈述无关，其买入时

---

① 本案例摘编自湖南省高级人民法院（2021）湘民终867号民事判决书、（2021）湘民终1052号民事判决书，湖南省长沙市中级人民法院（2020）湘01民初1781号民事判决书、（2022）湘01民终416号民事判决书。

间、交易行为和交易模式进一步证明投资决策系受重大资产重组及行业利好影响，并且作为金融机构的案涉小额贷款公司负有更高的审慎注意义务，因其投机行为造成的损失应当由其自行承担。

湖南省高级人民法院经审查认为：Z公司2015年年度报告所涉信息披露违法行为构成具有重大性的证券虚假陈述行为，应推定在本案虚假陈述实施日及以后至揭露日之前买入Z公司股票的投资者与案涉虚假陈述行为之间存在交易上的因果关系，Z公司在扣减系统风险等其他因素所致损失的基础上承担赔偿责任。

但是，我国在证券虚假陈述侵权赔偿案件中采用的信赖推定原则，只是通过建立投资者信赖股票价格进而信赖虚假陈述的一种可抗辩的推定，将举证负担由投资者转至虚假陈述实施人，并非完全取消信赖要件。如能证明虚假陈述没有对股票市场价格产生影响，或投资人的交易是基于其他原因，或即使投资人知道信息虚假也仍然会进行交易，则应推翻这种推定的信赖，认定其交易行为与虚假陈述行为之间不具有因果关系。

针对专业投资公司起诉的案件，案涉投资公司交易依据的研究报告基于Z公司重大资产收购以及国防军工业务发展的良好预期作出买入建议，结合其交易方式可以认定，该投资公司完全系基于信赖两份研究报告的分析建议，受到Z公司重大资产重组、国防军工板块大热等影响作出的交易决定，与案涉虚假陈述行为无关，因此驳回该投资公司的诉讼请求。

针对小额贷款公司起诉的案件，基于其提交的情况说明，小额贷款公司是基于重大资产重组后未来良好发展预期而作出的投资决策。并且，根据金融监管的相关规定，小额贷款公司属于专业的金融机构，买卖股票属于高风险的投资行为，应尽到审慎注意义务。而小额贷款公司的交易行为反映出其具有明显的短线投资炒作的交易目的，且其在上市公司基本面恶化、股价大跌的情况下仍重仓买入股票，由此导致的损失应由其自行承担，判决驳回小额贷款公司的诉讼请求。

法律要点

1. 欺诈市场理论；
2. 信赖推定原则。

知识点介绍

一、欺诈市场理论的产生

投资者以证券虚假陈述为由向虚假陈述行为人主张赔偿损失，本质上属于侵权纠纷，投资者必须证明其投资损失和虚假陈述行为之间具有因果关系。具体而言，投资者必须证明其看到或听到了行为人披露的虚假信息，并且基于信赖虚假信息作出证券交易，最终因为虚假陈述被揭露导致投资损失。由于证券市场涉及不特定的投资者，与虚假陈述行为人之间缺乏“面对面”的接触，投资者要完成上述因果关系链条的证明，特别是“信赖”要件的证明，存在极大困难。针对行为人遗漏重大信息的消极虚假陈述行为，投资者更难以证明其基于对这些隐瞒事实的信赖而作出交易决定。

为了降低投资者在证券欺诈诉讼中的举证难度，美国提出欺诈市场理论（fraud-on-the-market theory）来推定投资者的交易决策与虚假陈述行为存在交易因果关系。在1975年的Blackie v. Barrack案[①]中，美国第九巡回法院认为，在证券交易所购买股票的人通常相信市场价格是有效设定的，因而间接相信作为股价基础的事实是真实的，无论他是否知道该事实，他购买股票的价格都反映了重大的虚假信息。因此，“只要原告证明他通过证券交易所购买了股票，以及有关的虚假信息披露是重大的，证明因果关系的表面证据就已经足够了”。这是美国欺诈市场理论的初步适用。

1988年，在Basic v. Levinson案[②]中，美国联邦最高法院认为：现代证券交易市场的交易方式不同于传统的“面对面”交易方式，属于面向不特定投资者的有效市场。在一个有效的证券交易市场中，任何能够获得的信息都会迅速反映在股价上，包括重大的虚假信息，投资者交易股票完全是基于对该股票市场价格的信赖，而市场价格反映了与该股票相关的所有信息。被告重大的虚假陈述导致股票价格有所调整，原告基于信赖该价格作出的投资决策，可以视为信赖了虚假陈述。因此，原告无须举证证明其实际信赖了被告的虚假陈述，只要证明被告存在虚假陈述行为且具有重大性，案涉证券是在一个有效的市场中交易，在虚假陈述实施至消息公开日之间进行交易的，原告就可以初步建立“信赖”要件，推定其投资决策系信赖被告虚假陈述而作出，推翻这一推定的举证责任则由被告承担。该案标志着欺诈市场理论在美国的正式确立。

二、欺诈市场理论的内容

欺诈市场理论的基础是“有效市场假说”。该理论认为，在公开、成熟、有效的市场中，证券的市场价格可以充分反映与该证券有关的所有可获得的重大信息，不仅包括真实信息，也包括重大的虚假信息。投资者在有效市场上通过信赖证券价格而作出的交易，事实上包含了对价格背后所有信息的信赖。因此，投资者因虚假陈述行为遭受损失时，只要证明该虚假陈述涉及的信息具有重大性，即可推定投资者因信赖市场价格而信赖该价格所反映的虚假信息，进而建立投资者的交易决策与虚假陈述行为之间的因果关系。可以说，欺诈市场理论将投资者对虚假信息的“合理信赖”转化为投资者对市场定价的信赖，从而建立了“推定信赖”原则，极大减轻了原告的举证责任。

因此，适用欺诈市场理论推定存在因果关系的前提是虚假陈述行为具有“重大性”，相关信息足以影响证券价格；而欺诈市场理论的适用本质是一种举证责任倒置的安排。该理论通过假定投资者信赖了证券价格推定投资者信赖了虚假信息，而这种推定是可推翻的（rebuttable presumption），只是将原告就“合理信赖”的举证负担转移给了被告。欺诈市场理论并非取消了证券虚假陈述责任中的“信赖”要件，原告的交易决策与虚假

① Blackie v. Barrack，524 F. 2d 891（9th Cir.，1975）.

② Basic v. Levinson，485 U. S. 224（1988）.

陈述行为之间存在因果关系，仍是被告承担虚假陈述侵权责任的要件之一，只是在证明方式上系由被告提供反驳证据。如果被告可以证明虚假陈述未影响证券价格（即虚假信息不具有重大性），或者投资者的交易系基于其他原因，或者投资者实际知晓信息虚假但仍进行交易等等，就可以推翻这种推定的信赖，认定投资者的交易行为与虚假陈述之间不存在因果关系。

三、我国对欺诈市场理论的引进

2003 年《虚假陈述司法解释》未明确规定虚假陈述“重大性”要件及认定标准，也未对交易因果关系和损失因果关系作出区分，仅在第 19 条规定列举了被告可举证否认因果关系的几项情形。不过，这并不意味着最高人民法院忽略或取消了两者的区别，最高人民法院在相关解读中已经明确：该规定“参照欺诈市场理论的思路”，采取“可抗辩的推定信赖”立场，只要虚假陈述重大性、原告交易符合规定期间等基础事实得以证明，就可以推定存在因果关系，但是被告可以提出反证否定因果关系。[①]

随着审判实践的发展，各地法院开始注重审查虚假陈述行为是否具有重大性、投资者的投资决策是否受到虚假陈述的影响，信赖要件成立的前提和交易因果关系的独立地位逐渐显现。既往司法实践中，法院判决认定交易因果关系不成立的常见情形包括：投资者的投资决策是受到虚假陈述之外的牛市行情或重大事件的影响，例如重庆市高级人民法院审理的“北大医药案”[②]、最高人民法院审理的“哈工智能案”[③]；投资者的交易行为特点体现出其交易决策未受到虚假陈述的影响，例如最高人民法院审理的“宝安鸿基案”[④]、北京市高级人民法院审理的“中水渔业案”[⑤]；机构投资者是否未举证证明其尽到了审慎注意义务、对虚假陈述构成“合理信赖”，例如浙江省高级人民法院审理的“祥源文化案”[⑥]。

基于上述司法实践的发展，2022 年 1 月 22 日实施的新《虚假陈述司法解释》在坚持原有思路和原则的基础上，在司法解释条文中明确了“重大性”的认定标准和交易因果关系的独立地位，并规定了推定和推翻交易因果关系成立的具体标准。在虚假陈述行为具有“重大性”的前提下，新《虚假陈述司法解释》第 11 条规定，原告能够证明信息披露义务人实施虚假陈述、原告在虚假陈述实施日之后、揭露日或更正日之前对相关证券实施了相应交易行为的，推定原告的投资决策与虚假陈述之间的交易因果关系成立。

同时，新《虚假陈述司法解释》第 12 条明确列举了交易因果关系不成立的情形：“被告能够证明下列情形之一的，人民法院应当认定交易因果关系不成立：（一）原告的交易行为发生在虚假陈述实施前，或者是在揭露或更正之后；（二）原告在交易时知道

① 李国光. 最高人民法院关于审理证券市场虚假陈述案件司法解释的理解与适用. 北京：人民法院出版社，2015：250－252.

② 重庆市高级人民法院（2019）渝民终 344 号民事判决书。

③ 最高人民法院（2018）最高法民申 1738 号民事裁定书。

④ 最高人民法院（2016）最高法民申 502 号民事裁定书。

⑤ 北京市高级人民法院（2021）京民终 802 号民事判决书。

⑥ 浙江省高级人民法院（2019）浙民终 1414 号民事判决书。

或者应当知道存在虚假陈述，或者虚假陈述已经被证券市场广泛知悉；（三）原告的交易行为是受到虚假陈述实施后发生的上市公司的收购、重大资产重组等其他重大事件的影响；（四）原告的交易行为构成内幕交易、操纵证券市场等证券违法行为的；（五）原告的交易行为与虚假陈述不具有交易因果关系的其他情形。”

我国从2003年即引入欺诈市场理论，并在2022年修订司法解释时进一步细化了被告提供反驳证据的具体情形，既考虑了此类案件的特殊性，合理降低了投资者的举证难度，又为被告举证推翻交易因果关系提供了指引，符合侵权责任须满足因果关系要件的基本法理。

案例评析

一、本案根据欺诈市场理论推定普通投资者信赖虚假陈述

根据欺诈市场理论及推定信赖原则，在诱多型虚假陈述案件中，如投资者在虚假陈述实施日及以后，至揭露日或更正日之前买入案涉证券，在虚假陈述揭露日或更正日及以后，因卖出相关证券或因持续持有该证券而产生亏损，则推定投资者的交易行为与案涉虚假陈述存在交易因果关系。

本案中，根据行政处罚决定书的认定和对责任人员的处罚，湖南证监局仅针对Z公司2015年度信息披露违法行为作出行政处罚。Z公司2015年度虚增利润2 730.89万元，占当年度年报披露利润总额的8.95%，构成具有重大性的虚假陈述行为，具备适用欺诈市场理论的前提。本案虚假陈述实施日为2015年年度报告发布日即2016年3月15日；虚假陈述揭露日为Z公司发布收到调查通知书公告日即2017年8月2日。因此，在2016年3月15日至2017年8月2日期间买入Z公司股票，并于2017年8月2日及以后因卖出或持有Z公司股票而受到损失的投资者，即符合推定信赖原则适用的情形，应推定该等投资者购买Z公司股票的交易决策与案涉虚假陈述行为之间存在因果关系。

因此，本案自然人投资者虽然并未举证证明其实际阅读了包含虚假财务信息的Z公司年度报告，也未提供证据证明其是基于信赖Z公司虚假记载的财务信息而买入Z公司股票，但基于上述欺诈市场理论所构建的“推定信赖”原则，投资者不必对上述事项进行举证即可构建其交易决策和投资损失与案涉虚假陈述行为之间的因果关系，极大降低了这些自然人投资者的举证难度。

二、本案根据欺诈市场理论推翻机构投资者对虚假陈述的信赖

欺诈市场理论仅仅是为减轻投资者的举证责任而作出的一种举证责任倒置的安排，并非是取消了合理信赖要件。在原告证明案涉虚假陈述行为具有重大性、原告交易行为符合索赔区间的基础上，尽管可以推定原告交易决策与虚假陈述行为之间具有因果关系，但是该推定属于“可抗辩的推定”，如果被告证明案涉虚假陈述行为不具有重大性，或者原告明知虚假陈述存在仍然决定交易，或者原告的交易行为是受到上市公司收购、重大资产重组等其他重大事件的影响，则应当认定交易因果关系不成立。

本案中，湖南省高级人民法院并未基于“推定信赖”原则一律推定所有投资者的交易行为均系信赖Z公司披露的案涉年度报告作出，而是通过严格审查在案证据，对不同投资者的实际信赖情况进行了区分。在机构投资者起诉的案件中，法院综合各方证据认定，机构投资者的投资决策实际上并未受到案涉虚假陈述的影响，而是基于Z公司的重大资产重组和军工板块大热等影响作出的，因此推翻了推定的信赖，认定机构投资者的交易决策与案涉虚假陈述行为之间没有因果关系。

在专业投资公司所涉案件中，原告在法院要求下提交了投资前的两份研究报告，并明确其投资决策系依据这两份研究报告作出。两份研究报告对Z公司重大资产重组带来的良好效应以及Z公司所属的国防军工行业前景进行了深入分析，并据此作出买入建议，与Z公司举证证明的虚假陈述实施后发生的重大资产重组、军工行业利好等互相印证，说明该专业投资公司是基于上市公司重大资产重组以及公司未来国防军工业务发展的良好预期而作出买入决策。而且，其买入时间发生在Z公司发布重组报告书且军工板块大涨后，并随着股价上涨逐步加大持仓，进一步印证了其交易决策并非信赖虚假陈述作出，而是受重大资产重组和军工板块大热的影响。

在小额贷款公司所涉案件中，审理法院首先认定其交易决策是受重大资产重组后良好发展预期的影响，在此基础上通过对交易行为的分析进一步认定，该公司不可能对Z公司存在虚假的财务数据形成“合理信赖”。这是因为，小额贷款公司是在Z公司发布新的财务数据显示其盈利能力下降、基本面恶化的情况下才开始买入股票，可以证明其作出买入决策并非基于Z公司的经营现状。

本案是一起典型的通过具体证据认定投资者实际信赖情况，从而推翻推定信赖的案例，体现出以欺诈市场理论为基础的推定信赖原则系“可推翻的推定”，即只要有充分证据显示投资者实际信赖的并非虚假陈述，则应当认定投资者的投资决策与虚假陈述之间没有因果关系，充分体现出对因果关系举证责任的正确分配和成立条件的正确认定。

（撰稿人：张保生　朱媛媛）

第二节　虚假陈述实施日的认定

案例简介

陈某与湖南尔康制药股份有限公司等证券虚假陈述责任纠纷案①

2016年4月6日，深圳创业板上市公司湖南尔康制药股份有限公司（以下简称“尔康制药”）发布2015年年报。2017年4月21日，尔康制药发布2016年年报。

2017年5月9日，微信公众号“市值风云”发布《独家重磅‖强烈质疑尔康制药涉嫌严重财务舞弊：中国海关喊你来对账!》文章，对尔康制药2016年年报的相关内容提出质

① 本案例摘编自最高人民法院（2020）最高法民申6807号民事裁定书。

疑。次日，尔康制药发布“关于临时停牌的公告”称：2017年5月9日，由于网络上出现一些关于公司的媒体报道，对公司二级市场股价产生较大影响，尔康制药拟在2017年5月10日开市起停牌。2017年5月10日至2017年11月22日，尔康制药股票一直停牌。

2017年8月10日，尔康制药在巨潮资讯网发布“关于收到中国证监会调查通知书的公告”（以下简称“调查公告”），披露尔康制药收到中国证监会调查通知书。调查通知书的主要内容为：因尔康制药涉嫌信息披露违法违规，根据《证券法》的有关规定，中国证监会决定对尔康制药进行立案稽查。

2017年11月23日，尔康制药发布“关于媒体报道自查报告的公告”，就之前媒体质疑的相关问题进行了澄清，并对尔康制药2016年年度财务报告出现的重大会计差错进行了说明。尔康制药在该公告称，本次自查发现的问题将对公司2016年年度的业绩造成一定影响，净利润预计将减少231 030 762.00元。同日，该公司还发布了“关于公司股票复牌的提示性公告”，披露公司将于2017年11月23日开市起复牌。

2018年4月18日，尔康制药发布“关于收到中国证监会行政处罚事先告知书的公告”，该公告披露了尔康制药2015年、2016年涉嫌虚增营业收入，虚增利润、净利润的违法事实。2018年6月11日，湖南证监局作出（2018）2号行政处罚决定书，认定尔康制药2015年年度财务报表虚增营业收入18 058 880.00元，虚增净利润15 859 735.04元，占当期合并报表披露营业收入1 755 998 915.76元的1.03%，披露净利润604 578 672.02元的2.62%。2016年年度财务报表虚增营业收入255 075 191.84元，虚增净利润232 254 448.80元，占当期合并报表披露营业收入2 960 896 815.03元的8.61%，披露净利润1 026 434 494.30元的22.63%。据此，中国证监会决定对尔康制药以及直接负责的主管人员分别给予处罚。2018年6月14日晚上8点，尔康制药公布收到上述行政处罚决定书。

在同系列案件中，湖南省长沙市中级人民法院一审将虚假陈述实施日认定为2016年年报发布之日即2017年4月21日，而非2015年年报公告之日。湖南省高级人民法院二审支持一审法院的观点。对此，申请人陈某认为本案虚假陈述实施日应确定为2015年年报公告之日即2016年4月6日，理由在于中国证监会行政处罚所针对的虚假陈述行为明确包括2015年和2016年年报，原审判决认定尔康制药2016年年报公告之日为虚假陈述实施日错误，遂向最高人民法院申请再审。

最高人民法院再审认为：尔康制药2015年年报中的虚假陈述行为并未对公司的业绩和重要财务指标产生实质影响，也未对股价造成诱多的影响。而2016年年报不论是虚增营业收入和虚增净利润占当期合并报表的比重，还是公布后对股票价格诱多的影响，均会对投资人的决策和损失产生影响。进而，认定原审法院未将2015年年报的披露日作为虚假陈述实施日，并无不当。

法律要点

1. 虚假陈述实施日的概念与影响；
2. 虚假陈述实施日认定的一般规则；
3. 数个虚假陈述行为并存时实施日的认定规则。

知识点介绍

一、虚假陈述实施日的概念与影响

虚假陈述实施日是指信息披露义务人作出虚假陈述或者发生虚假陈述之日。

虚假陈述的本质特征就是误导投资人对股票价值的判断，造成股票价格异常涨落，致使投资人产生损失。[①] 理论上，自实施日起虚假陈述信息（包括重大遗漏情形下未披露真实信息的情况）即开始影响投资人决策，并导致股票价格的异常变动。考虑到减轻投资人证明负担，司法解释将实施日作为推定交易因果关系的起点。由此，实施日的认定直接影响虚假陈述侵权责任纠纷中交易因果关系的认定，即投资者如在虚假陈述实施日之后、揭露日或更正日之前实施了相应交易行为（在诱多型虚假陈述中买入相关证券[②]，或者在诱空型虚假陈述中卖出相关证券[③]）均推定与虚假陈述行为存在交易因果关系。在满足其他条件的情况下，投资者有权要求信息披露义务人及相关主体进行损害赔偿。而在虚假陈述实施日前买入的证券，投资者则无权索赔。

二、虚假陈述实施日认定的一般规则

虚假陈述实施日的认定具有鲜明的个案特征。新《虚假陈述司法解释》第 7 条第 2 款、第 3 款区分积极虚假陈述行为[④]与消极虚假陈述行为[⑤]，对实施日认定规则进行了类型化规定。

就积极虚假陈述行为，原则上应以信息披露义务人作出明确而肯定但与事实不符的陈述之日为实施日。但基于虚假陈述行为影响股票价格异常变化的本质特征，法院在实际认定时也需结合相应信息披露是否已被投资者知悉并有可能对证券价格产生影响的情况进行具体认定。从信息披露平台角度看，应以信息披露义务人在证券交易场所的网站或者符合监管部门规定条件的媒体上公告发布具有虚假陈述内容信息披露文件或在具有全国性影响的媒体上首次公布之日作为实施日。换而言之，如披露信息的平台受众有限，则该等信息披露之日或将难以被认定为实施日。从信息披露时间角度看，则应判断发布具有虚假陈述内容信息时，证券市场是否处于可交易状态（即是否在交易日收市

---

① 李国光. 最高人民法院关于审理证券市场虚假陈述案件司法解释的理解与适用. 北京：人民法院出版社，2015：253.

② 诱多型虚假陈述一般指发行人发布的虚假利好消息。诱多型虚假陈述对股票价格影响的基本逻辑是：发行人发布虚假利好消息，引起证券市场行情上涨并被投资者看好，从而诱使投资者作出积极买入的投资决策，构成交易因果关系。深圳市中级人民法院. 深圳市中级人民法院证券虚假陈述责任纠纷审判白皮书（2017—2021）. 广东，2022.

③ 诱空型虚假陈述行为一般指信息披露义务人披露虚假的消极利空内容信息或者隐瞒遗漏重大利好内容信息，诱使投资人在股价相对低位时卖出而遭受损失的行为。诱空型虚假陈述实施后，通常会引起市场低迷情绪并被看空，导致原本稳定的股价开始偏离真实价值向下运行或者本应上涨而稳定不变。深圳市中级人民法院. 深圳市中级人民法院证券虚假陈述责任纠纷审判白皮书（2017—2021）. 广东，2022.

④ 积极虚假陈述行为指积极作为的虚假陈述行为。信息披露义务人“作出明确而肯定但与事实不符的陈述”即为典型的积极虚假陈述行为。李国光. 最高人民法院关于审理证券市场虚假陈述案件司法解释的理解与适用. 北京：人民法院出版社，2015：255.

⑤ 消极虚假陈述行为指消极沉默的虚假陈述行为。根据新《虚假陈述司法解释》第 7 条第 3 款的规定，一般包括“未及时披露相关更正、确认信息构成误导性陈述，或者未及时披露重大事件或者重要事项等构成重大遗漏”。

前)。如否，则应以披露后的第一个交易日为实施日。

消极虚假陈述行为实施日的认定则较为复杂，取决于信息披露的法定期限。信息披露义务的履行一般有法定期限限制，如 2019 年《证券法》第 79 条即明确规定上市公司的年度报告需在每一会计年度结束之日起四个月内公告，中期报告则需在每一会计年度上半年结束之日起 2 个月内公告。如信息披露义务人未能在法定期限内履行信息披露义务，则应以披露相关信息期限届满后的第一个交易日为实施日。

三、数个虚假陈述行为并存时实施日的认定规则

实践中，虚假陈述实施日的认定还面临更为复杂的情形：在特定期间内发生多个虚假陈述行为，甚至还存在数个虚假陈述行为相互交织、相互影响的情况。该等情况下究竟应区分认定虚假陈述行为的实施日，还是应将各项虚假陈述行为视为一个整体进行认定？对此司法实践中仍存在一定争议。部分法院将数个虚假陈述行为视为一个整体，统一认定虚假陈述实施日，如"乐视网案""众和股份案"；部分法院则根据虚假陈述行为区分认定虚假陈述实施日，如"银基烯碳新材料案""海药股份案"。

由于实施日最终服务于推定交易因果关系的认定，因此在认定实施日时需结合相关虚假陈述行为是否足以独立对投资者的投资决策产生影响进行综合判断，即：虚假陈述行为本身是否独立（行为内容、时间和性质）以及虚假陈述行为是否独立影响投资者作出投资决策（是否存在影响、影响是否可区分）。只有当各虚假陈述行为相互独立且对投资者决策和损失存在可区分的影响时，方可分别认定实施日。反之，则应视为一个整体进行认定。当然，如某项虚假陈述行为对投资者的决策和损失本身即不存在影响，还应在整体认定实施日时排除该虚假陈述行为。

案例评析

一、本案涉数个虚假陈述行为并存时实施日的认定

本案中，中国证监会认定尔康制药的虚假陈述行为系在 2015 年、2016 年年报中连续虚增营业收入与净利润，属于积极、诱多型虚假陈述行为。根据 2003 年《虚假陈述司法解释》第 20 条第 1 款的规定[①]，应以尔康制药年报公告之日作为虚假陈述行为的实施日。但本案存在两项年报虚假记载行为和两个年报公告之日，具体应以哪项年报公告之日为实施日，成为了本案实质争议焦点之一。

二、本案认定符合实施日的一般原理

本案中，尔康制药的 2015 年年报公告于 2016 年 4 月 6 日，2016 年年报公告于 2017 年 4 月 21 日。2015 年年报中虚增营业收入和虚增净利润分别占当期合并报表披露营业收入和披露净利润的 1.03%和 2.62%，而 2016 年年报虚增营业收入和虚增净利润

① 对应新《虚假陈述司法解释》第 7 条，该条的规定更加具体、细致。

则分别占当期合并报表披露营业收入和披露净利润的8.61%和22.63%。此外，在2015年年报公告前两个多月（从2016年1月29日到2016年4月5日），尔康制药股价涨幅为22.26%，而在2015年年报公布后，尔康制药股价仅上涨了2.99%，且卖出金额大于买入金额。申请人陈某主张应以2015年年报公告之日为本案实施日。根据实施日的认定原理，尔康制药2015年年报公告日是否应认定为虚假陈述实施日，需结合2015年年报是否独立影响投资者投资决策进行具体判断。

就虚假陈述行为是否独立层面，本案所涉两项虚假陈述行为虽在行为内容与性质方面存在相似或相同之处，但行为时间存在差异。湖南省高级人民法院在对同系列案件进行二审时，明确认为2015年年报与2016年年报的公告时间存在差异，且在2015年年报发布后至2016年年报发布前，投资者购买尔康制药股票的交易决策是依据包括尔康制药2015年年报在内的有关信息进行判断，在2016年年报发布前，不可能依据2016年年报进行交易决策，因此应当对实施日进行分别认定。该观点实际从时间维度对两项虚假陈述行为进行了区分。

就行为是否对投资者决策产生独立影响层面，最高人民法院在分析尔康制药是否应对2015年年报的虚假陈述行为承担赔偿责任的基础上，对虚假陈述实施日的认定进行了回应。最高人民法院一方面认定尔康制药2015年年报中的虚假记载所占比例较小，未对公司的业绩和财务指标产生实质影响；另一方面结合2015年年报公布前后尔康制药的股价涨跌情况，认定2015年年报的虚假记载并未对尔康制药股票价格产生诱多的影响。由此，最高人民法院实质认为：相较于在后公布的2016年年报，2015年年报中的虚假记载不论就占当期合并报表的比重还是发布后市场反应，均未对投资人的决策和损失产生独立影响（甚至不存在影响），尔康药业无须就2015年年报的虚假陈述承担赔偿责任，因此本案也不应以2015年年报公告日作为实施日。

（撰稿人：李　扬；指导人：周卫青）

第三节　虚假陈述揭露日的认定

案例简介

投资者与华泽钴镍、国信证券、瑞华会计师事务所等证券虚假陈述责任纠纷案①

陕西华泽于2010年至2013年期间，以重大资产重组方式借壳深交所主板上市公司聚友网络并于2014年1月10日恢复上市，恢复上市后名称为华泽钴镍。2015年11月24日，华泽钴镍披露其因涉嫌信息披露违法违规被中国证监会立案调查。2017年7月7日，华泽钴镍披露其收到中国证监会下发的“行政处罚及市场禁入事先告知书”，中

① 本案例主要摘编自四川省成都市中级人民法院（2019）川01民初222号民事判决书、四川省高级人民法院（2020）川民终245号民事判决书、最高人民法院（2021）最高法民申4872号民事裁定书。

国证监会拟因其涉及的信息披露违法行为作出行政处罚。2018年1月23日，中国证监会作出行政处罚决定书，认定华泽钴镍存在2013年至2015年度未披露关联交易、相应定期报告存在虚假记载、重大遗漏等数项信息披露违法行为，对华泽钴镍及相关责任人员予以行政处罚。

行政处罚决定书公布后，大量投资者向成都市中级人民法院提起证券虚假陈述责任纠纷诉讼，要求华泽钴镍、华泽钴镍3名实际控制人、为华泽钴镍重大资产重组及恢复上市提供保荐等服务的国信证券以及提供相关年度的年审服务的瑞华会计师事务所等主体连带承担赔偿责任。截至2022年12月31日，投资者因华泽钴镍虚假陈述而提起诉讼的索赔金额已超过16亿元，系2019年《证券法》实施之前此类案件中索赔规模最大的案件。

本案一审过程中，案涉虚假陈述实施日、揭露日、基准日和基准价、损失因果关系的判断以及国信证券、瑞华会计师事务所作为案涉中介机构应如何承担责任等问题均成为争议焦点。其中，一审判决认为，国信证券等被告主张的2015年11月24日“立案调查日”因揭示的虚假陈述内容较为笼统，不能真正反映虚假陈述的实际行为，故选取2017年7月7日“事先告知日”作为本案揭露日。

一审判决作出后，各被告均不服其认定的揭露日，上诉至四川省高级人民法院。四川省高级人民法院经审理认为，虚假陈述揭示的意义在于向市场释放警示信号，而不要求将虚假陈述内容予以完整揭露。本案中，四川证监局在“立案调查日”之前已对华泽钴镍的部分虚假陈述行为采取了行政监管措施，且“立案调查日”后华泽钴镍股价逆市大跌，足以证明中国证监会立案调查的事实已向市场充分释放了风险信号。因此，四川省高级人民法院二审改判认定本案揭露日应为“立案调查日”2015年11月24日。二审判决作出后，部分投资者认为二审判决对揭露日认定有误，向最高人民法院申请再审。最高人民法院经审查后维持了二审判决对揭露日的认定，裁定驳回投资者的再审申请。

法律要点

1. 虚假陈述揭露日的制度意义；
2. 虚假陈述揭露日的司法认定原则。

知识点介绍

一、虚假陈述揭露日的制度意义

针对普通中小投资者，我国现行的证券虚假陈述侵权责任制度确立了“推定信赖”规则。根据该规则，如果证券发行人从事了具有重大性的虚假陈述行为，投资者在虚假陈述实施日之后、揭露日/更正日之前因交易该证券发生损失的，则推定该等损失与案涉虚假陈述之间存在因果关系。对此，新《虚假陈述司法解释》第11条规定：“原告能够证明下列情形的，人民法院应当认定原告的投资决定与虚假陈述之间的交易因果关系成立：（一）信息披露义务人实施了虚假陈述；（二）原告交易的是与虚假陈述直接关联的证券；（三）原告在虚假陈述实施日之后、揭露日或更正日之前实施了相应的交易行为，即在诱多型虚假陈述中买入了相关证券，或者在诱空型虚假陈述中卖出了相关证券。”

根据上述规定，在“推定信赖”规则下，原告除需证明案涉重大虚假陈述存在以及曾经交易了案涉证券这一表面事实之外，还需证明自身的交易落入“实施日—揭露日/更正日”区间。也即，原告需要证明自身的涉案交易（无论是受虚假利好信息影响的买入还是受虚假利空信息影响的卖出）是在虚假陈述行为实施之后、虚假陈述被广泛揭示之前作出的。因此，虚假陈述的“实施日—揭露日/更正日”区间又被称为“虚假陈述期间”或原告的“可索赔区间”。

在“虚假陈述期间”内，虚假陈述揭露日的认定往往是司法实践中的关键问题。以揭露日/更正日作为“虚假陈述期间”之终点的基本原理是，在法律推定认为投资者于虚假陈述实施之后的相应交易决策均与虚假陈述之间存在因果关系的情况下，该等由法律推定的对于虚假陈述内容的“合理信赖”亦不能无限持续。倘若在某一时间节点上，被告曾经实施了虚假陈述这一事实已被证券市场广泛知悉和消化，则理性投资者应当重新考虑涉案证券的价值，进而改变自身的交易决策。如果投资者无视虚假陈述被揭示这一警示信号，而继续进行与此前方向相同的交易决策，则当然不应认为该等交易仍然与涉案虚假陈述之间存在因果关系。

因此，虚假陈述揭露日/更正日的主要制度价值，就是确立个案中“虚假陈述期间”的终点。在揭露日/更正日之后从事的证券交易，应当视为是与案涉虚假陈述之间不存在因果关系的交易，进而不能成立证券虚假陈述侵权责任。

二、虚假陈述揭露日的认定原则

司法实践中，对于虚假陈述的揭示分为“揭露”和“更正”两大类。其中，“更正”是指证券发行人对过往虚假陈述内容的自行披露修正，例如上市公司对过往年度的财务会计信息进行追溯调整、根据监管机构的要求改正原错误披露的信息或上市公司对过往虚假陈述进行其他形式的更正。

而“揭露”则往往指证券监管机构、司法机关、新闻媒体等以行政监管、行政制裁、司法裁判、公众监督等方式予以揭露的情形，此系实践中揭示虚假陈述最常见的方式。由于我国的证券市场违法违规行为主要由证券监管机构以行政处罚的方式予以查处，且证券发行人对该等调查执法过程又负有信息披露义务，故常被认定为揭露日的日期主要包括发行人披露其被证券监管机构立案调查之日（立案调查日）、发行人披露其被证券监管机构下发“行政处罚事先告知书”之日（事先告知日）、发行人披露其被证券监管机构予以行政处罚之日（行政处罚日）等。

基于此，最高人民法院新《虚假陈述司法解释》第8条较为详尽地规定了虚假陈述揭露日/更正日认定的基本原则。虚假陈述揭露日，是指虚假陈述在具有全国性影响的报刊、电台、电视台或监管部门网站、交易场所网站、主要门户网站、行业知名的自媒体等媒体上，首次被公开揭露并为证券市场知悉之日。人民法院应当根据公开交易市场对相关信息的反应等证据，判断投资者是否知悉了虚假陈述。除当事人有相反证据足以反驳外，下列日期应当认定为揭露日：(1) 监管部门以涉嫌信息披露违法为由对信息披露义务人立案调查的信息公开之日；(2) 证券交易场所等自律管理组织因虚假陈述对信息披露义务人等责任主体采取自律管理措施的信息公布之日。信息披露义务人实施的虚假陈述呈连续状态的，以首次被公开揭露并为证券市场知悉之日为揭露日。信息披露义务人实施多个相互独立的虚假陈述的，人民法院应当分别认定其揭露日。

根据上述规定，虚假陈述揭露日在司法实践中的认定总体上需遵循首次性、广泛性、警示性的原则。也即，在个案中出现的各种主张中，法院需选择首次发生的、能够在全国范围内被证券市场广泛知悉的、对证券投资者具有普遍警示作用的虚假陈述揭示日期作为揭露日。据此，“立案调查日”和证券发行人首次披露自身因虚假陈述而被自律管理组织采取自律管理措施之日（自律处分日）通常符合以上原则，在法院认定揭露日时往往需优先考虑。当然，如果当事人认为“立案调查日”和“自律处分日”在个案中不应被认定为揭露日，亦可提出反证并主张其他日期。

案例评析

一、应如何考虑虚假陈述揭露的“全面性”

本案中，一审法院之所以在揭露日问题上未支持国信证券等被告主张的“立案调查日”，主要裁判理由系认为华泽钴镍在“立案调查日”所披露的内容仅有自身已被中国证监会立案调查这一笼统的信息，而未全面、彻底地将案涉虚假陈述内容予以揭示。但二审法院和作为再审审查法院的最高人民法院，对此均持不同观点，认为在认定虚假陈述揭露日时，应重点考虑虚假陈述揭示行为的警示性作用，而不必要求其揭示内容具有全面性。

根据最高人民法院《全国法院民商事审判工作会议纪要》（以下简称《九民纪要》）和新《虚假陈述司法解释》所阐释的精神，二审法院和最高人民法院对上述问题的理解是准确的。在我国的证券行政监管实践中，监管机构往往是在掌握较为确定充分的证据的前提下，才会对涉嫌违法违规的当事人予以立案调查。故虽然证券监管机构调查通知书的内容往往较为简略，但“因涉嫌信息披露违法违规被立案调查”这一事项本身即属于具有较强警示性的信息，完全符合揭示虚假陈述的要求。对此，《九民纪要》第 84 条专门规定：“虚假陈述的揭露和更正，是指虚假陈述被市场所知悉、了解，其精确程度并不以‘镜像规则’为必要，不要求达到全面、完整、准确的程度。原则上，只要交易市场对监管部门立案调查、权威媒体刊载的揭露文章等信息存在着明显的反应，对一方主张市场已经知悉虚假陈述的抗辩，人民法院依法予以支持。”

可见，围绕首次性、广泛性、警示性的虚假陈述揭露标准，虚假陈述内容被揭示的全面与否并非评判虚假陈述揭露日的核心要素。根据《九民纪要》和新《虚假陈述司法解释》的规定，法院也不宜仅因“全面性”不足而排除对“立案调查日”的适用。

二、本案对虚假陈述揭露日的综合认定方式

本案二审过程中，国信证券和瑞华会计师事务所均主张本案揭露日应为“立案调查日”，对此提出了详尽的上诉意见，并就《九民纪要》第 84 条的理解和适用问题进行了充分说明。结合各方的诉辩主张，二审法院基于以下维度对本案的揭露日作出了重新评判。

首先，二审法院根据《九民纪要》第 84 条的精神指出，认定揭露日应当从三个方面考量：一是虚假陈述行为属首次被公开，但并不要求达到全面、完整、准确的程度；二是在全国范围发行、传播；三是揭露对证券交易产生了实质性的影响。可见，二审法院同样理解，虚假陈述揭露日的认定需考虑首次性、广泛性、警示性三方面问题。

其次，二审法院围绕上述三方面问题分别进行了论述。第一，在本案“立案调查日”之前，华泽钴镍已通过披露四川证监局的行政监管措施向市场部分披露了案涉虚假陈述内容，故本案立案调查公告的发布不仅符合虚假陈述揭示的首次性，且能够更加充分地向市场释放警示信号。第二，本案立案调查公告系华泽钴镍在中国证监会指定媒体上发布，且公告发布后得到了大量全国性媒体的转载，故该等揭示符合虚假陈述揭示的广泛性。第三，“立案调查日”当天，华泽钴镍股价当日即逆市大跌 7.51%，换手率高达 22.09%，且在极短时间内换手率超过 100%。相关情形说明，市场对于“立案调查日”所揭示的信息已存在明显反应，该等揭示具备足够的警示性作用。

基于以上，二审法院精准把握虚假陈述揭示的首次性、广泛性、警示性要素，对本案虚假陈述揭露日作出评判，依法采信了“立案调查日”主张，且得到了最高人民法院再审审查的再次确认。相关认定遵循并落实了《九民纪要》和新《虚假陈述司法解释》对虚假陈述揭露日的规定精神，系关于此项问题的经典判例。

（撰稿人：夏东霞　王　琦）

第四节　虚假陈述更正日的认定

案例简介

投资者诉某电子技术股份有限公司证券虚假陈述责任纠纷案①

W 公司是一家深交所上市公司。2018 年 2 月 28 日，湖北证监局对 W 公司等作出行政处罚决定书，认定 W 公司 2016 年 4 月至 6 月、4 月至 9 月少计自制半成品的领用，导致 2016 年半年度报告、2016 年第三季度报告合并报表虚增营业利润，据此对公司及相关责任人员作出行政处罚。

2017 年 3 月 25 日，W 公司发布“2016 年度业绩快报修正公告”，披露因公司系统

① 本案例摘编自湖北省高级人民法院（2021）鄂民终 160 号民事判决书。

缺少成本核算模块、财务人员在数据处理环节出现失误等原因，导致截至当年12月末累计少记成本12 452.99万元，当期营业利润调减9 514.74万元。该公告发布后的首个交易日，W公司股票下跌7.05%。

2017年4月26日，W公司发布“2016年半年度报告修正公告”和“2016年第三季度报告修正公告”，在披露上述内容的基础上进一步披露公司2016年4月至6月、4月至9月少记投入和调减营业利润的具体金额。该公告发布后的首个交易日，W公司股票下跌0.66%。

二级市场股票投资者向W公司提起证券虚假陈述诉讼，请求法院判令被告赔偿其投资损失。案件争议焦点之一为，案涉虚假陈述更正日是“2016年度业绩快报修正公告”发布日，还是“2016年半年度报告修正公告”和“2016年第三季度报告修正公告”发布日。

湖北省武汉市中级人民法院、湖北省高级人民法院经审查认为：关于虚假陈述更正日，2017年3月25日，W公司发布“2016年度业绩快报修正公告”，首次对公司因缺少成本核算模块、财务人员失误导致公司从2016年4月少记成本、调减营业利润的事项予以公告。2017年4月26日，W公司发布的“2016年半年度报告修正公告”主要更正内容与“2016年度业绩快报修正公告”基本一致。因此，W公司首次对虚假陈述进行更正的时间为2017年3月25日。虚假陈述的自行更正作为对虚假陈述进行揭示的一种方式，其意义在于其对证券市场发出了一个警示信号，提醒投资人重新判断股票价值，进而对市场价格产生影响。W公司发布“2016年度业绩快报修正公告”后的首个交易日下跌幅度达到7.05%，说明修正公告对证券市场揭示虚假陈述后，已经对股票价格产生了明显影响。W公司其后虽连续发布了“2016年半年度报告修正公告”“2016年第三季度报告修正公告”，但两份修正公告内容与“2016年度业绩快报修正公告”并无实质差异，且由于“2016年度业绩快报修正公告”虚假陈述揭示信息作出后，证券市场已经有了相应反应，并逐渐消化该信息的影响，在“2016年半年度报告修正公告”“2016年第三季度报告修正公告”作出时，W公司股票价格并未出现大幅波动，因而上述公告时间不能作为更正日。

法律要点

1. 虚假陈述更正日的概念；
2. 虚假陈述更正日的认定标准。

知识点介绍

一、虚假陈述更正日的内涵

虚假陈述更正日，是指信息披露义务人在证券交易场所网站或者符合监管部门规定条件的媒体上，自行更正虚假陈述之日。虚假陈述的更正与揭露，均是对的虚假陈述行为的揭示（disclose）。媒体、监管机构或其他局外人对虚假陈述行为予以公开，属于“揭露”；而信息披露义务人自己披露虚假陈述行为的情况，则为“揭露”一词所不能涵盖。质言之，虚假陈述行为所掩盖的事实真相被披露的日期，或是被他人揭露，或是自行公告更正，即分别为虚假陈述揭露日和虚假陈述更正日。[①] 实践中，虚假陈述更正日通常体现为定期报告修正公告、会计差错更正及追溯调整公告、自查报告等公告发布之日。

无论是虚假陈述揭露日还是虚假陈述更正日，本质都是对虚假陈述行为的“揭示”，而对虚假陈述的“首次”揭示只有一次。所以，对于同一个虚假陈述行为，如果既存在监管机构等外部人的“揭露”行为，也存在上市公司的自行“更正”行为，在均符合警示性、相关性等条件的情况下，人民法院通常会遵循“在先”原则，确定一个“揭露日”或“更正日”。

二、虚假陈述更正日的认定标准

由于虚假陈述的自行更正通常是以信息披露义务人发布公告的形式出现，所以一般不存在揭露日认定时对于“权威性”“广泛性”的争议。因此，在认定更正日时，通常核心考察更正时间的首次性、更正内容的相关性以及更正行为的警示性三方面。

1.更正时间的首次性

虚假陈述行为的揭示往往有一个过程，期间可能会先后出现多次程度不同的公告和来源各异的报道。通常而言，虚假陈述行为首次公开后对市场的影响最为强烈，在此之后即使相关信息不断被重复或强化，市场反应一般也有限。虽然新《虚假陈述司法解释》第9条关于虚假陈述更正日的条文规定没有明确强调更正时间的“首次性”，但更正日与揭露日的本质并无实质不同，因此也应当符合揭露日的认定标准，即符合虚假陈述行为“首次”被揭示的要件。正如前述，揭露日、更正日的认定需要遵循“在先”原则。

2.更正内容的相关性

更正行为通常是信息披露义务人自行发布的更正公告，更正内容一般明确指向虚假陈述行为，更正内容的关联性通常不存在争议。但是，“更正日”从字面含义看容易被误解为对虚假陈述行为的全面修正，更正日的认定是否应以更正内容的全面、准确为标准，颇具争议。

揭露行为的“相关性”标准，经历了裁判观点逐步统一的过程，且在揭露日的认定更为突出。由于常见的揭露行为如立案调查公告通常较为笼统，难以与具体的虚假陈述行为建立联系，早期司法实践中，部分案例认为应当以揭露内容更具指向性、相关性的行政处罚事先告知书公告日、甚至行政处罚决定书公告日为揭露日。针对实践中的理解分歧，《九民纪要》第84条作出规定，虚假陈述的揭露和更正，其精确程度不以“镜像规则”为必要，也不要求达到全面、完整、准确的程度。

---

① 李国光.最高人民法院关于审理证券市场虚假陈述案件司法解释的理解与适用.北京：人民法院出版社，2015：255-256.

虚假陈述的更正与揭露一样，其意义都是向证券市场释放警示信号，提醒投资者重新判断证券价值，在认定更正日时，也并不要求对虚假陈述内容达到全面更正的程度。例如，对于会计差错的更正，不需要达到对历年报告期的所有会计差错都进行更正的程度，只要具备一定程度的指向性，即更正的信息指向存在虚假陈述即可，而无须达到全面、完整、准确的程度。

3. 更正行为的警示性

与揭露日的认定标准一样，更正行为的警示性是认定更正日的实质性判断标准，应当根据公开交易市场对相关信息的反应等证据，判断投资者是否知悉了虚假陈述。证券价格变动情况通常是市场反应最为直观的体现，但证券价格会受到多种因素的复合影响，不宜作为单一评判标准，市场反应的判断应结合股价波动情况、知名媒体转载情况、股民公开讨论情况、网络搜索数据变动情况等多维度因素进行综合考察。

此外，根据停牌规则的变化和实践情况，虚假陈述更正的同时未必办理停牌手续，现行司法解释删除了 2003 年司法解释关于更正日应履行停牌手续的要求。

案例评析

一、本案关于更正日认定的争议

本案更正日认定的争议集中在应当以“2016 年度业绩快报修正公告”发布日为更正日，还是以“2016 年半年度报告修正公告”“2016 年第三季度报告修正公告”发布日为更正日？

行政处罚决定书认定，案涉虚假陈述行为是 W 公司少计自制半成品的领用，导致“2016 年半年度报告”“2016 年第三季度报告”财务报表虚增营业利润。“2016 年度业绩快报修正公告”和“2016 年半年度报告修正公告”“2016 年第三季度报告修正公告”均表明 W 公司存在“因成本核算、数据处理等原因导致少记成本，导致营业利润应调减”的问题，只是“2016 年度业绩快报修正公告”是对“2016 年度业绩快报”披露的 2016 年度财务数据总体修正，但没有对“2016 年半年度报告”“2016 年第三季度报告”相关报告期内的具体财务数据修正。基于对更正日认定标准的争议，各方就本案更正日认定产生分歧。

二、本案更正日对“首次性”、“相关性”和“警示性”标准的体现

本案虚假陈述行为是 W 公司少计自制半成品的领用，导致 2016 年半年度财务报表、三季度财务报表虚增营业利润。本案中，“2016 年度业绩快报修正公告”与行政处罚决定书认定的 2016 年半年度财务报表、三季度财务报表因少计自制半成品的领用导致虚增营业利润的情况基本一致，并且，该公告显示调减营业利润期间截止到当年 12 月，也已经覆盖了 2016 年半年度财务报表、三季度财务报表所涉报告期间，虽然该公告并非是对 2016 年半年度财务报表、三季度财务报表的直接更正，但足以与案涉虚假陈述行为建立联系。一审判决和二审判决认为，“2016 年度业绩快报修正公告”首次明

确因成本核算问题导致 W 公司 2016 年度当期营业利润发生调减，“2016 年半年度报告修正公告”主要更正内容也与“2016 年度业绩快报修正公告”基本一致，据此认定，“2016 年度业绩快报修正公告”日为首次对虚假陈述进行更正的时间。本案判决认定符合更正日首次性、相关性的要求。

虽然 W 公司在发布“2016 年度业绩快报修正公告”后又发布“2016 年半年度报告修正公告”“2016 年第三季度报告修正公告”进一步披露了 2016 年 4 月至 6 月、4 月至 9 月少记投入和调减营业利润的具体金额，对虚假陈述的更正更加全面、精确。但是，本案判决未刻板拘泥于更正公告与存在虚假陈述的“2016 年半年度报告”“2016 年第三季度报告”的对应关系，而是综合“2016 年度业绩快报修正公告”的实质更正内容，认定后续修正公告在主要内容上与“2016 年度业绩快报修正公告”并无实质差异，充分体现出对更正内容“相关性”的准确理解，体现了虚假陈述更正的精确程度不需要达到全面、完整、准确程度的裁判理念。

由于揭露日和更正日的意义在于对证券市场释放警示信号，提醒投资人重新判断股票价值，因而更正信息有无导致市场出现明显的反应，是判断是否符合“警示性”要件的核心标准。一审判决和二审判决认为，W 公司发布“2016 年度业绩快报修正公告”后的首个交易日下跌幅度达到 7.05%，说明市场对该公告的揭示行为产生了明显的反应，而在“2016 年半年度报告修正公告”“2016 年第三季度报告修正公告”发布后，W 公司股票价格并未出现大幅波动，据此认定，后者公告时间不能作为更正日。可见，在“2016 年度业绩快报修正公告”首次揭示案涉虚假陈述行为后 W 公司股价大跌，应当认定“2016 年度业绩快报修正公告”对证券市场起到了警示作用，且证券市场已经开始逐步消化这一揭示信息的影响，即使后续修正公告对虚假陈述行为进行了更为精准的“更正”，也难以再起到警示效果。本案最终以更具有警示性的“2016 年度业绩快报修正公告”发布日为更正日，也更符合更正日的法律意义。

（撰稿人：张保生　孙　昱）

第五节　虚假陈述中信息的重大性

案例简介

中航三鑫虚假陈述赔偿案①

本案中，中航三鑫股份公司被深圳证监局采取了监管措施。深圳证监局在检查中发现的可能与虚假陈述有关的行为主要是：（1）中航三鑫控股子公司海南特玻公司 2016

① 本案例摘编自广东省深圳市中级人民法院（2019）粤 03 民初 2031 号民事判决书。本案一审判决后未上诉，系广东省深圳市中级法院发布的 10 起 2020 年度全市法院典型案例（市中级法院篇）之十。

年递延所得税资产确认审慎性不足；(2) 海南特玻公司 2016 年递延所得税资产确认和资产减值准备计提所依据的盈利预测数据不一致。

对于案涉相关事项和数据是否构成重大事件，深圳市中级人民法院一审认为应当从数据误差占比、事件性质、影响力等方面进行综合判断，具体分述如下。

对于海南特玻公司 2016 年递延所得税资产确认审慎性不足问题。深圳证监局指出的问题包括两方面：(1) 海南特玻公司 2016 年底关于 4 号生产线在 2018 年 1 月可以实现投产的预测明显不合理；(2) 海南特玻公司 2016 年底关于 4 号生产线 2018 年至 2021 年毛利的预测缺乏依据。对此，法院认为，递延所得税资产确认金额是上市公司对未来利润的预测性数据推算出来的金额。此类披露是对将来可能发生问题的预测，具有一定的不确定性，不同于对已经发生的现实问题的披露，实践中不可能做到与后来发生的事实完全一一对应。对此，应从下述两方面进行审查：一是看上市公司披露预测性信息时的主观心理状态，即上市公司当时是否有理由真实地相信预测性信息，是否有意出具虚假预测信息误导投资人；二是看上市公司在披露预测性信息时是否做了预测具有不确定性的警示性提示。

具体到本案中，第一，中航三鑫公司就海南特玻公司 4 号生产线的特殊生产条件、产品销售行情、政府环保政策变动等可能影响预测数据的原因、社会背景等因素做了合理解释，现有证据无法认定其系有意出具虚假预测信息误导投资人；第二，中航三鑫公司根据深圳证监局的要求采取整改措施后，深圳证监局没有对其违规行为进一步采取行政处罚等措施；第三，根据深圳证监局认可的整改报告，公司对 4 号生产线毛利预测数据进行调整后，2020—2021 年的平均毛利率较 2015 年年底预测的毛利率下降 1.01%；该生产线可使用年限内平均毛利率较 2015 年年底预测的毛利率下降 2.55%，预测性数据与整改后的数据差额较小，尚不足以构成“重大性问题”；第四，中航三鑫公司在 2016 年年度报告中告知投资者，“由于经营活动的内在不确定性，需要对无法准确计量的包括未来发生的递延所得税资产等九个项目在内的报表项目的账面价值进行判断、估计和假设，这些估计的不确定性所导致的结果可能造成对未来受影响的资产或负债的账面金额进行重大调整”，即已经对预测具有不确定性向投资者做了明确的警示性提示。

综上，中航三鑫公司虽然对海南特玻公司 2016 年递延所得税资产确认审慎性不足，但该确认陈述是建立在一定合理性推断基础之上，并已经以善意方式予以披露的，且公司年报中用明确的警示性语言直接告知了预测的不确定性。故法院认为中航三鑫公司就海南特玻公司的递延所得税资产确认审慎性问题，不足以构成证券虚假陈述。

对于海南特玻公司 2016 年递延所得税资产确认和资产减值准备计提所依据的盈利预测数据不一致的问题。法院认为：首先，海南特玻公司虽然是中航三鑫公司的下属核心子公司，但是其数据不会直接体现在中航三鑫公司年报中，只能间接地与其他相关公司的数据合并后体现在中航三鑫公司的相关财务报表中，从日常经验看，海南特玻公司向评估公司和年度审计的会计师事务所分别提交的盈利预测数据不会直接影响投资者的决策。其次，根据中航三鑫公司整改报告，经过重新测算，海南特玻公司 2016 年度合并报表调整递延所得税额只占中航三鑫公司总资产 67.7 亿元的 0.133 8%；调整增加利润总额亏损数只占利润总额的 1.782%。海南特玻公司的勘误修正数据在年报整体数据中所占比例极小，不足以构成影响投资者决策的重大事项。

法院认为：经过对比可见，中航三鑫公司的上述问题所涉金额占总体资产比例很小，造成的影响也较小，尚不足以影响投资者对该公司的判断；且无充分证据证明中航三鑫公司对海南特玻公司 2016 年递延所得税资产确认审慎性不足的预测系有意为之。中航三鑫公司在本案中被责令整改的行为不属于证券法律法规规定的对“重大事件”作出违背事实真相的虚假记载、误导性陈述或者在披露信息时发生重大遗漏、不正当披露信息的行为。

法律要点

1. 包括虚假陈述在内的披露信息的重大性；
2. 预测性信息；
3. 子公司信息对上市公司披露的影响。

知识点介绍

《证券法》第 78 条第 2 款规定：“信息披露义务人披露的信息，应当真实、准确、完整，简明清晰，通俗易懂，不得有虚假记载、误导性陈述或者重大遗漏。”这是对虚假陈述禁止的一般性规定。一般认为，对这三种虚假陈述的形式都有信息重大性的要求。

从学理而言，虚假陈述责任源于信息披露义务。正是由于投资者对披露信息存在信赖，所以他们才会对不当披露也产生信赖，并因此产生损失。但是，并非任何信息都会影响投资者决策，也并非任何关于发行人或证券价值的信息都需要披露。只有具有重大性的信息才需要披露，也只有形式上就具有重大性的虚假陈述才会侵害投资者、产生损失。重大性标准这一信息过滤机制既能降低披露人的发布成本和由于错误披露导致的风险，也能减少投资者接收、分析信息的成本，避免信息过载。

我国虚假陈述赔偿的司法解释明确规定了重大性要件。2003 年《虚假陈述司法解释》第 17 条明确规定：“证券市场虚假陈述，是指信息披露义务人违反证券法律规定，在证券发行或者交易过程中，对重大事件作出违背事实真相的虚假记载、误导性陈述，或者在披露信息时发生重大遗漏、不正当披露信息的行为。”新《虚假陈述司法解释》第 4 条第 2 款规定：“虚假记载，是指信息披露义务人披露的信息中对相关财务数据进行重大不实记载，或者对其他重要信息作出与真实情况不符的描述。”第 4 条第 3 款规定：“误导性陈述，是指信息披露义务人披露的信息隐瞒了与之相关的部分重要事实，或者未及时披露相关更正、确认信息，致使已经披露的信息因不完整、不准确而具有误导性。”第 4 条第 4 款规定：“重大遗漏，是指信息披露义务人违反关于信息披露的规定，对重大事件或者重要事项等应当披露的信息未予披露。”《九民纪要》第 85 条规定：“重大性是指可能对投资者进行投资决策具有重要影响的信息”。

在我国法律规则中，同时存在信息重大性的客观标准和主观标准。《证券法》采用的是“影响价格”的客观标准，如第 80 条第 1 款规定：“发生可能对上市公司、股票在国务院批准的其他全国性证券交易场所交易的公司的股票交易价格产生较大影响的重大事件，投资者尚未得知时，公司应当立即将有关该重大事件的情况向国务院证券监督管理机构和证券交易场所报送临时报告，并予公告，说明事件的起因、目前的状态和可能产生的法律后果。”

中国证监会规章则采用了“影响决策”的主观标准，如《上市公司信息披露管理办法》(2021 年修订) 第 12 条第 1 款规定：“上市公司应当披露的定期报告包括年度报告、中期报告。凡是对投资者作出价值判断和投资决策有重大影响的信息，均应当披露。”

不过，由于一项信息是否能影响市场价格或影响投资者决策，其实并无显形的判断标准，所以对信息重大性的判断，形式上是考察影响结果，实质上还是考察信息的内容。执法司法者难以找一个或一群投资者或理性投资者来调查他们的决策是否受特定信息影响。在市场交易价格发生变化时，执法司法者也难以直接认定是特定信息所致。当案涉特定信息是从属于一个大型信息集合而一并被披露时（例如年度报告中的一项虚假陈述)，影响价格标准就更难以直接适用。

如何从内容角度考察信息的重大性?《证券法》对股票和债券均明确列举了十余种重大事件。《上市公司信息披露管理办法》又增加了近二十种。一般而言，这些信息（例如公司股权结构或者生产经营状况发生重大变化）自然属于具有重大性的信息，但虚假陈述案件的当事人也可以尝试以虚假陈述实施日或揭露日时证券价格无显著变化为由而主张该信息没有重大性。[①] 反过来，明示列出的重大事件以外的信息也可能在个案中被认定为符合重大性的主观标准或客观标准。

案例评析

本案系国内首例投资者对上市公司因受到行政处罚或刑事制裁以外的监管措施而提起的诉讼，所以涉及的虚假陈述情节也较轻。法院判决正确区分了监管措施和处罚的不同，并通过评估信息内容作出的这项正确判决，有助于减少滥诉带来的负面后果。

本案中主要涉及预测性数据。对将来可能发生问题的预测具有不确定性，不可能做到与后来发生的事实完全一一对应。对预测信息是否正当问题，应允许“安全港”的存在，从下述两方面进行审查：一是看上市公司披露预测性信息时的主观心理状态，即上市公司当时是否有理由真实地相信预测性信息，是否有意误导投资人；二是看上市公司在时是否做了预测具有不确定性的警示性提示。

中航三鑫公司就年度报告中出现违规数据的原因、社会背景等因素做了合理解释，现有证据无法认定其系有意出具虚假预测信息误导投资人；中航三鑫公司年度报告也已

① 缪因知. 证券虚假陈述与投资者损失因果关系否认的司法路径//卢文道，蒋建春. 证券法苑：第 30 卷. 北京：法律出版社，2020：84-89.

经对预测信息具有不确定性向投资者做了明确的警示性提示；中航三鑫公司违规行为所涉数额只占公司相应的利润、资产数额极小的比例，达不到能影响投资者决策的程度。故法院认为中航三鑫公司的违规行为不属于能影响投资者决策的重大事项，不足以构成证券虚假陈述。

结合公司个股经营、重组等状况、国家政策、市场大势等因素，法院还认为案涉股票的价格下跌是多个因素复合作用的结果，主要是受同期大盘走势和公司重组失败的利空因素影响，即不符合影响股价的客观标准。故而判决驳回投资者朱某的诉讼请求，朱某未上诉，一审判决生效。

（撰稿人：缪因知）

第六节　交易因果关系

案例简介

S与T上市公司证券虚假陈述责任纠纷案①

T系深交所中小板上市公司。2017年7月，T上市公司与S等人签署“股份转让协议”，约定T上市公司支付约12亿元收购S等人持有的W公司股份。“股份转让协议”特别约定，作为W公司的创始人和实际控制人，S承诺自T上市公司股票复牌之日起3个月内在二级市场使用不低于3亿元的自有资金买入T上市公司股票，并承诺12个月内不得通过任何方式减持该等股票。

T上市公司股票复牌后，S以借款和证券公司融资融券方式筹集资金，并在股份转让协议约定的期限内，使用约3亿元资金、在9个交易日内集中买入了T上市公司股票。购股行为完成后，T上市公司发布公告称，S已履行完毕“股份转让协议”约定的购股承诺。2018年6月，因T上市公司股价低于S融资融券的平仓线，故其持有的全部股票均被证券公司强制平仓，造成S的投资损失。

2019年10月，中国证监会对T上市公司作出“行政处罚决定书”，认定其存在未披露关联关系等多项信息披露行为，对T上市公司及相关责任人员予以行政处罚。该行政处罚公布后，大量投资者对T上市公司提起证券虚假陈述责任纠纷诉讼，S亦起诉T上市公司，主张其因前述“3亿元购股”行为受虚假陈述影响而造成的损失。

该案经杭州市中级人民法院一审、浙江省高级人民法院二审，两审法院均一致驳回了S的全部诉讼请求。法院认为，该案核心争议焦点系S主张的损失与T上市公司被行政处罚的行为之间是否存在因果关系。

---

① 本案例主要摘编自浙江省杭州市中级人民法院（2019）浙01民初4113号民事判决书及浙江省高级人民法院（2021）浙民终1203号民事判决书。

判决指出，在法律层面上，新《虚假陈述司法解释》虽然将“推定信赖”作为确定原告投资损失与被告虚假陈述之间因果关系存在与否的原则，但这并不意味着原告对“合理信赖”这一连接虚假陈述行为与损害结果之间的要件完全取消，该推定是可以抗辩的。如果有证据显示被诉虚假陈述不足以对股票市场价格或投资者投资决策产生影响的，这种推定的信赖亦可被推翻。在事实层面上，案涉“股份转让协议”等文件系T上市公司收购W公司股权的一揽子安排，其中“3亿元购股”约定系S负有的合同义务。因此，S的案涉购股行为系履行既定协议安排的行为，其决策依据有别于依赖上市公司信息披露而作出投资决策的普通股民。本案中，在案证据不足以证明S的案涉购股行为系基于对T上市公司公开信息的合理信赖，故其诉讼请求不能成立。

法律要点

1. 证券虚假陈述侵权中交易因果关系的含义；
2. 交易因果关系判断的特殊性；
3. 交易因果关系在司法判断中的基本原理。

知识点介绍

一、证券虚假陈述侵权中交易因果关系的含义

虚假陈述侵权的肇源系英美法中的欺诈侵权。此类侵权案件中，原告需证明两重因果关系，一是事实因果关系，二是法律因果关系。我国对证券虚假陈述侵权方面的立法也采此说。

具体而言，事实因果关系（责任成立因果关系）在虚假陈述欺诈中主要指原告对被告虚假陈述内容的合理信赖，又称交易因果关系。该等因果关系是一种定性判断。也即，只有当原告是基于信赖虚假陈述才买入证券时，其损失才可能与虚假陈述这一侵权行为有关。反之，如果原告是基于其他原因买入证券，其投资决策不能归因于信赖虚假陈述，则即使其发生了投资损失，在定性层面也不能认为该损失系因虚假陈述所造成，案涉虚假陈述侵权自然也不能成立。而法律因果关系（责任范围因果关系）是指当对侵权责任的考察通过了定性层面的因果关系（即交易因果关系）之后，判断原告有多少损失系由侵权行为所造成的因果关系，又称损失因果关系。例如，法院在证券虚假陈述责任纠纷案件中通过考量同期证券市场系统风险而扣减原告的侵权损失，就属于对损失因果关系的判断。

简言之，对交易因果关系和损失因果关系的判断，共同构成了证券虚假陈述侵权项下的因果关系判断。其中，“交易因果关系”是定性层面的因果关系（即原告该不该赔），而“损失因果关系”则是定量层面的因果关系（即如果原告该赔，那么应赔偿多

少)。二者在证券虚假陈述侵权的判断中均处于重要地位。

二、交易因果关系判断的特殊性

如上所述，交易因果关系所评价的内容本质上是原告的证券交易决策是否是基于对被告虚假陈述的合理信赖作出的，但在现代证券市场（尤其是股票市场）的“非面对面”交易中，普通投资者对于该等合理信赖普遍难于举证，且此类案件往往涉及大量投资者提起的群体性诉讼。因此，美国法院在证券虚假陈述侵权类案件中依托“欺诈市场理论”，对于原告的“合理信赖”采取“推定”立场。这种“推定信赖”的基本原理是：在半强有效市场中，证券发行人的虚假陈述可以反映在证券价格上。那么，假如证券发行人作出了具有重大性的虚假陈述，而投资者又有高度可能性是参考当时的证券价格作出了投资决定，则可以直接推定该等投资决策系对于虚假陈述的“合理信赖”。

对此，新《虚假陈述司法解释》也同样采取了“推定信赖”，也即“推定交易因果关系”原则。新《虚假陈述司法解释》第 11 条规定：“原告能够证明下列情形的，人民法院应当认定原告的投资决定与虚假陈述之间的交易因果关系成立：（一）信息披露义务人实施了虚假陈述；（二）原告交易的是与虚假陈述直接关联的证券；（三）原告在虚假陈述实施日之后、揭露日或更正日之前实施了相应的交易行为，即在诱多型虚假陈述中买入了相关证券，或者在诱空型虚假陈述中卖出了相关证券。”

根据上述规定，在“推定交易因果关系”的原则之下，原告只需证明三个基础事实，法院即可直接推定交易因果关系成立：第一，证明证券发行人实施了具有重大性的虚假陈述；第二，证明自身交易了该发行人所发行的证券；第三，证明自身的交易发生在“实施日—揭露日/更正日”期间。

三、交易因果关系在司法判断中的基本原理

由于新《虚假陈述司法解释》采取了“推定交易因果关系”的原则，故在司法实践中，对于交易因果关系的特定判断往往是基于被告提出的抗辩而发生。因此，交易因果关系的司法判断，往往是指法院如何评价被告提出的交易因果关系抗辩的问题。

承前述，在大部分情况下，交易因果关系在证券虚假陈述侵权案件中是以推定方式判定的。但是，这种推定并不意味着要在证券虚假陈述侵权中完全取消对交易因果关系的实质判断。该等推定是一种可以通过抗辩予以推翻的假定，也即，如果被告能够提出相反的证据，证明原告的交易决策并非是基于对案涉虚假陈述的信赖，那么也可以推翻这种对于交易因果关系的推定。对此，新《虚假陈述司法解释》第 12 条规定：“被告能够证明下列情形之一的，人民法院应当认定交易因果关系不成立：（一）原告的交易行为发生在虚假陈述实施前，或者是在揭露或更正之后；（二）原告在交易时知道或者应当知道存在虚假陈述，或者虚假陈述已经被证券市场广泛知悉；（三）原告的交易行为是受到虚假陈述实施后发生的上市公司的收购、重大资产重组等其他重大事件的影响；（四）原告的交易行为构成内幕交易、操纵证券市场等证券违法行为的；（五）原告的交

易行为与虚假陈述不具有交易因果关系的其他情形。”

根据上述规定，在证券虚假陈述侵权案件的被告提出交易因果关系抗辩时，法院的实质判断内容是原告的交易决策是否受到了案涉虚假陈述的影响，以及其受案涉虚假陈述影响的程度。如果原告的交易行为在时间上不可能受到虚假陈述影响、原告在明知虚假陈述存在的情况下仍然从事交易、有明确证据证明原告是因为其他利好或利空信息才作出交易决策、原告是基于从事违法行为才作出交易决策、或者有证据证明原告并非是基于虚假陈述才作出交易决策的其他情形的，法院均应当查明相关事实，进而判断是否应当推翻假定的交易因果关系。因而，对于交易因果关系抗辩的司法审查，主要是法院通过对被告反证证据的采信情况，实质判断原告的交易原因是否与案涉虚假陈述行为有关。

案例评析

一、审理法院对推定交易因果关系之可反驳性的确认

本案中，针对被告T上市公司对交易因果关系提出的抗辩，审理法院首先对推定交易因果关系的可反驳性作出了准确认定。在本案一审、二审判决书中，两审法院均援引了最高人民法院关于2003年《虚假陈述司法解释》的理解与适用部分内容[①]，明确指出2003年《虚假陈述司法解释》中确立的“推定信赖”（即推定交易因果关系）规则是可以反证推翻的，如果在案证据显示虚假陈述行为不足以对原告的投资决策产生影响，则应当否认该等推定的交易因果关系。这在我国目前的证券虚假陈述责任纠纷案件中具有较强的典型意义。

二、审理法院对本案交易因果关系的判断考虑充分，定性准确

综合本案的一审、二审判决，审理法院在考虑本案的交易因果关系问题时大体综合了被告T上市公司反证中的三个事实维度。

第一，审理法院考虑了S在身份和交易决策分析能力上的特殊性。本案中，S不仅系科技公司的创业企业家，也与国内多家上市公司开展过股权合作，且其创办的企业也在香港市场上市。故一审法院指出，S系属专业投资者，应当具备高于普通证券市场投资者的投资技能和专业分析能力，应当分辨其投资损失是受虚假陈述影响还是其他因素所导致，而不能仅因其买入案涉股票的时间落入“实施日-揭露日”范围内就直接推定其交易因果关系成立。

第二，审理法院考虑了S购股的整个过程，认为S的购股金额、购股时间、购股资金来源等均足以说明，其购股行为并非如普通中小投资者一样的“炒股”行为，而是案涉股份转让协议项下的履行合同义务行为。该行为的发生不取决于T上市公司披露了

① 李国光. 最高人民法院关于审理证券市场虚假陈述案件司法解释的理解与适用. 北京：人民法院出版社，2015.

何等信息，而取决于股份转让协议对S购股行为的约定内容。因此，S的购股决策明显有别于主要依赖上市公司信息披露而作出的投资决定，难以认为其是在案涉虚假陈述影响之下才作出的股票投资行为。

第三，审理法院也对案涉虚假陈述情况和股份转让协议的签署背景等事实进行了查明，认为即使是作为直接交易原因的股份转让协议，其签署本身也未受到案涉虚假陈述的影响。因此，作为履行股份转让协议的结果，S的案涉购股行为亦与案涉虚假陈述之间不存在因果关系。

由此可见，本案审理法院在评价T上市公司提出的交易因果关系抗辩时，并未局限于单一的事实或理由，而是在综合考虑案涉虚假陈述以及S的具体交易背景、交易过程的基础上才作出了否认其推定交易因果关系的判断。该等认定考量充分，定性准确，系交易因果关系司法判断方面的经典判例。

（撰稿人：夏东霞　王　琦）

第七节　损失因果关系

案例简介

投资者诉某证券股份有限公司及其股东某集团有限公司证券虚假陈述责任纠纷案[①]

F证券公司是一家上交所上市公司，F集团公司系F证券公司的控股股东。2017年5月5日，中国证监会对F证券公司、F集团公司等作出行政处罚决定书，认定F集团公司与部分股东刻意隐瞒关联关系，致使F证券公司IPO相关公告及上市后各期定期报告存在虚假记载；F集团公司未将可能对F证券公司控制权产生重大影响的补充协议告知F证券公司，导致F证券公司IPO及上市后，未依法披露补充协议，构成重大遗漏。据此，中国证监会对F集团公司、F证券公司及相关责任人予以行政处罚。

二级市场股票投资者向F证券公司、F集团公司提起证券虚假陈述诉讼，请求法院判令被告赔偿其投资损失。被告举证证明，案涉期间存在证券市场系统风险和非系统风险等因素，由此导致的损失与案涉虚假陈述无关，不应由被告承担赔偿责任。

湖南省长沙市中级人民法院审查后认为：本案虚假陈述行为具有重大性，在实施日（2011年8月9日）至揭露日（2015年7月15日）期间买入F证券公司股票且在揭露日后卖出或持续持有的投资者有权索赔，但同时应当考虑以下因素：首先，沪深股市在

① 本案例摘编自湖南省长沙市中级人民法院（2018）湘01民初156号民事判决书；湖南省高级人民法院（2019）湘民终405号民事判决书；最高人民法院（2020）最高法民申926号民事裁定书。

2015年6月至8月间发生大幅波动，出现千股跌停、千股停牌，市场流动性严重缺失等异常情况，对整个市场产生全面性、整体性重大影响，且这种风险极少发生，难以预期。对市场上几乎所有投资者而言，都难以抗拒，故属于证券市场系统风险因素。其次，在揭露日至基准日（2015年10月26日）期间，F证券公司连续发布十余份利空公告，涉及全资子公司被采取行政监管措施并被立案调查、公司董事和监事失联、全资子公司20多亿元款项逾期无法支付、公司涉及重大诉讼并败诉、第二大股东持有的公司股份被司法冻结等一系列重大利空消息，对F证券公司股价下跌也产生了一定的影响。最终综合考量证券市场系统风险因素、F证券公司连续发布的一系列利空公告等因素后，酌情确定被告对原告的投资损失承担30%的赔偿责任。

F集团公司不服一审判决，向湖南省高级人民法院提起上诉。湖南省高级人民法院二审判决在认可案涉期间存在系统风险因素的基础上，结合虚假陈述揭露日至基准日期间中国证监会资本市场服务板块指数跌幅为26.01%，F证券公司股价跌幅为32.49%的情况，酌定系统风险对投资者投资损失的影响比例为80%左右；同时，结合案涉利空公告的发布时间、发布后对F证券公司股价的影响，酌定案涉非系统风险因素、原告高位投资风险因素对投资者投资损失的影响比例为5%。据此改判F证券公司、F集团公司对原告的投资损失承担15%的赔偿责任。

原告不服二审判决，认为本案不存在证券市场系统风险因素和非系统风险等因素，且剔除比例明显不当，向最高人民法院提起再审。最高人民法院审查后认为：对于系统风险比例应以何种方式进行确定，目前没有明确的法律规定，也没有一种绝对统一的计算标准。F证券公司股票是券商股，中国证监会资本市场服务板块与F证券公司股票最具关联性，也最能体现出系统风险对F证券公司股价的实际影响力，故以该板块股价作为计算系统风险影响比例的参照，并无不当。同时原审判决认定并非所有公告信息均对F证券公司股票股价下跌造成影响，综合考量揭露日之后F证券公司发布的一系列利空信息，酌情认定利空信息、投资风险等其他因素对投资者损失的影响比例为5%，也并无不妥。据此裁定驳回原告再审申请。

法律要点

1. 损失因果关系；
2. 系统风险因素；
3. 非系统风险因素。

知识点介绍

一、损失因果关系的内涵与抗辩事由

以英美法系侵权法理论中事实上的因果关系与法律上的因果关系的区分为依据，可

以将证券虚假陈述民事侵权责任中的因果关系区分为交易因果关系和损失因果关系。交易因果关系（Transaction Causation）是指投资者的投资决策和交易行为是因为信赖虚假陈述而作出；损失因果关系（Loss Causation）是指投资者的投资损失是由虚假陈述所导致。

2003 年《虚假陈述司法解释》即确定了因果关系的“推定原则”，即对于特定区间内投资者的交易决策和投资损失，均推定是由虚假陈述所致，再由被告承担“推翻推定”的举证责任。

损失因果关系抗辩一般包括系统风险抗辩和非系统风险抗辩，即因系统风险和非系统风险所导致的投资损失与虚假陈述行为之间不存在因果关系。其中，系统风险是指与市场整体运行相关联的风险，包括政治风险、利率风险、汇率风险、宏观经济状况变化等风险，这种风险以同样的方式对所有证券或某个领域证券的价格产生影响。非系统风险是指虚假陈述和系统风险以外的，仅对单一证券价格产生影响的风险，这些风险可能来自企业内部，比如公司的经营管理、财务状况、劳资问题等，也可能来自企业外部，比如公司股价被恶意操纵等。

结合近年来的司法实践情况，2022 年 1 月实施的新《虚假陈述司法解释》第 31 条明确了更为丰富的损失因果关系抗辩事由，包括由他人操纵市场、证券市场的风险、证券市场对特定事件的过度反应、上市公司内外部经营环境等，鼓励案件当事人全面还原案件事实，更加贴近损失因果关系的判断实质，避免将正常的市场风险、个股风险等转嫁由虚假陈述行为人承担，体现了侵权责任法和证券法基本的公平原则。

二、系统风险的认定

在认定是否存在系统风险时，首先需要考察是否存在国内外经济风险、政策风险等系统风险事件，以及市场指数在案涉期间内是否存在明显波动。在确定存在系统风险后，关键则在于如何合理计算系统风险对投资者损失的影响比重。

证券市场的指数波动是计算系统风险时最直观、最量化的依据。司法实践通常将大盘指数、行业板块指数或两者相结合作为系统风险计算的依据，部分案例还会参考同行业同类型个股价格的波动情况。

关于系统风险影响比例的计算方法，现行法律法规、司法解释、部门规章、规范性文件均未作出明确规定。早期司法判决多采用“全有或全无”的粗放认定方式，即或者认定投资者的损失全部系由系统风险所致，或者认定投资者的损失全部系由虚假陈述所致。此后司法实践逐步尝试按照特定区间内大盘、行业与个股的波动率，采用相对合理的方式计算系统风险的影响比例，计算方法主要有统一确定系统风险直接比例法、统一确定系统风险相对比例法、个案计算系统风险直接比例法、个案计算系统风险相对比例法等。

近年来在证券虚假陈述案件精细化审理的背景下，司法实践进一步探索出根据每位投资者交易情况不同的个案计算系统风险的方法。具体包括：(1) 同步指数对比法，该方法以“个案计算系统风险相对比例法”为原型，假设投资者买卖案涉股票时同时买卖了相同数量的指数，将每个投资者持股期间的综合指数、行业指数的平均跌幅与个股跌幅进行对比，再用“相对比例法”计算证券市场系统风险的影响；（2）多因子模型法，该方法综合考虑大盘因素、行业因素、九大类对于股价具有影响作用的个股风格因素等，通过建立模型、定量分析的方式计算各类致损因素每日对股价的影响（包括正面影响和负面影响），进而确定证券市场系统风险的影响。

三、非系统风险的认定

由于 2003 年《虚假陈述司法解释》在条文中没有明确规定“非系统风险”，司法实践曾经对于此类案件应否扣除非系统风险因素的问题争议较大。证券虚假陈述案件作为一类特殊的侵权纠纷，应当符合侵权责任的基本法理，即侵权行为人只应当赔偿与侵权行为之间存在因果关系的损失。因此，2003 年《虚假陈述司法解释》虽未以明确列明的方式规定“非系统风险”因素，但第 19 条第 4 项“损失或者部分损失是由证券市场系统风险等其他因素所导致”之规定中的“等其他因素”已表明，对于与虚假陈述行为无关的“非系统风险”因素导致的投资损失，不应由虚假陈述行为人赔偿。

2022 年 1 月 22 日实施的新《虚假陈述司法解释》对于“非系统风险”因素作出了更加细化、明确的规定，系统风险以外的扣除因素包括他人操纵市场、证券市场对特定事件的过度反应、上市公司内外部经营环境等。其中，他人操纵市场和上市公司内外部经营环境的情形容易理解，此处需要明确何为“证券市场对特定事件的过度反应”。这主要是指，上市公司的股价有可能受到特定事件的冲击而剧烈变动，甚至跌破基本面，导致“股价崩溃”，例如，上市公司重大交易终止、被实施退市风险警示等。

关于非系统风险影响比例的计算方法，现行法律法规、司法解释、部门规章、规范性文件也未作出明确规定。早期司法判决通常不认可非系统风险因素，少量案例通过笼统结合系统风险因素驳回原告全部诉讼请求。随着审判经验的不断积累，虚假陈述案件的审理也逐渐回归侵权案件的本质，部分案例开始酌定一定比例的非系统风险扣除；部分案例则采用个案核定的方法，委托具有非系统风险核定能力的专业机构，核定非系统风险所致损失。

案例评析

一、本案是否应扣除及如何衡量系统风险所致损失

系统风险存在与否，除了考察是否存在政治风险、经济风险等系统风险事件，还需要通过证券市场的综合指数或者同类板块指数的市场反映情况予以考量。本案中，虚假陈述实施日（2011 年 8 月 9 日）至基准日（2015 年 10 月 26 日）期间跨度较长，被告举证证明，实施日至揭露日期间，F 证券公司股价整体上涨，揭露日至基准日期间，F 证券公司股价整体下跌，走势与大盘行业指数基本一致。特别是，沪深股市自 2015 年 6 月至 8 月间发生大幅波动，出现千股跌停、千股停牌、市场流动性严重缺失等异常情

况，导致上证指数、中国证监会资本市场服务板块指数、券商类股票股价大幅下跌，同期包括F证券公司股票在内的几乎所有股票股价均大幅下跌。8月至10月间，上证指数、中国证监会资本服务板块指数及券商类股票股价仍处于逐步整体下跌状态。F证券公司作为券商股，与其相关度最高的中国证监会资本市场服务板块指数下跌26.01%；F证券公司股价下跌32.49%。可以看出，在系统风险的“定性”认定方面，审理法院系全面考察了被告关于风险事件和大盘、行业走势的举证，准确查明了本案存在系统风险因素这一案件基本事实。

在系统风险影响比例的“定量”认定方面，一审判决采用酌定的方法，酌定系统风险因素和非系统风险因素对原告投资损失的影响比例为70%左右。二审判决以行业指数作为参照依据，按照统一确定系统风险相对比例法（行业跌幅26.01%/个股跌幅32.49%），认定系统风险因素对原告投资损失的影响比例为80%左右。在本案审理当时，司法实践通常通过对比揭露日至基准日期间大盘、行业指数和个股的涨跌幅来确定系统风险的影响比例。因此，相较于一审判决酌定的方法，二审判决的方法更具科学性，也更符合当时司法实践的主流做法。而且，个股分属不同行业，不同行业在同一证券市场下也具有不同特点，因此，个股所处行业的整体形势、市场表现和经济效益，将对个股产生更大的影响，个股所处行业板块的涨跌情况能够更为全面地反映大盘趋势和行业特点，二审判决选取行业情况作为判断依据，也更具合理性。

二、本案中是否应扣除非系统风险所致损失

由于当时有效的2003年《虚假陈述司法解释》并未明确规定非系统风险所致损失应予剔除，故司法实践对于是否应当考虑及如何考量非系统风险影响比例，存在较大争议。本案中，被告举证证明，在揭露日至基准日期间，F证券公司连续发布一系列重大利空公告，包括全资子公司被立案调查、公司董事和监事失联、全资子公司巨额款项无法支付、公司涉及重大诉讼并败诉等等，也导致F证券公司股价进一步下跌。最终，法院判决认定本案存在非系统风险因素。

关于非系统风险因素对原告投资损失的影响比例，一审判决并未区分系统风险影响比例和非系统风险影响比例，整体酌定系统风险和非系统风险对原告投资损失的影响比例为70%左右。二审判决考虑了揭露日之后F证券公司公司发布的一系列利空消息和对F证券公司股价的明显影响，酌定利空信息、原告高位投资风险等其他因素对投资者损失的影响比例为5%。

在本案审理当时，司法实践对于被告关于非系统风险的主张，或者完全不予支持，或者以投资者的损失均由系统风险和非系统风险所致为由驳回原告全部诉讼请求。本案系我国法院判决首次量化证券虚假陈述民事赔偿诉讼中非系统风险对投资损失的影响并予以剔除的案例，为后续此类案件关于损失因果关系的认定提供了有益的借鉴和指导。

（撰稿人：张保生　金曼特）

第八节　虚假陈述基准日及基准价的认定

案例简介

投资者诉方正证券、北大方正集团证券虚假陈述责任纠纷案①

2017年5月9日，中国证监会对方正证券股份有限公司（以下简称“方正证券”）作出行政处罚决定书，认定方正证券未按规定披露北大方正集团有限公司与相关公司的关联关系等事项，构成信息披露违法行为，决定对其责令改正、给予警告，并处以60万元罚款的处罚。上述处罚作出后，约三千名投资者对方正证券、北大方正集团有限公司等主体提起证券虚假陈述诉讼，要求该等主体对其投资方正证券股票产生的损失承担证券虚假陈述赔偿责任。

本案中，部分投资者认为应将揭露日至基准日期间新增的解禁股纳入基准日计算的基数。但最终长沙市中级人民法院认为基准日应以揭露日当天的可流通股股数为基础进行计算：“本案中，因2015年7月15日已确定为本案虚假陈述揭露日，且该日方正证券公司股票的可流通股股数为6 100 000 000股，至2015年10月26日股票累计成交量达6 181 468 109股，达到可流通股股数的100%。因此，本案基准日应确定为2015年10月26日。”

二审法院及再审法院亦认可一审法院的前述认定，同时，再审法院即最高人民法院还明确认定：“计算成交量的股票应当是被虚假陈述影响的股票。本案中，原审法院已经认定2015年7月15日为本案虚假陈述揭露日，双方当事人对此均无异议。李某华、侯某主张的新增股票发生于2015年8月10日，不属于被虚假陈述影响的股票。”“计算成交量的股票应当是被虚假陈述影响的股票。案涉虚假陈述行为的揭露日为2015年7月15日，该日方正证券股票的可流通股股数为6 100 000 000股，即为被虚假陈述影响的可流通股股数，至2015年10月26日方正证券公司可流通股累计成交量达6 181 468 109股，达到可流通股股数的100%。二审判决确定基准日为2015年10月26日，并以该基准日确定基准价并无不当。门某主张的解禁限售股系揭露日之后增加，并未受到案涉虚假陈述行为的影响，故该部分股票的成交量不应作为确定基准日的基数。”

最终，审理法院认定本案基准日为自揭露日起达到其揭露日当天可流通股股数100%之日即2015年10月26日，并未考虑2015年8月10日新增解禁股票的部分，在此基础上，认定基准价为揭露日起至基准日期间每个交易日收盘价的平均价格即7.88元/股。

---

① 本案例摘编自湖南省长沙市中级人民法院（2018）湘01民初142号民事判决书；湖南省高级人民法院（2019）湘民终361号民事判决书；最高人民法院（2020）最高法民申915号民事裁定书；最高人民法院（2020）最高法民申4867号民事裁定书。

法律要点

1. 基准日的认定；
2. 基准价的计算。

知识点介绍

一、基准日及基准价的影响

根据新《虚假陈述司法解释》第 27 条、第 28 条之规定[①]，基准日与基准价将直接影响此类案件中原告投资差额损失的计算；同时，根据新《虚假陈述司法解释》第 31 条规定[②]，基准日的认定也会进一步影响此类案件中因他人操纵市场、证券市场的风险、证券市场对特定事件的过度反应、上市公司内外部经营环境等其他因素对原告损失的影响及核定。据此，基准日与基准价的认定是证券虚假陈述案件中的核心争议焦点之一。

二、基准价及基准日的计算

新《虚假陈述司法解释》第 26 条规定："投资差额损失计算的基准日，是指在虚假陈述揭露或更正后，为将原告应获赔偿限定在虚假陈述所造成的损失范围内，确定损失计算的合理期间而规定的截止日期。在采用集中竞价的交易市场中，自揭露日或更正日起，被虚假陈述影响的证券集中交易累计成交量达到可流通部分 100%之日为基准日。自揭露日或更正日起，集中交易累计换手率在 10 个交易日内达到可流通部分 100%的，以第 10 个交易日为基准日；在 30 个交易日内未达到可流通部分 100%的，以第 30 个交易日为基准日。虚假陈述揭露日或更正日起至基准日期间每个交易日收盘价的平均价格，为损失计算的基准价格。无法依前款规定确定基准价格的，人民法院可以根据有专门知识的人的专业意见，参考对相关行业进行投资时的通常估值方法，确定基准价格。"

---

① 新《虚假陈述司法解释》第 27 条规定："在采用集中竞价的交易市场中，原告因虚假陈述买入相关股票所造成的投资差额损失，按照下列方法计算：（一）原告在实施日之后、揭露日或更正日之前买入，在揭露日或更正日之后、基准日之前卖出的股票，按买入股票的平均价格与卖出股票的平均价格之间的差额，乘以已卖出的股票数量；（二）原告在实施日之后、揭露日或更正日之前买入，基准日之前未卖出的股票，按买入股票的平均价格与基准价格之间的差额，乘以未卖出的股票数量。"新《虚假陈述司法解释》第 28 条规定："在采用集中竞价的交易市场中，原告因虚假陈述卖出相关股票所造成的投资差额损失，按照下列方法计算：（一）原告在实施日之后、揭露日或更正日之前卖出，在揭露日或更正日之后、基准日之前买回的股票，按买回股票的平均价格与卖出股票的平均价格之间的差额，乘以买回的股票数量；（二）原告在实施日之后、揭露日或更正日之前卖出，基准日之前未买回的股票，按基准价格与卖出股票的平均价格之间的差额，乘以未买回的股票数量。"

② 新《虚假陈述司法解释》第 31 条规定："人民法院应当查明虚假陈述与原告损失之间的因果关系，以及导致原告损失的其他原因等案件基本事实，确定赔偿责任范围。被告能够举证证明原告的损失部分或者全部是由他人操纵市场、证券市场的风险、证券市场对特定事件的过度反应、上市公司内外部经营环境等其他因素所导致的，对其关于相应减轻或者免除责任的抗辩，人民法院应当予以支持。"

根据上述规定，基准日及基准价的认定具有以下要素：一是将该等计算逻辑限定在“采用集中竞价的交易市场”中；二是将纳入计算的证券范围限定在“被虚假陈述影响”的“可流通部分”；三是原则上以换手率达到100%之日为基准日，但若该等时间过短或过长，则揭露日或更正日起的第10个交易日或第30个交易日为其拟制基准日；四是基准价原则上以揭露日或更正日至基准日期间每个交易日收盘价的平均价格为准，但若无法确定该价格，则赋予审理法院参考外部专业意见等确定基准价的选择权。

案例评析

一、基准日应以揭露日或更正日当天的可流通股股数为基础进行认定

如前所述，新《虚假陈述司法解释》第26条明确将计算基准日的股票基础限定为“被虚假陈述影响”的“可流通部分”，而在揭露日或更正日后新增加的可流通股数并非揭露日或更正日当天的可流通股数，理论上并不属于“受到虚假陈述影响”的股票，若将该部分股票纳入计算，则不符合新《虚假陈述司法解释》规定以及同类司法实践惯例中确定的对基准日的计算逻辑。[①]

此外，本案原告对于基准日的计算逻辑是：先依据揭露日当日的可流通股数计算出确定的基准日，再倒推揭露日至第一次计算的基准日期间是否有新增加的可流通股数，如有便加上该部分新增的可流通股数重新计算基准日。此种计算逻辑会导致基准日始终处于不确定的状态，每次计算基准日后都要倒查揭露日至新的基准日期间内是否增加了可流通股数，如此往复，不仅为基准日的计算增加了不确定性，也不符合前述规定及惯例。

二、基准价应以揭露日至基准日期间的算术平均价计算

本案中，在基准日确定的前提下，各方当事人均认可应以揭露日至基准日当天收盘价的算术平均价计算基准价。对此，如前所述，根据新《虚假陈述司法解释》第26条之规定，基准价的认定原则上应以揭露日或更正日至基准日期间每个交易日收盘价的算术平均价格为准，只有在根据第26条前四款仍无法确定基准价时，法院才具有根据有专门知识的人的专业意见、参考对相关行业进行投资时的通常估值方法等确定基准价的选择权。

（撰稿人：刘思远　于欢欢）

---

① 即便是根据2003年《虚假陈述司法解释》第33条的规定，其亦遵循作为基准日计算基础的股票的限定原则：“投资差额损失计算的基准日，是指虚假陈述揭露或者更正后，为将投资人应获赔偿限定在虚假陈述所造成的损失范围内，确定损失计算的合理期间而规定的截止日期。基准日分别按下列情况确定：（一）揭露日或者更正日起，至被虚假陈述影响的证券累计成交量达到其可流通部分100%之日。但通过大宗交易协议转让的证券成交量不予计算。（二）按前项规定在开庭审理前尚不能确定的，则以揭露日或者更正日后第30个交易日为基准日。（三）已经退出证券交易市场的，以摘牌日前一交易日为基准日。（四）已经停止证券交易的，可以停牌日前一交易日为基准日；恢复交易的，可以本条第（一）项规定确定基准日。”

第九节 新三板虚假陈述民事赔偿

案例简介

何某英与时空客集团股份有限公司、东兴证券股份有限公司等证券虚假陈述责任纠纷[①]

2014年10月31日，东兴证券股份有限公司（以下简称“东兴证券”）作为时空客集团股份有限公司（以下简称“时空客”）在新三板挂牌并公开转让的主办券商，在全国股转系统发布时空客“公开转让说明书”，并出具“关于推荐公司股票在全国中小企业股份转让系统挂牌的报告”，同日，北京大成律师事务所、致同会计师事务所、辽宁众华资产评估有限公司均为时空客股票挂牌出具了相关意见书及报告，并对时空客“公开转让说明书”中内容的真实性、准确性和完整性出具了具有法律意义的声明。2014年11月13日，时空客在全国股转系统成功挂牌公开转让股票。鉴于此，原告于2015年4月3日至5月13日期间合计购买时空客股票206 000股，认购金额合计为1 344 243元。2016年5月16日，中国证监会对时空客涉嫌信息披露违法违规进行立案调查。同年10月26日，大连证监局出具“行政处罚决定书”，对时空客及王某权等人未及时披露关联交易信息的行为进行了行政处罚。

2017年6月27日，全国股转公司对东兴证券未能督导时空客规范履行信息披露义务作出“关于对东兴证券股份有限公司采取自律监管措施的决定”，同日，股转公司对致同会计师事务所在时空客2015年年度审计工作中质量控制存在不足等问题作出“关于对致同会计师事务所（特殊普通合伙）采取自律监管措施的决定”。何某英由此认为时空客在申请挂牌以及定向发行股份时公布的“公开转让说明书”“定向发行说明书”中对时空客的实际经营情况等内容存在严重的虚假记载、误导性陈述和重大遗漏，而东兴证券及其他中介服务机构对时空客的挂牌及定向发行股份出具的主办券商、财务、法律等专业意见书均明确载明时空客公布的所有文件均不存在虚假记载、误导性陈述或重大遗漏的行为属于未勤勉尽责。何某英遂于2019年10月25日向大连市中级人民法院提起关于证券虚假陈述责任纠纷的民事诉讼，请求时空客赔偿其投资差额损失及利息损失，并要求东兴证券等中介服务机构对上述损失承担连带赔偿责任。

辽宁省大连市中级人民法院经审查认为：新三板市场发生的虚假陈述责任纠纷可适用2003年《虚假陈述司法解释》。根据该规定，现“行政处罚决定书”（〔2016〕1号）认定了时空客在2014年10月至2016年5月11日间存在关联资金交易，未及时披露关联交易信息的行为，故本案围绕时空客未及时披露关联交易信息行为是否构成证券虚假陈述侵权行为、与本案投资者买入时空客股票是否存在交易上的因果关系、投资者损失

① 本案例摘编自辽宁省大连市中级人民法院（2019）辽02民初1794号民事判决书。

的赔偿金额等方面进行审理。关于原告提出的时空客存在虚假记载公司固定资产、未披露公司巨额债务的问题，因现无有关机关的行政处罚决定或者人民法院的刑事裁判文书对此作出认定，不属本案证券虚假陈述责任纠纷案件的审理范围，本院对此不作审查。

本案中，时空客与其实际控制人王某权之间未披露的关联交易时间跨度近两年，交易总规模近2亿元，导致尚有6 000余万元资金未归还公司的后果，故时空客从事的关联交易属于可能对公司的资产、负债、权益和经营成果产生重要影响之情形，属于重大事件，被告时空客未及时披露该关联交易信息行为构成2014年《证券法》和2003年《虚假陈述司法解释》中规定的"虚假陈述"。原告自本案虚假陈述实施日至揭露日买入了时空客股票，在揭露日以后持续持有时空客股票，后因虚假陈述被揭露而下跌，原告因持有该股票而产生亏损，故应确认被告时空客的虚假陈述与原告主张的损害结果之间具有因果关系。而大连证监局虽对致同会计师事务所作出"关于致同会计师事务所（特殊普通合伙）采取出具警示函措施的决定"，全国股转公司对东兴证券作出"关于对东兴证券股份有限公司采取自律监管措施的决定"，并非行政处罚决定，根据2003年《虚假陈述司法解释》第6条规定，不足以依据上述警示函或决定直接认定致同会计师事务所或东兴证券承担民事责任，故对原告对东兴证券、北京大成律师事务所、致同会计师事务所、众华资产评估有限公司等证券服务机构提起的诉讼主张不予支持。

法律要点

1. 新三板证券虚假陈述民事赔偿的法律适用；
2. 前置程序废除后虚假陈述行为的证明。

知识点介绍

一、新三板证券虚假陈述民事赔偿的法律适用

2022年新《虚假陈述司法解释》第1条第1款规定该解释直接适用范围是"证券交易场所"中的发行和交易证券过程中发生的行为。关于"证券交易场所"，新《虚假陈述司法解释》第34条明确为两类，即"证券交易所"（上海、北京、深圳三个交易所）和"国务院批准的其他全国性证券交易场所"。"国务院批准的其他全国性证券交易场所"目前仅有全国股转系统。

二、证券虚假陈述民事诉讼前置程序的废除

2003年《虚假陈述司法解释》第6条规定："投资人以自己受到虚假陈述侵害为由，依据有关机关的行政处罚决定或者人民法院的刑事裁判文书，对虚假陈述行为人提起的民事赔偿诉讼，符合民事诉讼法第一百零八条规定的，人民法院应当受理。"该条确立了证券虚假陈述民事诉讼的前置程序，即投资者要提起虚假陈述侵权诉讼，除应满

足《民事诉讼法》规定的一般起诉条件外，还需要提交有关机关的行政处罚决定或者人民法院的刑事裁判文书。该制度设计初衷系为减轻投资者的举证责任、防止滥诉。但从司法实践中看，满足前置程序规定的虚假陈述事件并未全部诉至法院，对于新兴市场的观察也表明，即使没有类似前置程序的制度安排，投资者也会尽量利用监管机构的处罚结果或者当事上市公司的会计报表重述提起诉讼，比较法实践中也未曾发生仅因类似前置程序的制度缺位而导致民事诉讼泛滥的情形。

近年来，随着我国资本市场的发展以及证券审判司法实践经验的丰富，最高人民法院为废除证券虚假陈述民事诉讼前置程序进行了不懈努力。2021 年中共中央办公厅、国务院办公厅印发了《关于依法从严打击证券违法活动的意见》，最终促成了新《虚假陈述司法解释》全面废除上述“前置程序”。新《虚假陈述司法解释》第 2 条明确规定人民法院不得仅以虚假陈述未经监管部门行政处罚或者人民法院生效刑事判决的认定为由裁定不予受理。同时，为了尽可能保证“前置程序”取消后的证券民事赔偿制度的有效运行，2022 年 1 月 21 日，最高人民法院、中国证监会同步发布《关于适用〈最高人民法院关于审理证券市场虚假陈述侵权民事赔偿案件的若干规定〉有关问题的通知》，该通知为民事诉讼与行政执法机制的协同建立了一系列的衔接性安排，在立法理念上体现了寻求体系化思维下相关机制协同性与联动性的基本思路。

案例评析

一、本案适用主板市场证券虚假陈述责任纠纷法律规则

本案判决明确了新三板市场属于“国家批准设立的其他证券市场”，新三板市场流动性与主板市场虽存在差异，但不能因此否定其系全国性证券交易场所之属性，故将主板市场证券虚假陈述责任纠纷法律规则适用于新三板市场，可精准有效地规制新三板市场发生的证券虚假陈述侵权行为，新《虚假陈述司法解释》在设计中，也更加明确新三板市场被纳入虚假陈述的适用范围。

二、监管机构的监管措施与证券交易(场)所的自律管理措施不足以证明被告具有重大过错

本案中，虽然大连证监局对致同会计师事务所作出“关于致同会计师事务所（特殊普通合伙）采取出具警示函措施的决定”，全国股转系统对东兴证券作出“关于对东兴证券股份有限公司采取自律监管措施的决定”，但上述警示函或决定并非行政处罚决定。因此，东兴证券、北京大成律师事务所、致同会计师事务所等中介机构均认为其未遭受到中国证监会和全国股转系统的行政处罚，不具有认定为虚假陈述的定案依据。最后，大连市中级人民法院驳回了原告对东兴证券、致同会计师事务所和北京大成律师事务所等中介机构的起诉。

新《虚假陈述司法解释》将证券虚假陈述民事诉讼前置程序废除，便利了投资人对证券民事诉讼的提起，但是否会导致滥诉或“碰瓷式”诉讼，从而导致“诉讼爆炸”，

也是值得警惕的。

结合新《虚假陈述司法解释》，我们认为，本案中三家中介机构也不应承担民事责任。这是因为根据新《虚假陈述司法解释》第13条的规定，行为人存在故意或严重违反注意义务的重大过失是承担责任的前提。最高人民法院法官撰写的虚假陈述司法解释理解与适用[①]、最高人民法院在《答复〈关于在司法审判中公平合理认定会计师事务所责任的建议〉》中均明确指出，只有中介机构在存在故意或重大过失时才可能对相关损失承担连带赔偿责任。一般过失或者轻微过失不承担民事赔偿责任，这既是证券法学界的共识，也是国内外证券虚假陈述民事纠纷裁判的通例。

虚假陈述行为中的一般过失和轻微过失之所以不应承担民事赔偿责任是因为：虚假陈述是以言论的方式实施侵权行为，受害人所受之损害属于“纯经济损失”。虚假陈述具有信息的易复制性和易传播性，受众往往十分广泛，侵权行为人对其侵权行为不具有明确的可预期性，具体包括何人受损不确定、多少人受损不确定，损失的大小也不确定。如果无论是否具有故意，无论过失是否重大，虚假陈述行为人均需要赔偿的话，将使行为人无法对自己的行为可能招致之损害赔偿责任范围作出合理的预期，结果必将形成“寒蝉效应”，阻碍正常信息流动。因此，传统上，过失导致的纯经济损失不赔偿是侵权法的一项基本原则，该原则尽管自20世纪60年代以来有所松动，但各个国家仍利用一定的法律技术手段来对纯粹经济损失的赔偿责任进行控制。虚假陈述是否具有“重大性”，虚假陈述行为人的主观状态如何，以及投资者是否依赖被告披露的信息等等，均是法律控制虚假陈述民事赔偿责任的常见手段。目前各国逐渐形成共识：对于故意的虚假陈述行为，应负民事赔偿责任以彰显法律惩罚故意违法的目的；对于重大过失的虚假陈述行为，也应负一定的民事赔偿责任，以促使行为人勤勉、谨慎；但对于一般过失和轻微过失的虚假陈述行为，则不要求其承担民事赔偿责任，以免引发“寒蝉效应”，阻碍正常信息流动。

目前，我国证券监管机构和三大证券交易（场）所出具的监管措施、自律管理措施等高达数千件，而每年的证券行政处罚均一百多件。如果一律将被出具监管措施、自律管理措施的信息披露违法违规行为都作为被告虚假陈述且具有重大性和主观过错的证据，从而判令被告承担赔偿责任的话，不但相关案件爆炸性增长，法院系统不堪重负，也必将导致发行人及其董事、监事、高级管理人员、相关中介机构不堪重负，为投资者的投资失误买单，这些被告也终将离开证券市场，证券市场得不到健康、持续和高质量发展。

本案中，致同会计师事务所被大连证监局出具警示函，东兴证券被全国股转系统采取自律监管措施，仅仅说明这些中介机构在业务活动和操作中存在某些不符合规定之处，并不当然属于民事上的过错；即使是过错，也是低程度的过错，而不是严重过失或者故意，故不应承担虚假陈述民事赔偿连带责任。

（撰稿人：谢会生　钟世娟　邢会强）

---

① 最高人民法院民二庭庭长林文学法官，副庭长付金联法官，副庭长周伦军法官.《关于审理证券市场虚假陈述侵权民事赔偿案件的若干规定》的理解与适用.人民司法，2022（7）.

第十节　控股股东与实际控制人在虚假陈述中的责任

案例简介

何某芳诉赵某、杨某某、曹某、尹某葶、东方金钰虚假陈述纠纷案①

东方金钰系于上交所挂牌上市公司，股票代码为“600086”，证券简称“＊ST金钰”，目前已退市。2020年9月16日，东方金钰收到中国证监会“行政处罚决定书”（〔2020〕62号）。中国证监会查明，2016年12月至2018年5月间，东方金钰为完成营业收入、利润总额等业绩指标，通过其控制的姐告宏宁公司虚构销售和采购交易。姐告宏宁公司控制19个银行账户，将来源于东方金钰及其控制的公司的资金47 930.19万元，通过中转方和名义供应商账户转入名义客户账户。之后，又控制上述名义客户账户支付销售交易款项，使资金最终回流至姐告宏宁公司，形成资金闭环。上述情形导致东方金钰2016年年度报告、2017年年度报告的营业收入、营业成本、利润总额存在虚假记载，2018年半年度报告的营业收入、营业成本、利润总额、应收账款存在虚假记载，金额巨大。

基于以上违法事实，中国证监会认为，东方金钰及责任人员的上述行为构成2005年《证券法》第193条第1款所述的“发行人、上市公司或者其他信息披露义务人未按照规定披露信息，或者所披露的信息有虚假记载”行为。其中，时任实际控制人、董事长赵某知悉、授意、指挥信息披露违法行为，时任副总经理杨某某、曹某分管采购、销售、财务工作，组织、直接参与虚构销售交易，是违法行为的主要策划者和执行者，时任副总经理尹某葶，分管财务工作，知悉并参与违法行为。该四人均为直接负责的主管人员。中国证监会决定：对东方金钰责令改正，给予警告，并处以60万元的罚款；对赵某给予警告，并处以30万元的罚款；对杨某某、曹某、尹某葶给予警告，并分别处20万元罚款。

何某芳系投资者，曾于2018年1月5日分7次购买东方金钰的股票共计11 100股。在上述行政处罚生效后，其向深圳市中级人民法院提起民事诉讼，请求：(1) 判令被告赵某赔偿投资差额损失85 803元、赔偿佣金损失257.41元、印花税损失85.80元，以及前述三项损失的利息335.38元，合计为86 481.59元；(2) 判令被告杨某某、曹某、尹某葶、东方金钰对上述诉讼请求承担连带赔偿责任。(3) 本案的诉讼费用由五被告共同承担。

广东省深圳市中级人民法院经审理认为，前述被处罚行为构成虚假陈述侵权行为，并与原告损失成立因果关系，各被告理应对原告损失承担相应赔偿责任。本案核心争议焦点为本案的第一责任主体问题。对此，法院认为，虽然2014年《证券法》第69条为优先保护投资者权益，规定发行人、上市公司为虚假陈述责任纠纷的第一责任主体，作

① 本案例摘编自广东省深圳市中级人民法院（2021）粤03民初2361号民事判决书。

出了与侵权责任法追究直接侵权行为人民事赔偿责任立法理念不完全一致的安排，但这并不意味着作为权利人的原告没有选择被告的权利，亦不意味着上市公司作为第一责任主体的僵化适用。事实上，将上市公司作为第一责任主体承担赔偿责任不仅可能存在对现有中小股东二次伤害的问题，而且如果上市公司出现债务危机，反而不利于中小投资者权益的保护。新《虚假陈述司法解释》第20条规定："发行人的控股股东、实际控制人组织、指使发行人实施虚假陈述，致使原告在证券交易中遭受损失的，原告起诉请求直接判令该控股股东、实际控制人依照本规定赔偿损失的，人民法院应当予以支持。控股股东、实际控制人组织、指使发行人实施虚假陈述，发行人在承担赔偿责任后要求该控股股东、实际控制人赔偿实际支付的赔偿款、合理的律师费、诉讼费用等损失的，人民法院应当予以支持。"该条规定呼应了侵权责任法"追首恶"的立法理念，有效解决了对证券违法行为"大股东犯错、小股东买单"归责效果的担忧。原告请求作为东方金钰实际控制人的赵某作为第一责任主体，完全符合前述规定；且东方金钰已多次被申请破产重整，已陷入债务危机，实际控制人赵某作为第一责任人更有利于保护投资者的合法权益，与证券法优先保护中小投资者权益的立法理念亦完全一致。原告请求赵某作为第一责任主体，应予支持。最终，深圳市中级人民法院判决实际控制人赵某应赔偿原告何某芳损失43 569.84元；杨某某、曹某、东方金钰对赵某前述债务承担连带清偿责任，判决尹某葶承担20%连带清偿责任。

法律要点

1. 控股股东、实际控制人虚假陈述的民事责任；
2. 直接判令控股股东、实际控制人赔偿的前提。

知识点介绍

一、控股股东、实际控制人虚假陈述民事责任的演进

在我国，控股股东、实际控制人作为证券虚假陈述中的特殊主体，其民事责任经历了一个从无到有，从宽到严的变迁过程。1998年最初的《证券法》并未对控股股东、实际控制人的虚假陈述民事责任作出规定。然而，我国公司治理实行股东会中心主义，证券市场中控股股东、实际控制人对上市公司具有较强的支配、控制能力且极易滥用，始终是不容忽视的存在。作为回应，2003年《虚假陈述司法解释》明确规定虚假陈述行为人包括"发起人、控股股东等实际控制人"，并在第22条第1款规定："实际控制人操纵发行人……以发行人或者上市公司名义虚假陈述并给投资人造成损失的，可以由发行人或者上市公司承担赔偿责任。发行人或者上市公司承担赔偿责任后，可以向实际控制人追偿。"此外，该条第2款还规定，如果实际控制人自己实施虚假陈述，给投资人造成损失的，也应承担赔偿责任。

在司法解释先行探索并积累有益经验的情况下，2005 年修订《证券法》正式新增了控股股东、实际控制人虚假陈述的民事责任，第 69 条规定："发行人、上市公司公告的招股说明书、公司债券募集办法、财务会计报告、上市报告文件、年度报告、中期报告、临时报告以及其他信息披露资料，有虚假记载、误导性陈述或者重大遗漏，致使投资者在证券交易中遭受损失的，……发行人、上市公司的控股股东、实际控制人有过错的，应当与发行人、上市公司承担连带赔偿责任。"然而，在此后《证券法》实施的十多年的实践中，仍出现了大量由控股股东、实际控制人组织、指使上市公司信息披露违法违规的案件。[①] 在这些案件中，进行组织、指使的控股股东、实际控制人本是"首恶"，却最终凭借各种手段逃避了民事责任，对证券市场生态造成了恶劣影响，引发了学界和实务界的关注。2019 年 6 月，最高人民法院发布了《关于为设立科创板并试点注册制改革提供司法保障的若干意见》，明确要求"在证券商事审判中，要按照本次改革要求，严格落实发行人及其相关人员的第一责任。发行人的控股股东、实际控制人指使发行人从事欺诈发行、虚假陈述的，依法判令控股股东、实际控制人直接向投资者承担民事赔偿责任。"

在上述强化规制的背景下，2019 年《证券法》在修订时进一步将前述第 69 条中控股股东、实际控制人虚假陈述民事责任的归责原则由"过错原则"修改为"过错推定原则"。之后的新《虚假陈述司法解释》第 20 条也规定："发行人的控股股东、实际控制人组织、指使发行人实施虚假陈述，致使原告在证券交易中遭受损失的，原告起诉请求直接判令该控股股东、实际控制人依照本规定赔偿损失的，人民法院应当予以支持……发行人在承担赔偿责任后要求该控股股东、实际控制人赔偿实际支付的赔偿款、合理的律师费、诉讼费用等损失的，人民法院应当予以支持。"其中，第 20 条第 1 款将 2003 年司法解释中"可以向实际控制人追偿"修改为可以"直接判令该控股股东、实际控制人依照本规定赔偿损失"，极大免却了发行人嗣后追偿的诉累，突出了"首恶"的第一责任和最终责任。

二、直接判令控股股东、实际控制人赔偿的前提

接前述，目前在虚假陈述中可以直接判令控股股东、实际控制人对投资者承担民事责任法律依据为新《虚假陈述司法解释》第 20 条，如果形象一些，又可将该条称为"追首恶条款"。但这是一条全新的规定，达致该特定法律后果须满足条文内容中的特别要求。

首先，通过考察虚假陈述民事责任的一般要件，即侵权行为人、侵权行为、主观状态、损害结果以及因果关系，可以发现，该规定的特殊性存在于侵权行为方面。具体来说，该规定是专门针对"控股股东、实际控制人组织、指使发行人实施虚假陈述"这一行为的，因此，从证明角度而言，应当有行政处罚决定书、刑事判决书或其他证据能够证明控股股东、实际控制人组织、指使发行人实施了虚假陈述行为。如果控股股东、实际控制人是自行以信息披露义务人身份进行虚假陈述进而致使投资者在证券交易中遭受

① 王瑞贺. 中华人民共和国证券法释义. 北京：法律出版社，2020：165.

损失的，则不属于该规定的适用范围。其次，该规定还存在的一个特别要求是原告须在诉讼请求中明确要求“直接判令该控股股东、实际控制人依照本规定赔偿损失”。这意味着，对原告没有明确要求的，法院不能径行判决，主动适用该规定。毕竟投资者是自身利益的最佳判断者，选择发行人、上市公司，还是控股股东、实际控制人作为第一责任主体是其权利。

案例评析

一、本案澄清了“追首恶条款”与《证券法》的不一致之处

按照法制统一原则的要求，司法解释应与上位法保持一致。而在本案中，新《虚假陈述司法解释》第20条与2014年《证券法》第69条规定发行人、上市公司应当承担第一赔偿责任和最终责任的内容并不一致。因此，对二者的不一致之处予以澄清系构成适用“追首恶条款”的首要环节。

对此，深圳市中级人民法院认为，虽然《证券法》作出了规定，但这并不意味着作为权利人的原告没有选择被告的权利，亦不意味着上市公司作为第一责任主体的僵化适用。换言之，2014年《证券法》第69条是原则性和一般性的规定，如果原告基于自身利益考量明确诉请组织、指使发行人实施虚假陈述的控股股东、实际控制人直接向其承担民事责任，法院依据新《虚假陈述司法解释》第20条第1款支持该诉请并未违反《证券法》的规定。应当说，该澄清从一般规定与特殊情形以及未否定当事人选择权角度展开，是具有说服力的。

二、本案充分阐明了适用“追首恶条款”的正当性与必要性

由于本案系国内首例适用新《虚假陈述司法解释》“追首恶条款”的司法案件，本案在判决中还详细阐明了适用该条款的正当性与必要性。判决首先扼要地指出，如果僵化适用2014年《证券法》第69条，将上市公司作为第一责任主体承担赔偿责任不仅可能存在对现有中小股东二次伤害的问题，而且如果上市公司出现债务危机，反而不利于中小投资者权益的保护。其次，判决结合具体情形认为，原告已提出诉请，完全符合司法解释规定，且东方金钰已多次被申请破产重整，已陷入债务危机，实际控制人赵某作为第一责任人更有利于保护投资者的合法权益，与《证券法》优先保护中小投资者权益的立法理念亦完全一致。

需特别说明的是，判决中所指的“中小股东二次伤害”与证券虚假陈述中著名的“循环赔偿困境”紧密关联。具体而言，上市公司是法律上的虚拟人格，股东对公司持有剩余索取权，是公司财产利益的最终承担者，所以让上市公司巨额赔偿受害投资者，不过是让现有股东去赔偿受到虚假陈述影响的那些曾经的股东而已。[①] 而这些无辜的股

① 彭冰.解构证券虚假陈述的民事赔偿制度：从先行赔付到投资者补偿基金//陈洁.商法界论集：第7卷.北京：法律出版社，2021：44.

东们可能在虚假陈述行为被发现时，伴随股价大跌业已遭遇了“第一次伤害”，因此，走出该困境一直为学界、实务界所呼吁。从这个角度看，本案的说理也具有丰富的学理底色。

（撰稿人：姜　帅）

第十一节　专业投资者的注意义务

案例简介

中车金证与保千里证券虚假陈述责任纠纷案①

江苏中达新材料集团股份有限公司（以下简称“中达股份”）是上交所上市公司。2013年，中达股份进行破产重整。中达股份董事会审议通过江苏保千里视像科技集团股份有限公司（以下简称“保千里”）及庄某等收购中达股份的收购“报告书（草案)”，并于2014年10月30日进行了披露，其中披露了银信资产评估有限公司（以下简称“银信评估”）对保千里电子公司的估值为28.83亿元。2015年2月，中国证监会核准中达股份重大资产重组及向庄某等发行股份购买资产申请。2015年3月，中达股份正式完成资产重组。2015年4月27日，更名为保千里。

2016年1月28日，保千里公告“非公开发行股票预案”，之后获得了中国证监会核准批复。2016年7月19日，中车金证投资有限公司（以下简称“中车公司”）与保千里签订“股份认购协议”，中车公司以每股14.86元的价格认购保千里非公开发行股份中的13 383 604股股票，中车公司向保千里支付现金认购款198 880 355.44元。

2017年8月9日，中国证监会作出“行政处罚决定书”，认定保千里在中达股份破产重整过程中进行重组资产评估时，保千里电子公司向银信评估提供了两类9份虚假协议。虚假协议致使评估值虚增较大，导致中达股份多支出了股份对价，损害了被收购公司中达股份及其股东的合法权益，并作出了相应的行政处罚。

针对保千里的虚假陈述行为，中车公司向深圳市中级人民法院提起诉讼，请求判令保千里赔偿其投资损失，庄某等11人承担连带赔偿责任。

关于保千里的虚假陈述行为与中车公司的投资损失之间是否存在因果关系问题是本案的争议焦点之一。对此，一审法院认为，在虚假陈述民事赔偿案件中，虚假陈述行为与投资者的投资决策、证券交易价格及损失之间存在因果关系，是虚假陈述行为人承担民事责任的前提之一。即投资者的投资决策、股价和损失，必须是受到了虚假陈述行为的影响才构成因果关系。同时，如果投资者系专业投资机构，则其在作出投资决策时应

① 本案例摘编自广东省深圳市中级人民法院（2018）粤03民初538号民事判决书，广东省高级人民法院（2019）粤民终2080号民事判决书。

尽到比普通投资者更高的注意义务。关于中车公司是否已尽到审慎注意义务问题，中车公司作为专业投资机构，应具备专业投资知识、经验及专业分析研究和投资决策程序，在投资分析和决策过程时应尽到比普通投资者更高的注意义务。中车公司提交了“可行性研究报告”及（2019）京国信内经证字第00912号“公证书”。上述证据可以证明，中车公司决策参与保千里非公开发行股票之前，进行了专业投资分析和研究，对投资项目的背景、上市公司经营状况、投资的必要性和可行性、风险控制等作了调查评估，并形成了“可行性研究报告”，应认定中车公司已履行适当的研究分析义务和投资决策程序。最后，一审法院认为，鉴于中车公司在投资保千里股票过程中已履行适当的投资分析决策程序及案涉虚假陈述行为存在的行为隐蔽性等具体情形，不宜认定中车公司在其投资决策过程中具有过错。因此判决保千里向中车公司赔偿投资差额损失20 570 599.35元；庄某、陈某昌、庄某甲、蒋某杰承担连带赔偿责任；驳回中车公司的其他诉讼请求。

中车公司、保千里以及陈某昌不服，向广东省高级人民法院提起上诉。

二审法院认为，关于中车公司认购保千里非公开发行股票是否属于2003年《虚假陈述司法解释》的适用范围问题，2003年《虚假陈述司法解释》调整的是证券市场因虚假陈述引发的民事赔偿法律关系，受侵害的对象是证券市场上的不特定投资者。正是基于证券市场上不特定投资者与侵权行为人并非“面对面”的交易，使得遭受损失的投资者难以证明其交易及损失与侵权行为之间的因果关系，为依法保护不特定投资者的合法权益，2003年《虚假陈述司法解释》依据欺诈市场理论确立了因果关系推定原则。但对于特定投资者购买股票后因发行人虚假陈述行为受到侵害的，此种情形属于传统“面对面”的交易，与普通侵权纠纷并无本质差异，其可以单独对行为人提起违约损害赔偿诉讼或者侵权赔偿诉讼，2003年《虚假陈述司法解释》亦排除了上述情形属于其适用的对象。因此，一审依据2003年《虚假陈述司法解释》认定中车公司系本案适格原告属于适用法律不当，应予以纠正。

关于保千里是否因其虚假陈述的侵权行为而应向中车公司赔偿投资损失的问题，二审法院认为，中车公司提起的本案侵权之诉属于普通侵权纠纷。普通侵权损害赔偿责任构成要件包括：损害事实的客观存在；损害行为的违法性；违法行为与损害事实之间的因果关系；行为人的过错。本案中，保千里在2014年底至2015年初破产重整过程中，旗下保千里电子公司向银信评估提供了4份虚假协议及5份含有虚假附件的协议，致使拟注入资产评估值虚增较大，构成虚假记载的违法行为，并受到中国证监会行政处罚。可见，保千里的虚假陈述行为主观上存在过错、客观上具有违法性。现争议主要问题是保千里的虚假陈述行为与中车公司是否存在交易因果关系和损失因果关系，对此，二审法院认为：关于交易因果关系的认定问题，无论是机构投资者，还是普通投资者，在证券交易中的身份均是投资者。由于交易市场和交易方式的差异，投资者在因果方面所面临的举证困难存在差异，法律对此设计了不同的制度。针对公开募集股份的发行市场和通过证券交易所报价系统进行的“非面对面”证券交易，2003年《虚假陈述司法解释》采用交易因果关系推定原则，以减轻不特定投资者的举证责任，实现实质公平。针对向特定投资者发行股票、协议转让等“面对面”证券交易，2003年《虚假陈述司法解释》并未纳入其适用范围，上述证券交易中因证券虚假陈述所产生的侵权纠纷属于普通侵权，根据侵权责任法的相关规定，特定投资者作为被侵权人应举证证明其投资决定与信息披露义务人的虚假陈述行为之间存在因果关系，并根据虚假陈述行为的类型采取不同的举证责任方式。对于信息披露义务人故意隐瞒或者遗漏本应披露的信息而未披露的证券虚假陈述行为，基于投资者难以就该消极事实对交易的影响进行举证，故只要投资者证明违法行为客观存在，就可推定交易因果关系成立；对于信息披露义务人主动披露不实信息的证券虚假陈述行为，基于投资者就该积极事实对交易的影响有相应的举证能力，应由投资者举证证明其受虚假陈述影响而作出投资决定，才可认定交易因果关系成立。

保千里上诉主张中车公司作为机构投资者负有更高注意义务。二审法院认为，无论是机构投资者，还是普通投资者，在证券交易中的身份均是投资者。投资者是否应负有更高注意义务，不应因其身份有所差别，而应根据交易市场和交易方式来确定。对于公开募集股份的发行市场和通过证券交易所报价系统进行的“非面对面”证券交易，投资者均是信赖上市公司披露的信息进行交易，机构投资者和普通投资者负有的注意义务一致，并不负有更高的注意义务；对于向特定投资者发行股票、协议转让等“面对面”证券交易，投资者不仅信赖上市公司披露的信息进行交易，还会通过实地调研等方式对投资可行性进行分析，同时由于投资门槛高、期限长，投资者均为专业投资者，应负有更高的注意义务。当然，投资者的注意义务应与其专业能力相匹配，不能将其等同于证券服务机构在信息披露审核中的注意义务。鉴于中车公司参与保千里针对特定投资者发行的股票，一审认定其应负有更高的注意义务正确，本院予以认可。

保千里、陈某昌上诉主张保千里的虚假陈述行为与中车公司认购股票之间没有交易因果关系，但并未提供证据证实中车公司知道或者应当知道案涉虚假陈述行为而进行投资。事实上，从案涉虚假陈述行为的具体情形来看，虚假意向性协议是保千里电子公司向评估机构提供的文件，且对于案涉重大资产重组事项，上市公司已聘请独立财务顾问、律师事务所、会计师事务所和资产评估机构等证券服务机构出具无保留审核意见。在各证券服务机构已经审核确认其内容不存在虚假记载、误导性陈述或重大遗漏的情形下，中车公司作为机构投资者亦难以对虚假意向性协议的真实性进行核查，不属于中车公司专业能力可以发现的虚假陈述，并未违反其注意义务。因此，二审法院对保千里、陈某昌的上述主张不予采纳。

最后，二审法院认为，中车公司、保千里和陈某昌的上诉请求缺乏事实和法律依据，予以驳回。一审判决认定事实清楚，适用法律基本正确，应予维持。因此判决驳回上诉，维持原判。

法律要点

1. 专业投资者与普通投资者的区别是什么？

2. 专业投资者与普通投资者在投资时是否应负有一定的注意义务？如有，其投资注意义务是否应有区别？

3.面对面交易与非面对面交易的区别是什么？

4.在面对面交易与非面对面交易中，投资者在投资时是否应负有一定的注意义务？如有，其投资注意义务是否应有区别？

知识点介绍

2019年《证券法》第89条第1款规定："根据财产状况、金融资产状况、投资知识和经验、专业能力等因素，投资者可以分为普通投资者和专业投资者。专业投资者的标准由国务院证券监督管理机构规定。"

2016年12月，中国证监会颁布的《证券期货投资者适当性管理办法》规定，专业投资者是指符合下列条件之一的投资者：（1）经有关金融监管机构批准设立的金融机构，包括证券公司、期货公司、基金管理公司及其子公司、商业银行、保险公司、信托公司、财务公司等，经行业协会备案或者登记的证券公司子公司、期货公司子公司、私募基金管理人。（2）上述机构面向专业投资者发行的理财产品，包括但不限于证券公司资产管理产品、基金管理公司及其子公司产品、期货公司资产管理产品、银行理财产品、保险产品、信托产品、经行业协会备案的私募基金。（3）社会保障基金、企业年金等养老基金，慈善基金等社会公益基金，合格境外机构投资者（QFII）、人民币合格境外机构投资者（RQFII）。（4）同时符合下列条件的法人或者其他组织：1）最近1年末净资产不低于2 000万元；2）最近1年末金融资产不低于1 000万元；3）具有2年以上证券、基金、期货、黄金、外汇等投资经历。（5）同时符合下列条件的自然人：1）金融资产不低于500万元，或者最近3年个人年均收入不低于50万元；2）具有2年以上证券、基金、期货、黄金、外汇等投资经历，或者具有2年以上金融产品设计、投资、风险管理及相关工作经历，或者属于本条第（1）项规定的专业投资者的高级管理人员、获得职业资格认证的从事金融相关业务的注册会计师和律师。证券期货经营机构可以根据专业投资者的业务资格、投资实力、投资经历等因素，对专业投资者进行细化分类和管理。

普通投资者是指专业投资者之外的投资者。至于投资者在投资时是否应负有一定的注意义务？如有，专业投资者和普通投资者的投资注意义务是否应有区别？目前法律仍缺少直接规定。

不过，我国已有很多法律法规和司法解释强调合格投资者或专业投资者的风险识别能力。例如《证券投资基金法》（2015年修订）第87条规定："合格投资者，是指达到规定资产规模或者收入水平，并且具备相应的风险识别能力和风险承担能力、其基金份额认购金额不低于规定限额的单位和个人。"中国人民银行、中国银行保险监督管理委员会、中国证券监督管理委员会、国家外汇管理局《关于规范金融机构资产管理业务的指导意见》（银发〔2018〕106号，以下简称《资管新规》）第5条规定："合格投资者是指具备相应风险识别能力和风险承担能力，投资于单只资产管理产品不低于一定金额且符合下列条件的自然人和法人或者其他组织。"《证券期货投资者适当性管理办法》第

14 条规定："中国证监会、自律组织在针对特定市场、产品或者服务制定规则时，可以考虑风险性、复杂性以及投资者的认知难度等因素，从资产规模、收入水平、风险识别能力和风险承担能力、投资认购最低金额等方面，规定投资者准入要求。"最高人民法院印发《关于为设立科创板并试点注册制改革提供司法保障的若干意见》（法发〔2019〕17 号）第 5 条规定："对于不存在违法违规行为而单纯经营失败的上市公司，严格落实证券法投资风'买者自负'原则，引导投资者提高风险识别能力和理性投资意识。"因此，专业投资者应具有相应的调查研究能力和风险识别能力，也应该在购买股票之前进行相应的调查研究。高素质的投资者是中国资本市场健康发展的基础，证券法不鼓励盲目投资、非理性投资，因此，法院在审判时，在司法政策导向上，应引导投资者提高风险识别能力和理性投资意识。

案例评析

一、专业投资者比普通投资者具有更高的投资注意义务之理论与实践

专业投资者具备比普通投资者更高的市场投资经验、尽职调查能力、专业研究分析能力、商业谈判能力、自我保护能力以及举证能力。因此，作为专业投资者，其在从事股票投资时的审慎注意义务要高于普通投资者，只有尽到了更高的审慎注意义务，这种"信赖"才有合理性。"严格要求机构投资者进行充分的研究后再行作出投资者决策，有利于培育理性投资的氛围，有助于我国证券市场的不断成熟。"①

在司法实践中，东方电子、银广夏、夏新电子（后更名为"象屿股份"）、祥源文化等案件的审理法院均认为专业投资者具有更高的审慎注意义务，进而驳回了专业投资者的起诉。例如，浙江省高级人民法院 2019 年在上海雨浩投资咨询有限公司、浙江祥源文化股份有限公司证券虚假陈述责任纠纷二审民事判决书中阐述道：关于虚假陈述赔偿的规定采用"市场欺诈"和"推定信赖"原则确定因果关系的目的在于保护我国证券市场中不具备专业投资知识的中小投资者，而对于专业投资机构，因其应当具备高于普通证券市场投资人的投资技能和专业研究分析能力，不能仅凭其买入受虚假陈述影响的股票即认定其投资损失与虚假陈述存在因果关系，应分析辨别其投资损失是受虚假陈述影响还是其他因素导致。原审法院根据雨浩投资咨询公司主体身份的特殊性，认定在判断雨浩投资咨询公司"推定信赖"能否成立的问题上，对其应适用高于普通证券市场投资人注意义务的标准，并无不当。该注意义务对外一般表现为对上市公司公开文件的分析、对上市公司进行实地考察和提出可行性研究报告等，对内则表现为按照公司章程规定履行了相应的审批、讨论、决策程序等。如果没有证据证明专业投资机构尽到审慎注意义务，则不能当然依据"推定信赖"原则认定投资损失与虚假陈述之间存在因果关系。本案中，在尚无充分证据证明雨浩投资咨询公司运用了专业知识和技能对祥源文化公司股票的投资价值进行了判断并严格遵循了投资决策程序的情况下，可以认定雨浩投

① 樊健.我国证券市场虚假陈述民事责任理论与实践的新发展.北京：法律出版社，2021：22.

资咨询公司在投资祥源文化公司股票时未能尽到审慎对待虚假陈述信息的注意义务，并非是基于对虚假陈述的合理信赖进行投资。[①]

在英美普通法的传统上，原告未尽到谨慎义务一直都是被告的抗辩事由。在证券法上，如果原告尽到谨慎义务可以避免损失发生的话，则原告的请求是不能成立的。在美国早期的一些案例中，根据 10b－5 规则提起的诉讼，法院往往会考察原告（投资者）进行尽职调查（Due diligence）情况，尤其是在面对面的交易中。如果投资者疏于调查，法院会认为其存在过失，从而与被告的过失相抵。近年来，投资者注意义务的标准有所降低，即只有当投资者达到了明知风险而故意不进行调查或草率行事的程度，才构成未尽到注意义务，被告关于原告未履行调查义务的抗辩才能成立。

二、区分面对面交易与非面对面交易，在面对面交易中，专业投资者比普通投资者具有更高的投资注意义务之理论与实践

在美国目前的司法实践中，被告的未尽谨慎义务的抗辩只存在于面对面交易的情况下，因为在非面对面的交易中要求买方对公司的情况进行独立的调查是非常不合理的。[②] 在面对面交易中的投资者，都是成熟投资者，都通常会聘请律师进行调查。法院认定未履行调查义务的投资者是很少的。[③]

中车金证案的二审判决改变此前区分机构投资者（专业投资者）与普通投资者在注意义务方面有所不同的做法，而是将交易分为面对面交易与非面对面交易。在面对面交易中，专业投资者比普通投资者具有更高的投资注意义务。这具有转折性意义。该案入选最高人民法院民二庭“2020 年度全国法院十大商事案例”，表明最高人民法院对该裁判观点的肯定。换言之，这是当前的主流观点。

（撰稿人：邢会强）

---

① 浙江省高级人民法院（2019）浙民终 1414 号民事判决书。

② 陈志武. 美国证券法上的 10b－5 规则. 法律适用，2007（11）：84－87.

③ Steven A. Fishman，“Duty to Disclose under Rule 10b-5 in Face-to-Face Transactions”，*Journal of Corporation Law*，vol. 12，no. 2，1987，p. 317.

第八章 内幕交易的法律责任

第一节　内幕信息

案例简介

甲内幕交易案

2019 年 3 月，证券监管机构向甲下发“行政处罚事先告知书”认为：

2016 年以来，A 上市公司一直在推进燃气板块的并购重组项目。2016 年 7 月 28 日，A 上市公司副总经理与 B 公司股东乙见面商谈合作，并签署保密协议。随后，A 上市公司副总经理和中介机构人员对 B 公司及其控股子公司开展尽职调查工作。

2016 年 9 月 8 日，A 上市公司董事长、乙以及中介机构人员就并购事宜进行商谈，并介绍了市场上通行的报价方法。10 月 29 日至 31 日以及 11 月 12 日至 14 日，A 上市公司董事长和乙等人见面谈判。11 月 15 日，谈判终止。

2016 年 12 月 21 日，A 上市公司董事长与 C 公司董事长通了电话。之后，双方见面商谈，就并购事宜达成了合作框架。2017 年 1 月 10 日，A 上市公司与 C 公司就尽职调查事宜达成一致。

2017 年 1 月 11 日，A 上市公司发布重大事项停牌公告称正在筹划重大事项，可能构成重大资产重组。3 月 24 日，各方就发行股份购买资产协议等达成一致意见。4 月 8 日，A 上市公司发布公告称拟通过发行股份方式购买 C 公司 100%股权。

甲与乙、丙是认识多年的朋友，经常一起吃饭、聚餐。甲于 2016 年 10 月 25 日至 28 日、11 月 18 日累计买入 A 上市公司股票 127 万余股，买入金额 1 723 万余元，将上述股票卖出后，盈利 282 万余元。在内幕信息敏感期内，甲交易 A 公司股票行为明显异常，且与内幕信息的形成过程及其非法获取内幕信息的情形相吻合。

“行政处罚事先告知书”认定，A 上市公司进行燃气板块并购重组的事项，属于 2014 年《证券法》第 67 条第 2 款第 2 项规定的“公司的重大投资行为和重大的购置资产的决定”，构成内幕信息，内幕信息敏感期为 2016 年 9 月 8 日至 2017 年 1 月 11 日，乙为内幕信息知情人。

乙向甲、丙泄露了内幕信息，甲为非法获取内幕信息的人员，甲的上述交易行为违反了2014年《证券法》第73条、第76条第1款的规定，构成2014年《证券法》第202条所述的内幕交易行为。证券监管机构拟没收甲内幕交易违法所得282万余元，并处以848万余元罚款。

“行政处罚事先告知书”下发后，甲提出陈述与申辩意见并申请听证。甲认为：A上市公司进行燃气板块并购重组事项不构成内幕信息；“行政处罚事先告知书”关于A上市公司并购B公司的相关过程以及其从乙处非法获取内幕信息的事实认定错误，证据不足；甲买入A上市公司股票有正当合理的理由，且符合其一贯的交易习惯和投资风格，不存在异常，不构成内幕交易。

2021年11月，证券监管机构向甲下发“结案通知书”，经证券监管机构审核，甲涉案的违法事实因证据不足不予认定，证券监管机构决定对甲结案。

法律要点

1. 内幕信息的范围；
2. 内幕信息的特征。

知识点介绍

一、内幕信息的概念和范围

我国2019年《证券法》第52条规定：“证券交易活动中，涉及发行人的经营、财务或者对该发行人证券的市场价格有重大影响的尚未公开的信息，为内幕信息。本法第八十条第二款、第八十一条第二款所列重大事件属于内幕信息。”

我国2019年《证券法》采用概括和列举相结合的方式，对内幕信息作了规定。相较于2014年《证券法》第75条关于内幕信息的规定，2019年《证券法》第52条主要有两处修改。一是将内幕信息涉及的主体由“公司”修改为“发行人”。二是不再列举内幕信息的具体类型，而是将内幕信息的范围与2019年《证券法》第80条第2款、第81条第2款所列举的重大事件范围予以合并。

有别于2014年《证券法》第75条第2款第8项规定，“国务院证券监督管理机构认定的对证券交易价格有显著影响的其他重要信息”属于内幕信息。2019年《证券法》将内幕信息的范围与重大事件的范围予以合并，将兜底条款规定“国务院证券监督管理机构规定的其他事项”限定于重大事件，没有再保留上述关于国务院证券监督管理机构有权事后“认定”内幕信息的条款。这种以“事前规定”取代“事后认定”的立法逻辑彰显了法治精神，值得肯定。

二、内幕信息的特征

内幕信息是确定内幕交易行为的核心要件之一，通说认为，内幕信息具有三个特征，即未公开性、重大性和相关性。

第一，内幕信息的未公开性。所谓未公开性，是指信息披露义务人尚未依照法律规定将信息在指定的媒体向公众投资者公开，不为公众投资者所知悉，内幕交易行为人可以在内幕信息公开之前利用信息优势进行内幕交易。未公开性具有两方面的意义：一是揭示了内幕信息在依法公开前投资者不能通过合法途径获悉的重要属性，从而阐明了禁止内幕交易的正当性；二是划定了禁止知悉内幕信息者从事内幕交易行为的截止时间，即当信息公开后知悉内幕信息者方可进行相关证券交易。①

第二，内幕信息的重大性。所谓重大性，是指内幕信息的公开将会对相关证券的市场价格产生重大影响。在证券法上，并非所有与发行人有关的未公开信息都能构成内幕信息，必须符合重大性标准的信息才能构成内幕信息。根据 2019 年《证券法》第 52 条的规定，2019 年《证券法》第 80 条第 2 款、第 81 条第 2 款所列重大事件属于内幕信息。在证券监管执法实践中，证券监管机构通常会从以下两个方面认定内幕信息是否具有重大性：一是信息公开之后相关证券的价格波动情况，包括发行人相关证券价格自身的涨跌情况和发行人相关证券价格与大盘和板块指数的偏离情况；二是信息所涉金额相对于发行人主要财务指标的占比情况，包括发行人最近一期的总资产、净资产和最近一个会计年度的净利润、营业收入等。

第三，内幕信息的相关性。所谓相关性，是指内幕信息与发行人自身的经营、财务状况密切相关。2019 年《证券法》第 52 条将内幕信息限定为“涉及发行人的”信息。内幕信息的相关性明确了内幕信息的价值性和关联性要件，也将内幕信息与其他未公开的市场信息相区分。②

三、内幕信息的“确定性”之争

内幕信息的确定性在我国现行证券立法中未予明确规范，但在理论和实践中均成为争议的焦点问题。所谓内幕信息的确定性，一般是指内幕信息的内容应当明确、具体、可靠，以满足判断该信息是否可能对证券市场和投资者决策产生影响以及造成何种性质、何种程度的影响。

反对内幕信息应具备确定性的观点认为，由于确定性的判断具有较强的主观性，实践中很难形成统一认识和结论，将确定性作为内幕信息的法定特性或构成要件，既不利于统一执法标准，也不利于打击内幕交易行为。③

支持将确定性独立作为内幕信息法定特性或构成要件的观点则认为，内幕信息应该是特定化和准确的，具有真实依据的④，一般宽泛的不具体的信息不应认为是内幕信息⑤，建立确定性标准可以将非来自信息源或与真实情况无关的谣言、猜测、假设排除

① 邢会强. 证券法学. 2 版. 北京：中国人民大学出版社，2020：109－110.

② 郭锋，等. 中华人民共和国证券法制度精义与条文评注. 北京：中国法制出版社，2020：298.

③ 中国证券监督管理委员会行政处罚委员会. 证券期货行政处罚案例解析：第 1 辑. 北京：法律出版社，2017：6.

④ 吴弘. 两岸证券市场规制内幕交易的法制实践比较//顾功耘，沈贵明. 商法专题研究. 北京：北京大学出版社，2009：181.

⑤ 井涛. 内幕交易规制论. 北京：北京大学出版社，2007：9.

于内幕信息之外。[1]

也有观点认为，有必要将一定程度的确定性，或者说较大的实现可能性，作为认定内幕交易的前提，但无须在重大性之外增加一项新的特征，即重大性要求已经隐含了真实性和一定程度的确定性要求，可以将确定性所要考量的问题并入重大性当中一并考量，不具备一定确定性的信息，不可能构成重大信息。[2]

从各国关于内幕信息认定标准的规定来看，无论是采用“将确定性所要考量的问题并入重大性当中一并考量”的美国、日本、加拿大、澳大利亚，还是“将确定性作为内幕信息的一个独立的构成要素”的欧盟，都实质上要求内幕信息应当具备确定性，以确保将子虚乌有的谣言、传闻、主观臆测排除在外，并将缺乏必要的信息元素，以致不能据之得出对证券价格或投资者决定可能产生影响的结论的信息排除在外。[3]

应当认为，确定性是内幕信息重大性要素的应有之义，即使不将确定性独立为内幕信息的一项特征或要件，但也不应忽略确定性要素所承载的价值和使命。虽然内幕信息的认定并不要求其内容绝对确定，但内幕信息应当相对具体和明确，不具体、不明确的消息无法判断其是否会对证券价格以及投资者决策造成影响，以至于根本无法判断其是否具备重大性，因而不构成内幕信息。

案例评析

一、本案中“内幕信息”认定的核心争议

根据“行政处罚事先告知书”的认定，本案所涉“内幕信息”涉及A上市公司与B公司股东某乙接洽筹划的“A上市公司并购B公司”的信息和A上市公司与案外人C公司董事长洽谈的“A上市公司并购C公司”的信息。通常理解，“A上市公司并购B公司”和“A上市公司并购C公司”是两个独立的交易信息，各自都独立构成内幕信息。在证券监管实践中，大量的内幕交易案件亦采用独立认定的方式，将单独的并购交易信息独立认定为一个内幕信息。

本案中，证券监管机构在“行政处罚事先告知书”中将“A上市公司进行燃气板块并购重组事项”认定为内幕信息，将A上市公司并购B公司和并购C公司两个交易信息概括式地认定为一个内幕信息。基于该内幕信息的认定，“行政处罚事先告知书”进一步将“A上市公司并购B公司”的形成时间和“A上市公司并购C公司”的公开时间统一地认定为本案内幕信息敏感期，进而认为某甲在“内幕信息敏感期”内的交易行为与“内幕信息”高度吻合。

甲申辩认为，“A上市公司进行燃气板块并购重组事项”不具备重大性、确定性、未公开性的特征，不构成内幕信息。甲仅与乙接触，与最终实施并公开的“A上市公

① 胡光志. 论证券内幕信息的构成要素. 云南大学学报（法学版），2002（4）.

② 宁红. 内幕交易的多副面孔：中国的监管标准与执法实践. 北京：经济科学出版社，2019：73-74.

③ 肖伟. 内幕信息确定性考量模式之选择. 环球法律评论，2012（5）.

司并购C公司”信息完全无关，而“A上市公司并购B公司”的交易谈判失败，从未公开过，甲不知悉该信息且其交易行为与该信息形成过程也并不吻合，不是内幕交易。“行政处罚事先告知书”将“A上市公司进行燃气板块并购重组事项”认定为内幕信息，将甲交易行为与该信息的“形成”和“公开”类比衡量，推定甲内幕交易不能成立。

因此，本案内幕信息的认定，对于敏感期的认定以及交易行为与内幕信息吻合度的考量等，均有着至关重要的影响，是案件的核心争议。

二、本案“内幕信息”的“重大性”、“确定性”和“未公开性”之辩

内幕信息应当明确、具体，这是内幕信息具备重大性的必要前提和应有之义。内幕信息的确定性，并不是要求内幕信息所指向的事项已经发生或者有充分的理由被认为一定会发生，而是强调一项信息应当明确、具体，能够据以判断该信息可能对证券市场和投资者决策产生何种性质、何种程度的影响。

甲申辩认为，“A上市公司进行燃气板块并购重组的事项”这一信息的内容模糊和宽泛，该信息不涉及具体的并购重组对象和交易对手方，也不包含具体、明确的并购方式、并购价格和并购时间。该信息实际上只体现了A上市公司未来发展的战略方向和总体规划，而无法反映A上市公司对外投资或购买资产所涉及的交易金额，更无法判断交易金额占上市公司总资产、净资产、净利润等财务指标的比例。因此，仅就“A上市公司进行燃气板块并购重组的事项”而言，该信息不具有确定性和重大性。

并且，“A上市公司进行燃气板块并购重组的事项”实际是将相互独立的“A上市公司并购B公司”和“A上市公司并购C公司”两个信息合并，并根据在先信息的形成时间和在后信息的公开时间笼统地认定内幕信息敏感期。按照这种思路和逻辑，在上市公司先后谈判推进两个或者多个收购项目的情况下，针对知悉前一个收购事项的行为人来说，内幕信息敏感期的截止时间将完全取决于后面进行的收购事项的进展情况和公开时间。即使前一个收购事项完全终止，只要后面的收购事项尚未完成，就算该行为人根本不知道后面的收购事项，针对该行为人的敏感期也不会结束，这也难谓合理。

关于内幕信息的未公开性，根据A上市公司在此前借壳上市过程中披露的一系列公告，A上市公司进行燃气板块的并购重组，发展为全国性企业，是A上市公司借壳上市的主要交易目的，也是A上市公司公开披露的、既定的发展计划，该信息也已经在A上市公司借壳上市的系列公告、借壳上市之后的定期报告中予以披露，并且被多家主流券商的研究报告和权威媒体的新闻报道多次提及。因此，仅就“A上市公司进行燃气板块并购重组的事项”这一内容宽泛、未涉及具体重组对象的信息而言，该信息不符合未公开性的特征。

此外，在对内幕信息的认定提出申辩意见的基础上，甲还就其与乙的联络接触情况与“告知书”认定不符，其不知悉内幕信息进行了充分的申辩和举证。最终，证券监管机构综合在案证据，对甲下发“结案通知书”，对甲涉案的违法事实因证据不足不予认定，决定对甲涉嫌内幕交易案结案。

本案关于内幕信息认定的争辩充分体现了内幕信息“重大性”“确定性”“未公开

性”基本要素的考量逻辑，证券监管机构最终处理结论充分体现出对行政责任认定的审慎、严谨、谦抑原则。

（撰稿人：张保生　周　伟　肖　强）

第二节　内幕信息知情人

案例简介

方某晓、方某旭内幕交易案①

北京热景生物技术股份有限公司（以下简称“热景生物”）2020年前三季度收入与2019年前三季度基本持平，但利润下滑60%左右。2020年10月开始，热景生物业绩大幅增加。2020年12月12日，热景生物财务总监石某沾口头要求财务经理吕某东估算公司2020年全年营业收入和净利润。吕某东根据公司2020年1月至11月份的财务数据和估算的2020年12月营业收入金额，计算得出热景生物2020年营业收入不低于5亿元、净利润1亿元左右。2020年12月14日，在财务部门的晨会上，石某沾向财务部门人员通报公司2020年营业收入金额约为5亿元、净利润约1亿元的情况，参加会议的财务人员包括方某晓和邢某军等。

2020年12月14日，热景生物聘请的年度报告审计机构的审计人员到热景生物进行2020年度审计预审。2021年1月10日至1月11日，吕某东、邢某军和审计机构的审计人员等就热景生物2020年业绩预增数据进行最后确定，并将业绩预增最终情况报告给了林某青、石某沾。2021年1月11日下午，石某沾将热景生物业绩预增公告发到公司“热景董事群”进行了讨论。2021年1月11日晚间，热景生物发布“2020年年度业绩预增公告”，经财务部门初步测算，预计2020年年度实现归属于母公司所有者的净利润10 732万元左右，与上年同期（法定披露数据）相比，将增加约7 344万元，同比增加216%左右。归属于母公司所有者的扣除非经常性损益的净利润10 150万元左右，与上年同期（法定披露数据）相比，将增加约7 459万元，同比增加277%左右。

2021年2月12日，热景生物的新冠检测试剂取得PEI认证，随后向德国药监部门申请居家自由检测紧急使用注册证。2021年3月2日，热景生物的新冠检测试剂正式取得德国居家自由检测紧急使用注册证，当晚，经销商订货的电话、邮件急剧增加，预计有20多亿元的订单。2021年3月3日，林某青主持召开应急生产会。林某青表示，预计公司2021年第一季度销售会有20多亿元，并部署了采购物料、清理厂房、组织人员等任务。2021年3月4日，在财务部门的晨会上，石某沾提到公司取得了德国的一

① 本案例摘编自中国证监会行政处罚决定书（方某晓、方某旭）〔2022〕42号。

个资质认证，目前有意向的销售订单约有20亿元，方某晓参会。

2021年3月7日，石某沾在公司财务部办公室说公司订单量很大，并组织财务部门全体人员去支援生产。2021年3月中旬至3月底，公司上下以生产为中心，保障海外销售的产品供应。2021年4月1日，公司全体财务人员回到财务部做公司2021年3月以及第一季度的结账工作，前几天主要是整理单据、录入系统数据等。

2021年4月8日下午，财务部邢某军和北京市大兴区税务局第二税务所专管员联系，专管员要求热景生物母公司报送2021年第一季度企业所得税数额。石某沾跟吕某东和邢某军沟通后将数额定在7 000万元，邢某军将和税务专管员的微信聊天记录和确定7 000万企业所得税的相关情况发在了“热景财务群”，方某晓是该群的群成员。此外，财务人员方某晓等人当时全在财务部办公室，一起聊到了热景生物2021年第一季度净利润大概5亿到6亿元的情况。

2021年4月9日至4月10日，石某沾、吕某东、方某晓等人就热景生物2021年第一季度业绩预增数据进行最后确定。2021年4月10日下午4点左右，邢某军把母公司单体报表发送到“热景财务群”，表格里的利润总额是7.7亿元，所得税1.1亿元左右，净利润显示是7.6亿元左右。吕某东表示，净利润7.6亿元左右这个数据有误，没有扣减所得税，扣减后净利润在6.6亿元左右。

2021年4月12日晚间，热景生物发布“2021年第一季度业绩预告的自愿性披露公告”，经财务部门初步测算，预计2021年第一季度实现归属于母公司所有者的净利润56 000万元到66 000万元，与上年同期相比，将增加55 948.73万元到65 948.73万元，同比增加109 125.67%到128 630.25%。归属于母公司所有者的扣除非经常性损益的净利润55 760万元到65 760万元。与上年同期相比，将增加55 712.06万元到65 712.06万元，同比增加116 212.06%到137 071.46%。

热景生物2020年年度业绩预增事项不晚于2020年12月12日形成，于2021年1月11日晚间公开。方某晓是内幕信息知情人，其不晚于2020年12月14日知悉。热景生物2021年第一季度业绩预增事项不晚于2021年4月8日形成，于2021年4月12日晚间公开。方某晓是内幕信息知情人，其不晚于2021年4月8日知悉。

2020年12月14日，方某晓在热景生物财务部门晨会上知悉热景生物2020年营业收入预计5亿元左右，净利润1亿元左右；当日晚间，其通过微信通话将相关内幕信息告知了方某旭。其后，方某旭和方某晓亦有频繁微信联系。2020年12月15日至12月20日，方某旭和方某晓频繁微信联系，交流内容包括热景生物经营业绩情况、热景生物2020年业绩预告时间安排、计划如何买入“热景生物”等。2020年12月21日，方某旭首次买入“热景生物”，2020年12月21日至2021年1月11日，方某旭合计买入“热景生物”1.9万股，金额757 416.70元；期间，方某旭就买入“热景生物”亦和方某晓有沟通交流。2021年1月11日晚间，热景生物发布2020年年度业绩预增公告，2021年1月12日，方某旭将1.9万股“热景生物”全部卖出，卖出金额853 797.95元，实际获利95 011.86元。

方某旭在2021年3月8日至4月1日交易“热景生物”前后和方某晓有频繁微信联系，联系内容包括热景生物销售订单、产能、产品出库、财务指标、阶段性业绩等。

方某晓2021年4月8日知悉热景生物2021年第一季度营业收入12亿元左右，净利润5亿到6亿元。2021年4月9日和4月10日晚，方某晓通过微信通话将相关内幕信息告知了方某旭。方某旭2021年4月12日开盘半小时内买入“热景生物”6 000股，金额320 514.40元；2021年4月27日，方某旭将其持有“热景生物”全部卖出；其中，2021年4月12日买入的6 000股“热景生物”对应的卖出金额1 099 066.39元，实际获利776 998.66元。

方某旭和方某晓的上述行为违反了《证券法》第53条第1款的规定，构成《证券法》第191条第1款所述的违法行为。根据当事人违法行为的事实、性质、情节与社会危害程度，依据《证券法》第191条第1款的规定，中国证监会决定对方某旭没收违法所得872 010.52元，并处以872 010.52元罚款；对方某晓处以50万元罚款。

法律要点

1. 内幕交易主体与内幕信息知情人；
2. 非法获取内幕信息的人。

知识点介绍

一、内幕交易主体与内幕信息知情人

内幕交易主体是证券法律法规规定的特定主体。按照我国2019年《证券法》的规定，内幕交易主体包括内幕信息的知情人和非法获取内幕信息的人两大类。本文所称内幕信息知情人仅指证券交易内幕信息的知情人，即内幕信息知情人。我国《证券法》没有给证券交易的内幕信息知情人下定义，而是采取列举的方式规定了《证券法》意义上的内幕信息知情人。

《证券法》第51条列举规定：“证券交易内幕信息的知情人包括：（一）发行人及其董事、监事、高级管理人员；（二）持有公司百分之五以上股份的股东及其董事、监事、高级管理人员，公司的实际控制人及其董事、监事、高级管理人员；（三）发行人控股或者实际控制的公司及其董事、监事、高级管理人员；（四）由于所任公司职务或者因与公司业务往来可以获取公司有关内幕信息的人员；（五）上市公司收购人或者重大资产交易方及其控股股东、实际控制人、董事、监事和高级管理人员；（六）因职务、工作可以获取内幕信息的证券交易场所、证券公司、证券登记结算机构、证券服务机构的有关人员；（七）因职责、工作可以获取内幕信息的证券监督管理机构工作人员；（八）因法定职责对证券的发行、交易或者对上市公司及其收购、重大资产交易进行管理可以获取内幕信息的有关主管部门、监管机构的工作人员；（九）国务院证券监督管理机构规定的可以获取内幕信息的其他人员。”

我国《证券法》第50条规定：“禁止证券交易内幕信息的知情人和非法获取内幕信

息的人利用内幕信息从事证券交易活动”。即内幕信息知情人对在内幕信息公开前负有禁止交易之义务。

二、如何认定非法获取内幕信息的人

内幕交易行为主体是认定内幕交易违法行为的构成要件之一，并以行为主体掌握或获取相关内幕信息为前提。据此，现行《证券法》依据获取内幕信息方式的不同，对内幕交易行为主体作出了区分。依据《证券法》第50条的规定：“禁止证券交易内幕信息的知情人和非法获取内幕信息的人利用内幕信息从事证券交易活动。”第53条第1款规定：“证券交易内幕信息的知情人和非法获取内幕信息的人，在内幕信息公开前，不得买卖该公司的证券，或者泄露该信息，或者建议他人买卖该证券。”因此，内幕交易的行为主体可以划分为两类：一类是内幕信息知情人，另一类是非法获取内幕信息的人。其中，《证券法》第51条按照主体的特定身份和职务，以列举的方式明确规定了八类内幕信息知情人，并以国务院证券监督管理机构规定的可以获取内幕信息的其他人员作为兜底条款。由于是以《证券法》规定的列举方式明确主体范围，故此类主体又称作法定内幕信息知情人。

关于非法获取内幕信息的人，现行《证券法》没有作出具体规定。《最高人民法院、最高人民检察院关于办理内幕交易、泄露内幕信息刑事案件具体应用法律若干问题的解释》（以下简称《内幕交易司法解释》）按照内幕信息获取非法行为方式的不同，对非法获取内幕信息的主体范围予以明确，并强调了信息获取的非法性。明确了三类非法获取内幕信息的人：一是利用窃取、骗取、套取、窃听、利诱、刺探或者私下交易等手段获取内幕信息的；二是内幕信息知情人员的近亲属或者其他与内幕信息知情人员关系密切的人员，在内幕信息敏感期内，从事或者明示、暗示他人从事，或者泄露内幕信息导致他人从事与该内幕信息有关的证券、期货交易，相关交易行为明显异常，且无正当理由或者正当信息来源的；三是在内幕信息敏感期内，与内幕信息知情人员联络、接触，从事或者明示、暗示他人从事，或者泄露内幕信息导致他人从事与该内幕信息有关的证券、期货交易，相关交易行为明显异常，且无正当理由或者正当信息来源的。其中交易行为是否明显异常，根据《内幕交易司法解释》，可以根据开销户、制定撤销交易、资金变化、交易时间与内幕信息形成、变化、公开、获悉的一致程度，交易行为与证券基本面的背离程度，交易行为与平时交易习惯的差别，资金与内幕信息知情人或非法获取人的利益关联等方面综合认定。

案例评析

一、本案中的方某晓属于内幕信息知情人

本案中有两项内幕信息，一是热景生物2020年年度业绩预增事项，二是热景生物2021年第一季度业绩预增事项。

结合本案事实：2020年12月14日，石某沾在财务部门晨会上，向财务部门人员通报公司2020年营业收入金额约为5亿元、净利润约1亿元的情况，参加会议的财务人员包

括方某晓。2021年3月4日，在财务部门的晨会上，石某沾提到公司取得了德国的一个资质认证，目前有意向的销售订单约有20亿元，方某晓参会。2021年4月8日下午，财务部邢某军和北京市大兴区税务局第二税务所专管员联系，专管员要求热景生物母公司报送2021年第一季度企业所得税数额。石某沾跟吕某东和邢某军沟通后将2021年第一季度企业所得税数额定在7 000万元，邢某军将和税务专管员的微信聊天记录和确定7 000万企业所得税的相关情况发在了“热景财务群”，方某晓是该群的群成员。根据《证券法》第51条第1款第4项“由于所任公司职务或者因与公司业务往来可以获取公司有关内幕信息的人员”之规定，可以认定方某晓对两项内幕信息均是因公司财务人员职务而获取重大财务内幕信息的知情人，即监管实务中规定的法定内幕信息知情人，在内幕信息公开前禁止交易该股票，并禁止泄露该信息或者建议他人买卖该股票。

二、本案中的方某旭属于非法获取内幕信息的人

本案中，针对热景生物2020年年度业绩预增事项，在2020年12月14日，方某晓在热景生物财务部门晨会上知悉热景生物2020年营业收入预计5亿元左右，净利润1亿元左右；当日晚间，其通过微信通话将相关内幕信息告知了方某旭。其后，方某旭和方某晓亦有频繁微信联系。针对热景生物2021年第一季度业绩预增事项，方某旭在2021年3月8日至4月1日交易“热景生物”前后和方某晓有频繁微信联系，联系内容包括热景生物销售订单、产能、产品出库、财务指标、阶段性业绩等。方某晓2021年4月8日知悉热景生物2021年第一季度营业收入12亿元左右，净利润5亿到6亿元，于2021年4月9日和4月10日晚，方某晓通过微信通话将相关内幕信息告知了方某旭。

本案中，方某晓泄露热景生物2020年年度业绩预增和2021年第一季度业绩预增的内幕信息给方某旭，属于法定内幕信息知情人方某晓向方某旭泄露内幕信息，方某旭属于非法获取内幕信息的人，方某晓的行为构成泄露内幕信息。方某旭在其后买入“热景生物”的行为构成内幕交易。

（撰稿人：武融央）

第三节　内幕信息受领人

案例简介

周某和内幕交易行政处罚案[①]

江泉实业是一家上交所上市公司，2010年以来，江泉实业一直寻求卖壳。唯美度

① 本案例摘编自中国证监会行政处罚决定书（周某和）〔2016〕101号。

公司自2013年计划借壳上市。2014年1月，唯美度公司执行董事刘某辉委托股东寻找壳资源。2014年3月，唯美度公司股东成都汉易天成投资中心合伙人吕某委托川财证券保荐代表人任某升寻找合适的壳公司，任某升又委托张某业帮助寻找。同年4月1日，齐鲁证券投资银行济南业务部业务负责人叶某从江泉实业总经理田某智处确认了江泉实业的卖壳意向及出让条件。4月10日，在张某业的安排和促成下，江泉实业委托的保荐代表人叶某赴成都与张某业等人会面，叶某推荐了“总股本5亿元、市值15至17亿元、净资产10亿元、大股东占比约20%”的壳公司，借壳条件为将净资产全部置换出来。会谈中，张某业用手机给部分在场人员看了江泉实业的基本情况。同月15日，吕某将唯美度公司相关财务数据通过邮件发给任某升，并委托其起草重组方案。任某升结合张某业所告知的“JQSY”壳资源相关情况，草拟“重组简要方案概述”，起草过程中涉及的相关问题均通过张某业沟通传递。同月29日，任某升将“重组简要方案概述”通过邮件发送给吕某，并在邮件正文中写道：“就上次我们谈到的山东JQSY这家上市公司的重组，附件中有方案概述及模拟测算。”当日，吕某将邮件转发给刘某辉。

同年5月8日，吕某给刘某辉发送了修改过的“重组简要方案概述”和“财务顾问协议”(该协议丙方为张某业)。同月13日，吕某、任某升、叶某、刘某辉等人在唯美度公司面谈重组事宜。次日，双方共赴江泉实业考察，并就重组达成初步一致意见。同年6月12日，江泉实业发布“关于公司筹划重大资产重组停牌公告”，称“因华盛江泉集团有限公司拟对本公司进行重大资产重组，……公司股票自2014年6月12日开市起连续停牌不超过30日。”同月26日，华盛江泉与唯美度公司签署了“重大资产重组框架协议”，后江泉实业先后于7月11日、8月8日发布“重大资产重组暨延期复牌公告”。9月12日，江泉实业发布“重大资产置换及发行股份购买资产暨关联交易报告书(草案)”，并于当日复牌。

周某和是张某业本科时的老师。张某业上学时二人就相识，张某业毕业后二人交往密切，曾合作炒股或探讨选股，并曾有资金往来。2014年4月至6月12日期间，原告与张某业存在频繁通讯联系。

周某和及其控制的账户自2014年5月8日至6月11日大量买入“江泉实业”，截至被告调查终结之日（2014年8月26日)，周某和上述账户共计买入“江泉实业”3 436 489股，卖出1 056 800股。2014年9月24日至2014年10月8日，周某和账户将内幕交易敏感期内所买股票全部卖出，按照“先进先出法”，扣除相关税费，实际获利为10 529 910.65元。

2014年8月13日，周某和在接受中国证监会询问时表示“张某业跟我说江泉实业有重组预期，本着扭转今年投资亏损的想法，我决定买入江泉实业。”周某和在接受公安机关讯问时，当民警问及其是否有涉嫌内幕交易的犯罪事实时，其作出如下供述：“我从我的学生张某业那里得知江泉实业有重组预期的消息后，我要出差美国一个多月，经过自己分析大量买入了江泉实业股票。……那段时间我知道张某业经常跑南充，后来张某业讲起江泉实业时才知道，当时张某业去南充就是在做江泉实业和四川南充的泰合置业洽谈借壳重组上市的事情，这次洽谈过程中，张某业作为中间人直接参与了。当时我听了觉得这个消息比较可信。”

中国证监会作出行政处罚决定，认定：(1) 江泉实业与唯美度科技所进行的重大资产重组事项属于2005年《证券法》第67条第2款第8项规定的重大事件，江泉实业发布“重大资产置换及发行股份购买资产暨关联交易报告书（草案）”前，相关信息属于2005年《证券法》第75条第2款第1项规定的内幕信息。张某业作为中间介绍人参与本次重大资产重组筹划，最迟不晚于2014年4月29日获悉相关信息，是内幕信息知情人；(2) 周某和从张某业处获悉内幕信息，并于涉案期间内控制账户买入江泉实业，并于2014年5月12日至10月8日期间卖出获利。周某和的行为违反了2005年《证券法》第73条和第76条第1款的规定，构成2005年《证券法》第202条所述内幕交易行为，违法所得为12 640 120.03元。处罚决定根据周某和违法行为的事实、性质、情节与社会危害程度，依据2005年《证券法》第202条的规定，决定对周某和没收违法所得12 640 120.03元，并处以12 640 120.03元罚款。

法律要点

1. 获取型内幕交易；
2. 推定的证明标准。

知识点介绍

一、获取型内幕交易

对于内幕交易的规制最早起源于美国，1934年美国国会制定的《1934年证券交易法》(Securities Exchange Act of 1934)，其中第10 (b) 条明确禁止在证券交易过程中使用操纵或者欺骗手段[①]，同时规定了上述操纵或者欺骗手段包括“欺诈、操纵以及内幕交易”。在1961年的In the Matter of Cady，Roberts & Co.案[②]中，证券经纪商的一位合伙人Robert Gintel从公司董事那里获悉了公司将要削减分红的信息，于是在上述信息向市场披露之前，Robert Gintel控制21个证券账户提前卖出了之前持有的该公司股票。SEC认为Gintel的行为已经违反了《1934年证券交易法》，构成证券内幕交易行为。

SEC的这一立场又被称为“公平交易理论”。在20世纪70年代著名的Chiarella案[③]中，Vincent Chiarella是一家为金融机构提供服务的打印店的排版员，同时自己也从事证券交易。在从事排版的过程中Chiarella获取了敏感的收购信息，并提前买入了

① 美国《1934年证券交易法》第10 (b) 条规定：“任何个人直接或间接地，通过使用州际商业或邮件的任何手段或手段，或任何国家证券交易所的任何设施实施以下行为均属非法……买卖在国家证券交易所注册的证券或未注册的证券或基于证券的互换协议时使用或使用任何操纵或欺骗手段，违反证券委员会为公共利益或保护投资者而规定的必要或适当的规则和条例。”

② In the Matter of Cady，Roberts & Co.，40 S. E. C. 907 (1961).

③ Chiarella v. United States，445 U. S. 222 (1980).

股票。Chiarella 被判决构成内幕交易罪，美国联邦第二巡回法院指出，禁止内幕交易的政策基础在于“证券市场的合理预期，即所有在公开交易场所交易的投资者都有相对平等的机会获得重要信息”，上述观点被称为“公平交易理论”。

但是上述观点并未得到美国联邦最高法院的完全认同。Chiarella 案上诉到美国联邦最高法院之后，美国联邦最高法院认为，《1934 年证券交易法》第 10（b）条并不针对仅仅是不公平的行为——交易行为必须具有欺诈性或操纵性。联邦最高法院认为，“在交易完成前未披露重要信息的人，只有在他负有披露义务的情况下才犯欺诈罪”。而当一方当事人拥有“另一方（当事人）因他们之间的受托人或其他类似的信托和信任关系而有权知道信息”时，才产生披露义务。由此，基于美国联邦最高法院的上述立场，在内幕信息从公司内部管理人员向外部人传递的过程中，如果外部人只是单纯事实上获悉了该信息并不当然戒绝交易，而是需要在内部人与外部人之间存在某种受托关系，外部人基于此等关系而在法律上对内部人及其代表的公司也负有信义义务。美国联邦最高法院据此推翻了对 Chiarella 的有罪判决，认为他“不是卖方的代理人，也不是受托人，他不是卖方信托和信任的人。事实上，他是一个完全陌生的人，仅仅通过公开市场与卖家进行交易”。

在 Chiarella 案之后，美国联邦最高法院对于外部人利用内幕信息交易的认定标准又有发展。在 1983 年的 Dirks 案①中，被 Equity Funding 收购的一家公司解雇的一位职员告知分析师 Raymond Dirks，Equity Funding 的子公司存在财务造假。Dirks 在就上述信息与部分投资者进行沟通的过程中，一些投资者卖掉了原来持有的该公司股票。联邦最高法院再次认为，“只有当内部人违反了对股东的信义义务，向外部人披露了信息，并且外部人知道或应当知道已经发生了信息泄露时，外部人才对公司股东承担不利用内幕信息进行交易的信义义务。”而关于内部人是否违反了对股东的信义义务，美国联邦最高法院又提出了“获利”标准，认为“评判的标准是内部人本人是否会直接或间接地从信息泄露中获益。在内部人没有个人收益的情况下，内部人并未违反对股东的责任，相应也就不存在外部人的衍生责任”。

在 2014 年的 Newman 案②中，美国联邦第二巡回法院再次划定了外部人内幕交易的认定边界，强调内部人向外部人传递内幕信息应当出于获利的目的，而且外部人应当明知内部人的上述获利意图仍然继续利用该信息进行交易。在该案中，美国联邦调查局指控的要点是一家上市公司的一名员工向分析师分享了有关公司收益的非公开信息，后者又向另外一名分析师透露了这些信息，后者又与 Newman 泄露了这些信息。此外，另一家上市公司的员工将信息提供给了一位在教堂认识的朋友，这位朋友又将信息提供给了一位金融分析师，后者又将信息提供给了一些同样是分析师的朋友，而这些分析师朋友又将信息提供给了 Newman。

美国联邦第二巡回法院认为，所谓内部人通过泄露内幕信息获益，是指内部人能够获得某种客观的、结果可见且体现潜在金钱收益的利益。仅仅是内部人与外部人之间存

---

① Dirks v. SEC，463 U. S. 646 (1983).

② United States v. Newman，773 F. 3d 438 (2d Cir.，2014).

在某种一般化的社会关系并不足以满足这种获益的要求。

不过，在2016年的Salman案①中，在投行工作的内部人Maher Kara将尚未披露的收购信息传递给他的兄弟Michael，而Michael又将这些信息传递给Maher的内兄同时也是Michael的好友Salman，Salman利用内幕信息进行了交易。美国联邦最高法院认为在该案中由于几名当事人之间的亲属和朋友关系，Maher实际上是将这些内幕信息作为类似于"礼物"提供给Michael和Salman，也是其个人利益的实现，至于这种个人利益是否是可量化的金钱利益，则在所不论。

相比于美国关于获取型内幕交易的认定标准，我国《证券法》的认定标准要宽泛得多，内幕信息从内部人传递到外部人的过程中，并不需要进一步证明内部人是否基于泄露内幕信息而有任何获利，但是《证券法》要求获取内幕信息的方式要具有"非法性"。《证券法》第50条规定，"禁止证券交易内幕信息的知情人和非法获取内幕信息的人利用内幕信息从事证券交易活动"。

关于如何认定"非法获取"，《证券法》以及中国证监会并没有进一步明确的界定。但是在实践中，证监会通常对两种情况下的获取型内幕交易持慎重的态度：一是有证据证明当事人是在不知悉相关信息是否构成内幕信息的情况下偶然知悉。典型的场景如"传闻信息"，出租车司机偶然听到后座上的乘客讨论关于上市公司的内幕信息，这种情况下很难认定出租车司机系"非法获取"；又比如市场上各种真假难辨的传闻，很难认定所有听到这些传闻的投资者都是非法获取并构成内幕交易。二是所谓"二次传递型"，即从法定的内幕信息知情人处传递给某位外部人，再从该外部人又传递给实施交易的当事人。之所以对二次传递持慎重态度，就是因为当出现二次传递时，信息获取的非法性相对难以判断。但是，并非二次传递就一定不能认定为内幕交易，实际上在证监会的执法实践中，如果传递的线索非常明确，相关证据能够证明当事人对于内幕信息泄露是明知并加以利用，也仍然有可能认定为内幕交易。

二、非法获取内幕信息的推定

相对于内幕信息的知情人，获取型内幕交易的一个认定难点在于当事人是否确实获取了内幕信息。如果有直接证据证明当事人确实获取了信息，认定相对简单，但在很多案件中监管部门只能搜集到联络的证据，比如会面、电话等等，但是内部人是否真的传递了内幕信息给当事人并无直接证据。

为此，2011年《最高人民法院关于审理证券行政处罚案件证据若干问题的座谈会纪要》（以下简称《证券座谈会纪要》）中规定，"人民法院在审理证券行政处罚案件时，也应当考虑到部分类型的证券违法行为的特殊性，由监管机构承担主要违法事实的证明责任，通过推定的方式适当向原告、第三人转移部分特定事实的证明责任。"

其实，推定本来不是一种证明责任的分配方式，而是基于在案证据确认事实的一种证明标准。当承担证明责任的一方当事人提供的证据能够可信地推导出待证事实时，可以认为该当事人的证明责任已经完成，并不涉及证明责任倒置的问题。实际上，除非有

① Salman v. United States，137 S. Ct. 420（2016）.

非常直接且充分的证据能够证明待证事实，否则在大部分案件中多少都需要法官对在案证据做进一步推定，只是推定的“距离”和可信度有所差别而已。

但是，由于推定本身的主观性很强，因此在实践中就容易出现承担证明责任的一方当事人提供的证据，其实远不足以可信地推导出待证事实，但法官仍然过早地形成了心证并转而要求对方当事人提出反证来推翻，这种情况下实际上就导致了证明责任在一定程度倒置。因此，在推定外部人是否获取了内幕信息时，准确把握推定的标准至关重要，否则很容易出现“有罪推定”，即双方有联络、外部人有交易就直接推定是因为二者之间传递了内幕信息。正因为如此，《证券座谈会纪要》明确要求法官应当就“内幕信息公开前与内幕信息知情人或知晓该内幕信息的人联络、接触，其证券交易活动与内幕信息高度吻合”进行判断。2012 年《内幕交易司法解释》中也要求考察“相关交易行为明显异常”，并且在第 3 条从八个方面详细列举了交易异常的主要表现。这些规定，都是为了避免出现简单推定的问题，导致案件出现误判。

案例评析

一、本案是典型的获取型内幕交易案件

本案中周某和本人并不是内幕信息知情人，是从其学生张某业处获知的内幕信息，而且本案还不是纯粹的一次传递，因为张某业虽然直接撮合和参与了唯美度公司拟与江泉实业进行重大资产重组的商业谈判，但根据本案当时适用的 2005 年《证券法》第 74 条的规定，张某业本人也不是该条明确列举的内幕信息知情人①，因此本案作为获取型内幕交易案件具有一定的代表性。特别是张某业作为非在证券服务机构工作的市场上的中间人，也作为认定周某和获取信息的知情人来源，在当时《证券法》下也具有一定的突破性，也为 2019 年《证券法》的修改提供了现实的案例素材。

二、本案是推定获取内幕信息的典型案件

就本案的直接证据而言，并没有直接证据证明周某和知悉“江泉实业与唯美度科技所进行的重大资产重组事项属于原证券法第六十七条第二款第八项规定的重大事件”，虽然周某和承认张某业告知其“江泉实业有重组预期”，但江泉实业有卖壳的计划早已有之，本身并不是内幕信息，没有证据证明张某业告知了周某和江泉实业将与唯美度科技进行重大资产重组的信息。本案中，推定张某业向周某和传递了内幕信息的主要证据，是周某和控制的账户在内幕信息的敏感期内集中大量交易了江泉实业的股票，而对此交易行为，周某和自己也没有提出更为合理的决策依据。因此，证监会最终推定周某和是通过张某业获取了内幕信息并进行了交易。

应该说，本案作出上述推定是能够成立的，但同时也应当注意，如果相关的交易

① 但是如果根据 2019 年修改的《证券法》，张某业这种情况属于“因与公司业务往来可以获取公司有关内幕信息的人员”，即可直接构成法定内幕信息知情人。

与内幕信息的发展过程不是如此吻合，交易的数量、时点等不是如此异常，以及周某和本人如果也能提出合理的交易决策依据，本案是否还能达到推定标准就值得探讨了。

（撰稿人：龙　非）

第四节　内幕交易推定

案例简介

岳某斌被行政处罚案①

经中国证监会查明，2007 年 10 月，上海华谊（集团）公司（以下简称“华谊集团”）开会决定重新启动上市事项，继续聘请中国国际金融有限公司（以下简称“中金公司”）为财务顾问。2008 年 5 月 13 日，华谊集团相关人员与中金公司单某、蒋某、马某（项目组成员，主要负责借壳上市方案的人）开会，会议主要内容为：可以考虑将旗下上海焦化有限公司（以下简称“上海焦化”）资产注入旗下上海三爱富新材料股份有限公司（以下简称“三爱富”）。

此后经过多次会议和对方案的讨论，2008 年 6 月 2 日，华谊集团与中金公司前述人员开会初步认可了三爱富向上海焦化的全部或部分股东非公开发行股票以购买上海焦化股份这一方案的可操作性，并确定 2008 年 6 月 3 日向上交所递交三爱富重大资产重组的停牌申请。2008 年 6 月 3 日中午，华谊集团向上海市国资委汇报了将上海焦化资产注入三爱富的重组方案和 6 月 3 日闭市后提交三爱富停牌申请的计划，并于 13 时获得上海市国资委的同意。当日华谊集团召开会议宣布了注资方案和停牌计划。

三爱富于 2008 年 6 月 4 日至 7 月 2 日停牌，并于停牌首日和尾日分别发布了“重大资产重组事项暨停牌公告”和“上海三爱富新材料股份有限公司关于非公开发行股份购买资产暨重大资产重组（关联交易）预案”。停牌前一日，三爱富开盘价 8.55 元，收盘价 9.39 元，收盘涨幅为 9.82%，当日沪综指收盘涨幅为－0.65%。复牌后一日，三爱富收盘涨幅为 5.43%，当日沪综指收盘涨幅为 1.95%。“三爱富”停牌期间沪综指涨幅为－21.33%。

在停牌前一日，马某在前一家证券公司同一项目组的业务领导岳某斌操作妻子凌某账户和岳母牛某某账户（以下统称“涉案账户”）买入了三爱富。具体为：14 时 08 分至 14 时 56 分期间，涉案账户以远低于成本价的价格大量抛售账户内原有股票，平均卖

① 本案例摘编自中国证监会行政处罚决定书（岳某斌）〔2011〕57 号。

出亏损达 32.49%，并将卖出资金全部买入 428 439 股三爱富，申报价格从 8.76 元上涨至 9.41 元（当日涨停价）。当日收盘后，涉案账户三爱富市值占相应账户总资产的比例分别为 71.01%和 99.90%。而此前涉案账户从未买卖过三爱富，此后将所持三爱富于 2009 年 2 月和 4 月卖出，产生亏损。

根据手机通话记录，2008 年 5 月 1 日至 6 月 30 日期间，马某和岳某斌仅在 6 月 3 日有手机通话记录，具体为：第一次通话，马某打给岳某斌，13 时 20 分 58 秒开始，13 时 22 分 23 秒结束；第二次通话，岳某斌打给马某，13 时 28 分 31 秒开始，13 时 29 分 07 秒结束；第三次通话，岳某斌打给马某，13 时 29 分 30 秒开始，13 时 44 分 13 秒结束。在最后一次通话结束 27 分钟后，岳某斌开始连续买入三爱富。但岳某斌称，没有人向他推荐过三爱富，他也没有就此跟别人交流过，是通过网上线索自己分析出来的。马某亦否认其在与岳某斌通话时提及华谊集团和三爱富，并称两人私人关系一般。

中国证监会认为：第一，本案所涉及的信息依法构成内幕信息。第二，马某是直接接触、知悉并购重组事项内幕信息的人。第三，综合权衡调查过程中收集到的马某和岳某斌固有关系和惯常联系、交易前的接触情况、交易行为的异常情况、交易行为与其他相关行为和情况的吻合度等间接证据，足以形成完整的证据链条推断出马某、岳某斌之间存在内幕信息传递行为，岳某斌从事涉案交易行为之前，已经间接获悉了三爱富并购重组的内幕信息。第四，岳某斌所提出的其进行的研究与看到互联网上的评论，是发生在买入前还是买入后无从查证；而且从其惯常交易模式看，其抗辩不足以支持其过于异常的涉案交易行为；还有重要的一点，三爱富 6 月 3 日分时成交量统计显示，岳某斌买入三爱富的时间早于三爱富成交量明显放大的时间。岳某斌的抗辩理由不足以推翻关于其间接获悉内幕信息的推断。

综上，中国证监会认为，岳某斌的行为构成了 2005 年《证券法》第 202 条规定的内幕交易行为。中国证监会决定：对岳某斌处以 20 万元罚款。

法律要点

1. 内幕交易行为的举证责任；
2. 内幕交易行为的推定内容和推定标准。

知识点介绍

一、内幕交易行为的举证责任

根据 2019 年《证券法》第 50 条的规定，内幕交易行为是指内幕信息知情人或非法获取内幕信息的人利用内幕信息从事证券交易活动的行为。按照逻辑顺序与构成要素，内幕交易行为可进一步拆分为“存在内幕信息”“当事人知悉内幕信息”“当事人进行了相关证券交易”“当事人利用了内幕信息”这四个要件。而这四个要件的举证责任如何分配对于内幕交易行为的认定至关重要。

我国《行政诉讼法》规定，被告（监管机构）对作出的具体行政行为负有举证责任。但是考虑到部分类型的证券违法行为的特殊性，《证券座谈会纪要》第1条规定："由监管机构承担主要违法事实的证明责任，通过推定的方式适当向原告、第三人转移部分特定事实的证明责任"。这里的"部分特定事实"应当是指掌握在行政相对人手中、监管机构不易获取的关键事实，而不能简单、机械地概括转移监管机构的举证责任。

对应前述成立内幕交易行为所需的四项要件而言，只有第四项要件"当事人利用了内幕信息"是纯属当事人主观世界中的因素、监管机构很难甚至根本无法证明的关键事实。因此，《证券座谈会纪要》第5条对此设置推定规则，即对该项要件的举证责任进行转移。值得一提的是，对于"当事人知悉内幕信息"这一要件，虽然不能适用推定规则，但是执法实践中证监会在难以取得直接证据的情况下，可通过充分收集间接证据（环境证据）综合对照、比较、权衡以后推断（推理）出当事人知悉或应当知悉内幕信息。对于当事人提出的其实际不知悉的抗辩，监管机构必须予以回应，推翻当事人能够证明其清白的有说服力的抗辩，否则即使有众多"附加因素"（环境证据）存在，也不能做出内幕交易传递的推断。[①]

可见，监管机构在完成对"存在内幕信息""当事人知悉内幕信息""当事人进行了相关证券交易"这三项待证事实的举证责任后，可通过已经证明的某些基础事实来推定"当事人利用了内幕信息"这一待证事实成立。但如果当事人能够作出合理说明或者提供证据排除其利用内幕信息交易的，就不能认定推定事实。

二、内幕交易行为的推定内容和推定标准

就内幕交易行为的推定内容而言，应当是指监管机构基于已经证明的当事人交易行为及当事人知悉内幕信息等基础事实推定当事人"利用"内幕信息这一主观要件的成立。

就推定标准而言，我国目前只有《证券座谈会纪要》对如何推定"当事人利用内幕信息"进行了规定，即：对于内幕信息知情人和非法手段获取内幕信息的人只需其进行了与该内幕信息有关的证券交易，而对于内幕信息知情人的密切关系人则要求其证券交易活动与该内幕信息基本吻合，对于与内幕信息知情人或其他知悉该内幕信息的人有过联络、接触的人则要求其证券交易活动与内幕信息高度吻合。但是该规定是否存在过于宽泛化推定规则的问题，值得讨论。

执法实践中通常可以根据具体的案情判断为交易活动与内幕信息有关、基本吻合、高度吻合：开户、销户或者指定交易、撤销指定交易的时间与该内幕信息形成和公开时间基本一致的；交易账户资金进出、资金变化等活动与该内幕信息形成、变化、公开时间基本一致的；买入或者卖出内幕信息所涉及的相关证券品种的时间与内幕信息的形成、变化、公开时间基本一致的；买卖证券的行为明显与平时交易习惯相背离，但与内幕信息却有很强的相关性；买入或者卖出证券行为，或者集中持有证券行为与该证券公

① 张子学.浅析"知悉"内幕信息的证明//张育军，徐明.证券法苑：第4卷.北京：法律出版社，2011：317.

司信息反映的基本面明显背离，但与内幕信息相吻合；账户交易资金进出与该内幕信息知情人有关联或者利害关系等。

案例评析

一、本案认定成立内幕交易行为的举证责任分配与转移

本案中，中国证监会取得的证据首先证明马某系内幕信息知情人、三爱富重大资产重组系内幕信息、岳某斌在内幕信息敏感期内与马某有过联络，以及岳某斌买入三爱富的行为与内幕信息高度吻合。实际上，从行政处罚决定书内容来看，岳某斌未对前述事实提出过异议，抗辩理由主要是其不知悉内幕信息也未利用内幕信息，其买入三爱富系自己根据网上信息分析得来。

鉴于“当事人知悉内幕信息”系监管机构负有举证责任的待证事实，中国证监会收集了充分的间接证据综合权衡以后，清楚而具有说服力地推断出岳某斌知悉三爱富重大资产重组这一内幕信息。同时，对于岳某斌提出的其实际不知悉涉案内幕信息的抗辩，中国证监会逐一回应并予以推翻。由此，中国证监会在完成了岳某斌知悉涉案内幕信息且在此之后立即买入涉案股票等基础事实的举证后，以推定的方式向岳某斌转移部分特定事实的证明责任，即由岳某斌证明其交易三爱富存在合理理由而非利用三爱富重大资产重组的内幕信息。但是，岳某斌未能完成该项要件的举证责任，因而无法推翻对其“利用”内幕信息这一要件的认定。

二、本案中国证监会采用间接证据推断岳某斌知悉涉案内幕信息已经达到明显优势证明标准

本案是利用间接证据推断当事人知悉内幕信息后实施内幕交易的首个案件。本案中，中国证监会采用间接证据（环境证据）对涉案内幕信息的传递进行了比较深入、细致的说明，清楚而具有说服力，已经达到优势证明标准。具体而言，中国证监会查明，岳某斌系内幕信息知情人马某在上一家公司的业务领导。在三爱富重大重组方案以及申请停牌的计划获得上海国资委同意后二十分钟左右，马某给岳某斌打了电话，而此前两个月左右时间里两人毫无通话记录。自第一次通话结束半小时内两人又通话两次，且最后一次结束后半小时内岳某斌操作妻子和岳母账户以远低于成本价的价格大量抛售账户内原有股票并将卖出所得的资金全部买入三爱富，而此前涉案账户开立多年从未买入过三爱富，此次买入三爱富的绝对数量以及动用其账户资金的相对比例也与以往的交易风格并不吻合；岳某斌买入三爱富后的第二天，三爱富公告了重大资产重组信息并停牌。

可见，中国证监会据以综合权衡比照认定岳某斌“知悉”内幕信息进而实施了内幕交易的间接证据包括四个方面：（1）当事人与内幕信息传递者之间的固有关系与惯常联系。（2）当事人实施交易行为之前与内幕信息传递者之间的接触情况。（3）当事人买入行为的异常情况。（4）当事人交易行为与其他相关行为与情况的吻合度。而这四个方面亦是其他法域在认定该要件时常常考虑的环境证据。相比而言，岳某斌对此提出的解释

理由还存在不能自圆其说的情况。可见，中国证监会对岳某斌“知悉”内幕信息进而实施了内幕交易这一要件的举证已经达到明显优势。

（撰稿人：张会会）

第五节　内幕交易抗辩

案例简介

H基金公司及相关基金经理涉嫌内幕交易G公司股票案①

2012年4月，G公司发布“2012年第一季度报告”，预计2012年上半年净利润将同比上涨。6月底，G公司因增值税退税未如期到账，可能导致其上半年业绩不达预期。7月3日上午，G公司股价微涨1%，但中午前后，市场上出现G公司“业绩变脸”传闻，故该日下午开盘后，G公司股价开始急跌，直至14时05分左右跌停。7月12日，G公司正式发布业绩修正公告，将此前的业绩预告内容修正为2012年上半年净利润同比下降。

因G公司在2012年7月12日发布业绩修正公告、正式披露上半年业绩不达预期之前市场上已出现大量卖盘，导致G公司股价异常，逆市大跌，故中国证监会对该事件启动调查。

中国证监会经调查后认为，某证券公司研究员L在2012年7月3日中午前已从G公司董秘处获知了G公司业绩不达预期的内幕信息，并于当日13时10分左右将该信息告知了H基金公司研究员W，W又将该信息紧急告知了4名基金经理，4名基金经理遂纷纷减持其基金产品项下的G公司股票。中国证监会认为，上述交易系4名基金经理知悉利空内幕信息并减持避损的内幕交易行为，故H基金公司构成内幕交易单位违法，4名基金经理系直接负责的主管人员，W构成泄露内幕信息行为。因此，中国证监会下发“行政处罚事先告知书”，拟对上述主体均予行政处罚。

H基金公司、4名基金经理及W均向中国证监会申请陈述、申辩和听证。在听证会中，相关当事人提出的抗辩理由主要为：(1) G公司业绩不达预期的信息在2012年7月3日已是公开信息，不构成内幕信息；(2) 在案证据不能证明涉案信息由L至4名基金经理的传递链条，4名基金经理不知悉内幕信息；(3) 4名基金经理对减持G公司股票有独立的分析和判断，且具备减持的预先交易计划；(4) H基金公司应适用“中国墙”豁免制度，不构成单位违法。

中国证监会经审理后，对本案出具“结案告知书”，决定对H基金公司、4名基金经理及W某均不予行政处罚，本案结案。

---

① 本案例主要摘编自中国证监会行政处罚事先告知书（处罚字〔2018〕37号）及中国证监会结案告知书（稽结字〔2020〕1号）。

法律要点

1. 内幕信息未公开性抗辩；
2. 知悉内幕信息抗辩；
3. 利用内幕信息抗辩；
4. 单位责任的认定。

知识点介绍

一、内幕信息未公开性抗辩

《证券法》第52条第1款规定："证券交易活动中，涉及发行人的经营、财务或者对该发行人证券的市场价格有重大影响的尚未公开的信息，为内幕信息。"根据该规定，内幕信息最重要的两个要素系重大性和未公开性。实践中，内幕信息未经法定方式披露即已形成市场传言，甚至已经实质影响了证券价格的情形时有出现，但我国法律法规尚未明确规定内幕信息未公开性的判断标准。

对此，我国证券监管机构目前采取的判断标准是"法定公开说"。也即，证券监管机构在行政处罚中，应以涉案证券发行人是否已通过法定方式、在指定媒体上披露了涉案内幕信息为标准认定其未公开性。按照此项标准，只要证券发行人尚未以法定方式披露涉案信息的，则该等信息均视为具有非公开性。因此，在执法实践中，当事人针对涉案内幕信息的未公开性所提出的抗辩实际上很难获得证券监管部门采信。

二、知悉内幕信息抗辩

当事人是否知悉内幕信息，是内幕交易类案件中的关键认定环节。理论上，监管机构或司法机关应负有证明当事人知悉案涉内幕信息的义务。但是，鉴于实践中内幕信息的传递、知悉过程往往较为隐匿，可能仅通过一段时间极短的接触即完成了内幕信息的传递，较难留存客观证据。因此，除了能够获取到直接证据认定当事人知悉内幕信息的案件之外（例如当事人与内幕信息知情人之间发送了短信、微信，其中明确含有涉案内幕信息的内容），目前我国证券监管机构主要以推定的方式认定当事人知悉内幕信息。

对此问题，《证券座谈会纪要》第5条规定："监管机构提供的证据能够证明以下情形之一，且被处罚人不能作出合理说明或者提供证据排除其存在利用内幕信息从事相关证券交易活动的，人民法院可以确认被诉处罚决定认定的内幕交易行为成立：（一）证券法第七十四条规定的证券交易内幕信息知情人，进行了与该内幕信息有关的证券交易活动；（二）证券法第七十四条规定的内幕信息知情人的配偶、父母、子女以及其他有密切关系的人，其证券交易活动与该内幕信息基本吻合；（三）因履行工作职责知悉上述内幕信息并进行了与该信息有关的证券交易活动；（四）非法获取内幕信息，并进行了与该内幕信息有关的证券交易活动；（五）内幕信息公开前与内幕信息知情人或知晓该内幕信息的人联络、接触，其证券交易活动与内幕信息高度吻合。”

根据上述规定，如果当事人是《证券法》规定的法定内幕信息知情人，或者是曾经与内幕信息知情人接触、联络且证券交易活动与内幕信息的形成、发展、公开过程高度吻合的，证券监管机构均可推定认为当事人知悉内幕信息，进而认定其内幕交易行为成立。因此，实践中对于知悉内幕信息的抗辩，主要是当事人以提供反证的方式证明自身实际上并不知悉内幕信息的过程，证券监管机构应在审查相关反证并综合在案其他证据的基础上，对其反证是否成立作出判断。

三、利用内幕信息抗辩

《证券法》第50条规定：“禁止证券交易内幕信息的知情人和非法获取内幕信息的人利用内幕信息从事证券交易活动。”因此，当事人是否“利用”了内幕信息从事涉案交易活动，也是内幕交易类案件中需要判断的重要问题。对此，《内幕交易司法解释》也规定了如“持有或者通过协议、其他安排与他人共同持有上市公司百分之五以上股份的自然人、法人或者其他组织收购该上市公司股份”“按照事先订立的书面合同、指令、计划从事相关证券、期货交易”“交易具有其他正当理由或者正当信息来源”等抗辩情形。

实践中，我国证券监管机构在判断当事人是否利用内幕信息时，主要判断标准是当事人提出的反证及抗辩能否完全切断涉案交易与知悉内幕信息之间的关联性。也即，当事人需证明即使其完全不知道内幕信息的存在，也会进行或别无选择地进行同样的交易。

四、单位责任的认定

由于本案“行政处罚事先告知书”中列明的涉案主体同时包括H基金公司和相关基金经理，故本案还涉及内幕交易单位责任如何判断的问题。该问题在当前的证券监管执法中争议较大。根本原因在于，我国《行政处罚法》没有就单位构成行政违法的构成要件作出明确规定。同时，对于单位责任的认识，民法及刑法的理论与实践也存在两种不同的思路。在民法视野内，单位往往具有法人的主体身份，对于与单位进行民事交往的相对人而言，该单位的内部人员就是单位的代表，故如果单位内部人员存在这种外观，则其对外民事活动产生的权利、义务及责任均应由单位承担。在刑法上，理论界与实务界对于单位犯罪构成要件的认识也较为统一，即该犯罪行为应以单位的名义实施、体现单位的意志、为了单位的利益，且犯罪所得归属单位所有。而从行政法的角度而言，行政责任处于介乎民事责任与刑事责任之间的地位，故应更偏重于哪条进路，殊难选择。

对上述争议问题，中国证监会总结认为，“若严格依据刑法‘三要件’理论来判断单位违法或个人违法，似乎行政违法行为中很难认定单位违法。因违法行为基本不体现单位意志，即便是单位授意而实施的违法行为，单位层面也不会留下任何相关的会议记录等作为证据，因此单位也不会承认。若以民商法基本原理为基础似乎又过于绝对……应结合案件的事实、证据、主客观方面具体情况，进行综合认定。”[①]

① 中国证券监督管理委员会行政处罚委员会编. 证券期货行政处罚案例解析：1辑. 北京：法律出版社，2017：157.

案例评析

由于本案系以中国证监会出具“结案告知书”不予处罚的方式结案，故中国证监会并未公开其作出不予处罚判断的具体理由。从案情情况来看，本案中存在的如下情形可能会影响监管机构的最终认定：

（1）信息传递的证据链方面。本案中，“行政处罚事先告知书”认定的案涉信息传递链条系：G公司董秘→某证券公司研究员L→H基金公司研究员W→H基金公司相关基金经理。但由于上述信息传递链条过长，故在案证据对该等信息的传递过程的证明可能存在不尽完善之处。尤其是，H基金公司经内部梳理发现，在研究员W通过单位座机呼叫某基金经理的时间点之前，该基金经理已经下达了卖出指令。这也就意味着，该等证据很可能反证推翻“行政处罚事先告知书”认定的信息传递链条。因此，相关情况很可能影响了监管机构的最终判断。

（2）交易原因方面。本案中，H基金公司和相关基金经理提供了案涉减持股票之前一段时间内的小组晨会、讨论会等投资策略会议的记录，并提供了相关基金经理在案涉减持股票前曾经收到的关于调降G公司股票预期的研究报告邮件。结合有关证据，相关基金经理在申辩意见中也详细解释了其在案涉时间点上作出减持决策的投资逻辑。相关证据及申辩意见拟说明相关基金经理的减持交易未利用案涉信息，该等情形亦有可能影响监管机构的判断。

（3）单位责任方面。本案中，H基金公司根据相关法律法规的要求建立了较为完善的合规制度体系，并提交了大量证据证明该等合规制度在实践运作中的有效性。例如，H基金公司提交了关于内幕交易防控、利用未公开信息交易防控、公平交易等合规事项的相关制度，并提交了公司每日备案的手机存放情况记录表、内幕交易合规培训及考核记录、投研人员手机电话邮件抽查底稿、投研人员的合规承诺书等证据。相关证据旨在证明H基金公司作为单位并不存在违法意志，未给予基金经理等员工违规交易股票的授权，且内部合规制度完善并已经有效运营。相关情形有可能对监管机构就本案是否涉及单位违法的判断产生影响。

综上，在证券稽查执法实践中，监管机构对某一行为是否构成内幕交易的判断系基于全案证据的综合判断；相应地，当事人提出的申辩以及反证证据也往往会由监管机构予以综合考虑。本案中，H基金公司及相关基金经理在案涉信息的传递链条、案涉信息对案涉减持交易的影响程度、案涉减持交易发生的实际原因以及H基金公司是否构成单位违法等方面均提出了较为充分的抗辩理由。我们理解，中国证监会最终亦是从综合评判的角度审查并采信了有关抗辩意见，对本案作出了不予处罚的结案处理。

（撰稿人：夏东霞　王　琦）

第六节　内幕交易的民事责任

案例简介

李某晖与光大证券股份有限公司内幕交易责任纠纷案①

中国证监会在〔2013〕59号行政处罚决定书中认定：2013年8月16日11时05分，光大证券股份有限公司（以下简称“光大证券”）在进行交易型开放式指数基金申赎套利交易时，因程序错误，其所使用的策略交易系统以234亿元的巨量资金申购180ETF成份股，实际成交72.7亿元。巨量申购和成交180ETF成份股对沪深300指数，180ETF、50ETF和股指期货合约价格均产生重大影响。同时，巨量申购和成交可能对投资者判断产生重大影响，从而对沪深300指数、180ETF、50ETF和股指期货合约价格产生重大影响。根据2005年《证券法》第75条第2款第8项和《期货交易管理条例》第82条第11项的规定，“光大证券公司在进行ETF套利交易时，因程序错误，其所使用的策略交易系统以234亿元的巨量资金申购180ETF成份股，实际成交72.7亿元”（以下简称“错单交易”）为内幕信息。光大证券是《证券法》第202条和《期货交易管理条例》第70条所规定的内幕信息知情人。上述内幕信息自当日11时05分交易时产生，至当日14时22分光大证券发布公告时公开。

当日11时32分，21世纪网刊发了标题为“A股暴涨：光大证券自营盘70亿乌龙指”的报道称：“据21世纪网独家获悉，今天上午的A股暴涨，源于光大证券公司自营盘70亿的乌龙指。对上述消息，光大证券公司董秘梅某对大智慧通讯社表示自营盘70亿乌龙纯属子虚乌有。光大证券公司权威人士对大智慧通讯社表示，有上述相关传闻说明他们不了解光大证券公司严格的风控，不可能存在70亿元乌龙情况，称传闻纯属子虚乌有。21世纪网已从多个渠道获悉，上午巨额买盘的资金的确是走的光大证券公司自营席位的通道。”该报道随后由多家网站转载。

同日不晚于11时40分，徐某明召集杨某忠、沈某光和杨某波开会，达成通过做空股指期货、卖出ETF对冲风险的意见，并让杨某波负责实施。因此，光大证券知悉内幕信息的时间不晚于当日11时40分。当日13时，光大证券称因重大事项停牌。当日14时22分，光大证券发布公告，称“公司策略投资部自营业务在使用其独立套利系统时出现问题。”但在当日13时开市后，光大证券即通过卖空股指期货、卖出ETF对冲风险，至14时22分，卖出股指期货空头合约IF1309、IF1312共计6 240张，合约价值43.8亿元，获利74 143 471.45元；卖出180ETF共计2.63亿份，价值1.35亿元，卖出50ETF共计6.89亿份，价值12.8亿元，合计规避损失13 070 806.63元。

李某晖在当日13时至当日13时33分多次买入50ETF，于2013年8月20日和

① 本案例摘编自上海市高级人民法院（2015）沪高民五（商）终字第58号民事判决书。

2013年8月26日陆续卖出，并产生了相关损失，随后，其在上海市第二中级人民法院起诉光大证券，请求判令：(1) 光大证券赔偿原告损失200 980元；(2) 本案诉讼费用由光大证券公司承担。

被告光大证券认为，其行为不构成内幕交易。光大证券错单交易影响的是整个证券市场，不应属于证券市场的内幕信息。由于光大证券异常交易发生在证券市场，因此也不构成期货市场的内幕信息。错单交易信息在当日11时32分即在各媒体披露，不具有“未公开性”。光大证券于当日13时申请临时停牌并发布提示性公告，对投资者和整个市场已经产生了提示性作用。

一审法院认为，中国证监会已经在行政处罚决定中确认光大证券的行为构成内幕交易，且光大证券并未就此提起行政诉讼，应视为其认可该处罚决定中对相关交易行为的定性。关于涉案内幕信息是否因报道已经于当日11时32分公开的问题，一审法院认为，从报道的主体来看，该报道并非由光大证券主动披露，而是由财经媒体自主报道，不能视为光大证券履行了法律法规以及证券监管部门、证券交易所要求的公开披露义务；从报道的消息来源来看，该报道提及“独家获悉”，该用语往往体现了财经媒体报道的消息来源为私下、非公开渠道，未经官方确认，不具有权威性，受众未必对此产生信赖；从报道的内容来看，该报道既提到了A股暴涨原因为“乌龙指”，同时也提到了光大证券董秘梅某称“乌龙纯属子虚乌有”，对同一件事件的两种截然不同观点均予以报道，只能为受众提供参考，受众无法从中得到准确答案。基于以上原因，不能视为涉案内幕信息已经具有公开性。

光大证券还认为，从光大证券对冲的总成交量、交易手法、市场价格变化来看，均不会影响市场价格，不会造成原告损失，故不存在因果关系。原告的交易品种、交易模式也表明原告所受损失与内幕交易之间没有因果关系。

一审法院认为，证券市场中因果关系不同于传统的民事因果关系，证券市场中影响证券价格的因素非常多，由投资者通过证据去证明内幕交易的因果关系几乎不可能。我国目前法律法规或者司法解释并未对内幕交易与投资者损失的因果关系问题作出明确规定，但与此最相类似、同样涉及证券市场投资者民事赔偿的是2003年《虚假陈述司法解释》第18条对推定因果关系的规定。

考虑到上述因素，一审法院认为，在认定内幕交易与投资者损失的因果关系方面，亦应采用推定因果关系的做法。具体而言，在内幕信息具有价格敏感性的情况下，在内幕交易行为人实施内幕交易行为的期间，如果投资者从事了与内幕交易行为主要交易方向相反的证券交易行为，而且投资者买卖的是与内幕信息直接关联的证券、证券衍生产品或期货合约，最终遭受损失，则应认定内幕交易与投资者损失具有因果关系。本案中，原告所交易的50ETF，与光大证券公司所交易的50ETF品种相同，而且与光大证券公司交易方向相反。因此本案原告交易受到损失与光大证券的内幕交易行为之间具备法律上可以认定的因果关系。

最终一审法院认为光大证券的行为构成内幕交易，具有主观过错，与原告的投资损失具有因果关系，对于本案50ETF基金投资者，法院酌定本案的基准日为2013年8月30日，并按照简便计算原则进行计算：原告投资人在基准日及以前卖出证券的，其损失为买入证券总成交额与实际卖出证券总成交额之差。原告投资人在基准日之后卖出或者仍持有证券的，其损失为买入证券总成交额与以基准价格计算的卖出证券总成交额之差。总成交额以股数×交易价格计算，多次买入的累计计算。光大证券应依法赔偿因内幕交易行为所造成的原告损失 200 980 元。

光大证券提起上诉后，二审法院上海市高级人民法院支持了一审法院的上述意见，并驳回了光大证券的上诉，维持原判。

法律要点

内幕交易的民事责任。

知识点介绍

内幕交易属于侵权行为，内幕交易主体应当承担侵权的损害赔偿责任。我国《证券法》规定，内幕交易行为给投资者造成损失的，行为人应当依法承担赔偿责任。从李某晖案来看，内幕交易侵权行为与投资者损失之间的因果关系的认定，系参照 2003 年《虚假陈述司法解释》推定存在因果关系，即在光大证券实施内幕交易行为的期间，如果投资者从事了与内幕交易行为主要交易方向相反的证券交易行为，而且投资者买卖的是与内幕信息直接关联的证券、证券衍生产品或期货合约，最终遭受损失，则应认定内幕交易与投资者损失具有因果关系。关于损失数额的计算，我国目前法律上尚无具体规定，由法院根据具体情况酌情进行认定。在上述案件中，法院认为，应当以投资者在内幕交易时间段内的交易价格与基准价格的差额，乘以交易的具体数量，来计算投资者的损失。

案例分析

一、内幕交易行为与投资者交易损失之间的因果关系

司法实践中，尽管《证券法》第 53 条规定："内幕交易行为给投资者造成损失的，应当依法承担赔偿责任"，但是由于目前我国法律法规或者司法解释并未对内幕交易与投资者损失之间的因果关系问题作出明确的规定，投资者很难举证证明其投资损失是由相关内幕交易行为所致，在光大乌龙指案之前的案例中，并无法院支持投资者的诉请。例如，在陈某灵诉潘某深证券内幕交易赔偿纠纷案①中，针对潘某深的内幕交易行为，法院基于"潘某深与陈某灵在本案诉讼前并不相识，陈某灵买卖大唐电信股票并非受到潘某深的引导"，否定了陈某灵的经济损失与潘某深卖出股票行为之间的因果关系；在

① 参见北京市第一中级人民法院（2009）一中民初字第 8217 号民事判决书。

李某与黄某裕、杜某证券内幕交易责任案[①]中，原告李某同样因未能证明其交易损失与黄某裕、杜某所实施的内幕交易行为之间的因果关系，相关诉请被法院驳回。

在光大乌龙指系列案件中，一审法院参考2003年《虚假陈述司法解释》所规定的推定因果关系规则[②]，认定在光大证券实施内幕交易行为的期间（即2013年8月16日13时至14时22分）[③]，如果投资者从事了与内幕交易行为主要交易方向相反的交易行为，而且投资者买卖的是与内幕信息直接关联的证券、证券衍生品或期货合约，最终遭受损失，那么该内幕交易行为与投资者损失存在因果关系。

以李某晖案为例，原告与光大证券在案涉期间交易的品种均为50ETF，而且原告的交易方向与光大证券的交易方向相反，一审法院据此认为，原告李某晖交易损失与光大证券的内幕交易行为之间具备法律上可以认定的因果关系。二审法院在二审中也支持了该种主张，并进一步提出，光大证券没有举证证明投资者的损失是由投资者自身原因或其他原因造成，进而驳回了光大证券所主张的投资者的损失系内幕交易行为以外的其他因素所造成的观点。

二、投资者损失认定

由于目前我国尚无任何规范性文件规定内幕交易导致投资者产生的损失的计算方式，上海市第二中级人民法院在光大乌龙指案件中参考证券法修改草案中关于内幕交易所导致损失赔偿方法的规定，采用了净损差额修正法，并根据不同情况来确定不同证券对应的基准价格。具体的计算方法为：（1）原告内幕交易时间段内的所有反向交易（无论开仓或者平仓）价格减去基准价格或卖出价格形成的差额，乘以交易的具体数量，以此作为损失额；（2）如果原告在内幕交易时间段内还存在同向交易的，则应将反向交易与同向交易在同等交易量基础上先行结算冲抵计算交易盈亏额，剩余的反向交易按照第1项原则计算交易盈亏额，然后两项交易盈亏额相加，以此作为损失额。[④]

比较特殊的是，在光大乌龙指系列案件中，上海市第二中级人民法院区分了案涉内幕信息影响的不同证券品种对应的基准价格。例如，对于股指期货品种，上海市第二中级人民法院考虑到该种证券品种日内交易次数较为频繁、投资者专业性更强，按照案涉内幕信息公开后3个交易日（含当日）均价作为基准价，对于ETF以及ETF成分股，

① 参见北京市第二中级人民法院（2011）二中民初字第20524号民事判决书。

② 2003年《虚假陈述司法解释》第18条规定："投资人具有以下情形的，人民法院应当认定虚假陈述与损害结果之间存在因果关系：（一）投资人所投资的是与虚假陈述直接关联的证券；（二）投资人在虚假陈述实施日及以后，至揭露日或者更正日之前买入该证券；（三）投资人在虚假陈述揭露日或者更正日及以后，因卖出该证券发生亏损，或者因持续持有该证券而产生亏损。"

③ 对于投资者在非内幕交易行为时间段内的交易行为，一审法院及二审法院均否定了投资者的交易损失与内幕交易行为之间的因果关系，由投资者自担风险。例如，在李甲与光大证券股份有限公司期货内幕交易责任纠纷一案［（2016）沪民终210号］中，针对李甲在非内幕交易时间段内的交易行为，二审法院明确提出"中国证券监督管理委员会并不认为光大证券公司在当日非内幕交易时间段内存在违法、违规的交易行为，在没有证据证明光大证券公司在当日非内幕交易时间段内的交易存在违法性的情况下，光大证券公司无需对其他投资人的交易损失承担赔偿责任"。

④ 上海市第二中级人民法院课题组.证券市场内幕交易民事赔偿责任问题研究：以光大乌龙指引发的内幕交易案为视角//黄红元，卢文道.证券法苑：第18卷.北京：法律出版社，2016：413.

上海市第二中级人民法院则按照案涉内幕信息公开后10个交易日（从次日开始计算）均价作为基准价。①

以李某晖案为例，李某晖购买的证券品种为50ETF，其对应的基准日为案涉内幕信息公开后10个交易日（即2013年8月30日截止），李某晖所持有的所有50ETF均在内幕交易时间段内买入，且卖出该等50ETF的时间均早于基准日，因此，李某晖的损失计算方式可简化为其在内幕交易时间段内的买入总成本减去案涉内幕信息公开后卖出总成本。

（撰稿人：李阿敏　盛伟荣　史一楠）

① 上海市第二中级人民法院课题组.证券市场内幕交易民事赔偿责任问题研究：以光大乌龙指引发的内幕交易案为视角//黄红元，卢文道.证券法苑：第18卷.北京：法律出版社，2016：413-414.

第九章 操纵证券市场的法律责任

第一节 连续买卖型操纵证券市场

案例简介

肖某连续买卖操纵证券市场案①

2016年9月13日，中国证监会作出“行政处罚决定书”（〔2016〕110号）（以下简称“决定书”），认定肖某操纵江苏通光电子线缆股份有限公司（以下简称“通光线缆”）等12只股票价格，决定没收违法所得13 413 747.87元，并处以40 241 243.61元罚款。

该案“行政处罚事先告知书”（以下简称“告知书”）认定违法所得为72 229 148.71元。该案系通过听证，将违法所得的认定从72 229 148.71元降至13 413 747.87元。根据告知书记载，听证中肖某及其代理人提出：第一，肖某主观上不具有操纵证券市场、诱使其他投资者交易的故意，客观上没有制造虚假的证券行情对其他投资者进行欺诈、诱导或误导其他投资者跟风交易，依法不构成操纵证券市场，且认定的操纵区间为片面截取部分片段；第二，告知书对“通光线缆”与“永贵电器”等11只股票认定不一致、违法所得计算不统一。经复核，中国证监会认为：第一，账户组交易数据显示，肖某操作账户组利用资金优势、持股优势在短时间（每笔交易指令交易平均间隔在12秒至57秒之间）内重复多次大量集中申买、阶梯提高申买价、立即撤单并反向卖出，影响了“通光线缆”等12只股票价格，肖某不能对此行为作出合理解释；第二，应当事人要求，中国证监会对涉案12只股票的认定事实及违法所得计算进行了调整。

根据告知书和决定书，仅以两只股票的操纵事实为例进行对比。

（一）账户组交易通光线缆股票的情况

告知书认定，2015年4月13日，账户组持有2 000 000股。5月6日至5月26日，账户组通过在短时间内大量发出买入委托指令，买入价格呈阶梯式上升，迅速大幅推高

---

① 本案例摘编自湖南省长沙市中级人民法院（2018）湘01民初142号民事判决书；湖南省高级人民法院（2019）湘民终361号民事判决书；最高人民法院（2020）最高法民申915号民事裁定书；最高人民法院（2020）最高法民申4867号民事裁定书。

股价，然后迅速对尚未成交的买入委托指令撤单，对通光线缆股价造成影响。账户组以高于当时市场价共计发出 241 笔委托，委托买入 12 681 000 股；共计发出撤销买入委托 127 笔，涉及买入申报数量 7 201 000 股。自 5 月 26 日 9 时 43 分 58 秒至 6 月 1 日，账户组进行卖出清仓，合计卖出 6 146 901 股，成交金额 340 738 468 元。

决定书认定，2015 年 5 月 6 日至 5 月 26 日，账户组通过在短时间内大量发出买入委托指令，买入价格呈阶梯式上升，迅速大幅推高股价，然后迅速对尚未成交的买入委托指令撤单，对通光线缆股价造成影响，获利 8 724 484.65 元。

（二）账户组交易云海金属股票的情况

告知书认定，2015 年 4 月 2 日，14 时 05 分 59 秒至 14 时 10 分 29 秒，账户组连续申报买入 11 笔，申报数量 2 060 000 股，股价申报价格区间为 18.54 元至 19.30 元，成交数量为 1 459 660 股，占同期该股市场交易量的 63.63%。其后，在 14 时 10 分 52 秒至 14 时 10 分 53 秒，对全部未成交买入委托撤单，共撤单 7 笔，涉及买入委托股数 1 400 000 股。此后，账户组于 14 时 11 分 34 秒至 14 时 11 分 56 秒申报卖出并成交 123 018 股，卖出均价 19.32 元；14 时 15 分 58 秒至 14 时 19 分 15 秒，账户组连续申报买入 10 笔，申报数量 1 400 000 股，股价申报价格区间为 19.15 元至 19.48 元，成交数量为 658 849 股，占同期该股市场交易量的 47.06%。其后，在 14 时 19 分 44 秒至 14 时 19 分 47 秒，对全部未成交买入委托撤单，共撤单 9 笔，设计买入委托股数 1 250 000 股。此后，账户组于 14 时 20 分 15 秒至 14 时 59 分 54 秒申报卖出并成交 920 452 股，卖出均价 19.05 元。

决定书认定，2015 年 4 月 2 日，账户组存在集中资金优势连续买入、多次盘中全部或部分撤销委托并反向卖出股票行为，影响了该股票交易价格和交易量，获利 597 366.43 元。

法律要点

1. 连续操纵行为的定义；
2. 连续操纵行为的认定。

知识点介绍

一、连续操纵行为

《证券法》规定的操纵市场的手段，第一项即为连续交易操纵，也是操纵市场行为中最为常见的一种。即单独或者通过合谋，集中资金优势、持股优势或者利用信息优势联合或者连续买卖，影响或者意图影响证券交易价格或者证券交易量。

二、连续操纵行为的认定标准

对于连续交易操纵的认定相对比较客观，只要行为人的交易行为达到了连续交易价、量认定标准，即从客观行为推定其主观具有影响或意图影响价量的故意，构成操纵市场。

目前对于操纵市场行为行政处罚的认定标准，中国证监会并未对外公布。但对于操纵市场罪的刑事认定标准，在《最高人民法院、最高人民检察院关于办理操纵证券、期货市场刑事案件适用法律若干问题的解释》（以下简称《操纵市场司法解释》）第 2 条中有明确规定："操纵证券、期货市场，具有下列情形之一的，应当认定为刑法第一百八十二条第一款规定的'情节严重'：（一）持有或者实际控制证券的流通股份数量达到该证券的实际流通股份总量百分之十以上，实施刑法第一百八十二条第一款第一项操纵证券市场行为，连续十个交易日的累计成交量达到同期该证券总成交量百分之二十以上的；（二）实施刑法第一百八十二条第一款第二项、第三项操纵证券市场行为，连续十个交易日的累计成交量达到同期该证券总成交量百分之二十以上的；（三）实施本解释第一条第一项至第四项操纵证券市场行为，证券交易成交额在一千万元以上的；（四）实施刑法第一百八十二条第一款第一项及本解释第一条第六项操纵期货市场行为，实际控制的账户合并持仓连续十个交易日的最高值超过期货交易所限仓标准的二倍，累计成交量达到同期该期货合约总成交量百分之二十以上，且期货交易占用保证金数额在五百万元以上的；（五）实施刑法第一百八十二条第一款第二项、第三项及本解释第一条第一项、第二项操纵期货市场行为，实际控制的账户连续十个交易日的累计成交量达到同期该期货合约总成交量百分之二十以上，且期货交易占用保证金数额在五百万元以上的；（六）实施本解释第一条第五项操纵证券、期货市场行为，当日累计撤回申报量达到同期该证券、期货合约总申报量百分之五十以上，且证券撤回申报额在一千万元以上、撤回申报的期货合约占用保证金数额在五百万元以上的；（七）实施操纵证券、期货市场行为，违法所得数额在一百万元以上的。"

最高人民法院在《操纵市场司法解释》的答记者问中更进一步解释：《操纵市场司法解释》第 2 条第 1 项、第 2 项对《立案追诉标准（二）》的入罪标准作了适当调整。一方面，在连续交易操纵的入罪标准中，将持股比例由 30%调整为 10%，主要考虑的是，过去个股盘子普遍比较小，且并非全部为流通股，30%的持股比例有一定合理性。随着股权分置改革落地，目前个股盘子普遍比较大，且大部分为全流通股，30%的持股比例在现实中很难达到。根据中国证监会测算，沪深两市全部 3 000 余家上市公司第三大股东平均持股比例仅 3.67%。根据《证券法》的规定，持股 5%以上的属于大股东。考虑目前仍有部分股票没有实现全流通，同时也为行政处罚预留空间，《操纵市场司法解释》将持股优势的比例确定为 10%。另一方面，在连续交易操纵、约定交易操纵、洗售操纵的入罪标准中，将"连续二十个交易日"调整为"连续十个交易日"，将累计成交量占比由 30%调整为 20%，主要是考虑到当前短线操纵较为普遍，调整标准后符合当前短线操作的一般规律，也符合证券交易所的统计口径，有利于加强入罪标准的可操作性。需要说明的是，《操纵市场司法解释》所称"连续十个交易日"，是指证券、期货市场开市交易的连续 10 个交易日，并非指行为人连续交易的 10 个交易日。[①]

---

① 姜佩杉. 依法惩治证券期货犯罪　促进资本市场健康发展："两高"有关部门负责人就关于办理操纵证券、期货市场、利用未公开信息交易刑事案件适用法律问题司法解释答记者问. 人民法院报，2019-06-29.

案例评析

一、对于连续操纵的同期市场交易量占比衡量

对比告知书和决定书，可明显看到两者对同期市场交易量占比的不同认定。告知书在认定行为人的行为造成其他 11 只股票的交易量异常时，以几分钟内行为人的交易量占同期市场交易量的比重作为参考依据。行为人认为，这一参考依据的时间段选取明显不合理。行为人的资金量较大，如果选取过短的时间段进行比较，则无法真实反映出行为人的交易行为对证券交易量的实际影响。举例来说，如果计算行为人某个大单交易在一秒内的同期占比，其交易量可能占到市场整体交易量的 100%，显然不能据此认定行为人的行为影响了证券交易量。中国证监会最终接受该项申辩意见，在决定书中未再采用此种同期占比衡量标准。在近年来的案件中，均按日统计同期占比。

二、行为人不同的交易模式对违法所得计算的影响

本案中，告知书和决定书对违法所得计算差额较大，最重要原因在于对行为人统一的行为模式作不同认定。告知书对于操纵通光线缆股票，认定的是 20 日的拉抬区间和 5 日的减持获利区间；对于其他 11 只股票，均认定的是日内反向交易，即几分钟的拉抬区间和接下来几分钟内的减持获利区间。但对于行为人来说，其实统一采取了高抛低吸的日内波段操作。中国证监会在了解了行为人的行为模式后，重新将通光线缆的违法所得按照日内反向认定，导致违法所得金额的计算差额较大。

三、本案对合规风控的启示

在本案中，行为人并没有明确的操纵市场的主观故意，日内反向交易也并非法律禁止的操纵行为，只是客观交易行为触及了中国证监会对操纵市场的认定标准。因此，基于前端的合规审慎性原则，我们希望中国证监会能够更加明确操纵市场的认定标准。另外，对于投资者而言，无论是专业机构投资者还是专业个人投资者，都要以设置阈值的形式做好交易风险控制，以免触及操纵市场合规风险。

（撰稿人：刘思远）

第二节　对倒型操纵证券市场

案例简介

刘某闽对倒操纵案①

中国证监会认定，2017 年 2 月 14 日至 3 月 10 日，刘某闽控制的账户组采用集中资

① 本案例摘编自中国证监会行政处罚决定书（刘某闽）〔2020〕92 号。

金优势、持股优势连续买卖，在自己实际控制的账户间交易等手段操纵日月股份股票，累计买入 36 996 410 股，成交金额 1 966 472 475 元；累计卖出 36 996 410 股，成交金额 2 027 016 764 元，获利 57 255 924.06 元。

在交易日月股份股票的 17 个交易日中有 11 个交易日存在刘某闽在自己实际控制的账户间交易（以下简称对倒交易）的情况，对倒交易数量 8 686 211 股，对倒交易金额 494 916 301.3 元，其中对倒交易数量占当日账户组成交总量的比例超过 5%的有 4 个交易日，超过 10%的有 3 个交易日，超过 20%的有 2 个交易日，对倒交易数量于 2017 年 3 月 3 日达到最高，为 34.04%。

在 2017 年 2 月 14 日至 3 月 10 日，日月股份股价由 2 月 14 日前一日收盘价 39.36 元最高上涨至 3 月 2 日收盘价 65.07 元，累计上涨 65.32%，同期上证指数由 3 216.84 下跌至 3 212.76，累计下跌 0.13%，偏离度高达 65.2%。其后账户组清仓卖出，日月股份股价由 3 月 2 日收盘价 65.07 元最低下跌至 3 月 9 日收盘价 49.36 元，累计下跌 24.14%，同期上证指数由 3 230.03 下跌至 3 216.75，累计下跌 0.41%，偏离度高达 23.73%。

根据另一份处罚书，中国证监会认定 2017 年 3 月 7 日至 4 月 25 日，刘某闽实际控制账户组通过集中资金优势、持股优势连续买卖，不以成交为目的频繁申报、撤单或者大额申报、撤单，对倒交易等手段操纵“聚隆科技”股票。

其中，刘某闽控制账户组有 15 个交易日具有对倒交易行为，累计对倒交易股数为 2 543 426 股，对倒交易金额 80 778 883.35 元。其中，对倒交易数量占当日账户组成交总量的比例超过 10%的有 2 天，超过 5%的 3 天，对倒交易数量于 4 月 21 日达到最高，占比为 13.12%。

2017 年 3 月 7 日至 3 月 31 日，聚隆科技股票股价从 24.91 元上涨至 40.26 元，累计涨幅 61.62%。同期创业板综指累计下跌 3.82%，偏离 65.44 个百分点。2017 年 4 月 5 日至 4 月 17 日，因股价异常波动，公司发布停牌公告，之后公布核查结果，公司不存在应披露而未披露的信息，公开媒体方面未报道可能对公司股价造成影响的新闻。2017 年 4 月 18 日至 4 月 25 日，账户组交易以卖出为主，股价从 40.26 元下跌至 22.82 元，跌幅 43.32%，其中 4 月 18 日至 4 月 24 日股价连续 5 个跌停。同期创业板综指下跌 2.94%，偏离 40.38 个百分点。2017 年 3 月 7 日至 4 月 25 日，上市公司未披露对其股价具有重大影响的信息。刘某闽的操纵行为造成聚隆科技股票股价明显异常。

法律要点

1. 操纵市场的概念和分类；
2. 对倒操纵。

知识点介绍

我国 2005 年《证券法》禁止的操纵市场行为包括：与他人串通，以事先约定的时间、价格和方式相互进行证券交易；在自己实际控制的账户之间进行证券交易。《刑法》第182条和2019年《证券法》第55条同样禁止了这两项行为。这两种行为都属于自买自卖行为，前者俗称对敲或对倒（improper matched order），后者俗称洗售（wash sale）。证监会处罚决定书往往会把两者统称为对倒。

对倒本质上是不转移实质所有权的虚假交易，纯粹借此制造本不会有的买卖成交合意，形成不真实的交易高价或低价，或借此虚增交易量，来吸引其他投资者跟进。

此等行为中，当事人利益无所增减，空耗交易成本，故可以推定其主观方面不良，操纵意图显而易见。[①] 但对此类行为追责时仍需行为具有客观的影响要件和规模要件。

虚假交易一般涉及使用关联账户、隐名账户等违规行为，这同样可作为违法性判定的佐证。最高人民法院、最高人民检察院2019年发布的《操纵市场司法解释》第5条对“自己实际控制的账户”作了规定：（1）行为人以自己名义开户并使用的实名账户；（2）行为人向账户转入或者从账户转出资金，并承担实际损益的他人账户；（3）行为人通过第（1）、（2）项以外的方式管理、支配或者使用的他人账户；（4）行为人通过投资关系、协议等方式对账户内资产行使交易决策权的他人账户；（5）其他有证据证明行为人具有交易决策权的账户。

有证据证明行为人对前述第一项至第三项账户内资产没有交易决策权的除外。

需要注意，《操纵市场司法解释》中“交易决策权”的提法不够准确，这不是指行为人对这些账户具有合法的管理权利，而是指一种实际控制力。

对倒是认定争议相对最小的操纵行为。在实践中，若行为人采用了虚假交易，则执法者就有了更多理由认定其同期就同一证券实施的其他行为包括真实交易、信息发布等也具有违法欺诈之目的。

目前我国尚无关于对倒的民事判决，中国证监会处罚过多起关于对倒的案件。不过一般不具体详细地说明如何认定对倒的过程。[②]

从法理上而言，执法司法者需要按照如下步骤认定：

（1）确认多个账户之间的关联性，即被同一个人或一个团伙所控制。对此，可以考察开户人之间的关系，比如是近亲属、共同居住者、有明显的利益关联等，甚至开户的实际经办人是同一人、留了同一个人的联系电话等。如果经调查，一个账户的证券资金进出的流向可以固定关联到了另一个人，那这个账户和资金提供方所控制的账户之间的联系也可以被确定。如果根据电脑MAC地址、下单指令网络IP地址等判定一个人实际登录和操作了另一个人之间的账户，那这个人所控制的账户和所登录账户之间的联系

① 汤欣.操纵市场行为的界定与《证券法》的修改建议.中国金融，2004（19）：43.

② 在一个相对具体的处罚决定书中，中国证监会指出，2016年3月7日13时13分18秒至13时13分38秒“唐某博”账户以卖1至4档申报卖出小商品城股票2 850 000股，13时13分50秒至13时15分10秒受唐某博控制的“王某”建银账户申报买入2 500 000股，全部主动成交，对倒股数占当日市场成交量比例为6.13%。4月21日，唐某博控制的账户以7.29元至7.5元价格申报买入小商品城股票42 701 700股，成交20 653 448股，“王某”建银账户以7.36元至7.4元价格申报卖出19 143 984股，全部成交，对倒股数占当日市场成交量的10.55%。参见中国证监会行政处罚决定书（唐某博、王某）〔2017〕21号。

也可以被确定。

当然，当事人可以提出反证，例如资金存在往来是基于其他关系和目的，下单地址接近或相同是由于两个人正好处于同一个网络地址等。

（2）确认这些账户之间的交易具有同步性、对应性。这一般体现为在短时间内你买我卖、你卖我买等，规模亦相当。当然，也可能是在三方以上主体之间对倒。

上述两个步骤的顺序也可以是相反的，即先判定若干账户之间存在买卖的同步性，然后再调查账户开设人或操作人之间的关联。

前述步骤是可以通过观察证券账户开户资料、工商登记信息、账户登录信息、证券交易流向、账户资金流向、电信和网络记录等纯客观证据而分析得出的。如果有言辞类的直接证据，当然有助于更便利地认定账户之间的联系。直接证据包括行为人自身的供词、相关人员的证词、实施账户操纵及利益分配的计划、合同等。如果一个人形式上自行登录、自主操作，但实际上是听从另一个人的交易指令安排、账户交易损益由后者承担，那该账户和后者所控制的账户之间可以被认定为存在联系。

案例评析

对倒的事实在被确认后，认定其为操纵市场的争议并不大。因为这是一种反常的、无经济意义的虚假交易。当事人用一个账户反复买卖，还可以理解为举棋不定。但用多个账户在很短时间内自买自卖，反常性会更明显。

在刘某闽操纵日月股份股票行为中，中国证监会根据配资中介指认、出借方指认、资金来源或去向、交易地址、合同资料、交易趋同等证据，认定在 2017 年 2 月 14 日至 3 月 10 日期间，刘某闽控制 49 人名义下的 53 个证券账户进行证券交易。在刘某闽操纵聚隆科技股票行为中，中国证监会根据证券账户名义持有人指认、资金方或其他配资中介指认、相关配资协议、资金来源或去向、交易下单地址、交易趋同等证据，认定 2017 年 3 月 7 日至 4 月 25 日，刘某闽实际控制使用 67 人名义下的 72 个证券账户进行证券交易。

操纵市场的认定过程较为复杂，刘某闽操纵上述两只股票的时间接近，但后一个行为的处罚决定书作出时间要迟一年多，可能便是由于调查取证方面的困难所致。

和其他操纵市场行为一样，对倒也只有在达到一定规模后，才应被认为具有危害性和值得追究法律责任。中国证监会在执法中通常会强调特定时日的对倒交易数量占当日账户组成交总量的比例已经超过 5%，并且已经造成股价的明显波动。在刘某闽操纵聚隆科技股票行为中，处罚书还强调“公司不存在应披露而未披露的信息，公开媒体方面未报道可能对公司股价造成影响的新闻”，即排除了其他因素对股价的影响，从而强化了对案涉操纵行为造成股价大幅涨跌的因果关系说理。

（撰稿人：缪因知）

第三节　虚假申报型操纵证券市场

案例简介

阮某荣诉中国证监会安徽监管局、中国证监会行政处罚和行政复议案①

2017年11月6日，安徽证监局作出行政处罚决定书（〔2017〕5号），指出“阮某荣使用其个人账户大量申报买入益民集团、市北高新股票并非以成交为目的，而是为了通过短时间内频繁申报、大量申报向市场传递不真实的买入信息，误导其他投资者对该股交易价格和市场供求关系的判断，诱导其他投资者跟进买入，推高股价，进而进行后续反向卖出，其涉案行为已经对市场产生了较为明显的影响”，进而认定阮某荣存在操纵证券市场行为，对其处以30万元罚款。

根据前述行政处罚决定书，阮某荣的行为具体表现为：一是操纵益民集团股票。2015年9月21日9时31分24秒至10时01分41秒，“阮某荣”账户累计申报买入益民集团股票18笔，合计6 955 000股，买入申报量占市场该股同期申报量的19.35%，实际成交960 315股，成交量占申报量的13.81%。18笔买入申报中有16笔在前五档，有17笔的单笔申报量占申报时市场前十档申报量的比例超过20%。每笔申报前后该股委比数值均出现正向大幅变化。18笔买入申报均全部或部分撤单，申报到撤单的平均时间间隔为26秒；部分申报在买1档位撤单（即临近成交时撤单），申报与撤单时间间隔极短，频繁反复操作。该时段内，益民集团股票振幅为+4.32%，股价由8.75元上涨至9.02元。“阮某荣”账户于10时02分53秒、10时03分23秒、10时03分31秒进行了3笔反向卖出申报，累计申报卖出720 000股，未成交，后在10时07分09秒（间隔256秒）、10时07分26秒（间隔243秒）、10时06分16秒（间隔165秒）全部撤单。二是操纵市北高新股票。2015年9月21日13时30分01秒至13时43分，“阮某荣”账户累计申报买入市北高新股票14笔，合计1 844 000股，买入申报量占市场同期（当日）申报量的26.94%，实际成交226 163股，成交量占申报量的12.26%。14笔买入申报中有13笔在前5档，申报前后该股委比数值出现较大正向变化，14笔买入申报中，除即时成交2笔外，12笔申报全部或部分撤单，部分申报在买一档撤单（即临近成交时撤单），申报与撤单时间间隔极短。该时段内，“市北高新”股票振幅为+6.63%，股价由18.03元上涨至19.25元。“阮某荣”账户于13时58分50秒进行了1笔反向卖出申报，申报卖出58 600股，占当日该账户可卖出“市北高新”股票数量的100%，成交53 600股，获利66 885.06元。

阮某荣对该行政处罚不服，向中国证监会提起行政复议。经过行政复议程序，2018年2月8日，中国证监会维持了安徽证监局作出的行政处罚决定。阮某荣仍不服，以安

① 本案例摘编自北京市西城区人民法院（2018）京0102行初262号行政判决书，北京市第二中级人民法院（2018）京02行终1755号行政判决书。

徽证监局、中国证监会为共同被告向北京市西城区人民法院提起行政诉讼。2018 年 9 月 18 日一审法院判决驳回阮某荣的诉讼请求。一审法院认为，“本案原被告争议的核心问题为原告的行为是否构成操纵证券市场”“原告的行为符合虚假申报操纵行为构成要件，被告认定其属于《证券法》第七十七条第一款第（四）项规定的‘以其他手段操纵证券市场’并无不当”。阮某荣就一审判决提起上诉，2018 年 12 月 26 日二审法院北京市第二中级人民法院经过审理作出判决，维持一审法院判决结果。

法律要点

虚假申报型操纵证券市场行为的认定。

知识点介绍

虽然早在《证券市场操纵行为认定指引（试行）》就将“不以成交为目的”，“频繁申报和撤销申报”作为操纵证券市场行为之一进行规定，但直至 2019 年修订的《证券法》才第一次通过法律明文规定的方式将“不以成交为目的，频繁或者大量申报并撤销申报”规定为操纵证券市场行为之一，即虚假申报型操纵证券市场行为。《刑法修正案（十一）》亦将虚假申报型操纵证券市场行为明确列入证券市场操纵行为的一种，从原来适用兜底条款规制的行为实现“转正”。

虚假申报型操纵证券市场行为具有四个构成要件：（1）行为人；（2）不以成交为目的；（3）频繁申报和撤销；（4）影响证券交易价格或者证券交易量。对于要件一，属于主体要件。证券市场上从事证券交易活动的任何自然人和单位都可构成行为人。对于要件二，属于行为人主观思想要件。行为人的行为并非为了成交，而是为了误导其他投资者作出决策，进而达到影响证券交易价格或者证券交易量的效果，最终为了达到有利于行为人的效果。对行为人主观思想的判断需要结合要件三进行。对于要件三，属于客观行为要件。频繁申报和撤销是指行为人在同一交易日内，在同一证券的有效竞价范围内，按照同一买卖方向，连续、交替进行 3 次以上的申报和撤销申报。对于要件四，属于行为后果要件，即影响证券交易价格或者证券交易量。这一后果也是行为人追求的后果，并在此基础上获利。行为人频繁申报和撤销行为并不会直接引起证券实际交易价格的波动，而是这种虚假申报行为诱导了其他投资者作出证券买卖决策进而影响证券交易价格或者证券交易量。

案例评析

本案中，阮某荣行为是否构成虚假申报型操纵证券市场行为，取决于其是否符合虚假申报型操纵证券市场行为的四个要件。

首先，在主体要件方面，阮某荣使用其个人账户大量申报买入益民集团、市北高新股票，阮某荣显然构成行为人。

其次，在主观思想要件方面，本案中阮某荣在交易益民集团股票时，涉案时段内的18笔买入申报，在平均间隔26秒后均全部或部分撤销。阮某荣在交易市北高新股票时，在涉案的13分钟内，14笔买入申报，亦均在极短时间内全部或部分撤销。显然这种明显在间隔极短时间内频繁申报买入和撤销的行为，按照一般交易习惯和普通金融常识来看难以符合以成交为目的。当然考虑到行为人一般不会自认其在交易股票时具有“不以成交为目的”之主观思想，因此有赖于客观行为方面的要件进一步判断。

再次，在客观行为要件方面，存在明显的频繁申报和撤销。本案中，阮某荣在交易涉案的两只股票时，均在几十分钟内连续进行了10次以上的申报和撤销申报，已经超过中国证监会规定的3次以上的申报和撤销申报，符合关于频繁申报和撤销申报的构成要件。

最后，在行为后果要件方面，阮某荣的行为对涉案股票涉案时段内的交易价格产生了重要影响。2015年9月21日9时31分24秒至10时01分41秒，阮某荣申报买入益民集团股票18笔，其中有16笔在前5档，有17笔的单笔申报量占申报时市场前10档申报量的比例超过20%。每笔申报前后该股委比数值出现正向大幅变化，该时段内股票价格上涨4.32%。2015年9月21日13时30分01秒至13时43分，阮某荣累计申报买入市北高新股票14笔，买入申报量占市场同期（当日）申报量的26.94%。14笔买入申报中有13笔在前5档，申报前后该股委比数值出现较大正向变化，股票价格上涨6.63%。虽然影响股票价格的因素很多，但从阮某荣买入股票申报量占市场同期申报量的比值及涉案股票委比数值与股票价格的正向变化关系，不难看到阮某荣的行为已经对涉案股票涉案时段内的交易价格产生了重要影响。

综上，本案阮某荣行为符合虚假申报型操纵证券市场行为的四个要件，构成虚假申报型操纵证券市场行为。

本案特殊之处在于其发生在2014年《证券法》生效期间，虚假申报型操纵证券市场行为尚属于用兜底形式规定的“以其他手段操纵证券市场”，最终人民法院参照引用了《证券市场操纵行为认定指引（试行）》的规定，对虚假申报型操纵证券市场行为构成《证券法》中“以其他手段操纵证券市场”行为进行了阐释。不过这一法律适用问题随着2019年《证券法》的修订已经不再存在争议。

（撰稿人：汪晓冰　李元双）

第四节　信息型操纵证券市场

案例简介

何某某操纵易事特股票案①

2015年2月4日，易事特集团股份有限公司（以下简称“易事特公司”）实施员

① 本案例摘编自中国证监会行政处罚决定书（何某某）〔2018〕36号。

工持股计划，该计划的有效期为2015年2月4日至2017年2月3日，到位资金共计95 519 123.48元。2015年4月28日至6月29日，何某某作为易事特公司董事长、总经理、实际控制人、扬州东方集团有限公司（以下简称“扬州东方集团”）的实际控制人、法定代表人，决策员工持股计划买入易事特股票2 006 808股，买入金额96 223 540.08元。2016年6月28日，员工持股计划所持易事特股票锁定期届满。截至该日，经历次权益分派，员工持股计划持有易事特股票4 360 694股。根据员工持股计划，对于员工自筹资金部分对应份额，员工享有不低于约定收益率的收益；对于控股股东提供无息借款部分对应份额，除符合条件的员工享有的约定收益外，其余收益归控股股东扬州东方集团所有。

2016年11月3日，朱某证券资金账户转入资金510万元，朱某使用该证券账户买入易事特股票204 100股。交易证券的资金主要来源于何某某。

2016年11月28日，易事特公司发布公告称，董事会于2016年11月28日收到公司实际控制人何某某提交的2016年度利润分配及资本公积转增股本预案的提案，主要内容为：向全体股东每10股派发现金股利人民币0.90元（含税）；同时以资本公积金向全体股东每10股转增30股。同日，易事特公司披露年度业绩预告称，2016年净利润比上年同期增长40%至70%。

在上述送转预案公告后，易事特股票连续5个交易日涨停。何某某于2016年12月1日、12月5日决策员工持股计划卖出易事特股票1 200 000股和2 992 600股，卖出股数占持股计划总股数的96.15%。易事特公司分别于2016年12月1日和12月5日两次发布“股票交易异常波动公告”，上述公告在“必要的风险提示部分”均称，“公司第一期员工持股计划持有公司股份4 360 694股，占公司总股本的0.76%，已于2016年6月28日届满，存续期至2017年2月3日”，并未披露员工持股计划卖出易事特股票情况。同时，2016年12月5日，何某某将“朱某”证券账户所持易事特股票全部卖出，扣除交易税费后获利3 227 736.75元。

中国证监会认为，何某某作为易事特公司董事长、实际控制人，利用其拥有的控制提案提出时间的能力，控制利润分配及高送转预案提案的提出并公告的时间，待股价上涨后随即将之前利用“朱某”账户买入的易事特股票以及员工持股计划持有的易事特股票卖出获利。

何某某于2016年11月28日提出高送转预案提案时，早于2016年资产负债表日（2016年12月31日）1个月，彼时会计年度尚未结束，注册会计师未对2016年度财务状况、经营成果及现金流量等发表审计意见。而且，何某某历年提出利润分配预案提案的时间均是在相应年度报告或半年度报告所属的会计期间结束后，且与披露相关定期报告的时间间隔不长。同时，何某某对于为何在会计年度未结束、财务报表未经审计，与上市公司通常做法及何某某以往做法相违背的情况下提出利润分配及高送转预案的提案没有合理解释。

综上，中国证监会认为，何某某的行为违反了2014年《证券法》第77条第1款第4项的规定，构成第203条所述“操纵证券市场”的行为。根据何某某操纵证券市场行为的事实、性质、情节与社会危害程度，依据2014年《证券法》第203条的规定，中国证监会决定：对何某某没收违法所得 63 997 059.25 元，并处 63 997 059.25 元罚款。

法律要点

1. 信息型操纵证券市场的内涵；
2. 信息型操纵证券市场的类型。

知识点介绍

一、信息型操纵证券市场的内涵

操纵证券市场是证券监管执法领域较为常见的违法行为，与内幕交易行为类型较为单一不同，操纵证券市场违法行为呈现出鲜明的类型化特征。但综合来看，实践中操纵证券市场的手段无外乎两种，即“实际买卖或者申买申卖”的交易型手段，以及“生成与发布信息”的信息型手段。前者为交易型操纵证券市场，后者即为信息型操纵证券市场。①

我国现行《证券法》并未对信息型操纵证券市场作出明确定义。一般认为，信息型操纵证券市场是指，在公开的证券信息环境下的上市公司或掌握信息优势的一方通过信息的披露、传播、散布等，向市场传递不真实、不准确、不完整或者不及时的交易信号，故意诱导投资者作出投资决策，使标的证券价格异动，影响标的证券交易价量的违法行为。②

二、信息型操纵证券市场的类型

参照最高人民法院、最高人民检察院有关负责人关于办理操纵证券、期货市场、利用未公开信息交易刑事案件适用法律问题司法解释答记者问，《证券法》、《刑法》、2019 年 7 月 1 日施行的《操纵市场司法解释》规定的与“信息手段”相关的操纵类型共有 5 种，包括：

（1）第一种“利用信息优势联合或者连续买卖”，规定于《证券法》第 55 条第 1 项、《刑法》第 182 条第 1 项；

（2）第二种“蛊惑交易操纵”，规定于《证券法》第 55 条第 5 项、《刑法》第 182 条第 5 项以及《操纵市场司法解释》第 1 条第 1 项；

（3）第三种“抢帽子交易操纵”，规定于《证券法》第 55 条第 6 项、《刑法》第 182 条第 6 项、《操纵市场司法解释》第 1 条第 2 项；

① 张子学. 操纵市场认定处罚的若干问题. 法制日报，2017-10-25.

② 商浩文. 论信息型操纵证券市场犯罪的司法认定路径——以 2019 年“两高”最新司法解释切入. 法学，2020 (5).

（4）第四种“重大事件操纵”，规定于《操纵市场司法解释》第1条第3项规定的；

（5）第五种“利用信息优势操纵”，规定于《操纵市场司法解释》第1条第4项规定的。

有学者认为，上述第一种“利用信息优势联合或者连续买卖”不属于信息型操纵证券市场的类型。理由是：“其属于连续交易下利用资金优势、持股优势、信息优势的细分模型之一。此种操纵手段主要是通过掌握‘信息优势’的外在条件，利用连续交易的形式影响证券交易价量。在此种情形下，其他市场参与者可能对相关信息并不知情，‘信息优势’本身并不能影响证券交易的价量，连续交易行为才是违法者影响证券交易价量的手段。”[①] 笔者认为，上述观点言之成理，“利用信息优势联合或者连续买卖”，该类行为的本质仍然是交易型操纵证券市场。

案例评析

一、操纵故意的认定

信息型操纵证券市场的主观方面为“故意”。在缺乏直接证据的情况下，对当事人主观故意的认定，须结合客观方面即本案事实，从认识因素和意志因素两个层面进行分析。

1.当事人申辩意见

当事人就其是否具有操纵故意，提出以下申辩要点：

（1）在员工持股计划向全体员工实施收益分配后，剩余收益留存于控股股东即扬州东方集团，当事人个人没有获取任何收益。可见，无论员工持股计划的收益盈亏与否，剩余收益在法律约定和事实分配上均与当事人无关。因此，从意志因素层面分析，当事人没有操纵证券市场的动机和意图。

（2）当事人提出资本公积转增股本预案的本意是提高易事特公司的市场竞争力，具体目的是提高易事特公司的注册资本，以便上市公司参与招标项目。易事特公司曾参与许多铁路轨道交通的项目，但这些项目对投标公司大多按照注册资本金进行排名。易事特公司原来的注册资本为5亿多元，很多情况下不符合参与投标的资质要求，丧失市场机会。可见，当事人提出利润分配及公积金转增股本预案是正常的商业安排。因此，从认识因素层面分析，当事人没有通过控制信息的生成与发布实施操纵证券市场违法行为的故意。

2.中国证监会认定

中国证监会并未采纳当事人的上述申辩意见，具体理由如下：

（1）当事人何某某持有扬州东方集团90%的股份，是扬州东方集团的实际控制人、法定代表人，其有权利、也有能力处分归属于扬州东方集团的员工持股计划的剩余收益。至于事实分配上当事人没有提取一分钱的员工持股计划收益的情况，并不能改变员

---

① 商浩文.论信息型操纵证券市场犯罪的司法认定路径——以2019年“两高”最新司法解释切入.法学，2020（5）.

工持股计划剩余收益在约定上的归属。

此外，2016 年 6 月 28 日，员工持股计划锁定期届满，可以开始卖出“易事特”股票。但从 2016 年 6 月 28 日至 11 月 28 日，5 个月的时间里当事人未决策员工持股计划卖出。在上述期间，“易事特”股票股价一路下跌，期间均价为 27.93 元。如员工持股计划在这期间卖出，员工持股计划的剩余收益面临较大的股权质押融资借款利息压力。因此，当事人存在提升股价的动机。

（2）当事人要求易事特公司证券事务代表在 2016 年 11 月 22 日统计 9 家上市公司的分红方案以及披露后的股价走势。在统计表中与易事特公司属于同一行业的三家公司用红字标红区分，其中两家公司披露方案后股价分别连续 4 日、3 日涨停。当事人在笔录中也承认，“进行高送转，按照当时的市场行情来看是提振股价的一个有效方法”。上述情况表明，当事人有通过高送转提升股价的意图。

（3）易事特公司在 2016 年 12 月 1 日、12 月 5 日发布的“股票交易异常波动公告”中，未如实披露员工持股计划卖出“易事特”股票情况。再结合当事人作为上市公司实际控制人，借用他人（朱某）证券账户交易“易事特”股票未如实披露等涉案事实，监管部门认为可以推定当事人存在掩盖事实、规避调查之故意。

结合以上事实，证监会认定当事人存在实施信息型操纵证券市场违法行为之故意。

二、信息型操纵手段的认定

1. 当事人申辩意见

涉案信息披露及证券账户交易事项发生于 2016 年 11 月至 12 月，行政处罚决定书的落款日期为 2018 年 5 月 24 日。彼时《操纵市场司法解释》尚未发布、施行，学术界与实务界对于信息型操纵证券市场违法行为的内涵、类型及认定标准还未达成共识。

在此背景下，当事人明确提出，合法合规的信息披露行为不应被认定为信息型操纵的手段。以下是其具体理由。

（1）利润分配及公积金转增股本方案合法合规。

第一，方案内容合法合规。利润分配的金额和资本公积金转增股本的比例符合法律法规要求。

第二，提出方案的时间合法合规。利润分配及公积金转增股本方案的提出时间不违反《公司法》《证券法》及深交所规则的强制性要求，且同年许多上市公司提出预案的时间都早于易事特公司。

第三，方案决策程序合法合规。易事特公司利润分配及公积金转增股本方案及表决程序和结果符合《公司法》《证券法》《股东大会规则》等法律、法规、规范性文件以及《公司章程》的有关规定。

（2）利润分配及公积金转增股本方案得到了真实、有效、完整地实施，整个过程不存在任何虚假。

当事人称，《证券市场操纵行为认定指引（试行）》第 2 条规定，操纵证券市场是指“行为人以不正当手段，影响证券交易价格或者证券交易量，扰乱证券市场秩序的行为”。鉴于2016年度易事特公司利润分配及公积金转增股本方案，从提出至决策、实施完成，均经过上市公司的法定程序，整个方案真实、有效、合法、合规——可见，当事人未实施任何不正当手段，其合法合规的提案行为不构成操纵证券市场。

2.中国证监会认定

针对上述申辩意见，中国证监会明确回应，即使信息披露行为本身合法合规，但控制上市公司信息披露节奏的行为仍然构成信息型操纵证券市场——该认定与多年后施行的《操纵市场司法解释》第1条第4项的规定不谋而合。行政处罚决定书具体说理如下：

（1）当事人作为易事特公司董事长、实际控制人，通过控制提案的提出时间，进而控制了利润分配及高送转预案的披露时间。

（2）利润分配及公积金转增股本预案的提出时间明显异常。在会计年度未结束、财务报表未经审计的背景下，当事人提出预案的时间与易事特公司通常做法及当事人以往做法相违背。

（3）当事人滥用其拥有的控制提案提出时间的合法权利，控制上市公司信息披露节奏，待股价上涨后将之前利用朱某账户买入的“易事特”股票以及员工持股计划持有的“易事特”股票卖出获利。利润分配及公积金转增股本方案本身的合理性，决策程序的合法性，以及方案真实、有效、完整的实施，均不能成为其操纵行为的合理解释，也无法掩盖其行为的违法本质。

因此，当事人的涉案行为构成操纵证券市场。

三、违法所得金额计算

本案行政处罚事先告知书（处罚字〔2017〕142号，以下简称“事先告知书”）认定，当事人决策员工持股计划卖出易事特股票，扣除交易税费后获利79 782 529.33元。对此当事人提出，事先告知书以员工持股计划2015年4月28日至6月29日买入易事特股票的均价作为成本价计算违法所得金额，计算方法错误。具体理由如下：

第一，员工持股计划设立于2015年2月4日，早于涉案信息披露行为近2年时间。员工持股计划的设立合法合规，因此不应以员工持股计划设立之时的买入成本作为计算违法所得的成本。

第二，违法所得的计算，应以操纵行为的发生为起点，以操纵行为终止、操纵影响消除、行政调查终结或其他适当时点为终点。结合本案情况，即便认定存在操纵证券市场违法行为，那么操纵行为起点也应当为易事特公司披露高送转预案的时间，即2016年11月28日。因此，监管部门应当以2016年11月28日“易事特”股票的收盘价格（26.3元/股）作为成本价计算违法所得金额。

最终，中国证监会采纳了当事人的上述申辩意见，行政处罚决定书认定：当事人决策员工持股计划卖出易事特股票，扣除交易税费后获利63 997 059.25元。

（撰稿人：余伟平　巩建乐　李　腾）

第五节 “抢帽子”操纵

案例简介

廖某强“抢帽子”操纵案①

中国证监会认定：廖某强利用其知名证券节目主持人的影响力，在其微博、博客上公开评价、推荐股票，在推荐前使用其控制的账户组买入相关股票，并在荐股后的下午或次日集中卖出，具体事实如下。

一、廖某强是高收视率证券类品牌节目的嘉宾主持

2012年2月至2016年4月，廖某强在上海广播电视台第一财经频道“谈股论金”节目担任嘉宾主持人。“谈股论金”作为第一财经证券类品牌节目，始终保持较高人气，收视率表现稳定。廖某强还从2014年9月开始担任第一财经频道周播节目“谈股论金之英强开讲”的嘉宾主持。上述两档节目在上海地区的收视率均高于同时段所有频道财经类节目在上海地区的平均收视率。

廖某强作为大股东的上海股轩文化创意有限公司（以下简称“股轩文化”）通过“爱股轩”网站的APP，以解盘视频“金钱风暴”“股动钱潮”等节目以及新浪微博、博客、土豆网等互联网平台进行推广和宣传。2015年，股轩文化在上海举办多场培训讲座，并将讲座视频放在“爱股轩”网站上，以提高股轩文化知名度。随着股轩文化的推广活动，廖某强也积累了一定粉丝，其博客点击率很高。

廖某强通过在电视台主持高收视率的证券类品牌节目积累名气和受众，再辅以互联网各类平台宣传和推广，开办培训讲座等形式，具有了相当的知名度和影响力。

二、2015年3月至11月廖某强控制其本人及“张某萍”等13个证券账户

廖某强承认“廖某强”账户由其本人控制使用。2015年3月至11月，11个证券账户交易廖某强推荐股票时委托使用的MAC地址与“廖某强”账户所使用的MAC地址高度重合。“路某”账户2015年以来进行股票交易使用最多的电脑MAC地址为廖某强办公电脑MAC地址。

从2015年1月至2015年12月，“张某”账户全部资金来源于廖某强，“路某”账户84.97%的资金来源于廖某强，“刘某钟”账户84.73%的资金来源于并全部流出至廖某强配偶郭某琳；“季某燕”“许某琴”账户的半数收益经由张某转至廖某强的银行账户，“季某燕”“许某琴”账户经委托给廖某强代为操作。

廖某强为股轩文化、上海英琪文化传播有限公司（以下简称“英琪文化”）实际控制人，总经理。张某为英琪文化原股东；路某为股轩文化股东；韩某为股轩文化员工；股轩文化法定代表人柴某英是廖某强的表姐，柴某玉是柴某英的妹妹；柴某美是廖某强

① 本案例摘编自中国证监会行政处罚决定书（廖某强）〔2018〕22号。

的母亲；廖某杰是廖某强的哥哥；金某是廖某杰妻子的姐姐。上述人员与廖某强具有亲属关系或工作关系。

综上，中国证监会认定2015年3月至11月，廖某强控制13个证券账户。

三、廖某强操纵佳士科技等39只股票

2015年3月至11月，廖某强利用其知名证券节目主持人的影响力，发布了含有荐股内容的博客60篇，平均点击次数为110 399次，在其微博、博客“午间解盘”栏目视频中公开评价、推荐佳士科技等39只股票共46次，在推荐前使用其控制的账户组买入相关股票，并在公开荐股下午开盘后或次日集中卖出相关股票，违法所得共计43 104 773.84元。

例如，2015年3月20日中午休市期间，廖某强在其新浪微博和博客“午间解盘”栏目视频中推荐了兴发集团股票，其控制的账户于荐股前买入“兴发集团”股票1 268 233股，买入金额21 327 300.56元，荐股后卖出1 224 734股，卖出金额21 800 324.98元，扣除交易税费后盈利1 045 573.40元。

以上事实有相关合同、相关单位提供的资料和情况说明、相关人员询问笔录、相关银行账户资料、证券账户资料等证据证明，足以认定。

中国证监会认为，廖某强的上述行为违反了2014年《证券法》第77条第1款“禁止任何人以下列手段操纵证券市场”中第4项“以其他手段操纵证券市场”的规定，构成2014年《证券法》第203条所述情形。根据当事人违法行为的事实、性质、情节与社会危害程度，中国证监会依据2014年《证券法》第203条的规定，决定对廖某强没收违法所得43 104 773.84元，并处86 209 547.68元罚款。

法律要点

1. 操纵市场的概念和分类；
2. “抢帽子”操纵。

知识点介绍

“抢帽子”（scapling）是一种通过故意发出信息来实现操纵后果的独立类型行为。我国《证券法》原先未明确规定此种操纵行为类型。对廖某强亦是按照“其他手段”操纵的兜底条款处罚的。

最早明文规定“抢帽子”的是中国证监会2007年《证券市场操纵行为认定指引（试行）》，其界定是：“证券公司、证券咨询机构、专业中介机构及其工作人员，买卖或者持有相关证券，并对该证券或其发行人、上市公司公开做出评价、预测或者投资建议，以便通过期待的市场波动取得经济利益的行为。”

这属于主体具有限定身份（证券营业机构及其工作人员）的操纵行为，主要是为了防范其利用自身具有地位而不当欺诈客户。从文义和执法司法实践看，“并”指先买卖证券或持有证券，再作出评价、预测或建议。

2015年《证券法》修订草案涉及一项接近“抢帽子”的行为：禁止任何人“对证券及其发行人公开作出评价、预测或者投资建议，并进行反向证券交易”。2019年5月《证券法（修订草案）（三次审议稿）》将此改为“对证券、发行人公开作出评价、预测或者投资建议，并进行反向证券交易”，并最终被2019年《证券法》第55条采纳。

《操纵市场司法解释》对“抢帽子”的界定更为详细：通过对证券及其发行人、上市公司、期货交易标的公开作出评价、预测或者投资建议，误导投资者作出投资决策，影响证券交易价格或者交易量，并进行与其评价、预测、投资建议方向相反的证券交易。

但这两项规则均是对行为主体无限制，对行为方式有限制，即需要作出反向交易。

咨询机构若仅仅是缺乏合理调研基础，轻率推荐或批评特定证券，在缺乏操纵意图时，不应构成操纵市场。若为配合自己或他人交易而故意发布不实信息，可能构成蛊惑交易。若评价的股票是自己已经提前买入或卖空的，则视其自身是否合理信赖该评价而做区分。若自身交易行为与评价的作用力不符，则可能构成“抢帽子”；若自身对评价有合理信赖基础，且交易行为与评价的作用力相符，则可能是合法交易行为。

2008年北京首放投资顾问公司控股股东、执行董事汪某中案是早期有代表性的“抢帽子”案例，也开创了利用《证券法》“其他操纵行为”的兜底条款处罚的模式。汪某中后同样被依据兜底条款追究刑事责任。

在武汉新兰德证券投资顾问公司等案中，中国证监会又指出了证券咨询人员的基础义务和公众对其行为的信赖因素：“具备证券投资咨询业务资格的专业机构和执业人员，理应恪守行业自律准则与执业道德，严守诚实信用的基本原则，公平、公正地为投资者提供荐股与咨询服务。但是，他们为了自身利益与人合谋，利用证券投资咨询机构所具有的专业优势与影响力，利用公众投资者对其的信赖，利用推荐股票影响股票的价格波动，牟取不正当利益，违背了诚信和执业操守，操纵市场，扰乱了证券市场秩序，损害了公众投资者的利益”①。

值得注意的是，我国不以“抢帽子”的影响力因素为要件。汪某中“抢帽子”案中，当事人曾向中国证监会申辩称“万科A等15只大盘股流通市值巨大，当事人买卖的资金量不可能对其交易量和交易价格产生影响，不存在操纵的情形”。中国证监会则认为，汪某中的北京首放公司的咨询报告被多家主流纸面和网络媒体刊载，“对投资者就有比较广泛、重要的影响，因而通过对投资者投资行为的影响从而对大盘股股价带来波动的可能性是存在的”。而且“汪某中在一年多时间内，进行买入后推荐再卖出证券的交易55次”，违法所得高达1.26亿元。2011年在针对汪某中的刑事诉讼中，被告方再次辩护说，汪某中买卖股票的数量资金量都不到相应股票的1%，甚至没有达到刑事案件的立案标准。但公诉方和北京市第二中级人民法院认为这种操纵行为无须以规模标准为要件。

① 中国证监会行政处罚决定书（武汉新兰德、朱某东、陈某）〔2008〕44号。该案系投资顾问公司与外部交易者合作。但根据2005年《证券法》第203条操纵市场责任条款（责令依法处理其非法持有的证券，没收违法所得，并处以违法所得1倍以上5倍以下的罚款）没收交易者被冻结的股票，缺乏法律依据。

案例评析

虽然《证券法》现在对“抢帽子”操纵即“对证券、发行人公开作出评价、预测或者投资建议，并进行反向证券交易”的主体未做限制，但廖某强这样对证券市场有直接影响力的主体是传统意义上更为典型的“抢帽子”主体。

首先，中国证监会强调了其具有较高人气，包括收视率高和点击率高。

其次，中国证监会认定廖某强控制的账户组数十次在推荐前使用其控制的账户组买入相关股票，并在公开荐股下午开盘后或次日集中卖出相关股票。如果行为人的交易模式较为固定，推荐买入时间和卖出时间存在明显的先后性和紧密性，那就可以认定抢帽子操纵的存在，而非一种巧合。

最后，被推荐股票上涨，并非免责理由。廖某强辩称自己是在进行技术分析研究的基础上才在微博和博客上推荐股票的，其中绝大部分股票的走势，验证了其技术分析和判断，其荐股行为具有合理性和准确性。中国证监会则表示：处罚的是廖某强的操纵行为而非单独处罚其荐股行为。其操纵市场行为是由先行建仓、公开荐股、反向卖出的系列行为构成的。此外，廖某强称其通过技术分析看好并推荐“全柴动力”等 8 只股票，在其推荐后的 10 日至 3 个月时间内，上述股票涨幅均很大，但廖某强的账户组在荐股后随即将荐股前买入的股票卖出，其卖出行为与荐股行为以及其所称的上述股票后续上涨情况均产生矛盾。

此外，廖某强辩称相关账户的盈利归属于亲属、公司员工及朋友，其本人未获盈利，无力承担罚款，请求从轻处罚。中国证监会认为涉案账户组实施操纵市场行为所产生的违法所得应予没收，其与他人之间关于盈利的划分并不影响本案的处罚。①

（撰稿人：缪因知）

第六节 跨市场操纵

案例简介

唐某博利用沪股通操纵市场案②

中国证监会认定，唐某博实施了如下行为。

一、实际控制账户情况

2016 年 2 月 4 日至 6 月 23 日（以下简称“控制期间”），唐某博实际控制“唐某

① 对“认账户、不认人”的追责模式的更多分析，见缪因知. 资产管理违法所得追缴模式研究. 北大法律评论，2019 (1).

② 本案例摘编自中国证监会行政处罚决定书（唐某博、王某）〔2017〕21 号。

博”、“王某”（两个同名账户）、“桂某选”等4个证券账户（以下简称账户组）在香港通过沪股通对在上海证券交易所上市交易的小商品城股票实施了操纵行为，具体情况如下：

“唐某博”账户于2013年开立于香港，2015年1月6日申请开通“沪股通”交易权限。王某名下账户之一（以下简称“‘王某’建银账户”）于2015年开立于香港建设银行（亚洲）有限公司，并于同日申请开通“沪股通”交易权限；另一账户（以下简称“‘王涛’太平账户”）于2016年1月13日开立于香港，并申请开通“沪股通”交易权限。“桂某选”账户于2015年开立。

上述四个账户资金主要来源于唐某博及其妻子账户，“桂某选”账户及“唐某博”账户下单设备隐匿于唐某博家中，“唐某博”账户及“王某”建银账户、“王某”太平账户、“桂某选”账户在主要操纵期间逐日下单地址高度一致，其中在香港某酒店下单时间与唐某博、王某入住时间完全匹配，王某入住酒店费用全部由唐某博支付。王某于2016年6月7日被限制出境后，“王某”太平账户仍在香港下单。“桂某选”账户交易及对应三方存管银行使用设备的MAC地址与唐某博银行卡使用MAC地址重合。越秀证券提供的电话委托录音显示，“唐某博”账户由其本人下单。综上，账户组在控制期间由唐某博实际控制使用，王某为其操盘手。

二、唐某博控制账户组跨境操纵小商品城股票

控制期间，账户组在56个交易日中交易小商品城股票，期间累计买入460 185 283股，成交金额3 388 514 081.57元，成交均价7.36元，累计卖出460 185 283股，成交金额3 438 333 561.03元，成交均价7.47元，至期末无余股。

2016年2月4日至4月26日为主要操纵期间，共计53个交易日，账户组在其间47个交易日中交易小商品城股票，其中31个交易日账户组成交量占当日市场成交量比例超过10%，其中10个交易日账户组成交量占当日市场成交量比例超过20%。2016年4月27日“唐某博”账户被限制交易。2016年3月2日账户组达到最高持仓135 782 307股。账户组采用日内反向交易、对倒交易、操纵开盘价、盘中拉抬、尾市拉抬、虚假申报等多种手法操纵股价，其中21个交易日存在对倒行为，29个交易日存在日内反向交易行为，11个交易日撤回申报股数占申报股数比例超过50%。经查，账户组在控制期间内操纵小商品城股票共计获利41 884 236元。

相关事实由有关账户开户资料、户口记录、月结单、银证转账流水、对账单、成交流水、委托流水、银行交易记录、工商登记资料、通讯记录、现场照片、当事人询问笔录、证人证言、有关单位出具的证明、酒店入住记录、电话委托录音、上交所出具的有关统计数据、对唐某博实行自律监管的情况说明等证据证明，足以认定。

法律要点

1. 操纵市场的概念和分类；

2. 跨市场操纵；

3. 沪股通和港股通交易机制。

知识点介绍

《操纵市场司法解释》第 1 条规定了 7 种其他操纵证券、期货市场的方法，“跨期、现货市场操纵”是其中之一。《证券法》2019 年修订后，新增了“利用在其他相关市场的活动操纵证券市场”。目前对此条款并未有明确的解释，故而本书编写组认为本案这种案例也属于广义的跨市场操纵案例。

根据 2005 年《证券法》第 179 条第 2 款，中国证监会可以和其他地区的证券监督管理机构建立监督管理合作机制，实施跨境监督管理。“沪股通”“港股通”开设后，中国证监会和香港证监会的跨境执法合作也先行一步。2014 年 6 月，中国证监会公布了《沪港股票市场交易互联互通机制试点若干规定》（证监会令第 101 号）；2016 年 10 月，中国证监会公布了《内地与香港股票市场交易互联互通机制若干规定》（证监会令第 128 号），《沪港股票市场交易互联互通机制试点若干规定》同时废止。2014 年 10 月，中国证监会与香港证监会签署了《沪港通项目下中国证监会与香港证监会加强监管执法合作备忘录》，并于 2016 年 11 月签署了《内地与香港股票市场交易互联互通机制下中国证监会与香港证监会加强监管执法合作备忘录》，取代了《沪港通项目下中国证监会与香港证监会加强监管执法合作备忘录》。此外，中国证监会与香港证监会均为国际证监会组织成员，签署了《磋商、合作及信息交换多边谅解备忘录》。中国证监会与香港证监会建立了执法合作机制，根据有关法律文件规定和执法工作需要，中国证监会可以商请香港证监会移交与本案有关的证据。

狭义的操纵市场指利用在甲市场的活动影响乙证券市场的交易价格或交易量。例如利用股指期货市场、股票期权市场的活动影响股票现货市场的交易[①]，或通过 H 股市场的活动影响 A 股市场的交易。此等跨市场操纵之所以能够发生，是由于不同类型的证券市场、不同法域的证券市场会存在一些内在的关联性和同步性。一个证券市场的证券交易价格会影响另一个证券市场的证券特别是同一证券的交易价格。这是跨市场操纵人实施行为的动机所在。比如，通常股指期货市场较股票现货市场有一定的价格领先关系，所以行为人通常通过操纵股指期货市场来影响股票现货市场的交易价格。

由于作用机制更为复杂、更为间接，跨市场操纵要起到效果会比直接操纵更为困难。在实践中，我国已经有了一些利用商品现货市场来操纵商品期货市场的案例，但可能由于我国股票期货市场和股票股权市场总体上仍不发达，故跨证券市场的案例极为罕见。[②]

---

① 更多讨论见缪因知. 裸卖空、卖空型操纵与股指期货做空监管研究. 财经法学，2015（6）.

② 如远大石化有限公司经董事长吴向东决定，于 2016 年 5 月 24 日至 8 月 31 日，利用其实际控制的 18 个账户通过以市场价大量连续买入开仓的手法，将资金优势转化为持仓优势。同时通过直接购买、代采代持、售后回购等方式大量囤积聚丙烯现货，制造聚丙烯需求旺盛氛围，以反作用影响期货市场，跨期货、现货市场操纵期货价格。辽宁高级人民法院判决该公司及董事长构成操纵期货市场罪。

案例评析

本案全部证据来自香港证监会。根据香港特别行政区《证券及期货条例》及附属法例，香港证监会对本案有调查权，香港证监会向中国证监会申明移交证据为其依职权调取的证据，足以信赖。香港证监会移交中国证监会的材料严格按照有关规定办理了证明手续，合法合规，可以作为本案认定违法行为的证据。

唐某博、王某虽然在香港交易，但他们系中华人民共和国内地公民，其通过沪港联合设立的“沪股通”股票交易系统对在上交所上市交易的“小商品城”股票实施了操纵行为，中国证监会对该违法行为有合法的管辖权。中国证监会还认为：涉案当事人绕道境外，采取更为隐蔽的违法手段对境内市场实施反向操纵，对抗和规避调查，严重地危害了市场秩序。从执法记录看，唐某博可谓“惯犯”，此前已经多次由于操纵市场而被处罚①，所以可能具有利用“沪股通”来隐藏操纵市场行为的动机。

本案的主要特点是跨境内境外的操纵市场行为，以及由此而产生的管辖权争议。被处罚人曾经质疑香港证据本身取证的合法性、有效性，以及既然本案违法行为发生地在香港，中国证监会有没有管辖权。故而值得在此说明。

就具体手法而言，本案采用了日内反向交易、对倒交易、操纵开盘价、盘中拉抬、尾市拉抬、虚假申报等多种手法操纵股价。沪股通的本质是将香港交易者的买卖行为及效果传导至上交所。其操纵行为实际上只发生在上交所的单一市场内。

（撰稿人：缪因知）

第七节　做市商操纵

案例简介

A信息技术股份有限公司与B证券公司合谋操纵市场案②

A信息技术股份有限公司（以下简称“A公司”）是一家全国中小企业股份转让系统（以下简称“新三板”）挂牌公司，B证券股份有限公司（以下简称“B证券公司”）是A公司的主办券商和股票转让交易做市商之一。

① 中国证监会行政处罚决定书（唐某博、唐某子、袁某林等5名责任人员）〔2017〕20号；中国证监会行政处罚决定书（唐某博）〔2015〕34号；中国证监会行政处罚决定书（唐某博）〔2014〕54号。这几份处罚书的当事人唐某博的出生年月相同。

② 本案例摘编自中国证监会行政处罚决定书（上海易所试网络信息技术股份有限公司、中泰证券股份有限公司、章某等8名责任人）〔2017〕100号。

2017年12月4日，中国证监会作出行政处罚决定书认定：

2015年6月，A公司筹划以不低于20元的价格定向增发股份。由于A公司股价持续低于20元，2015年8月5日，A公司与B证券公司会谈确定，由B证券公司在二级市场做市交易买入A公司股票拉抬股价，同时通过A公司公告利好信息、向投资者推荐等其他方式拉抬A公司股价，B证券公司再将买入的A公司股票卖回给A公司操控或安排的账户。

2015年8月6日至19日（下称“操纵期间”），B证券公司做市户合计买入A公司股票146.65万股，买入金额共计3 114.85万元。操纵期间内，A公司股票市场日均成交量、全部做市商日均买入量、B证券公司做市交易日均买入量与此前一个月相比分别增长13.44%、55.84%、260.56%；B证券公司做市交易总买入量占市场总成交量的比例为48.54%、占全部做市商总买入量的比例为82.02%，在此前一个月，上述指标分别为15.27%、35.45%。

操纵期间及此后的11月23日至25日，A公司与B证券公司每日提前约定回购股票的数量、价格和交易时间，A公司通过控制的四个账户回购B证券公司买入的A公司股票，双方的交易数量相等、价格相同、买卖方向相反、委托时间接近。2015年8月7日至11月25日，B证券公司做市交易卖出A公司股票99万股，合计2 065.03万元，A公司控制账户买回91.9万股，回购金额共计1 931.84万元。

操纵期间，为配合B证券公司的拉抬行为，A公司借助信息优势，配合披露“速递易”合作业务、发布净利润同比增长172.07%的半年报，B证券公司还向机构投资者推荐A公司股票。

A公司股价在操纵期间上涨81.68%，同期三板做市指数上涨4.46%，偏离度高达77.23%。其中，8月5日至8月18日，A公司股价涨幅达46.39%，8月19日当天上涨24.11%。操纵前10个交易日，A公司股价下跌16.38%，同期三板做市指数下跌0.52%，偏离度为15.86%。

中国证监会认为，上述事实有电脑信息资料、资金账户资料、证券账户交易流水、新三板提供数据及当事人询问笔录、光盘等证据证明，A公司和B证券公司违反2014年《证券法》第77条第1款第1项和第2项，构成操纵市场。

B证券公司及其责任人在申辩意见中提出：B证券公司没有与A公司共谋的主观故意；并且B证券公司的涉案交易行为是做市商履行交易组织者、流动性提供者和价值发现者的基本职责，不构成操纵市场。

针对B证券公司的申辩意见，中国证监会认为，根据B证券公司工作人员的询问笔录、微信、手机短信、通讯记录、电子邮件、差旅记录等证据，A公司与B证券公司相关人员对涉案交易行为存在明显意思联络；涉案期间，B证券公司做市交易A公司股票的量价明显异常，做市交易买入量占全部做市商买入量的比例高达60%至100%，做市交易价格高于其他做市商价格或投资者卖出价，并通过数量相等、价格相同、买卖方向相反、委托申报时间接近的约定交易将买入的股票加价卖回给A公司安排的账户。同时B证券公司与A公司还通过A公司披露利好消息、向投资者推荐等方式操纵股价。上述行为导致A公司股价大幅上涨并大幅偏离指数，构成操纵市场行为。

最终，中国证监会对A公司、B证券公司分别处以100万元罚款，并对两公司相关责任人员作出处罚。

法律要点

1. 做市商的概念、功能与定位；
2. 做市交易与操纵市场的区分。

知识点介绍

一、做市商的概念、功能与定位

做市交易是指在证券市场上，具备一定实力和信誉的机构作为特许交易商，就特定证券的价格和数量持续提供双向报价，并在该价位和数量范围内接受公众投资者的买卖要求，以自有资金和证券与投资者进行交易的一种证券交易方式。《全国中小企业股份转让系统做市商做市业务管理细则（试行）》第2条规定："本细则所称做市商是指经全国中小企业股份转让系统有限责任公司（以下简称全国股转公司）同意，在全国中小企业股份转让系统（以下简称全国股转系统）发布买卖双向报价，并在其报价数量范围内按其报价履行与投资者成交义务的证券公司或其他机构。"

一般认为，做市商具有以下三方面功能：

第一，定价和价值发现功能。做市商通过专业估值形成相对合理、符合市场行情的买卖报价，其他交易者常常根据做市商的报价进行申报，做市商的报价成为确定证券价格的重要基础。做市商通过向市场报价影响和引导市场交易，最终促使股票价格趋近于其实际价值，形成做市商报价驱动的定价机制，并发挥价值发现功能。

第二，增强市场流动性，这是做市商的主要功能。由于做市商掌握了大量订单信息，对特定证券的整体供求状况有更准确的判断，并且不间断进行双向报价，在没有买入订单的情况下先使用自有资金买入，出现卖方后再将证券卖出，从而增强了交易不活跃证券的流动性供给。

第三，稳定市场功能。如果某证券供给量过大，供过于求，将导致证券价格下跌；反之，如果某证券需求量过大，供不应求，将导致证券价格上涨。做市商通过双向报价、自营交易，可以在供过于求时买入证券减少供给，在供不应求时卖出证券缓解需求，从而缩小供求差距，平抑价格波动，有利于增强市场稳定性。

二、我国现有的做市商制度

各国做市商制度可以分为两类：传统做市商制度和混合交易制度。传统做市商制度是指做市商向市场双向报价，投资者只能选择是否与做市商进行成交。传统做市商制度一般都由两家以上做市商为一家公司做市，因此又称为竞争性做市商制度或报价驱动制度。20世纪90年代以来，混合交易制度兴起，做市商的双向报价尽管依然存在，但市场交易以竞价方式进行，做市商与投资者共同参与集中竞价，其报价与投资者的委托均按“价格优先、时间优先”的原则进行。

由于混合交易制度下，做市商权利与义务、风险与收益不对等，存在动力不足的难题，而传统做市商制度更适用于流动性不足的股票市场①，我国新三板市场即采用传统做市商制度，规定每只股票应有两家以上做市商提供持续报价服务，投资者只能与做市商进行交易，做市商的做市申报价格即为成交价。② 对于科创板市场，中国证监会于2022年5月颁布《证券公司科创板股票做市交易业务试点规定》，允许符合条件的证券公司为科创板股票或存托凭证提供双边报价服务，这是我国首次在充分竞价交易板块中引入股票做市机制，由做市商的双边报价与投资者的买卖订单共同参与集中竞价，适用混合交易制度。③

三、做市交易与操纵市场的区分

在传统做市商制度下，做市交易行为与操纵市场行为在外观上具有一定相似性：其一，做市商负有法定持续双向报价义务，导致其需要持续申报买卖相关证券，可能会频繁出现申报行为与交易行为相反的“反向交易”。其二，做市商因持有过多证券可能产生过大库存风险，此时需要进行调仓交易，包括与机构投资者协议达成较大数量的交易，协议价格还可能偏离市场价格，形成“约定交易”的外观。其三，做市商主要出现在低流动性的证券市场，其交易和报价很容易影响市场价格，客观上具有较强的“操纵能力”，其“增强流动性”的履职行为和“不正当扩大交易量”的操纵行为很容易发生混淆。其四，做市商本身负有价值发现的功能，做市商确定的报价究竟是协助股价“回归真实价值”还是“不正当拉抬股价”，客观上难以识别。

基于上述特点，仅从客观行为较难区分正常的做市交易行为与操纵市场行为。由于操纵市场属于“证券欺诈”行为，因此具有“操纵故意”是操纵市场行为得以成立的核心要件，也是区分做市交易行为与操纵市场行为的关键所在。即使做市商在客观行为上表现出操纵市场常见的反向交易、约定交易等行为，甚至形成了“扩大交易量、拉抬股价”的客观效果，只要其主观交易动机并非操纵，就不应认定其构成操纵市场。

在认定做市商是否具有操纵故意时，需结合主观和客观两方面考察。在主观方面，如做市商的相关人员自认存在操纵市场目的，则可以结合其客观交易行为认定构成操纵市场。但在多数情况下，在没有直接证据证明当事人具有主观故意且当事人否认其具有操纵故意的情况下，需要借助客观行为判断其是否存在操纵故意。由于做市交易与操纵市场在客观行为上具有一定相似性，如通过交易行为认定做市商具有操纵故意，应当极其谨慎，需要充分考察做市商是否存在操纵动机、申报价格是否明显偏离公司基本面、是否存在回购股份等特殊交易安排、交易策略是否明显不合理等各方面因素。

---

① 邢会强.新三板市场的做市商制度.国际融资，2016（3）.
② 参见《全国中小企业股份转让系统股票交易规则》（2021年修订）第四章。
③ 宋澜.股票做市交易发展及法律规制要点研究.证券市场导报，2022（11）.

案例评析

一、B 证券公司的交易目的突破正常做市交易的边界

尽管做市交易与操纵市场的行为外观呈现出一定相似性，但从主观要件考察，正常的做市交易与操纵市场的主观意图存在根本不同。在操纵市场行为中，不同于投资者基于对证券价值的合理判断作出正常投资行为，操纵市场行为人是在主观故意状态下实施“证券欺诈”行为，主观意图是人为扭曲相关证券的供求关系与正常价格，通过连续买卖、虚假申报、对倒交易等行为制造不存在的供求关系和虚假繁荣，使相关证券的价格背离其真实价值。因此，操纵市场主观意图的核心在于“欺诈”，行为人明知其行为背离证券的真实价值和真实供求情况，而故意通过操纵行为诱使其他投资者发生错误认识并作出交易，扰乱该证券的真实供求关系和市场价格。而在正常做市交易中，做市商并不存在扰乱市场供求关系和背离真实价值的“欺诈意图”。恰恰相反，做市商的功能即在于发现证券真实价值、稳定市场供求关系。

监管实践中，由于往往难以需要证明行为人存在“扰乱秩序、欺诈他人”之程度的故意，因此如果行为人具有“不当影响价量”的意图，就可能被认定构成操纵市场。本案中，B 证券公司及其责任人员申辩没有与 A 公司共谋操纵市场的主观故意，仅是履行做市商组织交易、价值发现的正常职责，没有“欺诈”的故意。中国证监会认为，根据相关人员的询问笔录和微信、手机短信、通讯记录、电子邮件及差旅记录等证据，B 证券公司与 A 公司对涉案交易行为存在意思联络，并且 A 公司在案涉行为前确定以不低于20 元价格定向增发股份，B 证券公司提前测算拉升至目标股价需要买入的股数。因此，虽然 B 证券公司或许确实没有“制造虚假繁荣、恶意误导他人”的故意，但通过上述证据，B 证券公司的行为目的被认定为意图“拉抬”股价以满足 A 公司定增条件，已突破做市商正常组织交易、发现真实价值的职责边界，构成操纵市场的故意。

做市商在日常履职过程中可能会与发行人存在频繁的联系，一旦有证据证明做市交易行为是出于协助发行人达到某种价量目标，就可能被监管部门认定具有操纵市场的意图。反之，如做市商的申报价格是基于对证券价值本身的合理判断，交易是为了稳定市场流动性和供求关系，则应认定属于正常做市交易。

二、B 证券公司的交易行为体现出明显异常

判断做市商的交易行为是否构成操纵市场，除了应考察主观方面是否具有操纵故意外，还应考察客观方面是否具有操纵市场的“异常行为”。做市商作为中央对手方和价值发现者，其正常的做市交易行为与操纵市场行为存在天然的相似性。从交易数量和交易方向来看，做市商持续不间断地与市场各投资者发生证券交易，买卖的数量、频率均远高于普通投资者，且对同一证券既存在大量买入，也存在大量卖出，呈现出“反向交易”特点；从交易价格来看，做市商具有价值发现功能，在分析相关证券真实价值的基础上，可以提出不同于时行市场价格的合理报价，客观上与“拉抬”股价难以区分。因此，如以普通投资者的交易行为作为判断做市交易是否异常的参照标准，则很容易得出

做市交易行为“异常”的结论，从而对正常做市交易行为与操纵市场行为产生混淆。

基于做市商身份的特殊性，更为合理的考察方法应为将该做市商的案涉交易与其自身历史交易和其他做市商的交易进行对比，如存在明显异常且做市商无法提供合理解释，则结合主观意图其有可能构成操纵市场。在本案中，中国证监会认为，B证券公司交易A公司股票的数量远远高于自身历史买入数量和市场其他做市商的买入数量、B证券公司交易A公司股票的价格与其他做市商相比存在明显异常，即中国证监会通过将B证券公司的案涉交易行为与其在案涉期间前的交易行为及其他做市商的交易行为进行对比，认为B证券公司的行为存在明显异常。

其他的异常性体现在B证券公司与A公司控制的四个账户存在约定交易的情形。尽管做市商具有组织交易、协助投资者实现大宗交易的职责，但是相关交易均应是合法的交易。原则上公司不得持有本公司的股份，且挂牌公司股权结构应当清晰，不得存在代持情形。本案B证券公司明知约定交易的对象是A公司实际控制的账户，仍按照提前约定与其发生交易，已突破正常做市交易边界。

从行为结果来看，根据中国证监会查明的事实，操纵前10个交易日，A公司股价下跌16.38%；而操纵期间A公司股价从14.96元上涨至27.18元，涨幅81.68%，三板做市指数同期仅上涨4.46%，偏离度高达77.23%。中国证监会据此认定，A公司股价受到操纵行为的影响。

由于做市商的做市交易与操纵市场行为存在外观相似性，实践中认定做市商构成操纵市场的监管案例并不多见，体现出监管部门对该问题的谨慎态度。本案中，监管部门是在获取当事人联络沟通信息、询问笔录、资金账户资料和交易流水等证据基础上，综合判断B证券公司的交易意图、客观行为是否存在明显异常，最终认定B证券公司及其责任人员突破了做市商的正常做市交易边界，构成操纵市场行为。本案认定B证券公司构成操纵市场的核心仍在于主观意图的认定，在做市商操纵市场案件中，如果缺乏主观操纵故意的充分证据，仍应审慎认定做市商的做市交易构成操纵市场行为。

（撰稿人：张保生　朱媛媛　牛馨雨）

第八节　操纵市场的民事责任

案例简介

阙某彬、蝶彩资产管理（上海）有限公司操纵恒康医疗民事赔偿案[①]

2017年8月10日，中国证监会作出〔2017〕80号行政处罚决定书，认定恒康医疗集团股份有限公司（下称“恒康医疗”）实际控制人阙某彬与蝶彩资产管理（上海）有

① 本案例摘编自四川省成都市中级人民法院（2018）川01民初2728号民事判决书；四川省高级人民法院（2020）川民终1532号民事判决书。

限公司（下称“蝶彩资产”）实际控制人谢某华合谋，通过人为操纵信息披露的内容和时点，操纵恒康医疗股价。其中，蝶彩资产起主导作用，应承担主要责任，谢某华是直接负责的主管人员；阙某彬起配合作用，应承担次要责任。该案经行政复议、行政诉讼，最终行政处罚决定被维持。该案被列为2017年证监稽查20起典型违法案例之一。

行政处罚决定书还认定，2013年5月9日至7月3日，恒康医疗股票股价累计上涨24.86%，同期中小板综指累计下跌1.24%，偏离26.10个百分点；同期深证医药行业指数累计下跌1.91%，偏离26.77个百分点。2013年5月9日至7月4日，恒康医疗股票股价累计上涨15.52%，同期中小板综指累计下跌0.80%，偏离16.32个百分点；同期深证医药行业指数累计下跌3.11%，偏离18.63个百分点。2013年7月5日至8月30日，阙某彬减持“恒康医疗”完成后，股价累计下跌2.45%，同期中小板综指累计上涨6.94%、深证医药行业指数累计上涨3.03%，恒康医疗没有发布任何对股价有影响的信息，其股价因缺乏利好信息支撑而下滑，涨势显著弱于可比指数。

2018年，中证中小投资者服务中心（以下简称“投服中心”）注意到该案属典型信息型操纵，决定探索拓展证券民事赔偿案件类型，支持原告杨绍辉提起诉讼。原告杨绍辉从5月24日至7月4日多次买卖恒康医疗股份，截至7月4日共持股51 200股，买入均价为每股19.84元；7月5日全部抛售，卖出均价为每股19.73元。

2018年8月，本案获成都市中级人民法院受理。2019年12月27日，法院一审宣判，判决认定被告在2013年5月9日至7月4日实施了操纵恒康医疗股票股价的行为；原告投资被操纵的证券虽存在损失，但主张的损失计算方法缺乏法律依据，参考2003年《虚假陈述司法解释》计算出原告损失为5 632元；原告在被告操纵行为市场行为期间买入并在操纵市场结束后卖出恒康医疗股票产生亏损，参考2003年《虚假陈述司法解释》显然具有因果关系，最终确定由阙某彬、蝶彩资产对该等投资者损失承担连带赔偿责任，并确定二者内部责任划分比例为40%和60%。

一审判决后，被告上诉。2021年1月15日，四川省高级人民法院作出二审判决，驳回上诉，维持原判。

法律要点

1. 操纵市场民事责任的受理与管辖；
2. 操纵市场案件中投资者损失的计算；
3. 操纵市场案件中交易因果关系的判断。

知识点介绍

一、操纵市场民事责任的受理与管辖

1. 操纵市场民事责任的受理

在我国实践中，虽然操纵市场的行为层出不穷，但是长期以来始终没有民事责任层

面的制裁。[①] 我国对于操纵市场民事责任的受理呈现出历史性的发展过程[②]，阙某彬、蝶彩资产操纵恒康医疗民事赔偿案的落槌，标志着该等案件的受理将会成为常态，投资者进而可以在切身利益的推动下主张操纵市场行为人的民事责任。

2.操纵市场民事责任的管辖

最高人民法院在 2007 年 5 月 30 日全国民商事审判工作会议上提出，关于操纵市场案件，对于投资人对侵权行为人提起的相关民事诉讼，有关人民法院应当根据《虚假陈述司法解释》中关于管辖的规定来确定管辖法院。根据新《虚假陈述司法解释》第 3 条，即由发行人住所地的省、自治区、直辖市人民政府所在的市、计划单列市和经济特区中级人民法院或者专门人民法院管辖。

二、操纵市场案件中投资者损失的计算

一审法院在投资者损失计算方面，考虑了以下因素：首先，操纵市场是一种典型的证券欺诈行为，属于特殊侵权行为。民法确定了侵权损害赔偿补偿性质，即“填平”原则。其次，本案中，行为人的操纵行为表现为抬高股价，投资者的损失为追高买入存在泡沫的恒康医疗股票。在操纵行为结束后，恒康医疗股票股价随着减持公告应声下跌，直至泡沫被挤净，价格趋于平稳，股票价格逐渐向其真实价值回归。最后，本案的操纵行为可以归类于信息型操纵，与虚假陈述行为类似。据此，一审法院参照适用了新《虚假陈述司法解释》中损失计算方法对原告损失进行计算。

三、操纵市场案件中交易因果关系的判断

本案中，一审法院认定原告的损失与被告的操纵行为之间具有交易因果关系，主要基于以下理由：首先，股票交易实行集中竞价交易机制，买卖双方难以一一对应，原告杨某辉不能也无须证明买卖之间的对应关系。其次，操纵证券市场行为通常具有隐蔽性，要求投资者证明其受操纵行为误导买入或卖出证券不具有合理性。最后，在一个公开有效的证券交易市场中，公司股票的价格是由公司基本面和供求关系所决定的，操纵证券市场行为扭曲了公司基本面或供求关系，前者主要表现为信息型操纵，后者主要表现为价量型操纵。不管是哪种类型的操纵证券市场行为，最终都会导致公司股票价格偏离真实价值，此时的股票价格对投资者而言是不公平的，因信赖该股票价格为公正价格而交易的无辜投资者将因此遭受损失。在具体判断上，法院仍然参照适用了新《虚假陈述

① 朱锦清.证券法学.5 版.北京：北京大学出版社，2022：298－300.

② 2001 年 9 月 21 日，最高人民法院下发《关于涉证券民事赔偿案件暂不予受理的通知》（法明传〔2001〕406 号），载明：“我国的资本市场正处于不断规范和发展阶段，也出现了不少问题，如内幕交易、欺诈，操纵市场等行为。这些行为损害了证券市场的公正、侵害了投资者的合法权益，也影响了资本市场的安全和健康发展，应该逐步规范。当前，法院审判工作中已出现了这些值得重视和研究的新情况、新问题，但受目前立法及司法条件的局限，尚不具备受理及审理这类案件的条件。经研究，对上述行为引起的民事赔偿案件，暂不予受理。”2013 年 2 月 26 日，最高人民法院发布《关于废止 1997 年 7 月 1 日至 2011 年 12 月 31 日期间发布的部分司法解释和司法解释性质文件（第十批）的决定》（法释〔2013〕7 号），废止《关于涉证券民事赔偿案件暂不予受理的通知》，理由为“已被《最高人民法院关于审理证券市场因虚假陈述引发的民事赔偿案件的若干规定》代替”。

述司法解释》中关于交易因果关系的相关规定。

案例评析

一、该案系全国首例操纵市场民事诉讼获赔案件，操纵市场民事赔偿责任由纸面变为现实

本案系 1999 年《证券法》颁布以来，全国操纵市场民事赔偿案件中第一件投资者胜诉的判决，实现了操纵市场民事赔偿实务领域“零的突破”，投资者保护法律实践和理论研究开启新的征程。①

虽然《证券法》早已规定操纵证券市场导致投资者损失应当承担民事赔偿责任，但此前最高人民法院仅就虚假陈述行为颁布过司法解释，对于操纵市场民事责任如何判断，缺乏具体的指导和依据。这也导致虽然虚假陈述民事赔偿案件已经有近二十年的发展史，而操纵市场民事赔偿案件鲜有。本案也是在投资者保护机构的推动下最终落槌，法院也参考适用了新《虚假陈述司法解释》进行裁判，为后续该类型案件的受理和审理提供了一定的借鉴作用。

二、作为首例获赔的操纵市场案件，具体的构成要件分析上仍有缺失，留待后续案件细化分析

本案作为首例获赔的操纵市场案件，在很多具体的构成要件和抗辩点上，受限于案件基本事实、原被告诉讼策略和法院对此类案件的审判经验，并没有充分展开或法院并未接受。例如，在有行政处罚、行政复议、行政诉讼的结论基础上，法院是否仍需要独立审查被告是否存在操纵市场的过错；既然参考新《虚假陈述司法解释》予以裁判，那么是否应当考察认定实施日、揭露日、基准日，是否应当扣除系统风险和非系统风险对损失的影响；信息型操纵行为与虚假陈述行为是否可以完全等同，是否存在不能适用“欺诈市场理论”的情形；等等。

投服中心表示，下一步将与立法、司法、学界等各方紧密合作，拓展证券侵权行为民事案件类型，继续择机开展操纵市场、内幕交易民事赔偿等个案探索，呼吁和推动相关法律规则出台和完善，切实保护广大中小投资者合法权益，提高资本市场违法违规成本，助力打造规范、透明、开放、有活力、有韧性的资本市场。② 我们也期待未来对于新类型证券欺诈案件的探讨，能够随着司法实践的进步而不断深入。

（撰稿人：刘思远　苏金宇）

---

① 中证中小投资者服务中心. 全国首例操纵市场民事赔偿支持诉讼二审胜诉.（2023－04－13）［2023－05－06］. http：//lsc. isc. com. cn/html/hkylayja/20230413/4638. html.

② 新华社. 首例操纵市场民事赔偿支持诉讼胜诉.（2021－03－03）［2023－05－06］. http：//finance. people. com. cn/n1/2021/0303/c1004-32040938. html.

第十章
其他证券违法行为的法律责任

第一节　利用未公开信息的法律责任

案例简介

杨某波与中国证监会行政诉讼案①

2013年8月16日11时05分，光大证券在进行ETF基金申赎套利交易时，因程序错误，其策略交易系统以234亿元巨量资金申购180ETF成份股，实际成交72.7亿元。经测算表明，180ETF与沪深300指数在2013年1月4日至8月21日的相关系数达99.82%，即巨量申购和成交180ETF成份股对沪深300指数，180ETF、50ETF和股指期货合约价格均产生重大影响。同时，巨量申购和成交可能对投资者判断产生重大影响，从而对沪深300指数，180ETF、50ETF和股指期货合约价格产生重大影响。

2013年8月16日13时，光大证券称因重大事项停牌。当日13时开市后，光大证券即通过卖空股指期货、卖出ETF对冲风险，至14时22分，卖出股指期货空头合约IF1309、IF1312共计6 240张，合约价值43.8亿元，获利74 143 471.45元；卖出180ETF共计2.63亿份，价值1.35亿元，卖出50ETF共计6.89亿份，价值12.8亿元，合计规避损失13 070 806.63元。

当日14时22分，光大证券发布公告，称“公司策略投资部自营业务在使用其独立套利系统时出现问题”。

2013年11月1日，中国证监会作出〔2013〕59号行政处罚决定书。中国证监会认定：“光大证券在进行ETF套利交易时，因程序错误，其所使用的策略交易系统以234亿元的巨量资金申购180ETF成份股，实际成交72.7亿元”的错单信息，为内幕信息。内幕信息自2013年8月16日11时05分交易时产生，至当日14时22分光大证券发布

---

① 本案例摘编自北京市高级人民法院（2015）高行终字第943号行政判决书。

公告时公开。“光大证券2013年8月16日下午将所持股票转换为180ETF和50ETF并卖出的行为和2013年8月16日下午卖出股指期货空头合约IF1309、IF1312共计6 240张的行为构成内幕交易。”“据此，中国证监会依据《证券法》第二百零二条和《期货交易管理条例》第七十条的规定，决定对光大证券ETF内幕交易的其他直接责任人员杨某波给予警告，并处以30万元罚款……”

杨某波不服处罚决定，向北京市第一中级人民法院提起行政诉讼。

关于本案错单交易信息能否构成《证券法》所规定的内幕信息，一审法院认为：“本案的错单交易信息产生于证券市场，虽然《证券法》第七十五条第二款明确列举的内幕信息主要是与发行人自身相关的信息，但该法第七十五条第二款第（八）项规定，内幕信息包括国务院证券监督管理机构认定的对证券交易价格有显著影响的其他重要信息。而根据该条第一款之规定，证券交易活动中，涉及公司的经营、财务或者对该公司证券的市场价格有重大影响的尚未公开的信息，为内幕信息。因此内幕信息并不限于与发行人自身相关的信息，也应包括对公司证券的市场价格有重大影响的交易信息。进一步考虑到大盘指数与公司证券价格之间的紧密关联性，对大盘指数产生重大影响的交易信息亦应属于《证券法》所指对公司证券的市场价格有重大影响的内幕信息范畴。就期货市场而言，虽然《期货交易管理条例》第八十二条第（十一）项中列举的内幕信息并未明确包含期货市场以外的交易信息，但该条规定，期货市场的内幕信息也包括国务院期货监督管理机构认定的对期货交易价格有显著影响的其他重要信息。而该条对内幕信息给予了明确的定义，即内幕信息是指可能对期货交易价格产生重大影响的尚未公开的信息。考虑到证券市场与期货市场的关联性，证券市场上形成的内幕信息如对期货市场的波动可能产生重大影响亦应属于期货市场内幕信息的范畴。本案中，光大证券当日上午的错单交易对沪深300指数，180ETF、50ETF和股指期货合约价格均产生重大影响，中国证监会据此将错单交易信息认定为内幕信息，并未超出《证券法》《期货交易管理条例》对内幕信息定义的范畴。”

关于光大证券案发当日下午的对冲交易是否基于既定投资计划、指令所作出的交易行为，从而不构成对内幕信息的利用，一审法院认为：“光大证券当日下午实施的对冲交易，是在错单交易信息形成之后，光大证券直接针对错单交易而采取的对冲风险行为，而非基于内幕信息形成之前已经制订的投资计划、指令所作出的交易行为。……构成内幕交易。”

一审法院判决驳回杨某波的诉讼请求。二审法院认为一审法院判决驳回杨某波的诉讼请求并无不当，判决维持一审判决。

法律要点

1. 利用未公开信息交易的界定；
2. 利用未公开信息交易与证券内幕交易的区别。

知识点介绍

一、利用未公开信息交易的概念和法律特征

《证券法》第54条规定："禁止证券交易场所、证券公司、证券登记结算机构、证券服务机构和其他金融机构的从业人员、有关监管部门或者行业协会的工作人员，利用因职务便利获取的内幕信息以外的其他未公开的信息，违反规定，从事与该信息相关的证券交易活动，或者明示、暗示他人从事相关交易活动。"这即是利用未公开信息交易的规定，有时又被称为"老鼠仓"交易。

利用未公开信息交易具有以下法律特征：

(1) 主体具有特定性。利用未公开信息交易的主体限于证券交易场所、证券公司、证券登记结算机构、证券服务机构和其他金融机构的从业人员、有关监管部门或者行业协会的工作人员。

(2) 行为模式表现为两类：其一，利用因职务便利获取的特定信息，自行进行交易；其二，利用因职务便利获取的特定信息，明示、暗示他人从事相关交易。

利用"因职务便利"获取的特定信息，是利用非公开信息交易的重要特征之一。这意味着，对于处于特定位置的主体来说，如从事自行交易或明示、暗示他人从事相关交易，即可基本推定其所利用的未公开信息就是"因职务便利"而获取的，除非行为人能举证推翻这种推定。

(3) 所利用的信息为内幕信息以外的其他未公开信息。

内幕信息以外的其他未公开信息可能表现为未公开的市场性信息和未公开的交易信息。未公开的市场性信息，一般是指与市场整体波动密切相关的信息或会对大盘指数产生重大影响的信息，例如，本案中光大证券的"错单交易信息"。未公开的交易信息，主要是指证券市场主体的所从事的证券交易信息，例如，证券投资基金交易的标的股票、交易时间和交易数量等未公开交易信息。如果证券投资基金的工作人员在任职期间利用其掌控的上述未公开交易信息，从事与该信息相关的证券交易活动（即与基金进行"同步交易"），即构成利用非公开信息交易。[①]

另外，最高人民法院、最高人民检察院《关于办理利用未公开信息交易刑事案件适用法律若干问题的解释》（法释〔2019〕10号）第1条规定："刑法第一百八十条第四款规定的'内幕信息以外的其他未公开的信息'，包括下列信息：（一）证券、期货的投资决策、交易执行信息；（二）证券持仓数量及变化、资金数量及变化、交易动向信息；（三）其他可能影响证券、期货交易活动的信息。"

二、利用未公开信息交易与证券内幕交易的区别

利用未公开信息交易与证券内幕交易有所不同，二者的区别在于：

---

① 参见最高人民法院指导案例61号：马某利用未公开信息交易案，深圳市中级人民法院刑事判决书（2015）刑抗字第1号。

1. 主体范围不同

利用未公开信息交易行为主体范围特定。而内幕交易主体虽然通常来说主要表现为“内部人”，但其范围并不局限于“内部人”。根据《证券法》第50条的规定，内幕交易主体包括内幕信息知情人和非法获取内幕信息的人。只要行为人处于“内幕信息知情人”的位置，或属于利用窃取、骗取、套取、窃听、利诱、刺探或者私下交易等手段获取内幕信息的主体，以及处于信息传递链中的主体，其相关交易行为明显异常，且无正当理由或者正当信息来源的，都可被推定为从事了内幕交易。

2. 所利用的信息客体不同

利用未公开信息交易利用的是内幕信息以外的其他未公开的信息。而内幕交易利用的是“涉及发行人的经营、财务”的具有重大性且未公开的信息，即内幕信息具有“价值性”、“关联性”或“相关性”特点，这是内幕交易与利用未公开信息交易的核心区别点。

3. 行为模式不同

利用未公开信息交易的行为模式主要表现为自行交易和明示、暗示他人从事相关交易。而内幕交易的行为模式则表现为买卖、建议和泄露三种行为样态，即买卖与内幕信息相关的发行人的证券，或者泄露该信息，或者建议他人买卖该证券。也正是因为内幕交易的行为模式中还包括泄露内幕信息，所以行为人只要处在内幕信息传递链中进行了信息传递，即使其并未处于“内幕信息知情人”的位置，也不论是否利用职务便利，都属于内幕交易的主体范畴。

4. 交易方式或交易标的不同

利用未公开信息交易的交易方式通常并不是直接买卖与信息相关的发行人的证券，例如，在本案中，行为人的交易方式是将股票转为180EFT和50EFT卖出，即行为人并不是直接买卖与错单交易信息相关的光大证券自身的证券。又如，在常见的“老鼠仓”交易中，基金经理“同步交易”的也是基金买卖的证券，而不是基金本身的基金份额。

而内幕交易的交易方式是：在内幕信息公开前，自行买卖内幕信息所指向的公司的证券，或者泄露该信息，或者建议他人买卖该证券。换言之，内幕交易的交易标的就是内幕信息所指向的公司的证券。

案例评析

一、本案中的错单交易信息应属于“内幕信息以外的其他未公开的信息”

在我国，利用未公开信息交易某种意义上是一种“执法先于立法”的证券违法行为。[①] 2009年《刑法修正案（七）》在《刑法》第180条“内幕交易、泄露内幕信息罪”

① 早在2007年，中国证券监督管理委员会就查处了一些“老鼠仓”案件，如中国证监会行政处罚决定书〔2008〕15号、〔2008〕22号。但在当时，由于《证券法》中未有专门规定，因此相关案件查处存在法律适用的问题。

项下新增第 4 款，即“利用未公开信息交易罪”。2012 年，《证券投资基金法》也进行了修改，在第 21 条项下新增第 6 项，规定公募基金的基金管理人及其董事、监事、高级管理人员和其他从业人员不得泄露利用职务便利获取的未公开信息，也不得利用该信息从事交易或明示、暗示他人从事交易；第 124 条也明确规定，针对“老鼠仓”行为可以责令改正、没收违法所得并处 1 倍以上 5 倍以下罚款。

但是，在 2019 年《证券法》修订之前，《证券法》本身并未能对利用未公开信息交易行为予以明确规定。因此，证券执法实践中曾出现适用内幕交易条款解决利用未公开信息交易的案例，本案即是如此。中国证监会在进行行政处罚时，将“光大证券在进行 ETF 套利交易时，因程序错误，其所使用的策略交易系统以 234 亿元的巨量资金申购 180ETF 成份股，实际成交 72.7 亿元”这一错单交易信息，定性为内幕信息；将光大证券认定为“《证券法》第二百零二条和《期货交易管理条例》第七十条所规定的内幕信息知情人”；将“光大证券 2013 年 8 月 16 日下午将所持股票转换为 180ETF 和 50ETF 并卖出的行为和 2013 年 8 月 16 日下午卖出股指期货空头合约 IF1309、IF1312 共计 6 240 张的行为”认定为内幕交易。[①] 在本案中，原告亦在行政诉讼中提出，光大错单交易信息不构成《证券法》及《期货交易管理条例》所规定的内幕信息，但二审法院最后认为“本案的错单交易信息产生于证券市场，虽然《证券法》第七十五条第二款明确列举的内幕信息主要是与发行人自身相关的信息，但该法第七十五条第二款第（八）项规定，内幕信息包括国务院证券监督管理机构认定的对证券交易价格有显著影响的其他重要信息”，因此仍是将错单交易信息定性为证券内幕信息。[②] 学界亦对此案的处理多有讨论，认为“本案中，光大公司是证券市场的机构投资者，光大事件所涉信息不是其所购买的 ETF 基金所指向的标的证券公司的相关信息，不涉及标的公司本身的运营质量，因而不构成标的证券公司的内幕信息”[③]。

2019 年《证券法》修订之后，第 54 条明确了利用未公开信息交易，由此将其与内幕交易予以区分处理也有了明确的法律依据。《证券法》第 52 条将“价值性”或“关联性”明确为内幕信息的特征，即涉及发行人的经营、财务或者对该发行人证券的市场价格有重大影响的尚未公开的信息，属于证券内幕信息。

根据《证券法》第 52 条和第 54 条的规定，本案中光大证券的错单交易信息显然不属于涉及光大证券经营或财务的信息，不符合“价值性”或“关联性”要求，属于“证券持仓数量及变化、资金数量及变化、交易动向信息”，是“内幕信息以外的其他未公开的信息”。

二、本案中行为人在错单交易信息未公开前卖出 180ETF 和 50ETF 构成利用未公开信息交易

本案中，光大证券内部相关工作人员以“对冲风险”为由在错单信息公开前进行了

① 参见中国证监会行政处罚决定书〔2013〕59 号。

② 参见北京市高级人民法院（2015）高行终字第 943 号行政判决书。

③ 陈洁、曾洋. 对“8·16 光大事件”内幕交易定性之质疑. 法学评论，2014（1）：187.

两项操作：一是将所持股票转换为180ETF和50ETF并卖出；二是卖出股指期货空头合约。其中，将所持股票转换为180ETF和50ETF并卖出的行为，属于证券市场上的交易行为，即利用因职务便利知悉的错单交易信息并“从事与该信息相关的证券交易活动”，显然符合《证券法》第54条的规定，构成利用未公开信息交易。

值得一提的是，本案中行为人卖出股指期货空头合约的行为仍应被界定期货内幕交易。《期货和衍生品法》第14条规定：“本法所称内幕信息，是指可能对期货交易或者衍生品交易的交易价格产生重大影响的尚未公开的信息。期货交易的内幕信息包括：（一）国务院期货监督管理机构以及其他相关部门正在制定或者尚未发布的对期货交易价格可能产生重大影响的政策、信息或者数据；（二）期货交易场所、期货结算机构作出的可能对期货交易价格产生重大影响的决定；（三）期货交易场所会员、交易者的资金和交易动向；（四）相关市场中的重大异常交易信息；（五）国务院期货监督管理机构规定的对期货交易价格有重大影响的其他信息。”根据该规定，光大证券错单交易信息属于“相关市场中的重大异常交易信息”，光大证券及其相关工作人员也属于《期货和衍生品法》第15条规定的“内幕信息的知情人”范畴，其在期货市场上利用内幕信息对市场可能产生的单边影响卖出做空期货合同，构成《期货和衍生品法》第13条所规定的期货内幕交易。

（撰稿人：杜　晶）

第二节　编造、传播虚假信息的法律责任

案例简介

牟某华编造、传播虚假信息案[①]

2019年1月29日早10时许，牟某华在微信群看到“易会满主席记者招待会”相关虚假信息，与群友讨论互动后，仿照该消息编造了内容为“据外媒报道，新任中国证监会主席紧急上书，建议暂缓科创板实施，首先规范法律法规，严惩造假上市公司，加快不法公司退市速度，引进各路资金增持股票，在此之前，即便领导意愿强烈，科创板也没有率先实施的条件。这是近年来难得的敢说真话的证监会领导，已经引起最高层高度重视，不排除一系列政策近期会发生变化”的信息，通过其本人手机发布在“趋势投资-印钞机-天宫赐福”等两个微信群中，紧接着在“趋势投资-印钞机-天宫赐福”群中表示“大家看是否可以传一下”以及“反正一看就是假的，来吧，come on baby”。当日晚些时候，牟某华知悉有人在“雪球网”转载了上述信息后，仅在前述微信群中作出评论，并未通过公开途径进行辟谣。该信息在多个互联网平台上传播、扩散。

① 本案例摘编自中国证监会江苏监管局行政处罚决定书（马某博、汤某亮）〔2020〕3号。

牟某华编造、传播的信息与客观事实不符，中国证监会易会满主席从未上书建议暂缓科创板实施。牟某华称其编造、传播涉案虚假信息的动机主要是显示自己“懂得多”，达到哗众取宠、引人注意的目的。

中国证监会经调查后认定，牟某华编造、传播虚假信息，扰乱证券市场的行为违反了《证券法》的规定，扰乱证券市场，依法对其处以20万元的罚款。

法律要点

1. 编造、传播虚假信息行为的界定；

2. 编造、传播虚假信息行为的法律责任。

知识点介绍

一、编造、传播虚假信息行为的界定

证券市场是信息市场，证券市场监管和打击证券市场犯罪主要就是围绕信息的产生、披露、传播、使用等各个环节中的违法行为展开的。《证券法》第56条规定，禁止任何单位和个人编造、传播虚假信息或者误导性信息，扰乱证券市场。禁止证券交易场所、证券公司、证券登记结算机构、证券服务机构及其从业人员，证券业协会、证券监督管理机构及其工作人员，在证券交易活动中作出虚假陈述或者信息误导。各种传播媒介传播证券市场信息必须真实、客观，禁止误导。

编造、传播虚假信息或者误导性信息的行为同样是针对证券市场信息的违法行为，而且是一般主体即可为的行为，因此在界定上既要明确与相关行为的区分，也要注意可能的竞合。(1) 与内幕交易行为和利用未公开信息交易行为的区分是比较明显的，主要看涉及的信息是否属于内幕信息或内幕信息以外的未公开信息；通常情况下，内幕信息和其他未公开信息都是真实的信息，而非虚假或误导性的信息。(2) 与虚假陈述行为可能构成竞合关系。虚假陈述行为就包括信息披露义务人对重大事件作出违背事实真相的虚假记载和误导性陈述，在这种情况下就可能构成法条上的竞合，如果属于信息披露义务人的虚假陈述，就不适用编造、传播虚假信息或者误导性信息的范畴。

二、编造、传播虚假信息行为的法律责任

在法律责任上，编造、传播虚假信息同时面临民事责任、行政责任和刑事责任。在民事责任方面，《证券法》第56条第4款规定，编造、传播虚假信息或者误导性信息，扰乱证券市场，给投资者造成损失的，应当依法承担赔偿责任。但投资者依据这一条索赔，同样面临前述内幕交易、操纵市场等行为的障碍，亟须相关规范或司法解释的进一步支撑。值得关注的是，2022年11月，A股首例投资者向造谣传谣者索赔案已正式立案。该案的起因是自媒体“华招医药网”“药闻康策”等编造、传播虚假信息，导致

2022年8月18日长春高新股票价格放量大跌，给投资者造成了严重损失。[①]

在行政责任方面，《证券法》第193条第1款、第2款规定，违反该法第56条第1款、第3款的规定，编造、传播虚假信息或者误导性信息，扰乱证券市场的，没收违法所得，并处以违法所得1倍以上10倍以下的罚款；没有违法所得或者违法所得不足20万元的，处以20万元以上200万元以下的罚款。违反该法第56条第2款的规定，在证券交易活动中作出虚假陈述或者信息误导的，责令改正，处以20万元以上200万元以下的罚款；属于国家工作人员的，还应当依法给予处分。因此，对于一般主体和传播媒介而言，编造、传播虚假信息或者误导性信息，要达到扰乱证券市场的后果，才会有行政处罚；而对于证券从业人员和监管人员，只要在证券交易活动中作出虚假陈述或者信息误导的，无论是否扰乱证券市场，都会导致处罚或处分。

在刑事责任方面，《刑法》第181条规定，编造并且传播影响证券交易的虚假信息，扰乱证券交易市场，造成严重后果的，处5年以下有期徒刑或者拘役，并处或者单处1万元以上10万元以下罚金。证券交易所、证券公司的从业人员，证券业协会或者证券监督管理部门的工作人员，故意提供虚假信息或者伪造、变造、销毁交易记录，诱骗投资者买卖证券，造成严重后果的，处5年以下有期徒刑或者拘役，并处或者单处1万元以上10万元以下罚金；情节特别恶劣的，处5年以上10年以下有期徒刑，并处2万元以上20万元以下罚金。单位犯前两项罪的，对单位判处罚金，并对其直接负责的主管人员和其他直接责任人员，处5年以下有期徒刑或者拘役。因此，在证券市场上，说话必须谨慎，不能不负责地信口开河和传播、转发虚假信息，否则不仅可能被罚得颜面扫地，赔得倾家荡产，还可能面临牢狱之灾。

案例评析

禁止编造、传播虚假信息或者误导性信息，意在使证券市场上的主体审慎地对待制造和传播信息行为，并对自己的言论负起责任。这一行为的主体是一般主体，任何人都可能成为行为人。牟某华主观上有编造、传播虚假信息行为的故意，客观上实施了编造、传播虚假信息的行为，至于该行为的目的并不影响对行为本身违法性的认定。随着互联网技术的迅速发展，信息传播优势绝不仅仅是个别具有特定身份人所特有的，牟某华通过微信平台编造、传播与证券市场有关的虚假信息，属于证券法调整的范畴。微信群本身即有极强的信息传播能力，且当事人在微信群鼓励转发，应当知晓其行为可能引发的后果；是否辟谣或有无辟谣能力不影响对行为性质的认定。当前信息技术高度发达，信息传播极为方便快捷，保护信息传播秩序对资本市场意义重大。行为人编造、传播的虚假信息在一定范围内被传播，破坏了证券市场信息传播秩序，应当依法承担法律责任。

（撰稿人：何海锋）

① 投资者向造谣者索赔正式立案，A股首例！170余位长春高新股东进首批诉讼，还有1 630位陆续加入. 每日经济新闻，2022-11-04.

第三节　证券公司欺诈客户的法律责任

案例简介

第一创业证券公司上海巨野路证券营业部等与黄某财产损害赔偿纠纷案[①]

2007 年 2 月 15 日，黄某在第一创业证券公司投资顾问翁某屹的指导下开设证券交易账户。黄某于 2013 年 4 月 15 日发现账户资金发生重大损失。在此期间，黄某未发出任何证券买卖的指令。但黄某的母亲王某华承认，其曾将黄某的股票账户和交易密码告诉翁某屹并委托翁某屹进行两只股票的证券交易。

经法院查明，自 2007 年 2 月 15 日至 2013 年 4 月 16 日，黄某的资金账户陆续存入本金人民币 42 万元，账户中因股票交易产生的红利为 5 225 元、利息和现金分红 96.64 元、账户盈利 398 697.4 元、手续费（证券公司佣金）511 162.98 元、印花税 292 496.77 元、过户费 4 225.08 元。截至 2013 年 4 月 16 日，黄某资金账户剩余可用资金为 834.21 元、证券账户中股票市值为 15 300 元，共计剩余资产 16 134.21 元。另查明，自 2007 年 2 月 16 日至 2011 年 4 月 27 日，黄某的证券账户共发生交易天数 651 天，交易次数 8 296 次，平均每天交易 12.74 次。

2013 年 7 月 8 日，第一创业证券公司决定对翁某屹代客理财，给客户造成了严重的损失的违规行为记入“上海地区证券营销人员（证券经纪人）信息备案系统诚信档案”予以业内公示。

黄某随即诉至法院，请求判令：第一创业证券公司向其赔偿损失 42 万元，翁某屹对上述债务承担连带赔偿责任。

上海市浦东新区人民法院经审查认为：我国 2014 年《证券法》第 79 条（2019 年《证券法》第 57 条）规定：“禁止证券公司及其从业人员从事下列损害客户利益的欺诈行为：……（四）未经客户的委托，擅自为客户买卖证券，或者假借客户的名义买卖证券；（五）为牟取佣金收入，诱使客户进行不必要的证券买卖；……欺诈客户行为给客户造成损失的，行为人应当依法承担赔偿责任”。翁某屹时任第一创业证券公司的投资顾问，虽然其对黄某证券账户及密码的知晓源于黄某母亲王某华的告知，但这并不意味着翁某屹可以违反法律的禁止规定，私自操作。翁某屹未经黄某委托，大量、多次买进卖出股票的行为给黄某造成了高额佣金和印花税等资金损失，行为与损害后果之间存在因果关系，故翁某屹应当承担侵权损害赔偿责任。

我国《证券法》及相关规范性法律文件均明确规定了证券公司的内控制度、审慎经营原则以及诚信义务来保障客户的资金安全。本案中，第一创业证券公司作为专业的证

---

① 本案例摘编自上海市浦东新区人民法院（2014）浦民六（商）初字第 9284 号民事判决书；上海市第一中级人民法院（2015）沪一中民六（商）终字第 406 号民事判决书。

券公司营业部，其具有技术、信息优势以及内部控制制度的要求，可以对客户的异常交易进行监控，故第一创业证券公司有责任也有能力对其客户即黄某股票账户的交易行为进行监督、管理，防范风险，对于异常交易行为应采取及时发现、监控、调查、通知黄某并核实确认。此外，第一创业证券公司亦系大量的、频繁的异常证券交易中的佣金直接受益人，其亦有义务对黄某的资金负有安全保障义务。在本案系争股票交易期间，黄某作为自然人，其证券账户经常单日内存在持续性的、大量的、频繁的股票交易，显属异常交易行为。但是第一创业证券公司在异常交易发生后并没有及时采取措施防止黄某损失的扩大，其并未尽到安全保障义务，明显存有侵权行为。故第一创业证券公司应对黄某承担侵权损害赔偿责任。

本案中，黄某母亲王某华代黄某管理该证券账户，曾经委托翁某屹进行过两只股票交易，为翁某屹操作其账户提供了可能，故黄某未尽妥善保管账户及密码的注意义务，其对损失的发生具有过失，应承担相应的过错责任。根据过错责任，黄某对自己的过错导致损害的发生或损失的扩大承担责任，因黄某自身之过错，则应减轻第一创业证券公司和翁某屹的侵权责任。

综合考量本案的实际案情，黄某对本案系争损失应当自行承担30%的责任。翁某屹承担剩余70%的责任。第一创业证券公司未尽监管责任以及安全保障义务导致本案损失的扩大，其也应承担相应的损害赔偿责任，但是基于第一创业证券公司的侵权行为的性质显然不同于翁某屹的侵权行为的性质，因此，第一创业证券公司应当在翁某屹承担侵权责任的50%范围内承担补充赔偿责任，并且第一创业证券公司在赔偿后可向直接侵权人即翁某屹追偿。

第一创业证券公司和翁某屹不服，提起上诉，主张撤销原判，依法改判驳回黄某原审诉讼请求。

上海市第一中级人民法院经审查认为：翁某屹在原审庭审中承认客户将账户和密码告知证券公司工作人员，由工作人员代为股票交易的行为有违我国2014年《证券法》第79条（2019年《证券法》第57条）的规定。第一创业证券公司将翁某屹的行为记入“上海地区证券营销人员（证券经纪人）信息备案系统诚信档案”予以业内公示，亦证明了翁某屹行为的不法性。同时，黄某损失系因缴纳巨额佣金导致，与翁某屹违法操作之间具有相当因果关系。综上，原审法院认定翁某屹构成侵权并无不当。

第一创业证券公司作为翁某屹所在单位及专业证券公司，对于自己公司的证券从业人员负有管理、监督责任，并应当建立相应制度避免从业人员违法操作行为发生。本案损害结果的发生与第一创业证券公司对本公司证券从业人员管理不善之间具有因果关系，故原审法院认定第一创业证券公司构成侵权亦无不当。原审法院依据第一创业证券公司及翁某屹各自的过错程度判决两上诉人承担相应的责任，依法有据，本院予以维持。但原审法院认为第一创业证券公司在承担补充赔偿责任后有权向翁某屹追偿缺乏法律依据，本院予以纠正。

法律要点

1. 证券公司欺诈客户的行为表现；
2. 证券公司欺诈客户的法律责任。

知识点介绍

证券公司欺诈客户具有广义和狭义之分，区别在于“客户”不同。广义层面的证券公司欺诈客户泛指和证券公司签订业务合同的一切“客户”，既包括一级市场的发行人和投资者，也包括二级市场的投资者；而狭义层面的证券公司欺诈客户仅指和证券公司签订委托合同的二级市场的投资者。本节仅谈及狭义层面的证券公司欺诈客户的法律责任。

一、证券公司欺诈客户的行为表现

我国证券法律法规通常采用列举的方式规定证券公司欺诈客户的行为表现。在1993年的《禁止证券欺诈行为暂行办法》中第10条首次规定了证券公司欺诈客户的6项具体行为和1项兜底行为。随后，我国在1998年颁布实施了第一部《证券法》，其中第73条将这7项欺诈客户的行为修改精简至6项。此后的几次《证券法》修正与修订将证券公司欺诈客户的行为扩展至7项，但2019年我国最新修订的《证券法》第57条再次精简，仅仅规定了5项证券公司欺诈客户的行为：“（一）违背客户的委托为其买卖证券；（二）不在规定时间内向客户提供交易的确认文件；（三）未经客户的委托，擅自为客户买卖证券，或者假借客户的名义买卖证券；（四）为牟取佣金收入，诱使客户进行不必要的证券买卖；（五）其他违背客户真实意思表示，损害客户利益的行为。”

二、证券公司欺诈客户的法律责任

我国2019年《证券法》关于证券公司欺诈客户的刑事责任、行政责任和民事责任进行了规定。

就刑事责任而言，我国2019年《证券法》第219条仅作了原则性规定：“违反本法规定，构成犯罪的，依法追究刑事责任。”我国《刑法》（2020年修正）中关于证券公司欺诈客户的刑事罪名可大致分为三类：一是诱骗投资者买卖证券、期货合约罪（第181条第2款）；二是挪用资金罪或挪用公款罪（第185条）；三是背信运用受托财产罪（第185条之一）。

就行政责任而言，我国2019年《证券法》第194条规定，证券公司及其从业人员欺诈客户，损害客户利益的，给予警告，没收违法所得，并处以违法所得1倍以上10倍以下的罚款；没有违法所得或违法所得不足10万元的，处以10万元以上100万元以下的罚款；情节严重的，暂停或撤销相关业务许可。

就民事责任而言，我国2019年《证券法》第57条规定，证券公司欺诈客户，给客户造成损失的，应承担赔偿责任。这一赔偿责任既包含违约责任又包含侵权责任，属于民事责任的竞合。[①] 一方面，投资者通过证券交易所从事证券交易必须委托具有会员资格的证券公司进行，投资者和证券公司间必然形成证券委托买卖合同关系，在这一合同关系中，证券公司的主要义务是遵循委托人的意愿，买卖指定品种、数量和价格的证券，而投资者的主要义务是支付一定的费用和承担买卖的后果，如果证券公司违背客户意愿，违规交易，则应承担相应的违约责任。另一方面，证券公司作为证券交易的中介和主体，在证券市场具有特殊地位，发挥着重要作用，当其从事委托代理业务时，我国证券法律法规为之设定了若干特别义务，这些义务属于强制性规范，合同当事人不得以合意的方式排除适用。证券公司在实施2019年《证券法》第57条列举的5项欺诈客户的行为时必然违反了证券法律法规为之设定的特别义务，此时若给客户造成损失，其应当承担侵权责任。因此，证券公司欺诈客户的行为不仅可能涉及违约责任还可能引起侵权责任。根据我国2019年《证券法》第57条的规定，证券公司欺诈客户给客户造成损失的，应承担赔偿责任。这意味着证券公司欺诈客户产生的违约责任和侵权责任的请求范围是相同的，根据处理民事责任竞合的基本法理，受害人有权就两种责任请求权进行选择，受害人选择行使一种责任请求权而使其损失得以弥补时，另一种责任请求权归于消灭。

综上，证券公司欺诈客户的法律责任旨在禁止证券公司及其从业人员违背客户真实意思表示，损害客户利益的行为。强调证券交易要符合客户的真实意思，不仅基于尊重客户意愿、保护客户利益这一民商事角度的考量，还是为了防范风险。因为，无论是诱使客户进行不必要的证券买卖，还是假借客户的名义买卖证券等行为，都可能造成证券市场的虚假繁荣，扭曲真实的供求关系和交易数据，一旦出现流动性困难或证券市场的异常波动，就极易引发纠纷和危机。

案例评析

本案中黄某的财产损失主要是高频交易导致的高额佣金和印花税，并且没有证据表明第一创业证券公司违反了合同约定义务。因此，本案属于证券公司及其从业人员违反法定义务、违规交易证券、损害客户利益的侵权责任纠纷。

一审法院认为，第一创业证券公司侵权行为的性质与翁某屹侵权行为的性质不同。第一创业证券公司仅是未在异常交易发生后及时采取措施防止黄某损失的扩大，违反了安全保障义务，故其只需承担补充赔偿责任。这一逻辑意味着一审法院忽略了证券公司和其从业人员的雇佣关系，认为2019年《证券法》第57条规定的证券公司及其从业人员在承担侵权赔偿责任时的关系是《民法典》第1198条规定的经营场所、公共场所的经营者、管理者或者公共活动组织者与第三人侵权时的关系。而二审法院虽然认为一审法院判定第一创业证券公司承担侵权损害赔偿责任并无不当，但理由不是因为未尽安全保障义务，而是因为第一创业证券公司没有履行监督管理公司职员的义务，且这一违反

① 民事责任的竞合，指同一事实符合数个责任的构成要件，同时产生数个责任。王利明，杨立新，王轶，程啸.民法学.6版.北京：法律出版社，2020：281.

义务的行为和黄某账户财产损失的结果具有因果关系，所以二审法院纠正了一审关于第一创业证券公司在承担责任后可向直接侵权人翁某屹追偿的判决。

然而，令人遗憾的是二审法院没有彻底纠正一审法院的理解偏差。笔者认为2019年《证券法》第57条规定的证券公司及其从业人员承担侵权赔偿责任时的关系应适用《民法典》第1191条关于"用人者替代责任"的规定，即证券公司未尽到监督管理本公司从业人员的义务时，从业人员实施损害客户利益的侵权损害赔偿责任应由证券公司单独承担，证券公司承担责任后可以向有故意或重大过失的从业人员追偿。2019年《证券法》第136条第1款规定，"证券公司的从业人员在证券交易活动中，执行所属的证券公司的指令或者利用职务违反交易规则的，由所属的证券公司承担全部责任。"如此，不仅能够最大程度地保护客户的合法利益，还能倒逼证券公司诚实守信、勤勉尽责和审慎经营。

（撰稿人：尹鑫鹏）

第四节 出借或借用证券账户的法律责任

案例简介

无锡嘉和融、华某帆等借用、出借证券账户案①

2021年3月19日，按照无锡嘉和融公司实际控制人陶某伟的安排，无锡嘉和融从陶某伟实际控制的其他公司银行账户筹措资金1 000万元，转入无锡嘉和融借用的自然人"华某帆"中金财富证券账户，由华某帆按照陶某伟指令，利用其中7 090 000元，操作账户买入"天喻信息"股票，2021年3月22日卖出，卖出所得共计7 559 869.37元经由宋某银行账户重新分配转入华某帆等的证券账户用于交易"哈工智能"股票。

2021年3月至5月，按照陶某伟安排，无锡嘉和融从陶某伟实际控制的其他公司银行账户等处筹措资金2 000余万元，连同"华某帆"中金财富证券账户卖出"天喻信息"股票所得7 559 869.37元，转入无锡嘉和融借用的"华某帆"华鑫证券账户等6个证券账户用于买入"哈工智能"股票，由华某帆等按照陶某伟指令操作各自账户完成交易，交易实际亏损由无锡嘉和融承担，股票卖出资金被无锡嘉和融用于其他往来业务。

中国证监会天津监管局认为，无锡嘉和融的上述行为违反了《证券法》第58条的规定，构成《证券法》第195条所述的借用他人证券账户从事证券交易行为，责令无锡嘉和融国际贸易有限公司改正，给予警告，并处以30万元罚款；华某帆等人的上述行为违反了《证券法》第58条的规定，构成《证券法》第195条所述的出借自己的证券账户从事证券交易行为，责令其改正，给予警告，并处以3万元罚款。

① 本案例摘编自中国证监会天津监管局行政处罚决定书（无锡嘉和融）〔2022〕1号；中国证监会天津监管局行政处罚决定书（华某帆等人）〔2022〕2号；中国证监会江苏监管局行政处罚决定书（马某博、汤某亮）〔2020〕3号。

法律要点

禁止出借或借用证券账户的立法目的。

知识点介绍

证券账户是证券投资者进行交易的基本单位，证券账户的真实、独立、安全也是证券交易的基本前提，而其中账户真实更是前提的前提。投资者应当使用实名开立的账户进行交易。2005年《证券法》规定："禁止法人非法利用他人账户从事证券交易；禁止法人出借自己或者他人的证券账户。"2019年《证券法》对此作出修改，将禁止出借或借用证券账户的范围从法人扩展到任何单位和个人。这是因为，实践中各种违法证券交易行为都是通过借用或者控制证券账户进行的。比如，徐某操纵证券市场案中，徐某实际控制了139个账户进行交易。民间的各种"场外配资"也多是通过他人证券账户开展的。因此，从打击违法交易行为的角度，严格禁止出借或借用证券账户具有相当的必要性。

《证券法》第58条规定，任何单位和个人不得违反规定，出借自己的证券账户或者借用他人的证券账户从事证券交易。需要注意的是，实务中普遍存在家庭成员间互相代管证券账户或者混同操作的情形，如果也将其纳入"违规出借证券账户"的范围，不仅有违立法本意，也不具有法理上的可归责性和执法上的可操作性。因此，证券法将"违反规定"作为前提条件，实际上是授权证券监管机构对出借证券账户的具体情形进行区分规定。在法律责任上，证券法对出借方和借用方都设置了行政处罚。《证券法》第195条规定，违反本法第58条的规定，出借自己的证券账户或者借用他人的证券账户从事证券交易的，责令改正，给予警告，可以处50万元以下的罚款。

案例评析

2019年《证券法》针对性地扩大了禁止出借或借用证券账户的主体范围，将自然人、非法人机构也纳入了禁止出借证券账户或者借用他人的证券账户从事证券交易的规制范围。本案中，无锡嘉和融为法人，属于2005年《证券法》下"非法利用他人账户从事证券交易"和"出借自己或者他人的证券账户"的主体，也是2019年《证券法》下禁止出借或借用证券账户的主体，对于其借用他人证券账户从事证券交易行为应当承担法律责任。华某帆等为自然人，按照2019年《证券法》的规定，属于禁止出借或借用证券账户的主体，其对于出借证券账户的行为应当承担法律责任。

（撰稿人：何海锋）

第十一章
上市公司收购法律制度

第一节　要约收购

案例简介

京东要约收购德邦物流[①]

2022年3月12日，德邦物流股份有限公司（以下简称“德邦物流”）披露公告称，公司实际控制人、创始股东崔某星及其一致行动人薛某，崔某刚、徐某俊、庞某秀、黄某波、汤某保、张某然等德邦物流董事、监事和高级管理人员，以及153名自然人及机构股东，分别与京东集团控制的宿迁京东卓风企业管理有限公司（以下简称“京东卓风”）签订了股份转让协议，拟将宁波梅山保税港区德邦投资控股股份有限公司（以下简称“德邦控股”，即德邦物流控股股东）合计99.987%的股份，转让给京东卓风。交易完成后，京东卓风可通过德邦控股间接持有德邦物流66.497%的股权，成为德邦物流的间接控股股东，公司实控人也将随之发生变更。而由于京东卓风间接持有的德邦物流股份数量超过该公司已发行股份的30%，触发了全面要约收购义务，京东卓风应当向除德邦控股之外的其他德邦物流股东就其所持有的德邦物流已上市无限售条件流通普通股发出全面收购要约。

在京东卓风履行完毕内部审议决策程序后，德邦物流于2022年7月28日披露要约收购报告书，京东卓风将以13.15元/股的价格，向除德邦控股外的其他德邦物流股东发出全面要约，要约收购后者持有的德邦物流2.77亿股，占德邦物流已发行股份总数的26.98%，要约收购期限为2022年8月2日至2022年8月31日。2022年8月18日，公司披露了“董事会关于要约收购事宜致全体股东的报告书”。

2022年9月7日，德邦物流表示此次全面要约收购交割完成。截至2022年9月6日，本次要约收购清算过户手续已办理完毕，京东卓风合计控制公司股份7.39亿股，占公司总股本的71.93%。

---

① 本案例摘编自德邦物流股份有限公司要约收购报告书（2022年7月）等公开信息披露文件。

法律要点

1. 收购的概念及方式；
2. 要约收购的概念；
3. 要约收购的分类；
4. 要约收购的定价与期限。

知识点介绍

一、收购的概念

我国《证券法》没有给收购行为下过定义。《上市公司收购管理办法》第 5 条规定：收购人可以通过取得股份的方式成为一个上市公司的控股股东，可以通过投资关系、协议、其他安排的途径成为一个上市公司的实际控制人，也可以同时采取上述方式和途径取得上市公司控制权。收购人包括投资者及与其一致行动的他人。同时，中国证监会上市部曾经于 2009 年下发《关于上市公司收购有关界定情况的函》（上市部函［2009］171 号）指出，上市公司收购是指“为了获得或巩固上市公司控制权的行为”。

上市公司收购一般分为广义和狭义两种：狭义的上市公司收购是指要约收购，即收购人为获得或巩固对上市公司的控制权，以向目标公司股东发出收购要约的方式购买该公司股票的行为；广义的上市公司收购不仅包括要约收购，还包括各类在主观上具有使收购人获得上市公司控制权之可能的证券购买行为，如协议收购、间接收购等。

二、要约收购的概念

根据《上市公司收购管理办法》的相关规定，要约收购是指收购人向一家上市公司的全体股东发出要约，收购全体股东所持有的该上市公司之全部或者部分股份，即收购人通过证券交易所的交易系统，直接向上市公司股东购买其持有股份的一种收购方式。

虽然要约收购是各国上市公司收购中很重要的方式之一，也为各国立法所严格规范，但要约收购作为一种公众投资者参与度极高的收购方式，涉及的成本极高、程序相对复杂，实践当中真正主动采取要约方式进行收购的收购人较少。目前市场上大部分要约收购都是因触发要约收购义务而不得不履行的强制要约。

三、要约收购的分类

1. 自愿要约与强制要约

按照收购人发出要约的主观意愿，可以将要约分为自愿要约和强制要约。自愿要约主要是指根据收购人的主观意志，愿意以要约的方式向被收购公司的股东提出购买其所持上市公司股份的行为。强制要约主要是指法律规定在一定的情形下，收购人必须以要约方式对上市公司进行收购，即收购人进行要约收购并非出于主观意愿，而是为了履行法定义务。

对于自愿要约，无论收购人持有多少股份，甚至尚未持有任何股份，均可以采取自愿要约的方式收购上市公司股份。对于强制要约，收购人通过直接或间接方式，拟持有或已持有一家上市公司30%的股份，拟继续增持，但不符合免除要约条件的，必须以要约方式进行收购。

2.全面要约与部分要约

按照收购人发出要约收购的股份数量，可以将要约分为全面要约与部分要约。全面要约主要是指收购人向被收购公司的所有股东发出购买其所持有的上市公司全部股份的要约。部分要约则是指收购人向被收购公司的股东发出的购买其所持有的上市公司部分股份的行为。

四、要约收购的定价与期限

1.要约收购的定价

要约收购价格的法定要求为：要约收购提示性公告日前6个月内收购人取得该种股票所支付的最高价格，包括协议转让、二级市场取得等。要约收购价格的原则性要求为：提示性公告日前30个交易日该种股票的每日加权平均价格的算术平均值（前30日均价）。此价格非强制性要求，若要约收购价格低于了前述平均值，财务顾问应当就该种股票前6个月的交易情况进行分析，对股价被操纵、收购人是否有未披露的一致行动人、收购人前6个月取得公司股份是否存在其他支付安排、要约价格的合理性进行说明。

实务中，要约收购具有公众性，收购人为提高要约收购成功率，大多数收购人的定价均较前30日均价给予了不同程度的溢价。

2.要约收购的期限

收购要约约定的收购期限不得少于30日，并不得超过60日；但是出现竞争要约的除外。

案例分析

一、本案体现了要约收购的基本特征

要约收购具有全面性。要约收购必须向所有股东发出，收购人所提出的各项收购条件适用于标的公司的所有股东。其中存在一项要约收购的预受制度，所谓预受，是指目标公司股东同意接受要约收购的初步意思表示，在要约收购期限内、不可撤回之前，不构成承诺。本案中，京东卓风以购买德邦控股控制权方式间接持有了德邦物流66.497%股权，触发了强制要约义务，即《证券法》第65条之规定，“通过证券交易所的证券交易，投资者持有或者通过协议、其他安排与他人共同持有一个上市公司已发行的有表决权股份达到百分之三十时，继续进行收购的，应当依法向该上市公司所有股东发出收购上市公司全部或者部分股份的要约。”随后，京东卓风向除德邦控股外的其他

德邦物流股东发出全面收购要约。

要约收购具有公平性。收购人应当公平对待被收购公司的所有股东，持有同一种类股份的股东应当得到同等对待；同时，收购人对同一种类股票的要约价格，不得低于要约收购提示性公告日前6个月内收购人取得该种股票所支付的最高价格。本案中，京东卓风的要约收购价格为13.15元/股，要约收购期限为2022年8月2日至2022年8月31日，这体现了要约收购的公平性。

二、本案体现了要约收购中上市公司董事会的忠实、勤勉义务

在要约收购事项中，上市公司董事的忠实、勤勉义务与《公司法》的规定有所不同。《上市公司收购管理办法》第8条规定，被收购公司的董事、监事、高级管理人员对公司负有忠实义务和勤勉义务，应当公平对待收购本公司的所有收购人。第32条规定，被收购公司董事会应当对收购人的主体资格、资信情况及收购意图进行调查，对要约条件进行分析，对股东是否接受要约提出建议，并聘请独立财务顾问提出专业意见。第34条规定，在要约收购期间，被收购公司董事不得辞职。本案中，在要约收购期间，德邦物流未发生辞职、离职情形；公司董事会于2022年8月18日披露了“董事会关于要约收购事宜致全体股东的报告书”和“华泰联合证券有限责任公司关于宿迁京东卓风企业管理有限公司要约收购德邦物流股份有限公司之独立财务顾问报告”。

（撰稿人：曾　斌　寇英步）

第二节　协议收购

案例简介

华润三九协议收购昆药集团①

2022年5月9日，华润三九医药股份有限公司（以下简称“华润三九”）披露公告称，公司拟与交易各方签署“股权转让协议”，以支付现金的方式向华立医药集团有限公司（以下简称“华立医药”）购买其所持有的昆药集团股份有限公司（以下简称“昆药集团”）208 976 160股股份（占昆药集团已发行股份总数的27.56%），并向华立集团股份有限公司（以下简称“华立集团”）购买其所持有的昆药集团3 335 456股股份（占昆药集团已发行股份总数的0.44%）。本次交易完成后，华润三九持有昆药集团212 311 616股股份（占昆药集团已发行股份总数的28%），昆药集团将成为华润三九的控股子公司。

本次交易标的资产价格为290 200.00万元，对应昆药集团每股转让价格为人民币

① 本案例摘编自华润三九医药股份有限公司重大资产购买预案（摘要）（2022年5月）。

13.67元/股，不低于交易各方就本次交易签署的股份转让协议签署日昆药集团大宗交易价格范围的下限。

因本次交易涉及了重大资产重组，华润三九在履行完毕相关审议决策程序和信息披露义务后，于2022年12月30日取得了中国结算出具的“过户登记确认书”，完成了过户手续的办理。

法律要点

1. 协议收购的概念；
2. 协议收购的特点；
3. 协议收购的比例及定价。

知识点介绍

一、协议收购的概念

协议收购，是指收购人通过与被收购公司的主要股东（控股股东或持股比例较高的股东）进行磋商，并就收购价格、期限等达成收购协议的收购行为。对于上市公司，协议收购指收购人在证券交易所集中交易系统之外与被收购公司的股东（控股股东或持股比例较高的股东）就股票交易价格、数量等方面进行私下协商，购买被收购公司的股票，以期获得或巩固对被收购公司的控制权。

由于历史原因，我国上市公司曾出现大量的非流通股股份，包括国家股、国有法人股和法人股，基于上述特殊的非流通股股权高度集中的结构所导致的流通性和价格差异等原因，我国证券市场上市公司的股权转让以协议转让为主并一直延续至今。

二、协议收购的特点

协议收购以个别协议方式进行，不必对全体股东发出收购要约，并可对不同股东采取不同的收购价格和收购条件。因此，协议具有以下特点。

（1）协议收购是收购人与被收购公司股东双方就股权转让众多要素达成的合意，充分体现双方的综合博弈结果，不具有要约收购的公众性。

（2）与要约收购不同，协议收购不在证券交易所集中交易系统进行，收购模式及条款的确定、收购协议的签署均在场外进行。

三、协议收购的比例及定价

1. 协议收购的比例

对于协议收购比例的下限，上市公司股东通过协议转让方式转让股份的，单个受让方的受让比例不得低于5%，转让双方存在实际控制关系、均受同一控制人所控制、有权机关认定或者法律法规另有规定的除外。对于协议收购比例的上限，如果收购人收购的股份恰好为30%的，并不触发要约收购义务。如欲继续收购，收购人应当依法向该上市公司的股东发出全面要约或者部分要约。若收购人拟直接收购股本比例超过30%，则需要考虑以下情况。

（1）如果收购人收购上市公司股份拟超过30%的，超过30%的部分，应当改以要约方式进行。

（2）符合免除发出要约情形的，可以免于以要约收购方式增持股份。

（3）不符合免除发出要约情形的且拟继续履行收购协议的，在履行其收购协议前，应当发出全面要约。

因此，协议收购的股份比例下限为5%，而比例达到30%时则需考虑要约收购义务。

2.协议收购的定价

股份协议转让应当以协议签署日的前一交易日转让股份二级市场收盘价为定价基准，转让价格范围下限比照大宗交易的规定执行；转让双方就股份转让协议签订补充协议，补充协议内容涉及变更转受让主体、转让价格或者转让股份数量的，以补充协议签署日的前一交易日转让股份二级市场收盘价为定价基准。同时，有价格涨跌幅限制证券的协议大宗交易的成交价格，在该证券当日涨跌幅限制价格范围内确定。因此，协议收购的定价不应低于股票二级市场的价格的90%（沪深主板）或80%（创业板）。

可见，协议收购的定价下限以二级市场价格为基准，给予一定程度折扣，而对协议收购的定价上限并无要求，由交易双方协商确定。

案例分析

一、本案体现了协议收购的基本特征

与要约收购不同，协议收购是收购人与上市公司特定股东之间的交易行为，故而不具备要约收购那样的全面性。同时，协议具有相对性，在满足定价原则及披露义务的前提下，收购人究竟要以何种条件进行收购，都是其与上市公司特定股东之间私下磋商的结果，故而也就不存在如要约收购那样的期限制度。也正因为如此，协议收购的条件并不适用于目标公司所有股东，收购人完全可以和目标公司不同的股东商定不同的收购条件。

二、本案中收购人与被收购标的公司均为上市公司

1.收购人与被收购标的公司均需履行信息披露义务

本案中，华润三九与昆药集团分别为沪深主板上市公司，两家公司均需按照《证券法》、沪深交易所《股票上市规则》等监管要求履行信息披露义务。在本次协议收购中，华润三九披露了“重大资产购买预案”“重大资产重组的进展公告”“重大资产购买报告书（草案）”“非许可类重组问询函回复的公告”和“重大资产购买实施情况报告书”等

系列公告；昆药集团则披露了“简式权益变动报告书”“详式权益变动报告书”“关于控股股东及其一致行动人签署《股份转让协议》暨控制权拟发生变更的提示性公告”及“关于华立医药及华立集团协议转让公司股份完成过户登记的公告”等系列公告。两家公司根据信息披露规则，以不同身份同步履行了信息披露义务。

2.收购人对避免同业竞争的承诺

在本次协议收购中，由于华润三九与昆药集团在医药流通类业务与血塞通软胶囊产品方面存在同业竞争，华润医药控股等主体出具了“关于避免同业竞争的承诺函”，其承诺自本次交易完成后5年内，按照法定程序通过包括但不限于托管、资产重组、一方停止相关业务、调整产品结构、设立合资公司等方式解决承诺方及其控制的企业与昆药集团及其控制的企业之间现存的同业竞争问题。

（撰稿人：曾　斌　寇英步）

第三节　权益披露规则

案例简介

硕晟科技违规增持恒泰艾普[①]

2020年7月27日至2020年8月5日，北京硕晟科技信息咨询有限公司（以下简称“北京硕晟”）及其一致行动人李某萍数次增持恒泰艾普集团股份有限公司（以下简称“恒泰艾普”）股票。2020年8月5日，李某萍最后一笔交易增持数量65 700股，当日李某萍与硕晟公司合计持有恒泰艾普股票数超过5%持股比例152股。2020年8月6日，北京硕晟作为信息披露义务人签署了“简式权益变动报告书”。

2020年8月11日至18日，李某萍继续增持恒泰艾普股票。2020年8月18日，李某萍最后一笔交易成交数量50万股，超过10%持股比例179 917股，超出部分约占上市公司总股本的0.25%。2020年8月19日，北京硕晟作为信息披露义务人签署了“简式权益变动报告书”。

2020年8月24日，恒泰艾普召开2020年第二次临时股东大会，在股东大会决议公告及法律意见书中，恒泰艾普认为北京硕晟及其一致行动人在2020年8月5日增持公司已发行的有表决权股份达到5%时，未立即停止并履行信息披露义务，继而使其合计持有的公司股份比例超过了5%，违反了《证券法》第63条。因此，其在买入超过公司已发行的有表决权股份达到5%后的股份在买入后的36个月内均不得行使表决权，即北京硕晟及其一致行动人仅对持有的公司35 605 663股股票具有表决权，对剩余的35 785 580股股票不具有表决权。

① 本案例摘编自恒泰艾普集团股份有限公司简式权益变动报告书（2020年8月）等信息披露文件。

2022年11月，北京硕晟及其一致行动人向北京市海淀区人民法院提起诉讼，请求判决撤销恒泰艾普2020年第二次临时股东大会会议决议。2021年5月，北京市海淀区人民法院作出一审判决。就权益变动披露与表决权是否受限事宜，海淀区人民法院认为：北京硕晟与李某萍（两原告）在增持达到5%时，虽最后一笔交易超过了权益披露触发点152股，但其此后按照规定履行了报告通知义务，并等待了3个交易日才开始继续购买，故在两原告已履行上述义务的情况下，依据对《证券法》第63条的理解，其在持股5.000 02%的基础上继续购买的股份，不属于“超过规定比例部分的股份”，表决权并不受到限制。

两原告在增持达到10%时，最后一笔交易购买50万股，交易完成后超过10%持股比例179 917股。就两原告是否有权对该部分股份行使表决权，海淀区人民法院认为：首先，两原告作为证券市场投资人，应当明确知晓权益披露规则。其次，原告自2020年7月27日开始增持恒泰艾普股份，在增持达到10%时未将超出部分售出，而是继续增持，自10月15日时持股比例已经达到16%，明显不属于计算失误，而具有取得恒泰艾普控制权的意图。最后，两原告该次增持超出179 917股，超出部分约占上市公司总股本的0.25%，从数量上来看，不属于合理幅度。综上，两原告增持达到10%时的超买行为，违反了《证券法》第63条第2款的规定，依据该条第4款，就其超出的约0.25%股份原告不得行使表决权。

其次，恒泰艾普主张基于上市公司的自我管理和决策权利，其有权限制两原告行使超过5%以上的全部股份的表决权。海淀区人民法院认为，表决权是股东参与公司经营管理的法定固有权利，是股东的法定权利，除非基于法律规定或公司章程的规定，公司任何机关不得对股东行使表决权进行限制。恒泰艾普无权基于公司自我管理决策的理由，限制其股东表决权的行使，其该项主张没有法律依据。

恒泰艾普就此提起上诉。北京市第一中级人民法院作出（2021）京01民终7069号民事判决书，判决结果为“驳回上诉，维持原判”。

法律要点

1. 权益披露的概念；
2. 权益披露规则的主要比例；
3. 未履行披露义务的权利限制。

知识点介绍

一、权益披露的概念

权益披露，是指根据法律规定，投资者收购某一上市公司的股份达到一定比例时必须履行信息披露义务，以便利益相关者能对此种持股情况有所了解。

二、权益披露规则的主要比例

1. 投资者首次触及 5%

通过证券交易所的证券交易，投资者持有或者通过协议、其他安排与他人共同持有一个上市公司已发行的有表决权股份达到 5%时，应当在该事实发生之日起 3 日内，向国务院证券监督管理机构、证券交易所作出书面报告，通知该上市公司，并予公告。违反规定买入上市公司有表决权的股份的，在买入后的 36 个月内，对该超过规定比例部分的股份不得行使表决权。

2. 投资者持有 5%后每变动 1%

投资者持有或者通过协议、其他安排与他人共同持有一个上市公司已发行的有表决权股份达到 5%后，其所持该上市公司已发行的有表决权股份比例每增加或者减少 1%，应当在该事实发生的次日通知该上市公司，并予公告。

3. 投资者持有 5%后每变动 5%

投资者持有或者通过协议、其他安排与他人共同持有一个上市公司已发行的有表决权股份达到 5%后，其所持该上市公司已发行的有表决权股份比例每增加或者减少 5%，应当依照前款规定进行报告和公告。违反规定买入上市公司有表决权的股份的，在买入后的 36 个月内，对该超过规定比例部分的股份不得行使表决权。

4. 5%、20%与 30%（权益变动报告书）

投资者及其一致行动人不是上市公司的第一大股东或者实际控制人，其拥有权益的股份达到或者超过该公司已发行股份的 5%，但未达到 20%的，应当编制包括有关内容的简式权益变动报告书。

投资者及其一致行动人拥有权益的股份达到或者超过一个上市公司已发行股份的 20%但未超过 30%的，应当编制详式权益变动报告书（参见表 11－1）。

表 11－1　投资比例及权益变动报告书类别

<table>
<tr><th>比例范围</th><th>第一大股东或实际控制人是否发生变更</th><th>权益变动报告书类别</th></tr>
<tr><td rowspan="2">5%～20%</td><td>否</td><td>“简式权益变动报告书”</td></tr>
<tr><td>是</td><td>“详式权益变动报告书”</td></tr>
<tr><td rowspan="4">20%～30%</td><td>否</td><td>“详式权益变动报告书”</td></tr>
<tr><td rowspan="3">是</td><td>“详式权益变动报告书”</td></tr>
<tr><td>“详式权益变动报告书”</td></tr>
<tr><td>“详式权益变动报告书”</td></tr>
</table>

三、未履行披露义务的权利限制

《证券法》规定，投资者首次触及 5%时，投资者持有 5%后每变动 5%时，若未按规定履行信息披露义务，买入后的 36 个月内，对该超过规定比例部分的股份不得行使表决权，即“超比例增持部分不享有表决权”。

案例分析

一、对未履行披露义务的股东权利的限制不应由上市公司作出

根据2009年3月施行的《证券期货市场监督管理措施实施办法（试行）》第8条及第25条的规定，限制股东权利属于监督管理措施，而中国证监会实施监督管理措施适用该办法。法律法规明确赋予中国证监会限制上市公司股东表决权的权力。

例如，华锐风电曾收到中国证监会北京监管局行政监管措施决定书，其中载明中俄丝路投资有限责任公司等主体在2020年3月30日通过接受表决权委托的方式，足以实际支配华锐风电22.69%的表决权。然而，公司未能在上述事实发生之日起3日内编制权益变动报告书。上述行为违反了《上市公司收购管理办法》第14条的规定。北京监管局责令公司暂停收购，在改正前不得对实际支配的股份行使表决权。

在本案中，北京市海淀区人民法院明确，表决权是股东参与公司经营管理的法定固有权利，公司任何机关不得对股东行使表决权进行限制。

二、未履行披露义务的股东权利限制的期限

如“未履行披露义务的权利限制”中所述，对超比例增持部分不享有表决权限制期限为36个月。但是，《上市公司收购管理办法》第75条规定：上市公司的收购及相关股份权益变动活动中的信息披露义务人，未按照本办法的规定履行报告、公告以及其他相关义务的，中国证监会责令改正，采取监管谈话、出具警示函、责令暂停或者停止收购等监管措施。在改正前，相关信息披露义务人不得对其持有或者实际支配的股份行使表决权。也即若未履行信息披露义务的股东改正了其自身的信息披露违规行为，并得到了证券监管机构的认可，就可以继续行使表决权。

三、对于“慢走原则”的理解

一是5%临界值的设定是否合理的问题。临界值的设定需要考虑一国之上市公司的整体股权结构。倘若大多数上市公司的股权结构都是高度分散的，那么持股比例为1%就可能已经是第一大股东，此时收购人根本不需要获得超过5%的股份就可以控制公司，临界值设置为5%就失去了监管的意义。反之，倘若大多数上市公司的股权结构仍相对集中，那么这个临界值就需要相应提高。考虑到我国上市公司股权结构的整体情况，我们认为5%临界值的设定是符合当前监管需要的。随着上市公司股权结构的变化，对临界值也将因应作出调整。而2019年《证券法》在原来5%的基础上增加了增减1%需要通知和公告的义务条款，也使权益披露规则得到进一步完善。

二是如何理解这个比例的增减变化问题。所谓增加或减少 5%，这是不是意味着百分数每到 5 的倍数就需要举牌呢？例如，倘若收购人原本持有目标公司 8%的股份，后经协议收购使自身持股比例跃升至 13%并举牌，若其继续进行收购，那么下一次举牌是在其持股比例达到 15%还是 18%之时呢？根据我们对 2019 年《证券法》第 63 条的文义理解，答案应为 18%。

（撰稿人：曾　斌　寇英步）

第十二章

投资者适当性管理法律制度

第一节　投资者分类

案例简介

张某慧、江苏中杏艺禾资本管理有限公司与第一创业证券股份有限公司、王某斌等财产损害赔偿纠纷案[①]

2016 年 5 月，张某慧经南京鑫山洪投资管理有限公司员工推荐，决定购买中杏资本-鑫洪 1 号邮币基金，并与江苏中杏艺禾资本管理有限公司（以下简称“中杏艺禾公司”）、第一创业证券股份有限公司（以下简称“第一创业证券公司”）签订“中杏资本-鑫洪 1 号邮币基金合同”。

2016 年 5 月 16 日，张某慧填写中杏艺禾公司提供的附件一“私募基金投资者风险识别能力和承受能力调查问卷（个人版）”、附件二“私募投资基金风险揭示书”、附件三“私募产品合格投资者参与私募产品承诺书”并签名。附件一中，张某慧在“您的投资知识可描述为”问题项下选择“较多：对金融产品及其相关风险具有较多的知识和理解”；“您的投资经验可描述为”问题项下选择“购买过银行理财产品、债券基金、保险等理财产品”；“您有多少年投资基金、股票、信托、私募证券或金融衍生产品等风险投资品的经验”问题项下选择“10 年以上”；“您的投资目的是”问题项下选择“倾向长期的成长，较少关心短期的回报以及波动”；“您认为自己能承受的最大投资损失是多少”问题项下选择“25％至 40％”；“以下哪项描述最符合您的投资态度”问题项下选择“保守投资，不希望本金损失，愿意承担一定幅度的收益波动”。中杏艺禾公司对于张某慧的风险偏好认定为“积极型”，适合的基金产品评级为“高风险等级”。附件二中，风险揭示部分显示资金损失风险为“基金管理人依照恪尽职守、诚实信用、谨慎勤勉的原则管理和运用基金财产，但不保证基金财产中的认购资金本金不受损失，也不保证一定盈利及最低收益”；投资者声明部分第 2 条为“本人知晓，基金管理人、基金托

---

① 本案例摘编自江苏省南京市中级人民法院（2020）苏 01 民终 5949 号民事判决书。

管人及相关机构，不应当对基金财产的收益状况做出任何承诺或担保”。附件三上记载：“本人（机构）已完全理解参与私募产品可能产生的各种风险，并具有参与私募产品合格投资者的风险识别能力和风险承担能力。”

2016年6月2日，中杏艺禾公司向张某慧发送认购确认书，确认涉案基金于同日正式成立，基金份额为280万份。2017年6月29日，南京文交所发布交易平台系统升级公告，故涉案基金自2017年7月1日起停止交易。2017年8月17日、8月28日、9月1日，中杏艺禾公司三次以电子邮件形式通知张某慧，内容分别为：暂停交易超过30个交易日、涉案基金已办理部分持仓藏品提货手续、涉案基金终止且将进入清算程序。2018年11月，中杏艺禾公司制定涉案基金清算方案，以因行业政策发生重大变化，邮币卡基金不得继续存续，基金管理人决定办理基金终止为由，参照基金管理人管理的其他同类型基金的清算方法，一致决定以现金资产正常分配、非现金资产原状返还的形式清算，并拟定涉案基金清算方案。张某慧不同意上述方案，故未参与清算，也未领取清算资产。江苏省南京市中级人民法院经审查认为：中杏艺禾公司在向张某慧销售涉案基金过程中，制作“私募基金投资者风险识别能力和承受能力调查问卷（个人版）”，该问卷的问题设置符合中国基金业协会“私募投资基金投资者风险问卷调查内容与格式指引（个人版）”的基本要求。张某慧在回答该问卷时，虽有“保守投资，不希望本金损失，愿意承担一定幅度的收益波动”的回答，但也有“对金融产品及其相关风险具有较多的知识和理解”“购买过银行理财产品、债券基金、保险等理财产品”“有10年以上投资基金、股票、信托、私募证券或金融衍生产品等风险投资品的经验”“能承受的最大投资损失是25%至40%”的回答，判断其风险识别能力和风险承受能力应当根据调查问卷的所有答案进行综合评价。结合中杏艺禾公司提交的由张某慧签名确认的“私募投资基金风险揭示书”“私募产品合格投资者参与私募产品承诺书”的具体内容，可以证明张某慧系合格投资者，中杏艺禾公司已明确充分告知其投资风险。鉴于上述分析，中杏艺禾公司向张某慧销售涉案基金时已履行适当性义务。

法律要点

1. 证券期货投资者适当性管理制度的内涵；
2. 了解投资者的义务；
3. 投资者分类。

知识点介绍

一、证券期货投资者适当性管理制度的内涵

证券期货投资者适当性管理，是指向投资者销售证券期货产品或者提供证券期货服务的机构（以下简称证券期货经营机构）应当遵守法律、行政法规及有关规定，在销售

产品或者提供服务的过程中，勤勉尽责，审慎履职，全面了解投资者的情况，深入调查分析产品或者服务的信息，科学有效评估，充分揭示风险，基于投资者的不同风险承受能力以及产品或者服务的不同风险等级等因素，提出明确的适当性匹配意见，将适当的产品或者服务销售或者提供给适合的投资者，并对违法违规行为承担法律责任。①

2018 年 4 月 27 日，中国人民银行、中国银行保险监督管理委员会、中国证券监督管理委员会、国家外汇管理局联合发布的《关于规范金融机构资产管理业务的指导意见》（以下简称《资管新规》）第 6 条规定，“金融机构发行和销售资产管理产品，应当坚持‘了解产品’和‘了解客户’的经营理念，加强投资者适当性管理，向投资者销售与其风险识别能力和风险承担能力相适应的资产管理产品。禁止欺诈或者误导投资者购买与其风险承担能力不匹配的资产管理产品。金融机构不得通过拆分资产管理产品的方式，向风险识别能力和风险承担能力低于产品风险等级的投资者销售资产管理产品。金融机构应当加强投资者教育，不断提高投资者的金融知识水平和风险意识，向投资者传递‘卖者尽责、买者自负’的理念，打破刚性兑付”。

2016 年 12 月，中国证监会颁布了《证券期货投资者适当性管理办法》（证监会令第 130 号，自 2017 年 7 月 1 日起施行，并于 2022 年 8 月修正，以下简称《适当性管理办法》），构建了一整套适当性管理的制度框架。2019 年《证券法》第 88 条规定了投资者适当性管理制度，第 89 条规定了对普通投资者的倾斜性保护制度。

我国证券期货投资者适当性管理制度的总体思路是：坚持适当性匹配原则和保护普通投资者利益原则，即证券期货经营机构应通过投资者分类、产品分级等方式更科学合理地匹配投资者与产品或服务，同时应当对普通投资者较对专业投资者在信息告知、风险警示、适当性匹配等方面给予更多的特别保护。

《适当性管理办法》的适用范围为：向投资者销售公开或者非公开发行的证券、公开或者非公开募集的证券投资基金和股权投资基金（包括创业投资基金，以下简称基金）、公开或者非公开转让的期货及其他衍生产品，或者为投资者提供相关业务服务。

二、投资者的分类与转化

投资者分类制度是投资者适当性管理的基础。2019 年《证券法》第 89 条第 1 款沿袭《适当性管理办法》的规定，结合财产状况、金融资产状况、投资知识和经验、专业能力等因素，将证券市场中的投资者分为普通投资者和专业投资者。根据《适当性管理办法》第 8—10 条，专业投资者分为专业机构投资者和专业自然人投资者。其中，专业机构投资者共四类：（1）经有关金融监管机构批准设立的金融机构，经行业协会备案或者登记的证券公司子公司、期货公司子公司、私募基金管理人；（2）金融机构面向投资者发行的理财产品；（3）社会保障基金、企业年金等养老基金，慈善基金等社会公益基金，合格境外机构投资者（QFII）、人民币合格境外机构投资者（RQFII）；（4）最近 1 年末净资产不低于 2 000 万元，最近 1 年末金融资产不低于 1 000 万元，且具有 2 年以上证券、基金、期货、黄金、外汇等投资经历的法人或者非法人组织。专业自然

① 王锐．论金融机构的适当性义务——基于行为要件的分析．北方法学，2014（4）：44－55．

人投资者须同时符合下列条件：(1) 金融资产不低于500万元，或者最近3年个人年均收入不低于50万元；(2) 具有2年以上证券、基金、期货、黄金、外汇等投资经历，或者具有2年以上金融产品设计、投资、风险管理及相关工作经历，或者属于专业投资者的高级管理人员、获得职业资格认证的从事金融相关业务的注册会计师和律师。证券经营机构可以根据专业投资者的业务资格、投资实力、投资经历等因素，对专业投资者进行细化分类和管理。普通投资者为专业投资者之外的投资者，证券经营机构应当综合考虑收入来源、资产状况、债务、投资知识和经验、风险偏好、诚信状况等因素，确定其风险承受能力，并对其进行细化分类和管理。

普通投资者和专业投资者在特定条件下可以互相转化，这可理解为证券期货经营机构对投资者的分类是动态的、持续的，并非“一刀切”或一成不变的。根据《适当性管理办法》第11、12条，仅前述第四类专业机构投资者和专业自然人投资者可以转化为普通投资者，但须经过书面告知证券经营机构的转换程序。普通机构投资者转化为专业投资者须同时符合下列条件：(1) 最近1年末净资产不低于1 000万元；(2) 最近1年末金融资产不低于500万元；(3) 具有1年以上证券、基金、期货、黄金、外汇等投资经历。普通自然人投资者转化为专业投资者须同时符合下列条件：(1) 金融资产不低于300万元或者最近3年个人年均收入不低于30万元；(2) 具有1年以上证券、基金、期货、黄金、外汇等投资经历或者1年以上金融产品设计、投资、风险管理及相关工作经历。在转换程序方面，普通投资者符合上述条件的，应向证券经营机构提出书面申请且提供相关证明材料，证券经营机构应当通过追加了解信息、投资知识测试或者模拟交易等方式进行谨慎评估，确认其符合相关转换条件，有权自主决定是否同意其转化。

案例评析

本案中的证券机构履行了“了解投资者的义务”。基金系高风险等级金融产品，必须坚持“卖者尽责、买者自负”原则。分析该类案件必须判断基金销售者是否已经履行了解客户、了解产品，将适当的产品或者服务销售给适合的金融消费者的义务，判断金融消费者是否充分了解涉案基金投资活动的性质及风险并在此基础上作出自主决定。根据《证券投资基金法》第98条的规定，基金销售机构应当向投资者充分揭示投资风险，并根据投资者的风险承担能力，销售不同风险等级的基金产品。本案中的调查问卷内容包括基本信息、财务状况、投资知识、投资目标、风险偏好等五部分内容，问题设置符合中国基金业协会发布的“私募投资基金投资者风险问卷调查内容与格式指引（个人版）”的基本要求。此外，基金销售机构在考虑产品以及投资人能承受的风险等级的时候应当综合考虑多个因素，而非就金融消费者对某一特定问题的回答即作出该金融消费者适配投资产品的划分。本案中，一、二审法院对于“了解投资者”有不同的意见。一审法院认为，基金销售机构应当就履行适当性义务提供举证责任，包括了解客户、产品分级等情况，并因自然人投资人签署风险识别合同系格式合同而认定基金销售机构未对投资者作详尽的解释说明，适合产品为高风险依据不足。而二审法院支持了基金销售机构判断投资人的风险识别能力和风险承受能力时候根据调查问卷的所有答案进行综合评价，而非就投资人对某一特定问题的回答。张某慧在回答涉案调查问卷时，虽然有关于“保守投资，不希望本金损失，愿意承担一定幅度的收益波动”的回答，但也有“对金融产品及其相关风险具有较多的知识和理解”“购买过银行理财产品、债券基金、保险等理财产品”“有10年以上投资基金、股票、信托、私募证券或金融衍生产品等风险投资品的经验”“能承受的最大投资损失是25%至40%”的回答，综合来看杏艺禾公司根据张某慧所选择的问题答案得分为88分，得出张青慧风险偏好为积极型、适合的基金产品评级为高风险等级的评估结果，并无不当。

（撰稿人：费嘉荣）

第二节　产品分级

案例简介

曾某与联储证券有限责任公司等财产损害赔偿纠纷案[①]

2016年12月6日，联储证券有限责任公司推广设立资产管理计划，投资标的是昆仑信托有限责任公司作为受托人设立的信托计划，该信托计划以信托资金受让东方金钰股份有限公司持有的子公司深圳市东方金钰珠宝有限公司100%股权的股权收益权。2016年12月26日，东方金钰股份有限公司与昆仑信托有限责任公司签订“回购合同”，约定向昆仑信托有限责任公司转让并回购前述股权收益权，该特定股权收益权不会发生抵押、质押、查封、扣押、冻结等形式的权利限制，由保证人为东方金钰股份有限公司支付回购价款提供连带保证责任。2017年1月4日，联储证券有限责任公司与昆仑信托有限责任公司签订“昆仑信托联储东方金钰集合资金信托合同”，涉案资管计划和信托计划成立。

2017年1月13日，联储证券有限责任公司对曾某进行风险承受能力测评，根据测评结果，其投资风险承受度大致为积极型。同日，曾某与联储证券有限责任公司签订“15号资管合同”，认购涉案资管计划并缴款100万元。2017年6月26日、12月25日，曾某获得两期收益，共计74 019.27元。

2017年4月21日至2018年5月期间，东方金钰股份有限公司将所持深圳市东方金钰珠宝有限公司15%的股权进行被质押融资；其2017年累计新增借款占2016年末净资产的97.02%；其持续为保证人提供担保；其所持深圳市东方金钰珠宝有限公司24%的股权被司法冻结；且东方金钰股份有限公司涉及众多诉讼及司法查封，同时“回购合同”项下保证人担保能力下降。2018年6月20日，东方金钰股份有限公

① 本案例摘编自上海金融法院（2022）沪74民终1051号民事判决书。

司未按约支付第三期行权费，保证人亦未履行保证责任，这导致涉案资管计划和信托计划分别于7月20日、7月24日提前终止。2018年7月31日，联储证券有限责任公司对东方金钰股份有限公司及保证人提起诉讼，取得一审、二审胜诉但未执行到位。2021年3月2日，深圳证监局向联储证券有限责任公司投资者出具“答复函”，认为联储证券有限责任公司对涉案资管计划存在尽职调查不充分、资管业务内部控制不到位等问题。

曾某起诉联储证券有限责任公司，称被告在“了解产品”的适当性义务履行方面存在重大瑕疵，认为联储证券有限责任公司出于故意或严重失职，未将东方金钰股份有限公司实际控制人赵某某和第二大股东瑞某某牵涉某一犯罪、其第二大股东瑞某某所持股份因违法被冻结、其于涉案资管计划设立前已有财务造假的情况列入尽调报告，导致对涉案资管计划进行风险等级评定时未能考虑相关风险，风险等级评定为“中高级”缺乏依据，并提出昆仑信托有限责任公司以3亿元对价受让融资人价值19.8亿元且已实缴出资到位的特定股权收益权，明显对价不对等，表明未从审慎管理人的角度对设立涉案资管计划的合理性进行风险论证。

上海金融法院经审查认为：首先，并无在案证据或可供检索的公开信息表明赵某某和瑞某某何时、因何事、以何等罪名牵涉该犯罪中，且“15号资管合同”载明的东方金钰股份有限公司实际控制人为赵某而非赵某某。其次，瑞某某所持股份被冻结已体现在尽调报告中，不能因风险等级评估未体现融资人的股东所持融资人的股份被冻结，就认定联储证券有限责任公司存在故意隐瞒或重大过失。再次，在曾某签订“15号资管合同”之时，东方金钰股份有限公司财务造假所涉的信息尚未发布，亦尚未经证券监管机构予以认定。并且，曾某混淆股权收益权与股权的概念，涉案信托计划并非受让东方金钰股份有限公司已出资到位且对应出资额为19.8亿元的股权，东方金钰股份有限公司仅是将该股权中的收益权进行了对外转让。就该转让标的而言，以3亿元价格受让该股权的股权收益权，并不存在曾某所称的对价失衡情况。涉案“资管产品风险等级评估表”有其特定的考量内容和相应的评分标准，曾某认为涉案资管计划风险等级被评定为“中高级”不合理，但无充分证据能够推翻上述风险等级认定，故对其主张不予采纳。

法律要点

1. 什么是产品分级？
2. 如何进行产品分级？

知识点介绍

了解产品也叫产品审慎性调查（product due diligence），证券经营机构应当为证券产品或服务划分风险等级。对于不适当客户主动要求购买相关产品或服务的，证券经营机构应确认其不属于风险承受能力最低类别的投资者，并进行特别的书面风险警示后才可向其销售产品或提供服务。此处的“风险承受能力最低类别的投资者”由行业协会制定认定标准并更新，供证券经营机构参考执行。①

证券经营机构应当了解所销售产品或者所提供服务的信息，根据风险特征和程度，对销售的产品或者提供的服务划分风险等级。《适当性管理办法》第 16 条规定：“划分产品或者服务风险等级时应当综合考虑以下因素：（1）流动性；（2）到期时限；（3）杠杆情况；（4）结构复杂性；（5）投资单位产品或者相关服务的最低金额；（6）投资方向和投资范围；（7）募集方式；（8）发行人等相关主体的信用状况；（9）同类产品或者服务过往业绩；（10）其他因素。涉及投资组合的产品或者服务，应当按照产品或者服务整体风险等级进行评估。”

《适当性管理办法》第 17 条规定：“产品或者服务存在下列因素的，应当审慎评估其风险等级：（1）存在本金损失的可能性，因杠杆交易等因素容易导致本金大部分或者全部损失的产品或者服务；（2）产品或者服务的流动变现能力，因无公开交易市场、参与投资者少等因素导致难以在短期内以合理价格顺利变现的产品或者服务；（3）产品或者服务的可理解性，因结构复杂、不易估值等因素普通人难以理解其条款和特征的产品或者服务；（4）产品或者服务的募集方式，涉及面广、影响力大的公募产品或者相关服务；（5）产品或者服务的跨境因素，存在市场差异、适用境外法律等情形的跨境发行或者交易的产品或者服务；（6）自律组织认定的高风险产品或者服务；（7）其他有可能构成投资风险的因素。”

《证券经营机构投资者适当性管理实施指引（试行）》第 14 条规定：“证券经营机构可以将产品或服务风险等级由低至高至少划分为五级，分别为：R1、R2、R3、R4、R5。具体划分方法、标准及其变更应当告知投资者。证券经营机构应当根据《产品或服务风险等级名录》列出相对应的产品或服务清单。”《产品或服务风险等级名录》内含如下附表（见表 12－1），要求证券经营机构参考该名录并根据《适当性管理办法》第 16 条、第 17 条细化其产品或服务风险等级评价标准，科学有效评估产品或服务的风险等级，并根据法律法规、监管规定以及信用风险、市场风险、操作风险、流动性风险等方面的变化及时调整产品或服务的风险等级。

表 12－1　产品或服务风险等级划分

风险等级	特征描述
R1	结构简单，容易理解，流动性高，本金遭受损失的可能性极低
R2	结构简单，容易理解，流动性较高，本金遭受损失的可能性较低
R3	结构较复杂，流动性较高，本金安全具有一定的不确定性，在特殊情况下可能损失全部本金
R4	结构复杂，流动性较低，本金安全面临较大的不确定性，可能损失全部本金
R5	结构复杂，不易理解，不易估值、流动性低、透明度较低，本金安全面临极大的不确定性，甚至损失可能超过本金

① 邢会强．证券法学．2 版．北京：中国人民大学出版社，2020：169.

案例评析

产品调查审慎性原则随着金融的发展从一开始“消费者实际承受风险的能力与产品本身风险等级不一致”转向“产品公示披露的风险与产品实际风险的不一致”。产品本身是否满足适当性，不仅仅是技术判断的要求，也是责任划分的要求。了解产品意味着：了解金融产品的投资方向、投资期限和投资风险。

本案中，关于联储证券有限责任公司是否违反了适当性义务和告知说明义务，需要逐一展开，这里只分析了解产品义务。融资人及资管计划本身的风险会影响产品的风险等级。原告认为，联储证券有限责任公司出于故意或严重失职，未能将融资人于涉案资管计划设立前就已存在财务造假等负面情况尽数列入尽调报告，导致对涉案资管计划进行风险等级评定时未能考虑相关风险，风险等级评定为“中高级”缺乏依据。对此法院认为，在曾某签订“15号资管合同”之时，涉案财务造假所涉的信息尚未发布，亦尚未经证券监管机构予以认定。对信息披露违法违规行为，联储证券有限责任公司并不具有证券监管机构的执法权，在作出风险预判时仍需依赖于融资人发布的上市公司公告以及其他评级机构给予的信誉评级等，更何况，上述涉案财务报表是在涉案资管计划的尽调报告之后形成，在时间上亦与联储证券有限责任公司在涉案资管计划募集期间的行为缺乏必然联系。其次，涉案资管产品的底层资产交易的合法性也需要判断是否影响产品风险等级的认定。原告还认为，昆仑信托有限责任公司以3亿元对价受让融资人价值19.8亿元且已实缴出资到位的股权收益权，明显对价不对等，表明联储证券有限责任公司和昆仑信托有限责任公司未从审慎管理人的角度对设立涉案资管产品的合理性进行风险论证。对此法院认为，曾某在此混淆了股权收益权与股权的概念，涉案信托计划并非受让已出资到位且对应出资额为19.8亿元的股权，仅仅是该股权的收益权。就该转让标的而言，以3亿元价格受让该股权的股权收益权，并不存在曾某所称的对价失衡情况。此外证券机构未就产品的风险尽足够的风险提示义务，也会影响特定风险的产品匹配给特定风险偏好和承受能力的投资者。

（撰稿人：费嘉荣）

第三节　证券经营机构的适当性义务

案例简介

邓某君与联储证券有限责任公司等委托理财合同纠纷案[①]

2016年12月6日，联储证券有限责任公司推广设立资产管理计划，投资标的是昆

① 本案例摘编自上海金融法院（2021）沪74民终422号民事判决书（上海市高级人民法院参考性案例147号）。

仑信托有限责任公司作为受托人设立的信托计划，该信托计划以信托资金受让东方金钰股份有限公司持有的子公司深圳市东方金钰珠宝有限公司100%股权的股权收益权。2016年12月26日，东方金钰股份有限公司与昆仑信托有限责任公司签订“回购合同”，约定向昆仑信托有限责任公司转让并回购前述股权收益权，该特定股权收益权不会发生抵押、质押、查封、扣押、冻结等形式的权利限制，由保证人为东方金钰股份有限公司支付回购价款提供连带保证责任。2017年1月4日，联储证券有限责任公司与昆仑信托有限责任公司签订“昆仑信托联储东方金钰集合资金信托合同”，涉案资管计划和信托计划成立。

2017年2月9日，联储证券有限责任公司对邓某君进行风险承受能力测评，根据测评结果，其投资风险承受度大致为进取型。2017年2月15日，邓某君与联储证券有限责任公司签订“资管合同”，认购涉案资管计划并支付认购款100万元。2017年6月26日、12月25日，邓子君获得两期收益，共计68 754.93元。

2017年4月至2018年5月期间，东方金钰股份有限公司将所持深圳市东方金钰珠宝有限公司15%的股权进行质押融资；其2017年累计新增借款占2016年末净资产的97.02%；其持续为保证人提供担保；其所持深圳市东方金钰珠宝有限公司24%的股权被司法冻结；且东方金钰股份有限公司涉及众多诉讼及司法查封，同时“回购合同”项下保证人担保能力下降。2018年6月20日，东方金钰股份有限公司未按约支付第三期行权费，保证人亦未履行保证责任，导致涉案资管计划和信托计划分别于7月20日、7月24日提前终止。2018年7月31日，联储证券有限责任公司对东方金钰股份有限公司及保证人提起诉讼，取得一审、二审胜诉但未执行到位。2019年12月11日，深圳证监局向联储证券有限责任公司及其相关工作人员出具三份“行政监管措施决定书”，认为联储证券有限责任公司对涉案资管计划存在尽职调查不充分、资管业务内部控制不到位等问题。

之后，邓某君起诉联储证券有限责任公司，称涉案资管计划提前终止后，被告未予清算，未支付投资本金和收益，造成原告损失，该损失系被告在销售时未履行适当性义务等事由所致，故要求被告返还投资款100万元和相应投资收益。

上海金融法院经审查认为：适当性义务要求资管计划销售者履行了解客户、了解产品、将适当的产品销售给适合的投资者的义务，确保投资者在充分了解资管计划及相关风险的基础上作出自主投资决定，并承受由此产生的收益和风险。在推介、销售高风险等级金融产品和提供高风险等级金融服务领域，适当性义务的履行是“卖者尽责”的主要内容，也是“买者自负”的前提和基础。投资理财是主动型民事行为，原告邓某君作为具有完全民事行为的投资者，应当充分了解自身所投资产品的交易内容和交易风险，理应对投资理财风险有所预见，不能片面追求收益而漠视投资风险。原告邓某君亲自签署涉案“资管合同”，并在资管计划说明书、风险揭示书、风险调查问卷等文件处署名确认。被告联储证券有限责任公司在“资管合同”中加黑特别提示涉案资管计划的中高风险及面临的各种风险，本金损失的可能及投资者自担风险与损失，也在官网对相关文件和风险进行披露与公示，且通过风险揭示书详细向原告提示投资风险，不存在投资者与资管产品风险错配的问题。因此，可以认定被告联储证券有限责任公司在销售阶段已妥善履行法定的适当性义务。

法律要点

1. 适当性义务的内容；
2. 适当性义务的履行。

知识点介绍

一、证券经营机构适当性义务的内容

《证券经营机构投资者适当性管理实施指引（试行）》第2条规定，证券公司及其子公司、证券投资咨询机构统称证券经营机构，它们“向投资者销售金融产品，或者以投资者买入金融产品为目的提供证券经纪、投资顾问、融资融券、资产管理、柜台交易等金融服务”，属于2019年《九民纪要》第五部分规定的卖方机构。《适当性管理办法》第3条规定，证券经营机构是向投资者销售证券产品或提供证券期货服务的机构，并阐明证券经营机构在销售阶段的适当性义务。2019年《证券法》第88条第1款则以证券公司法定的适当性义务强调“卖者尽责”原则。综合上述规定，证券公司等证券经营机构的适当性义务由三部分构成：第一，了解客户的义务。第二，了解产品的义务。第三，适当销售的义务。

了解客户与了解产品的最终目的是适当销售。[①] 在证券经营机构的适当性义务体系中，适当销售义务居于核心地位，这是指“销售、提供与投资者上述状况相匹配的证券、服务”。也即“基于投资者的不同风险承受能力以及产品或者服务的不同风险等级等因素，提出明确的适当性匹配意见，将适当的产品或者服务销售或者提供给适合的投资者”。

由此观之，适当性义务的作用在于保护弱势交易主体，以及克服金融交易中的信息不对称现象，实现交易中的义务与风险合理分配，进而通过买方的自主决定实现金融交易中的真实意思自治，构建金融市场公平公允的交易环境。[②]

二、“卖者尽责”与“买者自负”的关系

在推介、销售证券产品或提供证券服务的过程中，投资者与证券经营机构作为买卖双方基于平等地位享有交易权利。

一方面，投资者的交易权利是一种投资性权利。我国《民法典》第125条规定，“民事主体依法享有股权和其他投资性权利”，由此可见投资性权利具有作为独立民事权利类型的法律地位。那么，投资者有权以民事主体的身份自主参与证券投资活动，在听取关于产品或服务风险和收益的适当性匹配意见后，基于对自身风险承受能力的认知独

---

① 任妍姣.互联网理财代销平台的告知说明义务：以行为金融视野兼评《九民纪要》第76条.法律适用，2021（5）：89.

② 王锐.论金融机构的适当性义务：基于行为要件的分析.北方法学，2014（4）：44.

立作出风险判断，就拟购买产品或拟接受服务审慎决定投资与否，并承担因而产生的投资收益和风险。上述投资过程蕴含“买者自负”原则的内涵与前提。“买者自负”发端于普通法系的“顾客留心”（caveat emptor），指“从事购买行为的主体自行承担购入的风险及其损益”①。2019 年《九民纪要》第 72 条规定：“适当性义务的履行是‘卖者尽责’的主要内容，也是‘买者自负’的前提和基础。”因此，“买者自负”有赖适当性匹配意见的介入才能实现。

另一方面，投资者的交易权利只能由其本人行使。《适当性管理办法》第 4 条第 2 款规定：“经营机构的适当性匹配意见不表明其对产品或者服务的风险和收益做出实质性判断或者保证。”证券经营机构只能提供匹配性建议，不能替代投资者进行投资决策，无权限制或阻止投资者行使投资性权利。证券经营机构告知投资者不适合购买相关产品或接受相关服务后，投资者主动要求购买风险等级高于其风险承受能力的产品或接受相关服务的，证券经营机构应当确认其不属于风险承受能力最低类别的投资者，并就产品或服务风险高于其承受能力进行特别的书面风险警示，投资者仍坚持原有投资意向的，可以向其销售相关产品或提供相关服务。② 在上述投资过程中，投资者执意作出自愿风险错配的意思表示，理当受其拘束而自行承担投资收益和风险。

总之，“买者自负”以“卖者尽责”为前提，只有实现“卖者尽责”，才能发生“买者自负”的法律后果。构筑良好的资本市场生态，不仅有赖证券经营机构运用信息优势和专业水平，提出适当性匹配意见，切实践行“卖者尽责”原则，而且需要投资者树立市场风险意识，自主决策，自担风险，逐渐接受“买者自负”理念。

案例评析

一、本案被告已履行适当性义务

如前所述，我国《证券法》第 88 条第 1 款将证券公司在销售阶段的适当性义务划分为三个层次。其中，了解客户的义务与投资者风险承受能力测评挂钩；了解产品的义务以如实说明和风险揭示为内核，产品一词统称“证券、服务”，两者的范围分别由《证券法》第 2 条和第 120 条限定。

本案中，联储证券有限责任公司销售的涉案资管计划，是《证券法》第 2 条规定的“资产管理产品”，属于证券产品。联储证券有限责任公司在向邓某君销售该资管计划之前，既对其进行了风险承受能力测评，确定投资风险承受度大致为进取型，又通过以下三种路径予以风险揭示：一是利用“资管合同”，采取“加黑字体”的合理方式提示邓某君注意涉案资管计划风险等级、投资本金损失可能、“自担风险与损失”等与其有重大利害关系的条款；二是利用公司官网，对相关文件和风险进行披露与公示；三是利用“风险揭示书”等，详细向邓某君提示投资风险。由于邓某君未出示充分确凿的证据推

---

① 徐明，卢文道.证券交易“买者自负”原则的司法适用及法制化初探//张育军，徐明.证券法苑：第 4 卷.北京：法律出版社，2011：217.

② 邢会强.证券法学.2 版.北京：中国人民大学出版社，2020：170.

翻上述事实，难以认为存在投资者与涉案资管计划风险错配的问题，因此可以认定联储证券有限责任公司已在销售阶段履行法定的适当性义务。

二、本案适用“买者自负”原则

在适当性纠纷诉讼中，常有部分投资者主张自己只负责签名，涉及投资者文化程度、个人与家庭收入等信息的勾选事项均由销售人员完成，且存在与事实不符之处，应当由证券公司等证券经营机构承担责任。

然而，证券投资性质上是一种主动型的民事行为。具有完全民事行为能力的自然人投资者，依自身的意思表示通过独立的缔约行为行使投资性权利。相应地，他们理当明知其自愿缔约行为的法律后果，对投资合同当事人的义务有所了解，并对投资理财的高风险有所预见。

本案中，邓某君本人于涉案“资管合同”、资管计划说明书、风险揭示书、风险调查问卷等文件落款处签名，这代表参与涉案资管计划是其真实意思的表达，构成对于接受涉案资管计划收益与风险水平等事项的确认。换言之，虽然涉案信托计划违反“回购合同”约定、深圳证监局出具三份处罚决定等事实，反映出联储证券有限责任公司在涉案资管计划管理过程中存在一定过错，但结合联储证券有限责任公司已在销售阶段履行适当性义务的意见，可以适用“买者自负”原则认定实施签名行为的邓某君自担部分责任。

（撰稿人：任妍姣）

第四节　投资者适当性的监督管理与法律责任

案例简介

卫某武与北京中方信富投资管理咨询有限公司证券投资咨询纠纷案[①]

北京中方信富投资咨询有限公司具有证券投资咨询资质，案外人梁某元、王某勇为其深圳分公司员工。2020 年 7 月，卫某武通过“今日头条”广告推荐了解北京中方信富投资咨询有限公司。2020 年 7 月 13 日，卫某武向北京中方信富投资咨询有限公司支付 5 800 元购买荐股软件，此前已进行风险等级评估。2020 年 8 月 17 日，王某勇承诺“一次操作可达翻倍目标”后，卫某武向北京中方信富投资咨询有限公司支付 368 000 元咨询服务费，未再进行风险等级评估。同日，梁某元向卫某武邮寄“中方信富财富管理中心服务协议”“证券投资顾问业务风险揭示书”，要求卫某武收到合同签字后寄回。

---

① 本案例摘编自江苏省南京市中级人民法院（2022）苏 01 民终 3968 号民事判决书。

2020年8月18日，王某勇以“主力资金”内幕消息诱导卫某武进行证券交易，推荐卫某武购买聚龙股份、广宇发展两只股票。后卫某武反映“你们的荐股跌的可怕”，梁某元多次要求卫某武按王某勇指示操作，二人均承诺卫某武按预期获得翻倍收益。2020年8月21日，卫某武以协议内容并非双方“原来商量的全部内容”为由拒绝签字。2020年8月23日，卫某武以亏损36万余元为由通知梁某元解除协议。2020年8月26日、9月17日，卫某武两次请求王某勇退还咨询服务费等费用而未果。2020年10月初，卫某武清空聚龙股份、广宇发展两只股票，最终实际损失为573 397.57元。

而后，卫某武向深圳证监局举报北京中方信富投资咨询有限公司深圳分公司。2020年11月2日，北京中方信富投资咨询有限公司退还卫某武368 000元。2020年11月6日，北京中方信富投资咨询有限公司退还卫某武5 800元。2021年3月11日，深圳证监局在向卫某武的书面答复中指出，北京中方信富投资咨询有限公司“存在未完成风险揭示、投资者适当性管理程序且未签约即收费，提供投资顾问性质服务未签署投资顾问协议，服务留痕不全等问题”。

之后，卫某武起诉北京中方信富投资咨询有限公司，称被告存在不履行适当性义务、以操纵股市为由欺诈、允诺预期收益等违法行为，造成原告损失，故要求被告赔偿损失573 397.57元及利息损失。

江苏省南京市中级人民法院经审查认为：被告北京中方信富投资咨询有限公司辩称证券投资顾问机构不是需承担违反适当性义务民事责任的金融服务者，所提交的模拟签约过程及个人数据截屏非原始电子数据，深圳证监局亦认定其存在未完成风险揭示、服务留痕保存不全等问题。被告北京中方信富投资咨询有限公司存在未履行投资者适当性管理程序、未揭示潜在投资风险等欺诈投资者行为，该行为与原告卫某武投资涉案股票的损失具有直接的因果关系，故其应当赔偿原告卫某武因其过错侵权行为所导致的损失。不过，证券市场的交易公平以交易主体的理性判断为前提。作为合格证券市场投资者，原告卫某武理应了解证券投资的风险，却盲目相信网络荐股软件和证券投资咨询机构的虚假宣传，意图通过该方式获得远超理性投资的不当高额收益，有违证券市场的公平交易原则。再者，涉案股票交易账户由原告卫某武掌控，相应的买入、卖出操作及买入数量等均由卫龙武本人实施，其亦对损失的发生具有过错，可以减轻侵权人北京中方信富投资咨询有限公司的责任。因此综合本案中双方的过错程度，酌定被告北京中方信富投资咨询有限公司对原告卫某武的投资损失承担70%的赔偿责任。原告卫某武的实际损失为573 397.57元，被告北京中方信富投资咨询有限公司应就其中401 378.30元承担赔偿责任。原告卫某武还主张被告北京中方信富投资咨询有限公司自2020年11月6日起按LPR标准赔偿其利息损失，因缺乏依据而不予支持。

法律要点

1. 违反适当性义务的责任承担；
2. 违反适当性义务的责任减免。

知识点介绍

一、证券经营机构违反适当性义务的民事责任

《适当性管理办法》第 34 条规定："经营机构履行适当性义务存在过错并造成投资者损失的，应当依法承担相应法律责任。经营机构与普通投资者发生纠纷的，经营机构应当提供相关资料，证明其已向投资者履行相应义务。"秉持同一思路，《证券法》第 88 条第 3 款规定："证券公司违反第一款规定导致投资者损失的，应当承担相应的赔偿责任"；第 89 条第 2 款规定："普通投资者与证券公司发生纠纷的，证券公司应当证明其行为符合法律、行政法规以及国务院证券监督管理机构的规定，不存在误导、欺诈等情形。证券公司不能证明的，应当承担相应的赔偿责任。"

详言之，证券公司等证券经营机构在销售阶段违反适当性义务，具有主观过错且导致投资者遭受损失的，即视为法律上可归责的要件得到满足，投资者享有向证券经营机构主张损害赔偿的请求权基础。在投资者与证券经营机构的纠纷中，投资者类型决定归责原则和举证责任的配置。专业投资者与证券经营机构发生纠纷的，适用过错责任原则；普通投资者与证券经营机构发生纠纷的，适用过错推定原则并采取举证责任倒置。在与普通投资者的纠纷中，证券经营机构就其是否履行适当性义务负有举证责任，否则应当按照其违法违规情节和过错程度，以赔偿的方式承担相应的法律责任。虽然前述条款未释明证券经营机构提出证据的范围，但由 2019 年《九民纪要》第 75 条可知，其应当包括已经建立证券或服务的风险评估及管理制度，对投资者的风险认知、风险偏好和风险承受能力进行了测试，向投资者告知证券或服务的收益和主要风险因素等相关资料。从前述条款使用"相应"一词可以推得，立法者在强调"卖者尽责"的同时没有忽视"买者自负"，未强制举证不能的证券经营机构单方承担一揽子责任。易言之，司法者在裁定证券经营机构赔偿责任的范围时，也要考虑减轻或免除证券经营机构赔偿责任的情形。

二、证券经营机构违反适当性义务的责任减免事由

承前所述，由"相应"一词的模糊性可知，《适当性管理办法》第 34 条与《证券法》第 88 条第 3 款、第 89 条第 2 款未规定减轻或免除证券经营机构赔偿责任的情形。不过，投资者存在主观过错当然能够作为证券经营机构赔偿责任的减免事由。譬如，2019 年《九民纪要》第 78 条规定："因金融消费者故意提供虚假信息、拒绝听取卖方机构的建议等自身原因导致其购买产品或者接受服务不适当，卖方机构请求免除相应责任的，人民法院依法予以支持，但金融消费者能够证明该虚假信息的出具系卖方机构误导的除外。"同理，投资者违反《证券法》第 88 条第 2 款的规定，拒绝提供或者未按照要求提供第 88 条第 1 款所列信息的，可以减轻或免除证券公司的赔偿责任，但证券公司仍向投资者销售产品或提供服务并造成其损失的除外。

再者，投资者的行为不符合"理性人"标准也能作为证券经营机构赔偿责任的减轻事由。所谓"理性人"标准，指某种场域中拟制的"理性人"客观上应尽的谨慎标准。

正如拉伦茨所言："每一个人必须保证其具有其所属职业或团体一般所有之知识能力。同时，在法律交易上，每一个人必会信赖对方有其所属职业或团体一般所具有之知识能力。"① 具体到证券投资行为中，投资者应当具备基本的投资知识或常识，具有一定的风险识别能力和风险承受能力，做好投资收益落空甚至损失投资本金的心理准备。反之，投资者盲目跟进投资、自愿风险错配等事实，足以支持证券经营机构主张减轻赔偿责任的请求。

另外，2019 年《九民纪要》第 78 条规定："卖方机构能够举证证明根据金融消费者的既往投资经验、受教育程度等事实，适当性义务的违反并未影响金融消费者作出自主决定的，对其关于应当由金融消费者自负投资风险的抗辩理由，人民法院依法予以支持"。改言之，该条涉及投资经历、文化程度等反映投资者风险识别能力的事实，以此抗辩投资者因完全自主作出投资决策而自负风险，能够间接起到减免卖方机构赔偿责任的作用，显然可以作为证券经营机构赔偿责任的减免事由。根据《适当性管理办法》第 9 条，投资经历与投资者的专业化程度相关联。综合该条与《证券法》第 89 条第 1 款关于投资者分类标准的规定，投资者专业化程度的影响因素还有财产状况、金融资产状况、投资知识和经验，以及业务资格、投资实力等体现的专业能力。它们同样可以被用作证券经营机构减轻赔偿责任的抗辩事由。

案例评析

一、本案适用过错推定原则

《适当性管理办法》第 8 条第 1 款规定，专业的自然人投资者应当同时满足两个条件：(1) 金融资产不低于 500 万元，或者最近 3 年个人年均收入不低于 50 万元。(2) 具有 2 年以上证券、基金、期货、黄金、外汇等投资经历，或者具有 2 年以上金融产品设计、投资、风险管理及相关工作经历，或者属于本条规定的第一类专业机构投资者的高级管理人员、获得职业资格认证的从事金融相关业务的注册会计师和律师。第 10 条第 1 款规定："专业投资者之外的投资者为普通投资者。"《证券法》第 89 条第 1 款亦采纳这种投资者分类制度，把投资者划分为普通投资者与专业投资者。

本案中，卫某武不符合专业投资者的认定条件，属于普通投资者。北京中方信富投资咨询有限公司提供证券投资顾问服务，属于证券经营机构。所以，应当对涉案纠纷适用过错推定原则。根据《适当性管理办法》第 34 条，违反适当性义务的证券经营机构应当承担相应的法律责任。显然，北京中方信富投资咨询有限公司没有理由辩称其无须承担违反适当性义务的民事责任。在实施举证责任倒置的诉讼程序中，北京中方信富投资咨询有限公司未提交其他证据证明其已经履行投资者适当性管理程序，便需要承担举证不能的后果，此乃确定其承担赔偿责任的依据。

① 拉伦茨. 德国法上损害赔偿之归责原则//王泽鉴. 民法学说与判例研究：第 5 册. 三民书局，1991：286.

二、本案被告存在责任减免事由

本案中，卫某武盲目实施的股票投资行为，不符合理性投资者应有的谨慎标准。即使身为普通投资者，卫某武也应当知悉所持两只股票存在损失投资本金的风险。然而，卫某武受“一次操作可达翻倍目标”等投资收益承诺的影响，盲目相信北京中方信富投资咨询有限公司员工及网络荐股软件的虚假宣传，意图通过购买经推荐的涉案股票获得远超理性投资的不当高额收益。

并且，卫某武对其损失的发生具有主观过错。“过错是由行为人内在的意志决定的，主观过错表明行为人具有道德上应受非难性。”[①] 据《现代汉语词典》注，“非难”取“指摘和责问”之意。[②] 由此延伸，非难性指因主观过错而产生的可谴责性和应负责任性。本案中，涉案股票交易账户由卫某武掌控，相应的买入、卖出操作及买入数量等均由其本人实施，这是谴责卫某武的股票投资行为并要求其承担赔偿责任的开端。

综合上述事实，北京中方信富投资咨询有限公司的赔偿责任减轻30%。

（撰稿人：任妍姣）

① 王利明.侵权行为法归责原则研究.北京：中国政法大学出版社，1992：181.

② 中国社会科学院语言研究所词典编辑室编.现代汉语词典.7版.北京：商务印书馆，2016：376.

第十三章 先行赔付制度

第一节 先行赔付制度

案例简介

紫晶存储先行赔付案[①]

2019年2月21日，广东紫晶信息存储技术股份有限公司（以下简称“紫晶存储”）披露“首次公开发行股票并在科创板上市招股说明书”（以下简称“招股说明书”）。2019年2月26日，紫晶存储在科创板上市。

2023年4月18日，中国证监会正式下达对紫晶存储的行政处罚决定书，认定紫晶存储存在以下违法事实：一是欺诈发行。一方面，紫晶存储招股说明书通过虚构销售合同、伪造物流单据和验收单据入账、安排资金回款、提前确认收入等方式虚增营业收入、利润。2017年至2019年上半年，分别虚增营业收入43 497 313.43元、111 457 882.74元、66 939 521.10元，虚增利润21 627 070.35元、39 036 333.51元、25 326 629.03元。另一方面，紫晶存储招股说明书未按规定披露对外担保，截至招股说明书签署日，未按规定披露对外担保余额合计13 500.12万元。二是信息披露违法违规。紫晶存储上市后继续通过前述财务造假方式虚增营业收入、利润，“2019年年度报告”和“2020年年度报告”存在虚假记载，且均未按规定披露对外担保。中国证监会依法对紫晶存储及相关责任人员给予罚款和市场禁入措施，董事长郑穆还被采取终身市场禁入措施。

在紫晶存储被中国证监会处罚的当日，中信建投证券股份有限公司（以下简称“中信建投”）作为紫晶存储的保荐机构和主承销商，发布“关于拟设立紫晶存储事件先行赔付专项基金与申请适用证券期货行政执法当事人承诺制度的公告”。2023年5月26日中信建投发布“关于正式设立紫晶存储事件先行赔付专项基金的公告”，正式设立先行赔付专项基金。为保护投资者合法利益，维护证券市场稳定，中信建投作为紫晶存储

① 本案例摘编自中国证监会行政处罚决定书〔2023〕30号、中国证监会市场禁入决定书〔2023〕11号、“中信建投证券股份有限公司关于正式设立紫晶存储事件先行赔付专项基金的公告”和“中国证券投资者保护基金有限责任公司关于紫晶存储事件先行赔付专项基金的终止公告”。

的保荐机构和主承销商，会同紫晶存储其他中介机构致同会计师事务所、容诚会计师事务所、广东恒益律师事务所共同出资 10 亿元设立专项基金，用于先行赔付适格投资者因紫晶存储欺诈发行、信息披露违法违规（以下简称“紫晶存储事件”）而遭受的投资损失。专项基金由中国证券投资者保护基金有限责任公司（以下简称“投保基金公司”）担任管理人，根据《证券法》、新《虚假陈述司法解释》的规则和标准，依法确定具体的专项基金赔付范围和赔付金额计算方法。同时，公告提到，因紫晶存储事件而遭受投资损失的适格投资者，如果接受赔付，则表明其愿意与专项基金出资人达成和解，自愿谅解专项基金出资人在紫晶存储事件中的责任，并将对紫晶存储事件相关责任方主张虚假陈述损失赔偿的权利转让给专项基金出资人，自身不再向紫晶存储事件的责任方索赔。专项基金出资人已于正式公告刊登前将设立出资额人民币 10 亿元足额划付至专项基金资金托管账户。

投保基金公司同意接受专项基金出资人的委托，担任专项基金的管理人，负责专项基金的日常管理及运作。中信银行股份有限公司北京分行担任专项基金托管银行，负责安全、完整地托管专项基金项下基金资金。专项基金的存续期限为自专项基金成立之日起 2 个月，投保基金公司可根据专项基金运作的实际情况延长专项基金存续期限。专项基金存续期限届满将由投保基金公司聘请独立的第三方会计师事务所对专项基金进行审计，并组织清算。截至 2023 年 6 月 30 日，完成有效申报、与专项基金出资人达成有效和解的适格投资者人数为 16 986 人，占适格投资者总人数的 97.22%，对适格投资者支付的赔付金额为 1 085 585 416 元，占应赔付总金额的 98.93%。至 2023 年 7 月 26 日投保基金公司发布“关于紫晶存储事件先行赔付专项基金的终止公告”时，前述赔付金额已按规定支付至适格投资者的证券交易结算资金账户或有效银行账户。

法律要点

1. 先行赔付的适用范围；
2. 先行赔付的适用主体；
3. 先行赔付的程序。

知识点介绍

一、我国先行赔付的历史沿革

证券市场先行赔付制度于 2019 年《证券法》修订后得以正式确立，此前我国已在规范层面和实践层面展开有益探索。

早在 2013 年，国务院办公厅即发布《关于进一步加强资本市场中小投资者合法权益保护工作的意见》，明确提出了“健全中小投资者赔偿机制”的意见，要求“涉案当事人主动赔偿投资者”。2015 年，中国证监会出台《公开发行证券的公司信息披露内容与格式准则第1号——招股说明书》(2015年修订),要求保荐人在招股说明书摘要中承诺:“因其为发行人首次公开发行制作、出具的文件有虚假记载、误导性陈述或者重大遗漏,给投资者造成损失的,其将先行赔偿投资者损失。”

2019年《证券法》修订新设“投资者保护”专章,并在该章节中首次明确规定:“发行人因欺诈发行、虚假陈述或者其他重大违法行为给投资者造成损失的,发行人的控股股东、实际控制人、相关的证券公司可以委托投资者保护机构,就赔偿事宜与受到损失的投资者达成协议,予以先行赔付。先行赔付后,可以依法向发行人以及其他连带责任人追偿。”自此,证券市场中的先行赔付制度正式被法律规范确认,成为投资者保护制度中不可或缺的重要内容。

在监管部门对先行赔付制度进行规则设计的同时,证券市场中的相关实践探索也随之不断深入。先行赔付制度先后在四个案件中成功适用,分别是万福生科案、海联讯案、欣泰电气案及紫晶存储案。万福生科案塑造了先行赔付制度的雏形,海联讯案和欣泰电气案丰富了先行赔付的实践探索,紫晶存储案则是先行赔付制度被2019年《证券法》正式确立后的首次实践运行,对于制度的适用完善具有重要意义。上述四案中,投资者在短短数月内获得赔偿,专项基金累计支付数千万乃至数亿元,占应补偿总金额的比例均超过98.5%,和解投资人占比均超过95%。

先行赔付的实施在证券市场产生了良好效果,2019年《证券法》对该制度的立法确认更使之成为投资者保护的重要方式。一方面,由于民事诉讼结果的不确定性和隐含的时间、精力成本,多数投资者通过民事诉讼途径维护自身权益的意愿较低。[①] 而先行赔付为投资者提供了和解获偿的救济方式,使分散的投资者得以通过流程更简洁、结果更确定的途径及时获得赔偿,显著提高了投资者救济效率。另一方面,欺诈发行、虚假陈述等违法行为动摇了投资者对证券市场的信心,挫伤了投资者的投资热情,严重干扰了证券市场的健康运作。对此,先行赔付通过有力保障投资者的求偿权,可以高效恢复受到干扰的市场秩序,有效维护证券市场的持续健康运行。

二、先行赔付制度的主要内容

先行赔付制度指发行人因欺诈发行、虚假陈述或者其他重大违法行为给投资者造成损失时,发行人的控股股东、实际控制人、相关的证券公司可以委托投资者保护机构就赔偿事宜与受到损失的投资者达成协议,予以先行赔付。[②] 2019年《证券法》第93条对该制度作出了明确的规定。

(一)先行赔付的适用范围

根据2019年《证券法》第93条之规定,先行赔付的适用情形限于“发行人因欺诈发行、虚假陈述或者其他重大违法行为给投资者造成损失”。从现有的先行赔付实践来看,四起案例均为欺诈发行案件。“其他重大违法行为”的兜底型表述肯定了在内幕交易、操纵市场等其他证券违法案件中采用先行赔付的合法性,虽然现有的先行赔付实践

---

① 赵吟.证券市场先行赔付的理论疏解与规则进路.中南大学学报(社会科学版),2018(3):25-33.

② 周友苏.证券法新论.北京:法律出版社,2020:381.

数量较少，但该条款表明了先行赔付制度适用范围上的开放性。

（二）先行赔付的适用主体

2019 年《证券法》将先行赔付的主体限定为发行人的控股股东、实际控制人和相关的证券公司。

相较于数量上占据多数但对公司长期发展缺乏关注的普通投资者而言，发行人的控股股东和实际控制人对发行人的持股比例更高，且往往是长期持股，更加关注公司的长远发展，承担先行赔付的意愿也更强。

从现有实践案例来看，先行赔付涉及的金额之巨远远超过了一般的自然人或证券市场主体的承受能力。证券公司作为专业性的证券经营服务机构，具有雄厚的经济实力，2019 年《证券法》第 121 条也对其实缴注册资本作出了强制性的限制规定。同时，证券公司通常以经纪人、承销人、保荐人等角色活跃在证券市场中，声誉是其业务持续发展的根基。因此，证券公司往往具有充分实力和意愿通过先行赔付挽回声誉，谋求公司持续稳定发展。

（三）先行赔付的程序

结合现有实践，在先行赔付条件被触发后，先行赔付人往往会在短时间内设立投资者专项补偿基金。为保证投资者顺利受偿，专项补偿基金设置金额往往较高，通常超过后期实际赔偿金额，但也存在当最终申报额高于基金设立出资金额时基金出资人及时补足差额的情况。例如紫晶存储案中，专项基金设立时出资规模为 10 亿元，最终实际赔偿金额约为 10.85 亿元。

在设立专项补偿基金后，先行赔付人可以委托投资者保护机构，就赔偿事宜与受到损失的投资者达成协议，予以先行赔付。我国的证券投资者保护机构包括中国证券投资者保护基金公司和中证中小投资者保护服务中心有限责任公司，二者的中立性与专业性决定了其在先行赔付实践中不可或缺的作用。在现有案例中，先行赔付人均选择委托中国证券投资者保护基金公司管理和运作基金。

案例评析

一、本案属于先行赔付的适用范围

根据中国证监会作出的〔2023〕30 号行政处罚决定书，紫晶存储招股说明书虚增营业收入和利润，同时“2019 年年度报告”和“2020 年年度报告”存在虚假记载且均未按规定披露对外担保。紫晶存储上述行为构成 2014 年《证券法》第 189 条规定的欺诈发行及 2019 年《证券法》第 197 条规定的信息披露违规。由此，紫晶存储成为科创板首批因财务造假而强制退市的公司。

根据 2019 年《证券法》第 93 条之规定，“发行人因欺诈发行、虚假陈述或者其他重大违法行为给投资者造成损失的”可以适用先行赔付，紫晶存储欺诈发行案属于先行赔付的适用范围。

二、本案基金出资人属于适格的先行赔付主体

紫晶存储于2019年2月26日在科创板上市，期间中信建投担任保荐机构和主承销商。2023年4月18日，紫晶存储因欺诈发行、信息披露违法违规给投资者造成损失并被中国证监会予以处罚。2023年5月26日，中信建投会同紫晶存储其他中介机构致同会计师事务所、容诚会计师事务所、广东恒益律师事务所主动发布设立投资者利益补偿专项基金的公告，以基金财产先行赔付适格投资者的投资损失。

依据2019年《证券法》第93条，“发行人的控股股东、实际控制人、相关的证券公司”可以充当先行赔付人，设立投资者利益补偿专项基金。故依据现行《证券法》，中信建投作为发行人紫晶存储的保荐机构和主承销商具有先行赔付的主体资格。

本案的特别之处在于作为证券服务机构的致同会计师事务所、容诚会计师事务所、广东恒益律师事务所也主动出资参与了先行赔付。尽管在《证券法》修订草案中“证券服务机构”曾经被列为先行赔付的主体之一，但是正式生效实施的《证券法》（2019年修订）最终删除了这一规定，将先行赔付主体明确为“发行人的控股股东、实际控制人、相关的证券公司”，也就是说，证券服务机构并不在法律规定的先行赔付主体范围内。有观点认为，这一立法选择可能是参考了过往由证券公司或控股股东作为赔付主体的实践经验，但以私法自治的角度观之，应当允许并鼓励未在法律规定范围内的“证券服务机构”共同参与设立先行赔付基金。作为证券市场参与者的证券服务机构有责任积极维护市场的稳定和秩序，其主动担责参与先行赔付一方面有利于高效便捷地维护适格投资者的合法权益，另一方面也有利于维护证券服务机构自身的市场声誉。

三、本案的社会效果

科创板的包容性让原本无缘A股上市的一些科创企业实现境内上市，但包容并不意味放纵，紫晶存储的强制退市与先行赔付制度的适用都表明，只有依法全面从严监管、严厉打击证券违法行为、保护投资者合法权益，才能保障科创板的持续健康发展。第一，紫晶存储案作为我国科创板首起适用先行赔付的案例，充分保障了投资者的合法权益，对科创板的管理完善提供了经验，并对科创板其他上市企业起到警示和示范作用。第二，作为《证券法》2019年修订后的首例先行赔付案件，加之高达10亿余元的最终赔付金额，紫晶存储案吸引了各界的广泛关注。而本案在短短两个月内即完成了赔付，有效避免了投资者陷入旷日持久且成本高昂的司法索赔泥潭，这正是《证券法》修订后我国证券市场投资者保护水平大幅提高的有力印证。第三，先行赔付制度虽然已被2019年《证券法》正式确立，但目前仍处于原则性规定的层面，此次紫晶存储案不仅是落实和检验先行赔付制度功效的有利契机，也为细化和完善制度实施中的具体适用问题提供了有益实践经验。

（撰稿人：赵　吟）

第二节　支持诉讼制度

案例简介

美丽生态证券虚假陈述支持诉讼案①

2019年8月2日，深圳美丽生态股份有限公司（以下简称“美丽生态”）及八达园林、贾某辉等收到的中国证监会行政处罚决定书（处罚字〔2019〕69号）载明：经查明美丽生态、贾某辉等存在多项信息披露违法事实：(1) 在重大资产重组文件中对阜宁县金沙湖项目和镇江市官塘新城路网绿化工程的进展情况及项目2015年收入预测披露存在误导性陈述；(2) 在重大资产重组文件中未如实披露框架协议等的最新进展情况，存在误导性陈述；(3) 未及时披露金沙湖项目终止的重大事件，信息披露存在重大遗漏；(4) 在“2015年年度报告”中对子公司八达园林盘盈生物资产的会计处理不当，存在虚假记载。中国证监会决定对美丽生态、八达园林责令改正，给予警告，并处以60万元罚款，并对多名责任人给予警告及罚款的处罚。

2020年4月21日，美丽生态收到中国证监会深圳证监局行政处罚事先告知书（处罚字［2020］1号），证监会查明公司涉嫌违法的事实如下：(1) 2013年7月17日至2017年6月23日，公司实际控制人为李某、贾某辉，而披露的公司实际控制人与实际情况不符；(2) 2017年6月23日，蒋某受让了李某持有的盛世泰富51%的股权，实际控制人变更，蒋某和美丽生态都未及时披露相关情况，美丽生态在“2017年半年度报告”中披露的实际控制人也与实际情况不符。证监会拟对美丽生态作出责令改正，给予警告，并处以30万元罚款，对相关责任人给予警告和罚款的处罚。

美丽生态示范案件是广东省深圳市中级人民法院发布《关于依法化解群体性证券侵权民事纠纷的程序指引（试行）》后启动的投服中心首单示范案件。投服中心相关负责人称，一开始投服中心本着群体性证券侵权民事纠纷案件着重调解、鼓励当事人和解的原则，广东省深圳市中级人民法院启动诉前调解。因当事人不同意和解，2020年4月8日投服中心支持诉讼案件被正式受理，为提高审判效率，美丽生态案件成为2019年《证券法》修订后广东省深圳市中级人民法院首例“支持诉讼+示范案件”。

在本案审理时，《深圳市中级人民法院关于依法化解群体性证券侵权民事纠纷的程序指引（试行）》已经生效。该案当庭调解结案，投资者已于2021年1月7日收到赔付款项。

该案的审理过程为，庭前进行证据交换，庭审中合议庭行使释明权，促进当事人确定共通事实争点和法律争点，全面举证、质证，展开充分辩论。支持诉讼代理律师根据

① 本案例摘编自中国证监会行政处罚决定书（美丽生态、八达园林、王某年等18名责任人员）〔2019〕69号；行政处罚事先告知书〔2020〕1号。

行政处罚决定书中认定的违法事实及相关法律法规，对虚假陈述违法事实进行详细阐述。原、被告双方对侵权行为重大性、证券违法行为与原告损失之间是否存在因果关系、揭露日的认定、是否存在系统性风险、被告各方的责任分担进行了激烈辩论。虽然本案原、被告双方达成调解结案，但庭审过程中对案件事实的充分调查辩论，有助于法院进一步厘清案件事实、准确适用法律，客观上为其他同类案件的审理提供了宝贵经验。

法律要点

1. 投服中心的职责定位；
2. 证券支持诉讼。

知识点介绍

一、投服中心职责定位

投服中心是经中国证监会批准设立并直接管理的证券金融类公益机构，经原国家工商行政管理总局（现国家市场监督管理总局）登记，于 2014 年 12 月 5 日在上海注册成立。它是落实国务院办公厅《关于进一步加强资本市场中小投资者合法权益保护工作的意见》（国办发［2013］110 号）的文件精神、完善监管政策、丰富投资者保护体系、加强中小投资者合法权益保护工作的一项举措。它是从中小投资者实际需求出发，为中小投资者服务的公益性维权和服务组织，专司中小投资者合法权益保护工作。

投服中心以中小投资者为服务对象，丰富中小投资者的行权维权手段，建立多元化纠纷解决机制，完善中小投资者的赔偿救济渠道，维护中小投资者的合法权益，提升资本市场法治与司法救济等软实力水平。

投服中心为公司制法人单位。股东会是投资者服务中心的权力机构。股东单位为上交所、深交所、上海期货交易所、中国金融期货交易所和中国证券登记结算有限责任公司。董事会是投服中心的决策机构，对股东会负责，行使股东会授予的权利。总经理室为投服中心的执行机构，负责日常经营与管理，目前设总经理 1 名、副总经理若干。

投服中心的主要业务是持股行权、纠纷调解、诉讼与支持诉讼、投资者教育等，具体包括：公益性持有证券等品种，以股东身份行权和维权；受中小投资者委托，提供调解服务；为中小投资者自主维权提供法律等服务；面向中小投资者开展公益性宣传和教育；代表中小投资者，向政府部门、监管机构反映诉求；证监会委托的其他业务。

二、证券支持诉讼

证券支持诉讼，是指投服中心选择特定案件（一般都是涉及中小投资者众多、矛盾比较突出、社会影响较大的典型证券侵权纠纷），接受中小投资者的申请、委托，由投服中心作为支持机构，委派诉讼代理人，支持权益受损的中小投资者依法诉讼维权。

2019 年《证券法》在第 94 条第 2 款首次引入证券公益诉讼制度，规定"投资者保护机构对损害投资者利益的行为，可以依法支持投资者向人民法院提起诉讼"，但并未规定如何适用本条款。由于《证券法》框架下的证券诉讼仍为民事诉讼，因此在具体适用证券支持起诉条款时，还需结合《民事诉讼法》第 15 条的支持起诉制度以及其他制度。《民事诉讼法》第 15 条规定：机关、社会团体、企业事业单位对损害国家、集体或者个人民事权益的行为，可以支持受损害的单位或者个人向人民法院起诉。我国《民事诉讼法》设置支持起诉原则的目的是希望借助支持起诉主体的多元性和主体各方面的资源优势，为当事人提供多样化的组织资源。丰富的组织资源可以从各个方面给予弱势当事人帮助，在更大程度上降低弱势群体在司法过程中的劣势，从而提高司法裁判的公正性。在支持起诉原则的适用过程中，一方面应当充分尊重当事人的诉权；另一方面也应当在当事人利益受到损害并且弱势一方当事人难以提起诉讼，需要支持起诉的情况下应当适用支持起诉原则，使当事人在支持起诉者的帮助下发动诉讼程序保护自己的合法利益。而作为证监会批准设立的证券金融类公益性机构，投服中心显然可以依据 2019 年《证券法》第 94 条第 2 款以及《民事诉讼法》第 15 条和第 55 条的规定，支持中小投资者提起维权诉讼。另外，《民事诉讼法》第 55 条原则性地规定了公益诉讼制度，但目前主要在环境保护领域和消费者保护领域存在一些司法实践。未来投服中心能否提起证券公益诉讼，需要法律和司法解释等予以明确。

案例评析

近年来我国证券市场投资者民事权益保护机制不断发展和完善，投服中心于 2014 年成立，其全面持有沪深两市 3 000 余家上市公司各一手（100 股）的 A 股股票，负责推进持股行权、纠纷调解、维权和投资者教育工作。其中，维权工作主要体现在为中小投资者自主维权提供代理权征集服务，为合法权益受损害的中小投资者提供公益性法律支持，为维护中小投资者合法权益以股东身份提起诉讼，对公益律师及专家的管理与服务。该机构自成立以来，其先后对"匹凸匹""康达新材"等提起了证券支持诉讼，这成为投资者民事赔偿实现的重要途径。如前所述，根据 2019 年《证券法》的最新规定，证券投资者保护机构将更加积极地参与证券民事赔偿诉讼。这不仅有利于维护投资者的合法权利与促进多元纠纷解决，而且将为解决证券市场"集体行动难题"贡献东方经验。本案中，投资者服务中心本着在群体性证券侵权民事纠纷案件中应着重调解、鼓励当事人和解的原则，深圳中院启动诉前调解，因当事人不同意和解，2020 年 4 月8 日投服中心支持诉讼案件被正式受理，为提高审判效率，美丽生态案件成为 2019 年《证券法》修订后该院首例"支持诉讼＋示范案件"。

在本案审理时，《深圳市中级人民法院关于依法化解群体性证券侵权民事纠纷的程序指引（试行）》已经生效。经过二次开庭审理，该案当庭调解结案，投资者已于 2021

年 1 月 7 日收到赔付款项。虽然对案件本身而言，调解结案是双方当事人相互妥协也是共赢的结果，但就示范案件而言，调解书对后诉平行案件的示范意义大幅减少，不仅学理上存在调解书是否有既判力以及在何种范围内发挥作用的争议，在司法实践中调解书是否需向社会公开亦有商榷空间。从某种角度上说，没有生效裁判来扩张既判力，发生拘束力，该示范案件没有起到“示范”效果。此种情况下，如何保有示范诉讼的“示范性”，值得深入研究。

（撰稿人：李欣豫）

第三节　代位诉讼制度

案例简介

上海大智慧股份有限公司股东代位诉讼案①

上海大智慧股份有限公司（以下简称“大智慧公司”）系 A 股上市公司，因在“2013 年年度报告”中存在虚增利润等信息披露违法行为，于 2016 年 7 月受到中国证监会行政处罚，一并被处罚的还包括张某虹、王某等时任董事、监事、高级管理人员共 14 人及承担年报审计工作的立信会计师事务所等。此后，数千名投资者陆续以该虚假陈述行为造成其投资损失为由，对大智慧公司及相关责任人提起证券虚假陈述责任纠纷诉讼。截至 2023 年 2 月 16 日，大智慧公司已根据生效民事判决向投资者支付赔偿款共计 3.35 亿元。

中证中小投资者服务中心作为中国证监会依法设立的投资者保护机构，持有大智慧公司 100 股股票。2021 年 4 月 3 日，投服中心向大智慧公司发送“股东质询建议函”，建议公司向张某虹起诉追偿，大智慧公司作出相应回函但未在期限内提起诉讼。投服中心遂依据《公司法》第 151 条及 2019 年《证券法》新增的第 94 条的规定，于 2021 年 9 月 8 日以股东身份代表大智慧公司向上海金融法院提起股东代位诉讼。投服中心诉称：“根据在先生效判决，大智慧公司、王某红（时任董事兼财务总监）、洪某（时任副总经理）、郭某莉（时任财务部经理）及审计机构立信会计师事务所对投资者胡某的损失 86 万余元承担连带赔偿责任。大智慧公司已实际赔付。张某虹、王某（时任董事、副总经理及董事会秘书）等与上述民事判决中的被告构成共同虚假陈述侵权行为，大智慧公司均有权向其追偿，故诉请要求被告张某虹、王某、王某红、洪某等四人向大智慧公司赔偿 86 万余元，第三人大智慧公司向投服中心赔偿诉讼费、律师费等损失，并将郭某莉、立信会计师事务所列为第三人参加诉讼。”

2021 年 11 月 18 日，大智慧公司作为原告，以张某虹、王某、王某红、洪某、郭

① 本案例摘编自上海金融法院官方网站 2023 年 2 月 20 日案件通报。

某莉为被告提起另案诉讼，请求五被告支付其在证券虚假陈述责任纠纷系列案件中向投资者支付的民事赔偿款约 3.25 亿元，后变更诉请为 3.35 亿元。考虑到两案诉请的事实和理由与证券虚假陈述责任纠纷系列案件密切相关，与《证券法》证券欺诈连带责任的追偿法律关系相互关联，为查明案件事实，厘清各被告责任范围，上海金融法院依职权将中国证监会就相关虚假陈述行为进行行政处罚的其余董事、监事、高级管理人员追加为案件第三人。

最终，被告张某虹向大智慧公司全额支付了投服中心诉请的 86 万余元，并愿意承担大智慧公司已向投服中心支付的诉讼费、律师费。原告投服中心遂申请撤回起诉。同时，在大智慧公司提起的另案诉讼中，经上海金融法院主持调解，大智慧公司与张某虹等五被告达成调解协议，约定张某虹于 2013 年年底之前分四笔向大智慧公司全额支付该案诉请损失 3.35 亿元。上海金融法院经审查认为：在原告投服中心提起的股东代位诉讼中，原告的诉请业已全部实现；在原告大智慧公司提起的另案诉讼中，当事人达成的调解协议经大智慧公司董事会决议通过，且调解内容并不损害公司及股东利益，故决定准许投服中心撤诉，并对上述调解协议予以确认。

法律要点

1. 股东代位诉讼；
2. 股东代位诉讼的前置程序；
3. 股东代位诉讼的可诉范围。

知识点介绍

一、股东代位诉讼

《公司法》第 151 条明确规定了股东代位诉讼制度，即当公司董事、监事、高级管理人员（以下简称“董监高”）等主体不法侵害公司利益而公司怠于或无法起诉追责时，满足法定条件、程序的股东有权基于维护公司利益的目的，以自身名义向侵害者提起诉讼，诉讼收回利益归属于公司。

股东代位诉讼的设置，目的在于强化对于包括公司管理层在内的相关主体的追责，以求维护公司及股东的合法利益。其制度设计的逻辑在于公司具备独立于股东的法人人格，两者利益并非完全统一，特别是在公司运营管理由董监高所管控时，这种非统一性更为凸显。典型表现即是当董监高侵犯公司利益时，期待其代表公司利益来追究自身责任，往往不具有现实性，那么这时候赋予股东代位诉讼权利就显得尤为必要。

当然，事有利弊，为广大股东赋权也可能造成其滥诉，进而使公司自主经营管理权受到不利影响，故而为尽可能避免前述负面情形，《公司法》对股份有限公司股东提起代位诉讼设定了持股比例、期限的主体条件限制，即其需连续 180 日以上单独或者合计持有公司1%以上股份。此外，《公司法》第151条还同时对股东代位诉讼设置了相对严格的前置程序要求，下文将详述。

二、股东代位诉讼的前置程序

《公司法》第151条第2款规定："监事会、不设监事会的有限责任公司的监事，或者董事会、执行董事收到前款规定的股东书面请求后拒绝提起诉讼，或者自收到请求之日起三十日内未提起诉讼，或者情况紧急、不立即提起诉讼将会使公司利益受到难以弥补的损害的，前款规定的股东有权为了公司的利益以自己的名义直接向人民法院提起诉讼。"

根据上述规定，股东代位诉讼存在前置程序的法定要求，即股东在以自己名义起诉之前，须先书面请求监事会、不设监事会的有限责任公司的监事，或者董事会、执行董事采取法律行动，若其拒绝或一定期限内未行动，又或情况紧急且不立即起诉可能导致公司受到难以弥补之损失时，股东方可自行起诉。

三、股东代位诉讼的可诉范围

在股东代位诉讼可诉范围的问题上，《公司法》第151条并未作特别限制，其对象不仅包括公司董监高，同时该条第3款还特别规定"他人侵犯公司合法权益，给公司造成损失的，本条第一款规定的股东可以依照前两款的规定向人民法院提起诉讼"，因此，在没有例外的法律规定的情况下，《公司法》明确规定任何侵犯公司合法权益而对其造成损失的第三人，均可成为股东代位诉讼的追责对象，即其可成为股东代位诉讼案件当中的适格被告。

案例评析

一、本案属于特别股东代位诉讼

本案属于在《公司法》第151条股东代位诉讼之上，法律所设立的特别股东代位诉讼。具体来说则是，2019年《证券法》第94条第3款[①]在借鉴域外经验的基础上，针对上市公司这类特殊法人主体设立了特别股东代位诉讼制度，其突出特点在于公益性，系由投资者保护机构（以下简称"投保机构"）基于其上市公司股东身份而发起诉讼，并且特别豁免《公司法》对于股东代位诉讼所作出的持股比例、期限等方面的限制，以便于对相关上市公司仅持有100股股票的投保机构提起诉讼。

过往，股东代位诉讼中股东面临较高诉讼成本以及收益归属公司的窘境，往往难有

① 2019年《证券法》第94条第3款规定："发行人的董事、监事、高级管理人员执行公司职务时违反法律、行政法规或者公司章程的规定给公司造成损失，发行人的控股股东、实际控制人等侵犯公司合法权益给公司造成损失，投资者保护机构持有该公司股份的，可以为公司的利益以自己的名义向人民法院提起诉讼，持股比例和持股期限不受《中华人民共和国公司法》规定的限制。"

充足动力采取这一维权措施，特别是上市公司由于持股相对分散，更难集合到1%以上份额的股东。如今，特别股东代位诉讼制度的设立，在相当程度上能够有效刺激股东代位诉讼在证券市场中的启动率，在保护中小投资者权益方面是一项有益的探索和实践。

二、本案作为特别股东代位诉讼仍需要履行前置程序

如前文所述，根据《公司法》的规定，股东代位诉讼存在前置程序的法定要求，那么对于本案所涉及的特别股东代位诉讼，其同样需要履行前置程序。具体来说，《证券法》第94条关于投保机构作为上市公司股东有权提起特别股东代位诉讼之规定，与《公司法》所规定的股东代位诉讼并无二致，仅仅是豁免其持股比例、期限方面的限制，即《证券法》作为证券领域的特殊法，在前置程序的要求方面并无豁免的特殊规定，依据“特殊法优于一般法”的原则，特殊法无特别规定之处应适用一般法，因此本案作为特别股东代位诉讼仍需遵守前置程序的一般要求。

从《公司法》的立法目的和立法技术处理上看，前置程序同时兼顾和平衡了股东权益的维护，以及保障公司自治权不受滥诉困扰、排除司法任意干预，具有重要意义。总体而言，前置程序也不存在阻碍投保机构行权的问题，仅是在维护法人独立地位的前提下就其行权时间作出适当限制，具备合理性。

三、特别股东代位诉讼的可诉范围存在限缩

根据前述《证券法》第94条第3款之规定，鉴于特别股东代位诉讼属于在证券市场领域的特殊制度，法律上不仅限缩了法人主体类型，即“发行人”，同时还限缩了可诉范围，规定仅发行人的董事、监事、高级管理人员执行公司职务时违反法律、行政法规或者公司章程的规定给公司造成损失时，或者发行人的控股股东、实际控制人等侵犯公司合法权益给公司造成损失时，才可由投保机构提起特别股东代位诉讼，此即意味着侵害公司合法利益的其他第三人不属于适格被告。

在证券虚假陈述责任纠纷诉讼中，适格被告主体范围更广，实践中包括被中国证监会处罚的发行人中层领导甚至普通员工，以及第三方中介机构等，2022年施行的新《虚假陈述司法解释》还将配合虚假陈述的供应商、客户和金融机构纳入被告范围。相比之下，特别股东代位诉讼则在责任追索对象的范围上存在一定局限性。

本案中，也正是基于上述限缩性规定，原告投服中心仅是将受到行政处罚的部分大智慧公司的董监高列为被告。需要说明的是，尽管特别股东代位诉讼在可诉范围上存在局限，但法院为查明案件事实、厘清责任，可依职权将行政处罚、虚假陈述诉讼所涉及的上述相关方追加为第三人，并且不排除最终判定第三人承担一定条件项下的法律责任的可能。本案中，上海金融法院即在案件审理过程当中追加相关主体作为第三人参与诉讼。

（撰稿人：刘思远　李龙宇）

第十四章

证券代表人诉讼制度

第一节　普通代表人诉讼制度

案例简介

丁某春等 315 名投资者与上海飞乐音响股份有限公司证券虚假陈述责任纠纷案[1]

上海飞乐音响股份有限公司（以下简称“飞乐音响”）系在上交所发行股份的上市公司。2019 年 10 月，上海证监局对飞乐音响及相关责任人员作出沪〔2019〕11 号行政处罚决定书，认定飞乐音响 2017 年半年度报告、2017 年第三季度报告、2017 年半年度业绩预告及 2017 年第三季度业绩预增公告存在虚假陈述。

2020 年 8 月，原告朱某茹、陈某玲、廉某文、魏某经 34 名原告共同推选为拟任代表人，随后以飞乐音响虚假陈述行为造成其投资损失为由，向上海金融法院申请提起普通代表人诉讼。2020 年 8 月 18 日，上海金融法院立案受理，并于 2020 年 8 月 21 日组织双方当事人听证，听证过程中，双方当事人就案件实施日、揭露日及基准日达成一致。经审查，上海金融法院适用普通代表人诉讼程序审理本案。2020 年 8 月 27 日，上海金融法院裁定本案权利人范围为自 2017 年 8 月 26 日（含）起至 2018 年 4 月 12 日（含）期间以公开竞价方式买入、并于 2018 年 4 月 12 日闭市后当日仍持有飞乐音响股票，且与本案具有相同种类诉讼请求的投资者。

裁定书送达后，案件双方当事人均未在法定期限内申请复议。据此，2020 年 9 月 28 日，上海金融法院发布权利登记公告，通知符合权利人范围的投资者申请登记，加入本案诉讼。截至登记期间届满，共计 365 名投资者参加权利登记。经审核，共有 340 名投资者符合权利人范围，成为案件原告。经上海金融法院组织代表人推选，原告朱某茹等 5 名候选人得票数超过参与投票人数的 50%，成为诉讼代表人。代表人推选结果公告发布后，58 名原告在法定期限内撤回权利登记。一审开庭前，另有 33 名投资者进行补充登记。截至本案开庭审理前共有 315 名适格投资者申请参加代表人诉讼，涉及诉

① 本案例摘编自上海金融法院（2020）沪 74 民初 2402 号民事判决书，上海市高级人民法院民事判决书（2021）沪民终 384 号；上海市高级人民法院（2022）沪民申 1764 号民事裁定书。

讼请求总金额 1.46 亿余元。

2021 年 2 月 9 日，上海金融法院组织召开庭前会议，就损失核定机构的选取问题询问当事人意见。双方当事人对此意见不一，法院通过随机抽取方式确定中证资本市场法律服务中心（以下简称“中证法律服务中心”）为本案损失核定机构。2021 年 3 月 11 日，中证法律服务中心出具了“证券投资者损失核定意见书”（以下简称“损失核定意见书”）。2021 年 3 月 30 日，上海金融法院公开开庭审理本案，中证法律服务中心作为随机抽取的第三方损失核定机构，就其出具的“损失核定意见书”派员出庭接受质询。

2021 年 5 月 11 日，上海金融法院作出（2020）沪 74 民初 2402 号民事判决书，判决被告飞乐音响于判决生效之日起 10 日内向原告丁某春等 315 名投资者支付投资差额损失、佣金损失、印花税损失和利息损失等赔偿款共计 123 547 952.4 元，并向原告代表人支付通知费 15 500 元和以人均 3 000 元为标准、按本案 315 名原告计算的律师费 945 000 元。

一审判决送达后，飞乐音响与投资者刘某武不服一审判决，提起上诉。2021 年 9 月 29 日，上海市高级人民法院作出二审判决，驳回飞乐音响和刘某武的上诉。前述二审判决作出后，上海金融法院陆续以判决及裁定方式处理了上千件平行案件。

法律要点

1. 证券纠纷普通代表人诉讼概况；
2. 证券纠纷普通代表人诉讼的具体规则。

知识点介绍

一、证券纠纷普通代表人诉讼概况

2019 年《证券法》第 95 条第 1 款和第 2 款[①]为起诉时人数不确定的共同诉讼和代表人诉讼制度打开了大门。这两款结合证券民事诉讼的情况，再次强调和重申了《民事诉讼法》（2017 年修正）第 53 条和第 54 条的基本规定[②]，即“投资者提起虚假陈述等

① 2019 年《证券法》第 95 条第 1 款、第 2 款规定：“投资者提起虚假陈述等证券民事赔偿诉讼时，诉讼标的是同一种类，且当事人一方人数众多的，可以依法推选代表人进行诉讼。对按照前款规定提起的诉讼，可能存在有相同诉讼请求的其他众多投资者的，人民法院可以发出公告，说明该诉讼请求的案件情况，通知投资者在一定期间向人民法院登记。人民法院作出的判决、裁定，对参加登记的投资者发生效力。”

② 2017 年《民事诉讼法》第 53 条规定：“当事人一方人数众多的共同诉讼，可以由当事人推选代表人进行诉讼。代表人的诉讼行为对其所代表的当事人发生效力，但代表人变更、放弃诉讼请求或者承认对方当事人的诉讼请求，进行和解，必须经被代表的当事人同意。”第 54 条规定：“诉讼标的是同一种类、当事人一方人数众多在起诉时人数尚未确定的，人民法院可以发出公告，说明案件情况和诉讼请求，通知权利人在一定期间向人民法院登记。向人民法院登记的权利人可以推选代表人进行诉讼；推选不出代表人的，人民法院可以与参加登记的权利人商定代表人。代表人的诉讼行为对其所代表的当事人发生效力，但代表人变更、放弃诉讼请求或者承认对方当事人的诉讼请求，进行和解，必须经被代表的当事人同意。人民法院作出的判决、裁定，对参加登记的全体权利人发生效力。未参加登记的权利人在诉讼时效期间提起诉讼的，适用该判决、裁定。”

证券民事赔偿诉讼时，诉讼标的是同一种类，且当事人一方人数众多的，可以依法推选代表人进行诉讼”“对按照前款规定提起的诉讼，可能存在有相同诉讼请求的其他众多投资者的，人民法院可以发出公告，说明该诉讼请求的案件情况，通知投资者在一定期间向人民法院登记。人民法院作出的判决、裁定，对参加登记的投资者发生效力。”

二、证券纠纷普通代表人诉讼的具体规则

2020年7月，最高人民法院发布《关于证券纠纷代表人诉讼若干问题的规定》（以下简称《代表人诉讼司法解释》），对证券纠纷普通代表人诉讼中的先行审查、代表人推选、审理与判决、执行与分配等程序进行了细化规定，具体规则包括：

1.适用普通代表人诉讼程序的条件

适用普通代表人诉讼程序的条件包括：起诉符合2017年《民事诉讼法》第119条[对应《民事诉讼法》（2021年修正）第122条[①]] 规定的起诉条件和共同诉讼条件、原告一方人数10人以上、起诉书中确定2至5名符合条件的拟任代表人，以及原告提交证明证券侵权事实的初步证据。如果不符合该等条件的，那么法院应当适用非代表人诉讼程序进行审理。

2.权利人范围确定程序

针对起诉时当事人人数尚未确定的代表人诉讼，在发出权利登记公告前，人民法院可以通过阅卷、调查、询问和听证等方式对被诉证券侵权行为的性质、侵权事实等进行审查，并在受理后30日内以裁定的方式确定具有相同诉讼请求的权利人范围。当事人对权利人范围有异议的，可以自裁定送达之日起10日内向上一级人民法院申请复议，上一级人民法院应当在15日内作出复议裁定。

3.权利登记公告程序及效力

证券纠纷代表人诉讼采纳了默示特别授权规则，从而避免出现一般集体诉讼案件需要逐一征得被代表原告同意的情况，促进代表人诉讼在实践中的落地。最高人民法院法官曾指出，默示特别授权模式系对诉讼效率与权利保障两种价值进行重新权衡的结果，其是整个代表人诉讼制度的核心，也是集体诉讼程序得以推进的关键。[②]

默示特别授权规则具体体现为，人民法院应当在权利人范围确定后5日内发出权利登记公告，通知相关权利人在指定期间登记。公告应当以醒目的方式提示，参加登记视为对代表人进行特别授权，代表人的诉讼权限包括：代表原告参加开庭审理，变更、放弃诉讼请求或者承认对方当事人的诉讼请求，与被告达成调解协议，提起或者放弃上诉，申请执行，委托诉讼代理人等。

4.损失核定机构的选定程序

损失核定是确认侵权人赔偿范围的重点，也是诉讼中的争议焦点。但是目前证券损

---

① 《民事诉讼法》（2021年修正）第122条规定：“起诉必须符合下列条件：（一）原告是与本案有直接利害关系的公民、法人和其他组织；（二）有明确的被告；（三）有具体的诉讼请求和事实、理由；（四）属于人民法院受理民事诉讼的范围和受诉人民法院管辖。”

② 林文学，付金联，李伟，张凌云.关于证券纠纷代表人诉讼若干问题的规定的理解与适用.北京：人民司法，2020（28）：39.

失核定机构选定程序和选定方法尚不成熟，无法像选定房产评估机构或字迹鉴定机构一样，通过摇号的方式从大量可供选择的机构中随机确定。在普通代表人诉讼中，法院可以委托原被告双方认可的专业机构进行核定，但是双方均认可同一机构的情况较为少见。在多数情况下，双方各自提出一家损失核定机构，法院可以通过随机抽取（通常是抓阄）的方式选定损失核定机构。如果当事人虽未申请但案件审理确有需要的，那么人民法院也可以通过随机抽取的方式委托专业机构对有关事项进行核定。

5.平行案件的裁定及其效力

实践中经常有投资者出于各种原因未参加权利人登记。如果投资者符合权利人范围但未参加登记，且其主张的事实和理由与代表人诉讼生效判决、裁定所认定的案件基本事实和法律适用相同的，那么人民法院可以裁定适用已经生效的判决、裁定。该等裁定一经作出立即生效，各方当事人均不得上诉。该等规定是普通代表人诉讼中关于生效裁判既判力扩张的特殊规定。

6.代表人诉讼判决的执行

履行或者执行生效法律文书所得财产，人民法院在进行分配时，可以通知证券登记结算机构等协助执行义务人依法协助执行。人民法院应当编制分配方案并通知全体原告，分配方案应当包括原告范围、债权总额、扣除项目及金额、分配的基准及方法、分配金额的受领期间等内容。原告对分配方案有异议的，可以依据《民事诉讼法》第225条［对应《民事诉讼法》（2021年修正）第232条[①]］的规定提出执行异议。

案例评析

一、投资者参与权利登记即视为对代表人的特别授权

《代表人诉讼司法解释》第7条第2款规定："公告应当以醒目的方式提示，代表人的诉讼权限包括代表原告参加开庭审理，变更、放弃诉讼请求或者承认对方当事人的诉讼请求，与被告达成调解协议，提起或者放弃上诉，申请执行，委托诉讼代理人等，参加登记视为对代表人进行特别授权。"

本案中，投资者刘某武以"代表人委托的诉讼代理人未尽职责，剥夺刘某武知情权"以及不认可一审法院确定的虚假陈述实施日等为由提起上诉，该等主张并未获得法院支持。实际上，在权利登记程序中，上海金融法院的权利登记公告已经通过对代表人权限部分采用加粗字体进行了着重提示，即"投资者参加权利登记的，视为对代表人进行特别授权。……如不同意对代表人特别授权的，可以另行起诉"。

二审法院在判决中强调，《代表人诉讼司法解释》在鼓励投资者参加代表人诉讼的同时，也注重对个体投资者的诉讼权利和程序利益予以保护，投资者可以不参加或退出

① 《民事诉讼法》（2021年修正）第232条规定："当事人、利害关系人认为执行行为违反法律规定的，可以向负责执行的人民法院提出书面异议。当事人、利害关系人提出书面异议的，人民法院应当自收到书面异议之日起十五日内审查，理由成立的，裁定撤销或者改正；理由不成立的，裁定驳回。当事人、利害关系人对裁定不服的，可以自裁定送达之日起十日内向上一级人民法院申请复议。"

代表人诉讼，并可以单独起诉。在法律赋予刘某武诉讼程序选择权的情况下，其虽表示对一审法院确定的虚假陈述实施日存有异议但仍坚持参加代表人诉讼，即应认定其实际接受了代表人的诉讼行为和主张，授权代表人参加诉讼。此亦为代表人诉讼制度的基本特征和功能。故刘某武上诉主张否定代表人在一审期间一致确认的虚假陈述实施日，难以获得法院支持。

二、本案损失核定机构系由当事人随机抽取确定

《代表人诉讼司法解释》第 24 条规定："人民法院可以依当事人的申请，委托双方认可或者随机抽取的专业机构对投资损失数额、证券侵权行为以外其他风险因素导致的损失扣除比例等进行核定。对专业机构的核定意见，人民法院应当组织双方当事人质证。"

在本案中，原告申请委托中证法律服务中心进行损失核定，被告飞乐音响公司则申请委托上海高金金融研究院进行损失核定。根据《代表人诉讼司法解释》第 24 条的规定，法院组织双方当事人当庭进行抽签，最终确定中证法律服务中心为本案损失核定机构。后来，中证法律服务中心出具了"损失核定意见书"，并就其出具的"损失核定意见书"派员出庭接受质询。

三、本案平行案件采用裁定或判决方式结案

《代表人诉讼司法解释》第 29 条第 1 款规定："符合权利人范围但未参加登记的投资者提起诉讼，且主张的事实和理由与代表人诉讼生效判决、裁定所认定的案件基本事实和法律适用相同的，人民法院审查具体诉讼请求后，裁定适用已经生效的判决、裁定。适用已经生效裁判的裁定中应当明确被告赔偿的金额，裁定一经作出立即生效。"

本案中，上海市高级人民法院作出二审判决后，对于符合权利人范围但未参加登记的投资者，如果其主张的事实和理由与代表人诉讼生效判决所认定的案件基本事实和法律适用相同的，那么上海金融法院可以通过书面或者开庭方式，审查相关投资者的诉讼请求，并裁定适用已经生效的判决。

在平行案件审理过程中，2022 年 1 月 22 日施行的新《虚假陈述司法解释》导致代表人诉讼所确认的基准日和基准价出现变化。因此，针对在 2022 年 1 月 22 日后未审结的平行案件，由于关于基准日、基准价的基本事实以及法律适用均出现变化，上海金融法院对于该等案件不能裁定结案，只能作出判决，当事人对于该等判决仍可以进行上诉。

四、本案系全国法院首次通过证券登记结算机构发放投资者赔偿款的证券纠纷普通代表人诉讼

2021 年 11 月，上海金融法院根据《代表人诉讼司法解释》第 30 条第 1 款之规定，与中国结算上海分公司进行合作，通过证券登记结算机构向参加代表人诉讼的 315 名投

资者全额发放本案赔偿款共计1.23亿余元。本案是全国法院首次通过证券登记结算机构发放投资者赔偿款的证券纠纷普通代表人诉讼。

（撰稿人：李阿敏　孙丽娟　蔡晓雨）

第二节　特别代表诉讼制度

案例简介

顾某骏、黄某香等55 326名投资者与康美药业股份有限公司等证券虚假陈述责任纠纷案①

2020年5月，中国证监会以康美药业股份有限公司（以下简称“康美药业”）“2016年年度报告”“2017年年度报告”“2018年半年度报告”“2018年年度报告”虚假陈述为由，对其作出〔2020〕24号行政处罚决定书（以下简称“处罚决定”）。2020年12月，投资者顾某骏等11人根据处罚决定在广东省广州市中级人民法院（以下简称“广州中院”）提起证券虚假陈述责任纠纷诉讼。2021年2月，广州中院决定适用普通代表人诉讼程序审理本案，并裁定确定本案的权利人范围。

2021年3月，广州中院发布“普通代表人诉讼权利登记公告”。2021年4月，投服中心接受黄某香等56名康美药业投资者的特别授权，向广州中院申请作为代表人参加诉讼。最高人民法院指定广州中院管辖本案，广州中院遂于2021年4月16日发布“特别代表人诉讼权利登记公告”。在公告期间，梅某等9名投资者向广州中院提交书面声明，表示退出特别代表人诉讼。后来，广州中院根据中国证券登记结算有限责任公司提供的权利人名单，依法审查确定了本案的原告名单。

在诉讼过程中，因各方未能形成一致意见，广州中院委托中国证券投资者保护基金有限责任公司（以下称“投保基金”）对原告的损失进行测算。根据投保基金出具的“证券投资者损失测算报告”，本案共计55 326名投资者，其中扣除系统风险后损失金额为正数的投资者人数为52 037名，该52 037名投资者扣除系统风险后损失金额总数为2 458 928 544元。

2021年7月，广州中院就康美药业特别代表人诉讼一案公开开庭审理。随后，广州中院接受投服中心提出的财产保全申请，裁定冻结马某田、许某瑾等人名下价值24.59亿元的财产。2021年11月12日，广州中院判决被告康美药业于判决生效之日起15日内，向原告顾某骏、黄某香等52 037名投资者赔偿投资损失2 458 928 544元。判决送达后，各方均未提起上诉。

---

① 本案例摘编自广东省广州市中级人民法院（2020）粤01民初2171号民事判决书。

法律要点

1. 证券纠纷特别代表人诉讼的概念；
2. 证券纠纷特别代表人诉讼的具体规则。

知识点介绍

一、证券纠纷特别代表人诉讼概况

在 2019 年《证券法》中，最为值得关注的条款之一是第 95 条第 3 款[①]，“默示加入、声明退出”的诉讼机制由此巧妙登场，确立了具有中国特色的集团诉讼制度。具言之，“投资者保护机构受五十名以上投资者委托，可以作为代表人参加诉讼，并为经证券登记结算机构确认的权利人依照前款规定向人民法院登记，但投资者明确表示不愿意参加该诉讼的除外”。据此，在满足 50 名以上投资者委托的前提下，投资者保护机构借助于证券登记结算机构所提供的完整投资者名单，代表适格证券投资者向发行人、证券违法行为人提起民事赔偿诉讼。尽管投资者可以明确表示不参与该诉讼，但这种声明的概率和投资者再单独起诉的意义都十分有限。不难想象，一旦投资者保护机构提起集团诉讼，将对违法主体造成极大的经济与声誉压力。当然，针对中国证券集团诉讼，除 2019 年《证券法》第 95 条的规定之外，仍需要在实体与程序方面不断完善配套规则，以真正提高“默示加入、声明退出”的有效性和便利性。

二、证券纠纷特别代表人诉讼具体规则

《代表人诉讼司法解释》第三部分针对特别代表人诉讼启动、退出及费用减免等作出细化规定。除该部分特别规定外，特别代表人可以适用普通代表人诉讼中关于起诉时当事人人数尚未确定的代表人诉讼的相关规定（详见本章第一节）。特别代表人的相关规则包括：

1. 证券纠纷特别代表人诉讼的启动

特别代表人诉讼并不是由投资者保护机构直接“提起”，而是由投资者保护机构在已有投资者提起普通代表人诉讼的情形下“参加”诉讼。投资者保护机构作为代表人参加诉讼有两个前提：一是人民法院决定采用起诉时人数尚未确定的代表人诉讼程序审理案件，发出权利登记公告，通知投资者在一定期间内向法院登记；二是投资者保护机构受 50 名以上投资者委托作为代表人参加诉讼。

2. 证券纠纷特别代表人诉讼的退出

如果投资者明确表示不愿意参加诉讼的，那么应当在公告期间届满后 15 日内向人

---

① 2019 年《证券法》第 95 条第 3 款规定：“投资者保护机构受五十名以上投资者委托，可以作为代表人参加诉讼，并为经证券登记结算机构确认的权利人依照前款规定向人民法院登记，但投资者明确表示不愿意参加该诉讼的除外。”

民法院声明退出。如果投资者未声明退出的，那么视为其同意参加代表人诉讼。对于声明退出的投资者，人民法院不再将其登记为特别代表人诉讼的原告，该投资者可以另行起诉。诉讼过程中由于声明退出等原因导致明示授权投资者的数量不足50名的，不影响投资者保护机构的代表人资格。

3. 证券纠纷特别代表人诉讼的费用减免

在特别代表人诉讼案件中，原告不需要预交案件受理费，败诉或者部分败诉的原告申请减交或者免交诉讼费的，人民法院应当依照《诉讼费用交纳办法》的规定，视原告的经济状况和案件的审理情况决定是否准许。特别代表人诉讼中投资者保护机构作为代表人在诉讼中申请财产保全的，人民法院可以不要求提供担保。

司法实践中，虚假陈述案件的原告基于保全担保费等成本考虑，一般不会在起诉前或者诉讼中对被告采取保全措施。考虑到特别代表人诉讼涉及的赔偿金额巨大，司法解释不要求投资者保护机构提供担保，可以在一定程度上推动投资者保护机构申请财产保全，从而保障生效判决的执行。

案例评析

本案是我国首例证券纠纷特别代表人诉讼，是我国资本市场发展历史上的标志性事件。

《代表人诉讼司法解释》第32条至第33条规定，人民法院发布权利登记公告后，投资者保护机构在公告期间受50名以上权利人的特别授权，可以作为代表人参加诉讼。不同意加入特别代表人诉讼的权利人可以提交退出声明，原诉讼继续进行。权利人范围确定后，人民法院应当发出权利登记公告。权利登记公告应当包括投资者保护机构基本情况、对投资者保护机构的特别授权、投资者声明退出的权利及期间、未声明退出的法律后果等。

本案中，广州中院发布权利登记公告后，投服中心在公告期间受50名以上权利人的特别授权，作为代表人参加诉讼。广州中院在特别代表人诉讼权利登记公告中，决定将案件转化为特别代表人诉讼，并提示"符合前述权利人范围的投资者未按期向本院书面声明退出本特别代表人诉讼的，即视为同意参加本特别代表人诉讼"。在公告期间，共9名投资者向广州中院提交书面声明，表示退出特别代表人诉讼。最终，经法院审查确认的符合索赔资格的原告数量为55 326人，合计赔偿金额高达约24.59亿元。

本案诉讼发生在康美药业破产重整期间，在本案判决之前，重整计划已经为代表人诉讼案件预留了24.59亿元的债权金额，使投资者可以根据重整计划受偿。此外，《代表人诉讼司法解释》规定投资者保护机构作为代表人在诉讼中申请财产保全的，不需要提供担保，减轻了原告的保全成本。因此，本案中，法院根据原告申请在诉讼中采取的保全措施也在一定程度保障了原告受偿的权利，有利于实现司法裁判法律效果和社会效果的统一。

（撰稿人：李阿敏　孙丽娟　蔡少芬）

第十五章
证券中介机构的勤勉尽责标准与法律责任

第一节 保荐人的勤勉尽责标准与法律责任

案例简介

信达证券保荐振隆特产 IPO 被处罚案①

2013 年至 2015 年，辽宁振隆特产股份有限公司（以下简称“振隆特产”）向中国证监会陆续报送 4 次招股说明书，并于 2014 年 4 月 23 日在中国证监会网站预先披露招股说明书（申报稿）。2015 年 6 月，中国证监会在进行 IPO 专项财务检查时发现，振隆特产存在存货大量盘亏等异常情况，涉嫌虚假陈述。2015 年 6 月 10 日，振隆特产因此撤回了 IPO 申请。后经中国证监会调查，振隆特产报送的 4 次招股说明书均存在虚假记载。2016 年 9 月 1 日，中国证监会依法对振隆特产的财务造假、虚假报送行为作出行政处罚。

信达证券系振隆特产首次公开发行股票并上市的保荐机构，在振隆特产被处罚后也被给予处罚。中国证监会查明，信达证券存在以下违法事实：(1) 未审慎核查振隆特产与主要客户销售情况。信达证券在核查振隆特产销售情况时，未按照《保荐人尽职调查工作准则》（证监发行字〔2006〕15 号，以下简称《保荐准则》）第 4 条、第 5 条、第 6 条和第 22 条的规定执行销售情况尽职调查，导致未能发现振隆特产虚增销售收入和利润的情况。首先，信达证券对境外客户的销售收入未执行独立函证程序，保荐工作底稿中的函证文件均取自会计师，且未审慎核查会计师的函证，未尽到应有的注意义务，未发现会计师的询证函是由振隆特产寄发的程序瑕疵。在走访海关时，信达证券未能从海关等机构确定发行人销售的真实性。其次，信达证券对振隆特产境外客户走访不充分。其仅在 2011 年 11 月至 12 月期间现场走访了 8 家客户，销售额合计占振隆特产 2012 年外销收入的 28.12%、2013 年外销收入的 22.47%、2014 年外销收入的 22.32%。同时，其在对境外客户走访中未调取销售合同等相关凭证，在访谈境外客户时未聘请第三方翻译，访谈内容的真实性存疑。访谈记录的制作程序存在明显瑕疵，境外访谈仅聘请律师

---

① 本案例摘编自中国证监会行政处罚决定书〔2016〕107 号、〔2016〕109 号。

参与见证了访谈尽职调查整个过程，未取得境外客户对访谈记录的确认签字，并在回国后制作与境外客户的访谈记录，访谈记录的法律效力待定。(2) 信达证券未审慎核查振隆特产生产情况。其在核查振隆特产生产情况时，未按照《保荐准则》第 4 条、第 5 条、第 6 条和第 21 条的规定执行生产情况尽职调查，导致未能发现振隆特产招股说明书虚假披露主营业务相关的工艺流程、生产模式等情况。(3) 信达证券未审慎核查振隆特产存货情况。其在核查振隆特产存货情况时，未按照《保荐准则》第 4 条、第 5 条、第 6 条和第 41 条、第 52 条的规定执行存货情况尽职调查，在报告期内未勤勉尽责地实地抽盘大额存货，相关材料全部引用了会计师的存货盘点文件；同时，未对会计师存货盘点工作的合理性、准确性、完整性进行审慎核查和独立判断，进而未能发现振隆特产账实不符、虚增存货、虚增利润的情况；此外，未关注到振隆特产 2012 年至 2014 年存放在天津代工厂的存货未纳入盘点范围。

综上，中国证监会认为信达证券在核查过程中未勤勉尽责，出具的“发行保荐书”等文件存在虚假记载的行为，违反了 2014 年《证券法》第 11 条第 2 款“保荐人应当遵守业务规则和行业规范，诚实守信，勤勉尽责，对发行人的申请文件和信息披露资料进行审慎核查，督导发行人规范运作”的规定，构成 2014 年《证券法》第 192 条所述“保荐人出具有虚假记载、误导性陈述或者重大遗漏的保荐书，或者不履行其他法定职责的”行为。对信达证券的上述行为，签字保荐代表人寻某、李某涛是直接负责的主管人员。中国证监会根据当事人违法行为的事实、性质、情节与社会危害程度，依据 2014 年《证券法》第 192 条的规定，决定：(1) 没收信达证券业务收入 160 万元，并处以 320 万元罚款。(2) 对寻某、李某涛给予警告，并分别处以 30 万元罚款。

法律要点

1. 证券发行上市保荐制度；
2. 保荐人职责中的合理信赖与合理调查；
3. 保荐人未勤勉尽责的法律责任。

知识点介绍

一、证券发行上市保荐制度的沿革与适用范围

证券发行上市保荐制度，是指由具有保荐资格的证券公司担任保荐人，对申请发行法律、行政法规规定的特定证券的发行人进行辅导及推荐，在证券上市过程中及上市后一定期间内督导发行人公开披露信息，保证信息的真实性、准确性及完整性，并对发行人所披露信息的真实性、准确性、完整性承担连带担保责任的制度。[①] 从历史沿革来看，

① 郭锋. 中华人民共和国证券法制度精义与条文评注. 北京：中国法制出版社，2020：149.

该制度最初主要流行于海外创业板市场，旨在通过保荐机构的专业顾问服务，提高挂牌公司质量，保护投资者。在美国安然事件发生后，各国资本市场日趋重视该制度。在1998年《证券法》正式要求股票发行实施核准制的背景下，中国证监会制定《证券发行上市保荐制度暂行办法》(中国证券监督管理委员会令第18号)，于2004年将该制度正式引入主板市场，之后，又在2005年《证券法》中予以明确规定。此后，为提高保荐业务质量，规范保荐人的尽职调查工作，中国证监会在2006年和2009年又分别制定了《保荐准则》(证监发行字〔2016〕15号）和《证券发行上市保荐业务工作底稿指引》(中国证券监督管理委员会公告〔2009〕5号)，为衡量保荐人、保荐代表人勤勉尽责、诚实守信提供了基本标准和工作指引。上述基本规则框架沿用至今。目前，为配合证券发行注册制的全面实行，中国证监会有条不紊地对保荐制度进行完善，以2023年2月修订的《证券发行上市保荐业务管理办法》为标志，正式取消了主板和科创板、创业板的差异化安排，统一适用注册制要求，并将北京证券交易所保荐业务一并纳入。

需注意的是，证券发行上市保荐制度并非适用于所有的证券发行和上市。依据2019年《证券法》第10条和《证券发行上市保荐业务管理办法》(2023年修订）第2条的规定，只有采用依法采取承销方式且符合特定种类的证券发行才属于该制度的适用范围，具体包括：(1）首次公开发行股票；(2）向不特定合格投资者公开发行股票并在北京证券交易所上市；(3）上市公司发行新股、可转换公司债券；(4）公开发行存托凭证；(5）中国证监会认定的其他情形。

二、保荐人尽职调查中的合理信赖与合理调查

保荐人的保荐工作贯穿证券发行上市的整个过程，其职责主要是两个方面：一是恪守业务规则和行业规范，诚实守信，勤勉尽责，廉洁从业，尽职推荐发行人证券发行上市；二是在发行人上市后的一定期间内持续督导发行人履行规范运作、信守承诺、信息披露等义务。因此，保荐人的职责可概称为“勤勉尽责”或者“尽职调查”。

然而，发行人往往体量巨大，业务纷繁，就内容而言，凡涉及发行条件和上市条件或对投资者作出投资决策有重大影响的信息，保荐人均应在职责范围内勤勉尽责地进行尽职调查。因此，明晰尽职调查或勤勉尽责的标准十分重要。总体而言，当前规则将尽职调查事项分为两个类型，标准也有所差异。一是由其他证券中介机构进行、完成并出具专家意见的事项。对此，《证券发行上市保荐业务管理办法》(2023年修订）第22条规定：“对发行人申请文件、证券发行募集文件中有证券服务机构及其签字人员出具专业意见的内容，保荐机构可以合理信赖，对相关内容应当保持职业怀疑、运用职业判断进行分析，存在重大异常、前后重大矛盾，或者与保荐机构获得的信息存在重大差异的，保荐机构应当对有关事项进行调查、复核，并可聘请其他证券服务机构提供专业服务。”二是无专业意见支持、由保荐人自行进行负责的事项。《证券发行上市保荐业务管理办法》(2023年修订）第23条规定：“对发行人申请文件、证券发行募集文件中无证券服务机构及其签字人员专业意见支持的内容，保荐机构应当获得充分的尽职调查证据，在对各种证据进行综合分析的基础上对发行人提供的资料和披露的内容进行独立判断，并有充分理由确信所作的判断与发行人申请文件、证券发行募集文件的内容不存在实质性差异。”

当然，上述内容是一般性规定，更多具体细节需要结合最新的《保荐准则》和《证券发行上市保荐业务工作底稿指引》等中国证监会规定以及其他行业自律规则，并通过合理、必要的尽职调查程序展开。

三、保荐人未勤勉尽责的法律责任

如果保荐人被认定未勤勉尽责，将承担行政责任和民事责任。对此，2019 年《证券法》进行了基本规定。其第 182 条规定："保荐人出具有虚假记载、误导性陈述或者重大遗漏的保荐书，或者不履行其他法定职责的，责令改正，给予警告，没收业务收入，并处以业务收入一倍以上十倍以下的罚款；没有业务收入或者业务收入不足一百万元的，处以一百万元以上一千万元以下的罚款；情节严重的，并处暂停或者撤销保荐业务许可。对直接负责的主管人员和其他直接责任人员给予警告，并处以五十万元以上五百万元以下的罚款。"民事责任层面，2019 年《证券法》第 85 条规定："信息披露义务人未按照规定披露信息，或者公告的证券发行文件、定期报告、临时报告及其他信息披露资料存在虚假记载、误导性陈述或者重大遗漏，致使投资者在证券交易中遭受损失的，信息披露义务人应当承担赔偿责任；……保荐人、承销的证券公司及其直接责任人员，应当与发行人承担连带赔偿责任，但是能够证明自己没有过错的除外。"

案例评析

一、本案信达证券未能对部分专家意见进行合理调查

本案中，中国证监会指出的违法行为中有两项与信达证券对专家意见的合理调查相关。中国证监会认为，首先，针对境外客户的销售收入情况，信达证券函证文件均取自会计师，且未审慎核查会计师的函证，未尽到应有的注意义务，未发现会计师的询证函是由振隆特产寄发的程序瑕疵。其次，信达证券在报告期内未勤勉尽责地实地抽盘大额存货，相关材料全部引用了会计师的存货盘点文件，未对会计师存货盘点工作的合理性、准确性、完整性进行审慎核查和独立判断，未能发现振隆特产账实不符、虚增存货、虚增利润的情况，未能发现振隆特产 2012 年至 2014 年存放在天津代工厂的存货不再纳入盘点范围之列。

这带来的启示是，保荐人可以合理信赖专家意见，但应以合理调查为前提，不作任何调查和复核，不能信赖任何专家意见。同时，由于券商是专业顾问，其合理调查、复核的注意义务标准不应低于所怀疑专业事项所在领域的一般标准。[①] 据此，可以发现信达证券确实有未尽合理调查职责之处。不过需指出的是，本案审结于 2016 年，当时对信赖专家意见的合理调查标准尚无明确规定，因而结论可能稍显苛刻。直到 2020 年 6 月，修订后的《证券发行上市保荐业务管理办法》第 22 条才明确提出了合理调查标准，即"对相关内容应当保持职业怀疑、运用职业判断进行分析，存在重大异常、前后重大矛盾，或者与保荐机构获得的信息存在重大差异的，保荐机构应当对有关事项进行

---

① 邢会强. 证券市场虚假陈述中的勤勉尽责标准与抗辩. 清华法学，2021（5）：77－78.

调查、复核，并可聘请其他证券服务机构提供专业服务”。

二、本案信达证券对部分自行进行负责事项确未勤勉尽责

本案中信达证券的违法行为也更多指向自身负责的尽调事项。其存在的典型问题多涉及销售，包括：走访海关时，未能从海关等机构确定发行人销售的真实性；仅在2011年11月至12月期间现场走访了8家客户；在对境外客户走访中未调取销售合同等相关凭证，在访谈境外客户时未聘请第三方翻译，未取得境外客户对访谈记录的确认签字等。结合《保荐准则》（证监发行字〔2006〕15号）第22条对销售情况进行业务与技术调查的要求，可以发现，信达证券的确存在未勤勉尽责的情况。该条第3款要求：对大客户，需追查销货合同、销货发票、产品出库单、银行进账单，或用函证的方法确定销售业务发生的真实性；与前述客户存在长期合同的，应取得相关合同，分析长期合同的交易条款及对发行人销售的影响。如果存在会计期末销售收入异常增长的情况，需追查相关收入确认凭证，判断是否属于虚开发票、虚增收入的情形。然而，信达证券走访的8家客户销售额年度合计尚不及占振隆特产2012—2014年涉外销售收入的30%，且仅在一年中集中走访，其他尽调举措如走访海关、访谈时亦存在不少疏忽。显然，这些问题使其尽职调查难以符合其专家水平的注意义务标准。

（撰稿人：姜　帅）

第二节　财务顾问的勤勉尽责标准与法律责任

案例简介

投资者与金元证券等涉雅百特证券虚假陈述责任纠纷案[①]

山东雅博科技股份有限公司（原名称为江苏雅百特科技股份有限公司，下称“雅百特”）系深交所原中小板上市公司。2015年2月10日，金元证券股份有限公司（下称“金元证券”）与江苏中联电气股份有限公司（雅百特前身，下称“中联电气”）签署“独立财务顾问协议”，金元证券成为雅百特借壳中联电气上市的财务顾问。同年，雅百特完成借壳上市。重大资产重组完成后，金元证券在法律规定的期限内承担持续督导责任，先后出具了“2015年度持续督导意见”及两份向地方证监局报送的“专项核查意见”。金元证券就雅百特借壳上市独立财务顾问项目收取各项费用总计1 000万元。

2017年12月14日，证监会对雅百特及多名责任人员作出行政处罚决定书，认定雅百特存在2015年以虚构海外工程项目的方式虚增收入、2015年以虚构建材出口贸易的方式虚增收入、2015年至2016年9月以虚构国内建材贸易的方式虚增收入等违法事

① 本案例摘编自江苏省高级人民法院（2021）苏民终419号民事判决书。

实，并致使雅百特披露的“2015年年度报告”“2016年中期报告”“2016年第三季度报告”存在虚假记载。

2019年7月5日，中国证监会对金元证券及相关责任人员作出行政处罚决定书，认定金元证券在持续督导期间未勤勉尽责，出具的“2015年度持续督导意见”及两份“专项核查意见”存在虚假记载。

投资者根据上述行政处罚向雅百特、金元证券等提起证券虚假陈述民事赔偿诉讼，主张其因雅百特、金元证券等被告的虚假陈述行为遭受投资损失，并要求各被告予以赔偿。

江苏省高级人民法院经审查认为：投资者主张的损失与雅百特案涉虚假陈述行为之间具有因果关系，雅百特应赔偿投资者扣除20%系统风险影响比例后的损失。

就金元证券的责任承担问题，根据证监会行政处罚以及查明的其他事实，该案判决认定金元证券在出具“2015年持续督导意见”时未勤勉尽责，出具的意见存在虚假记载，且未能举证证明其在出具案涉不实意见时没有过错，依法应承担相应责任。关于金元证券承担责任的范围，金元证券未进行必要审慎的核查，存在过失，应根据其过错承担相应的连带赔偿责任。金元证券受到中国证监会行政处罚涉及三份报告，但仅“2015年度持续督导意见”向社会公众公告，另两份“专项核查意见”未向社会公众公开，并无证据证明该两份“专项核查意见”对投资者的投资产生影响，在确定其责任时应予以考虑。故法院结合金元证券的工作职责、过错程度以及不实报告对投资者的影响力等因素，判决酌情认定金元证券在20%的范围内对雅百特证券虚假陈述民事责任承担连带赔偿责任。

法律要点

1. 财务顾问的概念；
2. 财务顾问在重大资产重组申报阶段的义务；
3. 财务顾问在持续督导阶段的义务。

知识点介绍

一、财务顾问的概念

证券虚假陈述责任纠纷案件涉及的财务顾问主要是指“上市公司并购重组独立财务顾问”，即为上市公司的收购、重大资产重组、合并、分立、股份回购等对上市公司股权结构、资产和负债、收入和利润等具有重大影响的并购重组活动提供交易估值、方案设计、出具专业意见的专业证券服务机构。

根据《上市公司重大资产重组管理办法》（2023年修订）相关规定，上市公司应当聘请符合《证券法》规定的独立财务顾问等证券服务机构就重大资产重组出具意见；独立财务顾问应当配合上市公司就中国证监会在审核重大资产重组期间的反馈意见提供书面回复意见，在完成相关批准程序后对重大资产重组的实施过程、资产过户事宜和相关后续事项的合规性及风险进行核查，发表明确的结论性意见，并对实施重大资产重组的上市公司履行持续督导职责。

在提供上市公司并购重组财务顾问专业服务的过程中，财务顾问出具的独立财务顾问报告、重大资产重组实施情况核查意见、持续督导意见等文件需通过上市公司予以披露公告。

根据我国现行监管要求，开展上市公司并购重组财务顾问业务的证券服务机构应按照《证券服务机构从事证券服务业务备案管理规定》向中国证监会进行备案。

二、财务顾问在重大资产重组申报阶段的义务

《上市公司并购重组财务顾问业务管理办法》第21条、第22条规定，财务顾问应当建立尽职调查制度和具体工作规程，对上市公司并购重组活动进行充分、广泛、合理的调查，核查委托人提供的为出具专业意见所需的资料，对委托人披露的内容进行独立判断，并有充分理由确信所作的判断与委托人披露的内容不存在实质性差异。其中，就财务顾问利用其他证券服务机构专业意见的，应当进行必要的审慎核查，如对同一事项所作的判断存在重大差异的，应当进一步调查、复核，并可自行聘请相关专业机构提供专业服务。财务顾问应在对上市公司并购重组活动及申报文件的真实性、准确性、完整性进行充分核查和验证的基础上，依据中国证监会的规定和监管要求，客观、公正地发表专业意见。

同时，根据监管要求，财务顾问通常需重点关注以下问题：(1)收购人的收购目的、实力、收购人与其控股股东和实际控制人的控制关系结构、管理经验、资信情况、诚信记录、资金来源、履约能力、后续计划、对上市公司未来发展的影响、收购人的承诺及是否具备履行相关承诺的能力等事项；(2)涉及对上市公司进行要约收购的，应当关注要约收购的目的、收购人的支付方式和支付条件、履约能力、是否将导致公司退市、对收购完成后剩余中小股东的保护机制是否适当等事项；(3)涉及上市公司重大资产重组的，应当关注重组目的、重组方案、交易定价的公允性、资产权属的清晰性、资产的完整性、重组后上市公司是否具备持续经营能力和持续盈利能力、盈利预测的可实现性、公司经营独立性、重组方是否存在利用资产重组侵害上市公司利益的问题等事项；(4)涉及上市公司发行股份购买资产的，应当关注本次发行的目的、发行方案、拟购买资产的估值分析及定价的公允性、拟购买资产的完整性、独立性、盈利能力、对上市公司影响的量化分析、拟发行股份的定价模式、中小股东合法权益是否受到侵害、上市公司股票交易是否存在异常等事项；(5)涉及上市公司合并的，应当关注合并的目的、合并的可行性、合并方案、合并方与被合并方的估值分析、折股比例的确定原则和公允性、对上市公司的业务和财务结构的影响、对上市公司持续盈利能力的影响、合并后的整合安排等事项；(6)涉及上市公司回购本公司股份的，应当关注回购目的的适当性、回购必要性、回购方案、回购价格的定价模式和公允性、对上市公司现金流的影响、是否存在不利于上市公司持续发展的问题等事项。

三、财务顾问在持续督导阶段的义务

根据《上市公司重大资产重组管理办法》(2023年修订)第37条的规定，"独立财务顾问应当按照中国证监会的相关规定，以及证券交易所的相关规则，对实施重大资产重组的上市公司履行持续督导职责。持续督导的期限自本次重大资产重组实施完毕之日起，应当不少于一个会计年度。实施本办法第十三条规定的重大资产重组，持续督导的期限自本

次重大资产重组实施完毕之日起，应当不少于三个会计年度。持续督导期限届满后，仍存在尚未完结的督导事项的，独立财务顾问应当就相关事项继续履行持续督导职责”。

根据监管要求，财务顾问主要的持续督导工作包括：(1) 督促并购重组当事人按照相关程序规范实施并购重组方案，及时办理产权过户、债务转移等手续，并依法履行报告和信息披露的义务；(2) 督促上市公司按照监管要求规范运作，包括督促上市公司有效执行并完善防止相关人员占用资金、防止董监高等违反忠实义务、保障关联交易公允性和合规性等相关等内控制度；(3) 督促和检查申报人履行对市场公开作出的相关承诺的情况；(4) 督促和检查申报人落实后续计划及并购重组方案中约定的其他相关义务的情况；(5) 及时审阅上市公司发布的临时公告，督促上市公司和相关信息披露义务人按照监管要求及时、公平地披露信息，确保所披露的信息真实、准确、完整，并特别关注关联交易的公允性与对外担保的合规性；(6) 结合上市公司定期报告，核查并购重组是否按计划实施、是否达到预期目标；其实施效果是否与此前公告的专业意见存在较大差异，是否实现相关盈利预测或者管理层预计达到的业绩目标。

在持续督导期间内，财务顾问应通过日常沟通、定期回访、现场检查、尽职调查等方式开展持续督导工作。

案例评析

一、本案中，在中国证监会行政处罚的基础上，审理法院从民事侵权的角度对财务顾问是否应承担民事责任进行了独立判断

本案中，金元证券虽然已被中国证监会作出行政处罚，但审理法院并未当然地认定金元证券应承担证券虚假陈述民事责任，而是充分关注到了行政违法与民事侵权受到不同法律法规规制、具有不同法律构成要件的情况，并结合监管部门关于财务顾问持续督导工作的具体要求，对金元证券的具体履职情况、工作底稿情况进行了充分的审查，最终判断金元证券对案涉虚假陈述行为存在过失、应根据其过错程度使其承担相应的连带赔偿责任。

在投资者提起证券虚假陈述民事赔偿诉讼应提交行政处罚决定或刑事裁判文书的“前置程序时代”，一旦证券中介专业服务机构被证监会作出行政处罚，法院往往会倾向于依据行政处罚情况认定相关中介机构应承担100%连带赔偿责任。随着司法实践对精准厘定中介机构责任的进一步强调，法院在审理此类案件时已逐步回归侵权责任的基本法理，对中介机构承担证券虚假陈述民事赔偿责任的各构成要件进行独立审查、独立判断。在这一意义上，本案具有较强的典型意义。

二、本案中，审理法院集合财务顾问工作内容、对投资者损失发生的原因力等情况，对财务顾问的责任范围作出了精准认定

本案中，审理法院重点关注了金元证券出具的不实报告对投资者决策的影响情况，最终酌定金元证券在20%的范围内对雅百特证券虚假陈述民事责任承担连带责任。具体而言，审理法院主要从以下方面关注财务顾问的工作内容对投资者决策的影响情况。

第一，相关工作内容是否向社会公众披露。本案中，审理法院认定金元证券存在虚假记载的报告为“2015年度持续督导意见”及两份“专项核查意见”，其中仅有“2015年度持续督导意见”通过上市公司予以披露。因两份未向社会公众公告的“专项核查意见”不会对投资者决策产生影响，故审理法院最终认定金元证券无须就该等“专项核查意见”存在虚假记载向投资者承担赔偿责任。

第二，相关工作内容对股价的影响情况。承上所述，金元证券“2015年度持续督导意见”已通过上市公司予以披露。对此，审理法院进一步关注到该份持续督导意见的披露时间及其对雅百特股价的影响情况，认定金元证券出具的“2015年度持续督导意见”对市场及投资者决策的影响，均小于雅百特在先发布的“2015年年度报告”，并结合金元证券的履职情况及过错程度最终判定其仅在20%的范围内对雅百特证券虚假陈述民事责任承担连带责任。

由此可见，审理法院在评价财务顾问的责任范围时，并非仅根据财务顾问的义务范围、履职情况及过错程度进行认定，而是在充分考虑其工作内容对投资者投资决策影响情况的基础上进行了综合判断。换言之，尽管财务顾问在上市公司重大资产重组申报阶段及持续督导阶段均负有较为严格的审验义务，但财务顾问承担民事责任的前提仍是其相关工作对投资者决策产生了影响、对投资者损失的发生具有原因力。本案中，审理法院充分关注到了该等问题，为中介机构履职行为对投资者损失原因力的司法判断标准的确立提供了重要参考。

（撰稿人：杨　婷　赖坤元）

第三节　律师事务所的勤勉尽责标准与法律责任

案例简介

李某川、周某东与中安科股份有限公司、华商律师事务所等证券虚假陈述责任纠纷案[1]

2014年6月11日，中安科股份有限公司（原名上海飞乐股份有限公司，以下称“中安科公司”）发布“上海飞乐股份有限公司重大资产出售、发行股份购买资产并募集配套资金暨关联交易报告书（草案）”，中安科公司拟通过向中恒汇志公司非公开发行股份的方式购买中恒汇志公司持有的中安消技术公司的100%股权。同日，中安科公司披露重组相关审计报告、盈利预测审核报告、独立财务顾问报告及法律意见书等。

华商律师事务所出具的重大资产重组法律意见书载明，“就本法律意见的出具，本所律师特作如下声明：……2.本所律师已根据《证券法》《律师事务所从事证券法律业务管理办法》等规定严格履行法定职责，遵循勤勉尽责和诚实信用的原则，对飞乐股份

① 本案例摘编自上海金融法院一审（2019）沪74民初1049号民事判决书。

本次重大资产重组的合法性、合规性、真实性和有效性进行了充分的核查与验证；本法律意见不存在虚假记载、误导性陈述或重大遗漏，否则愿意承担相应的法律责任……5.本所律师已审阅了本所律师认为出具法律意见所需的有关文件和资料，并据此出具法律意见，但对于会计审计、资产评估、投资决策等专业事项，本法律意见只作引用；本所律师在本法律意见中对与本次重大资产重组相关的报表、数据、审计和资产评估报告中某些数据和结论的引用，并不意味着本所律师对这些数据、结论的真实性作出任何明示或默示的保证，且对于这些内容本所不具备查验和作出判断的合法资格……"

2019年5月31日，中安科公司发布关于收到中国证监会行政处罚决定书的公告，主要内容是：中安消技术公司作为涉案重大资产重组的有关方，将"班班通"项目计入盈利预测，但在该项目发生重大变化难以继续履行后，未及时重新提供"盈利预测报告"，导致其评估值严重虚增，并且虚增2013年营业收入5 515万元。中安科公司据此披露的重大资产重组文件存在误导性陈述、虚假记载。

上述行政处罚披露后，大量投资者向上海金融法院提起诉讼，请求判令中安科公司赔偿虚假陈述导致的投资损失，并请求判令华商律师事务所等证券服务机构对中安科公司的偿付义务承担连带赔偿责任。2020年11月，上海金融法院一审判决中安科公司对投资者的部分损失承担责任，并驳回投资者针对华商律师事务所的诉讼请求。由于各方对于华商律师事务所的责任认定问题均未提起上诉，二审法院于2021年5月依法维持一审法院关于华商律师事务所的判决结果。

上海金融法院判决华商律师事务所不承担赔偿的主要理由包括：华商律师事务所作为专业中介服务机构，为案涉重大资产重组出具法律意见书。从该份法律意见书的内容来看，华商律师事务所虽对涉案重大资产重组作出了定价公允的结论，但该结论是基于评估机构对相关资产定价的评估确定，华商律师事务所并非专业的审计或评估机构，其仅是从合法性、合规性角度对该定价予以评价，故要求华商律师事务所对基于专业机构评定的资产价值的准确性、真实性、完整性负责，于理无据。

法律要点

1. 证券法律业务概述；
2. 律师事务所的法律责任。

知识点介绍

一、证券法律业务概述[①]

证券法律业务，是指律师事务所接受当事人委托，为其证券发行、上市和交易等证券业务活动提供制作、出具法律意见书等文件的法律服务。

① 邢会强.证券法学.2版.北京：中国人民大学出版社，2020：209-210.

律师事务所及其指派的律师从事证券法律业务，应当遵守法律、行政法规及相关规定，遵循诚实、守信、独立、勤勉、尽责的原则，恪守律师职业道德和执业纪律，严格履行法定职责，保证其所出具文件的真实性、准确性、完整性。

律师事务所应当建立健全风险控制制度，加强对律师从事证券法律业务的管理，提高律师的证券法律业务水平。

二、律师事务所的法律责任

1. 民事责任

根据《证券法》《律师事务所从事证券法律业务管理办法》等法律法规的规定，律师事务所违反相关法律规定，未尽勤勉职责，需要承担以下民事责任。

根据2019年《证券法》第163条的规定，律师事务所为证券的发行、上市、交易等证券业务活动制作、出具法律意见书，应当勤勉尽责，对所依据的文件资料内容的真实性、准确性、完整性进行核查和验证。其制作、出具的文件有虚假记载、误导性陈述或者重大遗漏，给他人造成损失的，应当与委托人承担连带赔偿责任，但是能够证明自己没有过错的除外。

2. 行政责任

根据《证券法》《律师事务所从事证券法律业务管理办法》等法律法规的规定，律师事务所违反相关法律规定，未尽勤勉职责，需要承担以下行政责任。

根据2019年《证券法》第213条第3款的规定，律师事务所违反该法第163条的规定，未勤勉尽责，所制作、出具的文件有虚假记载、误导性陈述或者重大遗漏的，责令改正，没收业务收入，并处以业务收入1倍以上5倍以下的罚款；没有业务收入或者业务收入不足50万元的，处以50万元以上500万元以下的罚款；情节严重的，并处暂停或者禁止从事证券服务业务。对直接负责的主管人员和其他直接责任人员给予警告，并处以20万元以上200万元以下的罚款。

案例评析

一、本案判决充分体现了证券服务机构“受到行政处罚不等于必然承担民事赔偿责任，未受到行政处罚并不必然免于承担民事赔偿责任”的裁判思路

本案法院在同一案件中判决未受任何监管处理的律师事务所免责，判决当时未受任何监管处理的独立财务顾问及审计机构承担赔偿责任（一审判决全额连带责任，二审改判比例责任），同时判决当时已经受到行政处罚的评估机构承担比例责任。该等判决在当时的司法实践中几乎是从未出现过的。关于本案其他证券服务机构的责任认定问题，将在本书其他章节予以介绍。

针对律师事务所的责任认定问题，本案法院结合证券法律法规及监管部门制定的规章等，对律师事务所的法定工作范围和专业领域进行深入考量。在上市公司因评估值和财务数据虚假陈述受到处罚情况下，法院厘清了律师事务所与上市公司及其他证券服务机构的责任

边界，依法判决律师事务所不承担赔偿责任。本案关于律师事务所过错认定的思路与后来新《虚假陈述司法解释》的精神基本一致，对于后续同类案件的处理产生了深远影响。

二、法院在本案中重申了律师对与法律相关的业务事项应当履行法律专业人士特别的注意义务，对其他业务事项履行普通人一般的注意义务的基本规则

《律师事务所从事证券法律业务管理办法》第 14 条规定："律师在出具法律意见时，对与法律相关的业务事项应当履行法律专业人士特别的注意义务，对其他业务事项履行普通人一般的注意义务，其制作、出具的文件不得有虚假记载、误导性陈述或者重大遗漏。"第 15 条规定："律师从国家机关、具有管理公共事务职能的组织、会计师事务所、资产评估机构、资信评级机构、公证机构（以下统称公共机构）直接取得的文书，可以作为出具法律意见的依据，但律师应当履行本办法第十四条规定的注意义务并加以说明；对于不是从公共机构直接取得的文书，经核查和验证后方可作为出具法律意见的依据。"

本案中，华商律师事务所为案涉重大资产重组出具法律意见书。华商律师事务所主要是对交易主体、步骤、程序等是否符合相关法律法规进行严格审查，并通过详尽的书面资料发表结论性的法律意见，以杜绝重大资产重组中的非法操作。虽然华商律师事务所对重大资产重组作出了定价公允的结论，但该结论是基于评估机构对相关资产定价的评估确定，华商律师事务所并非专业的审计或评估机构，其仅是从合法性、合规性角度对该定价予以评价。因此，法院关于华商律师事务所不应对评估值的准确性、真实性、完整性负责，进而不应承担赔偿责任的判决结果，符合案件事实和法律规定，对后续同类案件的精细化处理作出良好示范。

（撰稿人：李阿敏　孙丽娟　史一楠）

第四节　会计师事务所的勤勉尽责标准与法律责任

案例简介

立信会计师事务所、金亚科技股份有限公司证券虚假陈述责任纠纷系列案件①

金亚科技股份有限公司（以下简称"金亚科技"）的会计核算设置了 006 和 003 两个账套。003 账套核算的数据用于内部管理，以真实发生的业务为依据进行记账。006 账套核算的数据用于对外披露，伪造的财务数据都记录于 006 账套。金亚科技通过虚构客户、伪造合同、伪造银行单据、伪造材料产品收发记录、隐瞒费用支出等方式虚增利润，2014 年年报虚增利润总额80 495 532.40 元，并使利润由亏转盈。2015 年 4 月1 日，

① 本案例摘编自中国证监会行政处罚决定书（立信会计师事务所、邹某梅、程某）〔2018〕78 号；四川省成都市中级人民法院（2020）川 01 民初 223 号民事判决书；四川省高级人民法院（2021）川民终 177 号民事判决书；最高人民法院（2020）最高法民申 5401 号民事裁定书。

金亚科技依据006账套核算的数据（伪造的财务数据）对外披露了“金亚科技股份有限公司2014年年度报告”。

立信会计师事务所（以下简称“立信所”）作为该年报的审计机构被中国证监会处罚。中国证监会行政处罚决定书〔2018〕78号认定立信所在审计过程中未能勤勉尽责，其出具的金亚科技2014年度审计报告存在虚假记载，具体包括未按审计准则的要求执行函证程序、未按照审计准则的要求对重大合同的异常情况保持合理的职业怀疑等。

立信所主张由于金亚科技存在财务舞弊，其依据金亚科技提供的财务资料进行审计。虽然中国证监会认定立信所未勤勉尽责，但投资者未举证证明立信所与金亚科技公司存在合谋或故意，因此立信所在审计过程中存在过失，而非故意。

一审法院（成都市中级人民法院）、二审法院（四川省高级人民法院）和再审法院（最高人民法院）均认为立信所在审计过程中“未能勤勉尽责，未对所依据的文件资料内容的真实性、准确性、完整性进行核查和验证，其制作、出具的审计报告有虚假记载、误导性陈述或者重大遗漏”，依据2014年《证券法》第173条的规定（2019年《证券法》第163条的规定）立信所应当与金亚科技公司承担连带赔偿责任。

法律要点

1. 注册会计师勤勉尽责的标准；
2. 注册会计师的民事责任。

知识点介绍

一、注册会计师勤勉尽责的标准

我国《证券法》第160条[①]规定会计师事务所“应当勤勉尽责、恪尽职守，按照相关业务规则为证券的交易及相关活动提供服务”。第163条规定[②]会计师事务所“应当勤勉尽责，对所依据的文件资料内容的真实性、准确性、完整性进行核查和验证”。尽管《证券法》仅原则性地规定了会计师事务所从事相关业务活动时应当勤勉尽责，但新《虚假陈述司法解释》第19条具体规定了会计师事务所能够证明自己“按照执业准则、规则确定的工作程序和核查手段并保持必要的职业谨慎，仍未发现被审计的会计资料存在错误的”，依赖除被审计单位以外的相关单位提供文件时会计师事务所保持了必要的职业谨慎，

① 2019年《证券法》第160条规定：“会计师事务所、律师事务所以及从事证券投资咨询、资产评估、资信评级、财务顾问、信息技术系统服务的证券服务机构，应当勤勉尽责、恪尽职守，按照相关业务规则为证券的交易及相关活动提供服务。”

② 2019年《证券法》第163条规定：“证券服务机构为证券的发行、上市、交易等证券业务活动制作、出具审计报告及其他鉴证报告、资产评估报告、财务顾问报告、资信评级报告或者法律意见书等文件，应当勤勉尽责，对所依据的文件资料内容的真实性、准确性、完整性进行核查和验证。其制作、出具的文件有虚假记载、误导性陈述或者重大遗漏，给他人造成损失的，应当与委托人承担连带赔偿责任，但是能够证明自己没有过错的除外。”

发表审慎审计意见等情形下，可以证明自己勤勉尽责、不存在过错。因此，如果会计师事务所及其注册会计师在执业活动中违反了中国注册会计师审计准则、审阅准则、其他鉴证业务准则以及相关服务准则等的相关规定，则会被认为未勤勉尽责，具有过错。

此外，对于被审计公司管理层存在舞弊的情形，由于审计的固有限制，注册会计师难以发现财务报表中存在的全部重大风险，但注册会计师仍有责任“对财务报表整体是否不存在由于舞弊或错误导致的重大错报获取合理保证”[①]。因而，管理层的财务舞弊行为并不必然成为会计师事务所及其注册会计师不承担民事责任的免责事由，只有在注册会计师依据审计准则的要求，执行必要的审计程序，获取充分、适当的审计证据仍未发现风险时，才能证明注册会计师勤勉尽责，不存在过错。

关于注册会计师如何证明审计工作是充分且适当的，新《虚假陈述司法解释》第18条规定法院应当结合“核查、验证工作底稿等相关证据”认定会计师事务所是否存在过错。以审计工作底稿为例，审计工作底稿是证明注册会计师按照审计准则和相关法律法规的要求计划和执行相关审计工作并得出结论的证据。[②] 因而，如果会计师事务所及其注册会计师不能通过审计底稿证明其已经按照审计准则执行了所有必要的程序、获取了充分适当的审计证据来证明其结论的适当性，则具有过错。

二、注册会计师的民事责任

我国《证券法》第163条规定会计师事务所“制作、出具的文件有虚假记载、误导性陈述或者重大遗漏，给他人造成损失的，应当与委托人承担连带赔偿责任，但是能够证明自己没有过错的除外”。

此外，《最高人民法院关于审理涉及会计师事务所在审计业务活动中民事侵权赔偿案件的若干规定》第5条和第6条[③]具体规定了注册会计师过错所包含的故意和过失两

① 《中国注册会计师审计准则第1141号——财务报表审计中与舞弊相关的责任》第6条。

② 《中国注册会计师审计准则第1131号——审计工作底稿》第3条规定：“在符合本准则和其他相关审计准则要求的情况下，审计工作底稿能够实现下列目的：（一）提供证据，作为注册会计师得出实现总体目标结论的基础；（二）提供证据，证明注册会计师按照审计准则和相关法律法规的规定计划和执行了审计工作。”

③ 《最高人民法院关于审理涉及会计师事务所在审计业务活动中民事侵权赔偿案件的若干规定》第5条规定：“注册会计师在审计业务活动中存在下列情形之一，出具不实报告并给利害关系人造成损失的，应当认定会计师事务所与被审计单位承担连带赔偿责任：（一）与被审计单位恶意串通；（二）明知被审计单位对重要事项的财务会计处理与国家有关规定相抵触，而不予指明；（三）明知被审计单位的财务会计处理会直接损害利害关系人的利益，而予以隐瞒或者作不实报告；（四）明知被审计单位的财务会计处理会导致利害关系人产生重大误解，而不予指明；（五）明知被审计单位的会计报表的重要事项有不实的内容，而不予指明；（六）被审计单位示意其作不实报告，而不予拒绝。对被审计单位有前款第（二）至（五）项所列行为，注册会计师按照执业准则、规则应当知道的，人民法院应认定其明知。”第6条规定：“会计师事务所在审计业务活动中因过失出具不实报告，并给利害关系人造成损失的，人民法院应当根据其过失大小确定其赔偿责任。注册会计师在审计过程中未保持必要的职业谨慎，存在下列情形之一，并导致报告不实的，人民法院应当认定会计师事务所存在过失：（一）违反注册会计师法第二十条第（二）、（三）项的规定；（二）负责审计的注册会计师以低于行业一般成员应具备的专业水准执业；（三）制定的审计计划存在明显疏漏；（四）未依据执业准则、规则执行必要的审计程序；（五）在发现可能存在错误和舞弊的迹象时，未能追加必要的审计程序予以证实或者排除；（六）未能合理地运用执业准则和规则所要求的重要性原则；（七）未根据审计的要求采用必要的调查方法获取充分的审计证据；（八）明知对总体结论有重大影响的特定审计对象缺少判断能力，未能寻求专家意见而直接形成审计结论；（九）错误判断和评价审计证据；（十）其他违反执业准则、规则确定的工作程序的行为。”

种情形。故意是指注册会计师明知或者依据执业准则应当知道被审计单位财务处理存在不实而不予以指出等情形，此情形下会计师事务所应当与被审计单位承担连带赔偿责任；过失是指注册会计师未能保持必要的职业谨慎而出具不实报告的情形，此情形下法院应当根据其过失的大小确定其赔偿责任。

案例评析

在本案中，中国证监会通过对立信所审计工作底稿的检查以及对相关人员的询问，认定注册会计师在执行审计工作的过程中明显违反了审计准则的规定，具体包括：第一，所实施的货币资金、应收账款、应付账款函证程序存在明显不当，违反了《审计准则第 1312 号——函证》的规定。比如，立信所直接采信了没有加盖银行公章的银行询证函回函而未进一步询问、对于 24 份应收款项函证仅收回 8 份而没有予以关注、应付款项函证回函金额不符而未予以调查、没有核查回函人地址异常等事项。第二，未能保持合理的职业怀疑，关注重大合同的异常情况，违反了《审计准则第 1141 号——财务报表审计中与舞弊相关的责任》的规定。对于未签字且未盖章的大额购销合同没有予以调查（包括 3.1 亿元的工程款等大额合同）。

立信所的审计工作底稿证明了立信所及其注册会计师存在着多项严重违反审计准则的事实且表明其在执业过程中未能保持必要的职业怀疑，其未能勤勉尽责，不符合新《虚假陈述司法解释》第 19 条规定中会计师事务所不具有过错的情形。

在本案中，立信所存在的多项严重违反审计准则的具体行为已远非一般过失的情形，其对于函证的控制和合同的审阅显著低于行业一般人员所应有的最低的注意水平，未能保持审计师的职业怀疑。换言之，在本案所涉及的情形下，按照行业一般从业人员的标准来看，注册会计师依据审计准则应当能够合理怀疑被审计单位管理层存在重大的舞弊风险。

因此，法院依据《证券法》第 163 条的规定认定立信所未能勤勉尽责，未能对所依据的文件资料内容的真实性、准确性、完整性进行核查和验证，出具了不实的审计报告，判决立信所与被审计单位对投资人的损失承担连带赔偿责任并无不当。

此外，司法实践中，法院往往参考中国证监会对于会计师事务所作出的行政处罚决定，如会计师事务所不能提出充分适当的证据证明其已依据审计准则履行了相关的审计程序（通常通过相关的审计底稿予以呈现），则很难证明自己不存在过错。在过往的司法实践中，有的会计师事务所也会在庭审过程中采用专家证人等方式证明自己不存在过错。值得关注的是，最高人民法院在本案的裁定书中特别指出“证监会作为证券业专门执法机构，对立信所作出的上述处罚及复议决定足以据此认定立信所在本案中实施了虚假陈述行为”[①]。

（撰稿人：吕　特）

---

① 最高人民法院（2020）最高法民申 5401 号民事裁定书。

第五节　评估机构的勤勉尽责标准与法律责任

案例简介

银信资产评估有限公司与江苏保千里视像科技集团股份有限公司、庄某等证券虚假陈述责任纠纷案[①]

2014年10月30日，中达股份公司披露“重大资产出售及发行股份购买资产暨关联交易报告书（草案)”，称其拟进行重大资产重组，以每股2.12元向庄某、日昇创沅、陈某昌、庄某甲、蒋某杰发行股份13.60亿股，以购买其共同持有的保千里电子公司100%股权。根据银信公司为其出具的“评估报告”，评估后保千里电子公司股东全部权益价值为288 314万元，评估增值262 596.77万元，增值率1 021.09%。2015年4月，中达股份公司正式变更名称为保千里公司。

2017年8月9日，中国证监会经调查对保千里公司作出〔2017〕78号行政处罚决定书，认定在中达股份公司进行重组资产评估时，保千里电子公司向银信公司提供了两类共计9份虚假的意向性协议。该等虚假协议致使评估值虚增较大，导致中达股份公司多支出了股份对价，损害了被收购公司中达股份公司及其股东的合法权益。

2018年11月23日，中国证监会经调查对银信公司作出〔2018〕114号行政处罚决定书，认定银信公司存在以下违法事实：银信公司未对作为未来销售预测的意向性协议适当关注并实施有效的评估程序，导致评估值高估，对市场和投资者产生严重误导。且评估底稿中缺失部分合同评估资料及评估记录，足以认定银信公司对保千里电子公司全部股权项目进行资产评估时，未勤勉尽责，导致出具的“评估报告”存在误导性陈述。中国证监会依据2014年《证券法》第223条规定，决定没收银信公司业务收入100万元，并处以300万元罚款，对相关评估师分别处以5万元、3万元罚款。

2019年投资者向深圳市中级人民法院提起诉讼，请求判令保千里公司赔偿其因虚假陈述而产生的投资损失，并要求银信公司承担连带赔偿责任。深圳市中级人民法院认为，本案虚假陈述行为是保千里公司、庄某等一致行动人故意做假，共同侵权，属于主责任人和连带责任人，对投资者损失应承担连带清偿责任；银信公司在评估过程中，疏忽大意，把关不严，使本来可以避免的或者减少的损失得以发生或者扩大，属于补充责任人，对投资者损失应承担补充赔偿责任。银信公司评估依据的相关意向性合同一共有28份，其中有9份存在造假情况，占比近30%。综合考量银信公司行为的过错程度、虚增估值占比、对市场的影响及其与投资者所遭受损失的因果关系等因素，酌定银信公司对保千里公司因虚假陈述应赔偿投资人损失30%的部分承担补

---

① 本案例摘编自广东省高级人民法院二审（2020）粤民终1744—1747、1749、1750、1752—1760、1807、1809—1812、1814、1817—1819、1821、1823—1825、1829、1830、1910—1919、1921—1928、1930—1932、1934、1936—1939号民事判决书。

充赔偿责任。

二审法院广东省高级人民法院认为，关于评估公司应承担的法律责任形式问题，银信公司在出具案涉评估报告时未勤勉尽责，违反《资产评估准则》的相关规定，导致评估值高估，对市场和投资者产生严重误导，亦未能证明自己没有过错，根据2014年《证券法》第173条规定，应当与保千里公司承担连带赔偿责任。关于评估公司承担连带责任的范围，在评估公司对案涉侵权不存在主观故意的情况下，应当基于其过错程度，对其承担连带责任的范围予以确定。综合考量案涉侵权行为的事实、各责任主体的过错程度等因素，酌定评估公司应当就保千里公司案涉债务的30%承担连带责任。

法律要点

1. 资产评估机构的概念和作用；
2. 资产评估机构的法律责任。

知识点介绍

一、资产评估机构的概念及作用[①]

1. 资产评估机构的概念

资产评估机构有广义和狭义之分。广义的资产评估机构，是指组织专业人员依照有关规定和数据资料，按照特定的目的，遵循适当的原则、方法和计价标准，对资产价格进行评定估算的专业机构，包括证券资产评估机构，还包括诸如保险公估机构等其他资产评估机构。狭义的资产评估机构仅指证券资产评估机构，即主要从事对股票公开发行、上市交易的企业进行资产评估以及对其他与证券业务有关的资产进行评估的资产评估机构。本节所指的资产评估机构，如无特殊说明仅指狭义的资产评估机构，即证券资产评估机构。在性质上，资产评估机构与投资咨询机构、财务顾问机构、资信评级机构等相同，都属于为证券发行和上市交易提供专业性服务的证券服务机构。

2. 资产评估机构的作用

作为证券服务机构，资产评估机构在规范资本运作、维护经济秩序、促进经济发展等方面具有不可替代的作用。资产评估机构所提供的资产评估服务有效发挥了价值发现、价值管理的重要功能，为上市公司筹集资金、优化资源配置、调整产业结构提供了专业服务和支撑，保护了投资人的合法权益，保障了资本市场健康、规范发展。故资产评估越来越得到市场主体、报告使用方和监管机构的重视和认可。

---

① 邢会强.证券法学.2版.北京：中国人民大学出版社，2020：199.

二、资产评估机构的法律责任[①]

1. 民事责任

根据《证券法》《资产评估法》等法律法规的规定，资产评估机构违反相关法律规定，未尽勤勉职责，需要承担以下民事责任。

根据2019年《证券法》第163条的规定，资产评估机构为证券的发行、上市、交易等证券业务活动制作、出具资产评估报告，应当勤勉尽责，对所依据的文件资料内容的真实性、准确性、完整性进行核查和验证。其制作、出具的文件有虚假记载、误导性陈述或者重大遗漏，给他人造成损失的，应当与委托人承担连带赔偿责任，但是能够证明自己没有过错的除外。

2. 行政责任

根据《证券法》《资产评估法》等法律法规的规定，资产评估机构违反相关法律规定，未尽勤勉职责，需要承担以下行政责任。

根据2019年《证券法》第213条第3款的规定，资产评价机构违反该法第163条的规定，未勤勉尽责，所制作、出具的文件有虚假记载、误导性陈述或者重大遗漏的，责令改正，没收业务收入，并处以业务收入1倍以上10倍以下的罚款；没有业务收入或者业务收入不足50万元的，处以50万元以上500万元以下的罚款；情节严重的，并处暂停或者禁止从事证券服务业务。对直接负责的主管人员和其他直接责任人员给予警告，并处以20万元以上200万元以下的罚款。

案例评析

一、本案系首个受到行政处罚的评估机构承担比例赔偿责任的案例

本案系第一起投资者追加评估机构，要求其承担连带赔偿责任的案件，同时也是首个评估机构受到行政处罚后，仅被判决承担比例责任的案例。在当时的司法裁判背景下，受到行政处罚的证券服务机构基本都是承担全额连带责任。然而，证券服务机构的行政责任与民事责任在其保护的法律利益、构成要件以及法律依据等方面不同。证券服务机构受到行政处罚并不等同于其应承担民事赔偿责任，人民法院应对证券服务机构的过错程度进行依法审查。

在本案中，深圳中院及广东高院对于评估机构的过错程度、对投资者损失的原因力等因素进行详细考量，合法、合理且公平地认定了评估机构的责任性质及范围。本案的判决对于后续同类案件的精细化裁判具有重要参考作用。

二、资产评估机构承担的法律责任形式是连带赔偿责任

2019年《证券法》第163条规定："证券服务机构为证券的发行、上市、交易等证券业务活动制作、出具审计报告及其他鉴证报告、资产评估报告、财务顾问报告、资信评级报告

① 邢会强.证券法学.2版.北京：中国人民大学出版社，2020：200-201.

或者法律意见书等文件，应当勤勉尽责，对所依据的文件资料内容的真实性、准确性、完整性进行核查和验证。其制作、出具的文件有虚假记载、误导性陈述或者重大遗漏，给他人造成损失的，应当与委托人承担连带赔偿责任，但是能够证明自己没有过错的除外。”

本案一审法院参照与会计师事务所相关的最高人民法院法函（1998）13号“关于会计师事务所为企业出具虚假验资证明应如何承担责任问题”等规定，认定评估机构承担的是有限的补充责任。虽然二审法院根据《证券法》（2005年修订）第173条规定改判评估机构承担连带赔偿责任，但是从当时保千里已经丧失清偿能力的实际情况看，改判连带责任并未实质加重评估机构的偿付义务。

三、资产评估机构的责任范围应与其过错程度及原因力相适应

根据2019年《证券法》第163条规定，证券服务机构应当就证券虚假陈述侵权与发行人、上市公司承担连带责任，但是能够证明自己没有过错的除外，该条规定本身即体现了对于证券服务机构过错程度的关注，允许证券服务机构就其过错程度提出抗辩。如果具有过错的证券服务机构就全部损失承担连带责任，而不基于过错程度予以区分，那么将违反过错与责任相一致的侵权法基本法理。

在本案中，一审法院认定评估公司存在较大过失，二审法院认定评估公司存在重大过失。不过，两级法院均认为，在对损害结果所发挥的原因力上，导致案涉损害结果的原因主要是重组标的保千里电子公司所提供的意向性协议造假。评估公司未对相关意向性协议适当关注并实施有效的评估程序，未能有效发挥“看门人”作用，阻止资本市场不当行为。但是，评估公司的行为产生损害必须以重组标的及其实控人等第一责任人的侵权行为为前提，故评估公司对损害结果的产生所起到的作用是第二位的。因此，评估公司的责任不应超过30%。

虽然本案经过二审改判，但是两级法院对比例责任的裁判思路是基本一致的。一审法院从侵权法原理、证券法律沿革，以及案件事实等方面，对于“判断中介机构的责任类型时应考量其过错性质”这一裁判思路进行详尽、充分的论述。一审法院的比例责任裁判思路与当时证券服务行业专业人士关于比例责任的呼吁一致，也一度在《虚假陈述司法解释》征求意见稿中有所体现，对于后续同类案件的司法裁判造成深远影响。

（撰稿人：李阿敏　孙丽娟　蔡晓雨）

第六节　评级机构的勤勉尽责标准与法律责任

案例简介

D评级机构因未勤勉尽责被行政处罚案①

2013—2017年度，发行人ST公司在交易所市场发行了数期公司债券、在银行间市

① 本案例主要摘编自中国证监会行政处罚决定书〔2021〕58号、〔2022〕16号。

场发行了数期非金融企业债务融资工具。各期债券发行过程中，D评级机构接受ST公司的委托，出具了多份“信用评级报告”，评定ST公司的主体信用评级为AA+级别，各期债券的债项信用等级为AA+级别。“AA+”表示发行人偿还债务的能力很强，相关债券到期不能偿付的风险很小。但最终，发行人数期债券均发生实质违约，各期债券投资者未能获偿债券本息。

中国证监会于2021年度对ST公司及其董事、高级管理人员下发了行政处罚决定书。中国证监会认定，ST公司2013年度至2017年度累计虚增主营业务收入615.40亿元，累计虚增利润总额119.11亿元；扣除虚增利润后，ST公司各年度利润状况为亏损。该等财务造假行为直接导致ST公司相关债券募集说明书及各年度报告均存在虚假记载。

中国证监会对D评级机构另行下发了行政处罚决定书。中国证监会认定，D评级机构未勤勉尽责，其出具的相关“信用评级报告”存在虚假记载，构成《证券法》(2005年修订)第223条所述情形。因此，中国证监会对D评级机构采取责令改正，没收业务收入并处以罚款的处罚措施。

中国证监会处罚D评级机构的主要理由在于：(1)在客观方面，相关“信用评级报告”存在虚假记载。ST公司在2013—2017年度存在虚增收入及利润的客观情况，故相关“信用评级报告”因引用发行人的财务数据而存在虚假记载。在此基础上，相关“信用评级报告”首页载明的“综合分析，公司偿还债务的能力很强，本次债券到期不能偿付的风险很小”这一评级观点及评级结论均构成虚假记载。(2)经全面审查工作底稿，中国证监会查明D评级机构存在多处履职瑕疵，包括未按照相关规则要求开展尽职调查工作、未对评级所依据的文件资料内容进行审慎核查和验证、内部审核流程存在缺陷等。综合前述情况，中国证监会认定D评级机构应当承担相应行政处罚责任。

法律要点

1. 信用评级的概念及基本流程；
2. 信用评级机构的主要职能；
3. 信用评级机构的法律责任认定。

知识点介绍

一、信用评级的概念及基本流程

信用评级也称资信评级，是指独立的信用评级机构对影响评级对象的诸多信用风险因素进行分析研究，就其偿还债务的能力及其偿债意愿进行综合性评价。相应地，信用评级机构是专门从事证券评级业务的专业机构。

信用评级机构会以“信用评级报告”的形式来展现其专业意见。“信用评级报告”首页会使用简单明了的标准符号表示评级对象信用等级，显示评级对象信用风险的大小。就偿还期限为一年以上的中长期债务而言，其信用等级一般划分为“三等九级”，即AAA、AA、A、BBB、BB、B、CCC、CC、C；就偿还期限为一年或不足一年的短期债务而言，其信用等级一般划分为“四等六级”，即A-1、A-2、A-3、B、C、D。同时，“信用评级报告”的正文会对评级对象的概况、所处行业、业务运营情况、财务情况、偿债能力等情况予以详细分析，该等评级分析是得出评级结论的主要论据。

为撰写“信用评级报告”，信用评级机构要履行完整、规范、严格的“信用评级程序”。根据《证券资信评级机构执业行为准则》《证券市场资信评级机构评级业务实施细则》等业务规范，信用评级程序可归纳为：(1) 尽职调查。评级机构要通过书面文件清单、人员访谈、现场考察、查询公开披露媒体等多种方式收集有关发行人信用风险的基础资料。(2) 初评阶段。评级机构以尽职调查取得的相关资料为基础，根据与评级对象所处行业相适应的评级体系与评级方法，对评级对象的信用风险进行深入分析，形成初评报告并给出建议的信用等级。(3) 内部三审程序。初评报告需依序经过评级项目组组长、部门负责人或部门指定人员和评级总监三级审核程序。后一级审核应建立在前一级审核通过的基础上，并对前一级审核意见的落实情况进行监督。(4) 确定信用评级。评级机构内部组织召开信用评级评审会，对信用评级报告及相关工作底稿进行讨论、审核，最终决定评级对象的信用等级。(5) 评级结果反馈与复评。信用等级确定后，评级机构及时将评级结果书面告知评级对象，并对评级对象提出的异议（如有）进行复评。(6) 评级机构出具正式的评级报告并公布。

另外，信用评级机构负有跟踪评级义务。也即，在评级对象存续期内（如债券可能存续3年至5年），评级机构应持续跟踪评级对象的政策环境、行业风险、经营策略、财务状况等因素的重大变化，及时分析该等变化对评级对象信用等级的影响，审慎确定评级对象的信用等级是否需要上调或下调，并出具定期或不定期跟踪评级报告。

二、信用评级机构的主要职能

一方面，信用评级机构需汇总、整理、加工发行人信用风险方面的信息，并传递给投资者，从而一定程度上解决社会公众与评级对象之间的“信息不对称”问题。另一方面，信用评级机构需运用科学、专业评级模型和评级方法综合性评价评级对象的整体偿债能力和偿债意愿；该等综合性评价最终呈现为简单明了的评级符号，使得投资者能够对不同债务人的风险水平进行分类和甄别，协助投资者作出投资决策。例如，评级机构给予评级对象“AAA”的信用等级时，即在告知证券市场，评级对象“偿还债务的能力极强，基本不受不利经济环境的影响，违约风险极低”。

由此，信用评级机构也被视为资本市场看门人之一，在保护投资者权益、防范信用风险方面发挥重要作用。相应地，《证券法》《公司信用类债券信息披露管理办法》等法律法规均强调，信用评级机构应勤勉尽责，严格遵守相关法律法规、执业规范和自律规则履行义务，对自身出具的专业意见负责。

三、信用评级机构的法律责任认定

2014年《证券法》第223条规定：“证券服务机构未勤勉尽责，所制作、出具的文件有虚假记载、误导性陈述或者重大遗漏的，责令改正，没收业务收入，暂停或者撤销证券服务业务许可，并处以业务收入一倍以上五倍以下的罚款。对直接负责的主管人员和其他直接责任人员给予警告，撤销证券从业资格，并处以三万元以上十万元以下的罚款。”2019 年《证券法》第 213 条在前述规定的基础上，提高了罚款标准。

根据上述规定，信用评级机构未勤勉尽责，致使其制作、出具的“信用评级报告”有虚假记载、误导性陈述或重大遗漏时，即有可能被证监会采取行政处罚措施。更进一步而言，信用评级机构承担行政责任的构成要件可具体考察如下。

首先，需考察“信用评级报告”是否存在虚假记载、误导性陈述或重大遗漏。该认定包括如下两种情形：(1)“信用评级报告”中载明的基础事实存在虚假记载、误导性陈述或重大遗漏。例如，发行人财务数据不实，则评级报告引用的相关财务数据、基于该等财务数据进行的相关评级分析，即构成虚假记载。(2) 评级结果存在重大错误。信用评级是一项需要综合权衡、多因素评定的工作，评级结果通常不会由某一单一要素所决定。因此，即便“信用评级报告”中的个别陈述不准确，该不实陈述也并不当然影响最终的评级结论。但是，如果“信用评级报告”所援引的多项基础事实均属虚假，或者“信用评级报告”虽然仅引用了一处不实信息但该信息影响重大，则评级机构确定的评级结果就很可能存在重大错误，不能准确反映评级对象的信用风险水平。

其次，需考察信用评级机构对相关虚假记载、误导性陈述、重大遗漏的发生是否勤勉尽责。就此，对执业准则及工作计划遵守与否，是认定信用评级机构勤勉与否的首要考量因素。同时，由于评级机构实际执业情形较为复杂，且每家评级机构适用的评级方法并不统一，故执业准则不可能对实践中出现的全部情况均予以详细规定。很多情况下，评级机构是否勤勉履职还是需根据个案情况进行实质判断。

信用评级机构也有可能在民事诉讼中承担虚假陈述侵权赔偿责任。民事侵权认定过程中，人民法院亦需审慎判断：(1) 案涉“信用评级报告”中是否涉及虚假陈述侵权行为；(2) 信用评级机构是否未勤勉尽责。除此之外，人民法院还需要另行考察“信用评级报告”与投资者交易决策、损失发生之间是否具有因果关系等其他构成要件，在此不再展开分析。

案例评析

一、在客观方面，案涉“信用评级报告”中的评级观点及评级结论均存在较为明确的虚假记载情况

根据中国证监会对 ST 公司下发的行政处罚决定书，ST 公司存在规模庞大的财务造假行为。有鉴于此，案涉“信用评级报告”涉及如下虚假记载：(1) 案涉“信用评级报告”中所援引的财务数据不真实、不准确，基于该等财务数据所进行的评级分析亦不准确，从而构成虚假记载。(2) 由于 ST 公司虚增收入、利润的规模较大，故本案中较为容易判断的是，相关评级观点及评级结论确不能反映 ST 公司的真实偿债能力，构成虚假记载。也即，案涉评级机构分析判断 ST 公司“偿还债务的能力很强，本次债券到

期不能偿付的风险很小”，并确定案涉各期债券为“AA+”级别，与ST公司的真实偿债能力不相符。因此，中国证监会的相关认定，具有较为充分的事实依据。

二、在本案中，中国证监会从多个角度认定案涉评级机构未勤勉尽责，大体展现了实践中认定评级机构“未勤勉尽责”的常见情形

第一，中国证监会强调案涉评级机构未严格按照执业规范和工作计划开展尽调工作，不适当地省略了尽调步骤，包括“未按规定和计划开展现场访谈工作”“未按规定对发行人子公司负责人进行现场访谈”“现场考察工作存在缺陷”。由此可见，在判断评级机构是否勤勉尽责时，评级机构是否遵守执业准则及工作计划应当是主要的考量因素。

第二，案涉评级机构搜集的相关资料显示多处异常情况，但案涉评级机构未能关注该等异常情况并履行核查、验证程序。中国证监会指出，发行人的主营业务之一是“钢帘线业务”，该业务版块的产能利用率常年大于100%，不仅不符合一般商业实践，而且远超同行业可比公司的产能利用率。前述情况应当属于中介机构明显能够察觉异常的情况，但案涉评级机构未能审慎关注该等异常情况并履行相应核查、验证程序，构成履职瑕疵。

第三，案涉“信用评级报告”中的多处表述没有任何事实材料支撑。举例而言，案涉“信用评级报告”中载明“发行人是全国最大的××研发生产基地”“获得国家发明专利和实用新型专利”“技术水平处于国际领先地位”等相关事实描述。但后经调查发现，前述描述并无任何公开资料、行业数据予以支撑。

第四，内部审核流程流于形式。中国证监会指出，在内部审核部门提出相关陈述没有论据支撑的修改意见之后，项目组并未对相关情况进行核实，仅在部分表述上修改；内部审核部门也没有对项目组的修改落实情况进行监督。该等流于形式的内部审核程序也恰恰反映，案涉评级结果的作出过程不够审慎。

综合上述，中国证监会从多个方面分析案涉评级机构的履职失当情况，大体展现了实践中认定评级机构“勤勉尽责与否”的常见情形。综合而言，本行政处罚案件具有极强警示作用，评级机构需全面厘清自身职责，在出具“信用评级报告”时更为规范、审慎。

（撰稿人：杨　婷　刘　颖）

第七节　证券投资咨询机构的法律责任

案例简介

北京首证投资顾问有限公司毁损客户资料、欺诈客户案[①]

中国证监会通过对北京首证投资顾问有限公司（以下简称“北京首证”）违法违规

① 本案例摘编自中国证监会行政处罚决定书（北京首证投资顾问有限公司）〔2021〕89号。

行为进行立案调查、审理，查明北京首证存在以下违法事实。

（一）隐匿、毁损有关文件和资料

2019年5月14日，北京证监局对北京首证进行现场检查，检查组要求公司提供"北京首证"企业微信的管理后台权限，查询企业微信的营销记录留痕。公司以系统管理人员正在返回公司为由，在检查组等待期间，擅自在账号后台进行删除成员、删除部门、删除素材、更改部门信息等共计1 015条违法操作行为。

（二）提供、传播虚假或者误导投资者的信息

北京首证在微信营销过程中提供、传播虚假或者误导投资者的信息，如向投资者发送含有"全胜记录""自上线以来，还没有一只票亏损""去年客户一年的年化收益达到135%，相当于你有100万可以赚135万""我们首证投顾带客户去年平均年化收益是153%""我在我们机构上班四年了，从来没有见过哪个用户说是在服务期内不赚钱的"等虚假内容的信息。

（三）向投资人承诺收益

北京首证部分员工通过微信聊天方式，向投资者发送含有承诺证券投资收益内容的信息，如"一个周期下来肯定是能把你之前的亏损赚回来""我们的这个给你保收益的100%准确率""一个月周期下来，收益是在20%左右""大概做一个半月到两个月左右能赚个50%左右""我们承诺的不光是百分百有收益，还有重要的一点，如果不是百分百的准确，如果没有收益，直接退款""5星战队做波段，一只票周期不超过3个月，收益在30%左右""4星战队操盘大师以短线为主，平均每只收益在5%，两个月整体收益40%以上"等。

（四）未按照规定提出业务场所变更报告、办理变更手续

…………

根据当事人违法行为的事实、性质、情节与社会危害程度，依据2005年《证券法》第225条[①]、第226第3款的规定，中国证监会决定：

对北京首证投资顾问有限公司隐匿、毁损有关文件和资料的行为给予警告，并处以60万元罚款；

对北京首证投资顾问有限公司提供、传播虚假或者误导投资者的信息、向投资人承诺收益、未按照规定提出业务场所变更报告、办理变更手续的行为责令改正，并处以30万元罚款。

综合上述违法事实，合计对北京首证投资顾问有限公司给予警告，责令改正，并处以90万元的罚款。

法律要点

1. 证券投资咨询机构的概念；

① 对应2019年《证券法》第214条。

2. 证券投资咨询机构的信义义务。

知识点介绍

一、证券投资咨询机构的概念

证券投资咨询机构，是指向证券投资者提供涉及证券及证券相关产品的投资分析、预测或者建议等有偿咨询服务等证券投资咨询业务的机构。《证券法》第 160 条第 2 款规定："从事证券投资咨询服务业务，应当经国务院证券监督管理机构核准；未经核准，不得为证券的交易及相关活动提供服务。"因为证券投资咨询机构能够整合市场上众多冗杂的信息，为投资者提供投资建议，辅助投资者作出合理的投资决策，对投资者进行投资交易的影响更大，所以相较于其他证券服务业务，从事证券投资咨询业务须经更严格的事前核准程序。机构要从事证券投资咨询业务，应当向中国证监会提出申请，经证监会核准后，获得业务许可证。

中国证监会《证券投资顾问业务暂行规定》第 2 条规定："……证券投资顾问业务，……指证券公司、证券投资咨询机构接受客户委托，按照约定，向客户提供涉及证券及证券相关产品的投资建议服务，辅助客户作出投资决策，并直接或者间接获取经济利益的经营活动。投资建议服务内容包括投资的品种选择、投资组合以及理财规划建议等。"证券投资咨询服务是有偿的，包括直接获得经济利益，如佣金、服务费等，也包括利润的比例抽成。[①] 此外，证券投资咨询机构针对证券及证券相关产品作出的投资建议仅仅能辅助投资者作出投资决策。根据《证券投资顾问业务暂行规定》第 12 条："投资决策由客户作出，投资风险由客户承担；证券投资顾问不得代客户作出投资决策。"

二、证券投资咨询机构的信义义务

证券投资咨询机构与客户之间就提供投资建议成立的是委托法律关系，受托人投资咨询机构对客户应负信义义务。投资咨询机构的信义义务包括忠实义务和注意义务，同时由信义义务衍生出了更加具体的投资者适当性义务和披露义务。[②]

忠实义务要求受托人投资咨询机构应当勤勉尽责、恪尽职守，要为客户的利益行事，将客户的利益置于自身利益之上，避免自我交易，并披露任何利益冲突。《证券法》第 161 条规定，证券投资咨询机构及其从业人员从事证券服务业务不得代理委托人从事证券投资；不得与委托人约定分享证券投资收益或者分担证券投资损失；不得买卖本证券投资咨询机构提供服务的证券等。《证券投资顾问业务暂行规定》第 5 条规定："证券公司、证券投资咨询机构及其人员提供证券投资顾问服务，应当忠实客户利益，不得为公司及其关联方的利益损害客户利益；不得为证券投资顾问人员及其利益相关者的利益损害客户利益；不得为特定客户利益损害其他客户利益。"《证券投资顾问业务暂行规

---

① 邢会强. 证券法学. 2 版. 北京：中国人民大学出版社，2020：217.

② 邢会强. 证券法学. 2 版. 北京：中国人民大学出版社，2020：218.

定》第 20 条还规定，投资咨询机构负有“不得向他人泄露该客户的投资决策计划信息”的保密义务。

注意义务要求投资咨询机构在出具投资建议时应当审慎尽职地履行义务。《证券投资顾问业务暂行规定》第 4 条规定：“证券公司、证券投资咨询机构及其人员应当遵循诚实信用原则，勤勉、审慎地为客户提供证券投资顾问服务。”同时，其第 16 条规定：“证券投资顾问向客户提供投资建议，应当具有合理的依据。投资建议的依据包括证券研究报告或者基于证券研究报告、理论模型以及分析方法形成的投资分析意见等。”

投资者适当性义务是要求投资咨询机构应当在了解客户的财务状况和投资目标的前提下，为客户提供与其风险承受能力相匹配的产品，避免低风险承受能力的客户陷入高风险的投资交易中。《证券投资顾问业务暂行规定》第 11 条规定，证券投资咨询机构应当“了解客户的身份、财产与收入状况、证券投资经验、投资需求与风险偏好，评估客户的风险承受能力”；第 15 条规定：“证券投资顾问应当根据了解的客户情况，在评估客户风险承受能力和服务需求的基础上，向客户提供适当的投资建议服务。”

案例评析

一、北京首证存在资料保存违法行为

证券投资咨询机构作为证券服务机构，应当在业务中履行客户信息和资料保存义务，这一方面便于在追究相关责任人的责任时收集证据材料，另一方面可以将是否建立完善的客户资料保存制度作为监管机构评价机构是否稳健经营的重要指标。[①]《证券投资顾问业务暂行规定》第 28 条规定：“证券公司、证券投资咨询机构应当对证券投资顾问业务推广、协议签订、服务提供、客户回访、投诉处理等环节实行留痕管理。向客户提供投资建议的时间、内容、方式和依据等信息，应当以书面或者电子文件形式予以记录留存。”2019 年《证券法》也将证券服务机构的资料保存义务明确法定化。2019 年《证券法》第 162 条规定：“证券服务机构应当妥善保存客户委托文件、核查和验证资料、工作底稿以及与质量控制、内部管理、业务经营有关的信息和资料，任何人不得泄露、隐匿、伪造、篡改或者毁损。上述信息和资料的保存期限不得少于十年，自业务委托结束之日起算。”

本案中，北京首证为躲避监管，故意删除营销留痕信息共 1 015 条，违反了证券服务机构的资料保存义务。根据 2005 年《证券法》第 225 条规定：“……证券服务机构，未按照有关规定保存有关文件和资料的，责令改正，给予警告，并处以三万元以上三十万元以下的罚款；隐匿、伪造、篡改或者毁损有关文件和资料的，给予警告，并处以三十万元以上六十万元以下的罚款。”资料保存违法行为的行政处罚力度在 2019 年《证券法》中被大幅提升，并可追究直接负责的主管人员和其他直接责任人员的行政责任。2019 年《证券法》第 214 条规定：“……证券服务机构未按照规定保存有关文件和资料

① 郭锋等. 中华人民共和国证券法制度精义与条文评注：下册. 北京：中国法制出版社，2020：778.

的，责令改正，给予警告，并处以十万元以上一百万元以下的罚款；泄露、隐匿、伪造、篡改或者毁损有关文件和资料的，给予警告，并处以二十万元以上二百万元以下的罚款；情节严重的，处以五十万元以上五百万元以下的罚款，并处暂停、撤销相关业务许可或者禁止从事相关业务。对直接负责的主管人员和其他直接责任人员给予警告，并处以十万元以上一百万元以下的罚款。”

二、北京首证发布虚假、夸大、误导性言论

投资咨询机构接受客户委托，向客户提供涉及证券及证券相关产品的投资建议服务，辅助客户作出投资决策，最终投资决策由客户作出，投资风险由客户承担。但投资咨询机构作为受托人，与客户之间存在信义关系，应当忠实于客户利益，并且应当遵循诚实信用原则，勤勉审慎地为客户提供投资咨询服务。根据中国证监会《证券投资顾问业务暂行规定》第 24 条规定：“证券公司、证券投资咨询机构应当规范证券投资顾问业务推广和客户招揽行为，禁止对服务能力和过往业绩进行虚假、不实、误导性的营销宣传，禁止以任何方式承诺或者保证投资收益。”本案中，北京首证在营销过程中存在虚假、不实、误导性宣传及承诺保证收益的行为，违反了投资咨询机构对客户的信义义务。

针对根据北京首证提供、传播虚假或者误导投资者的信息、向投资人承诺收益的行为，中国证监会依据 2005 年《证券法》第 226 条第 3 款作出行政处罚。现行《证券法》第 161 条、第 213 条规定了证券投资咨询机构从事证券服务业务禁止行为的民事责任与行政责任。北京首证在营销活动中发布虚假、夸大、误导性言论违背了投资咨询机构的信义义务，属于《证券法》第 161 条“……（四）法律、行政法规禁止的其他行为”，给投资者造成损失的，应当依法承担赔偿责任。根据《证券法》第 213 条第 1 款规定：“证券投资咨询机构……从事证券服务业务有本法第一百六十一条规定行为的，责令改正，没收违法所得，并处以违法所得一倍以上十倍以下的罚款；没有违法所得或者违法所得不足五十万元的，处以五十万元以上五百万元以下的罚款。对直接负责的主管人员和其他直接责任人员，给予警告，并处以二十万元以上二百万元以下的罚款。”

（撰稿人：王　东）

第十六章
证券市场基础设施

第一节　证券交易所与民事诉讼

案例简介

**郭某兰诉光大证券股份有限公司、上海证券交易所、
中国金融期货交易所期货内幕交易责任纠纷案①**

2013 年 8 月 16 日上午 11 时 05 分，光大证券在进行交易型开放式指数基金申赎套利交易时，因程序错误，其所使用的策略交易系统以 234 亿元的巨量资金申购 180ETF 成份股，实际成交 72.7 亿元。为应对此种突发状况，光大证券公司高管召开会议，达成了通过做空股指期货、卖出 ETF 对冲风险的意见与实施计划。当日 13 时开市后，光大证券在未进行信息披露的情况下，通过卖空股指期货、卖出 ETF 对冲风险。当日 14 时 22 分，光大证券发布公告，称“公司策略投资部自营业务在使用其独立套利系统时出现问题”。

中国证监会经立案调查后，于 2013 年 11 月 1 日发布〔2013〕59 号行政处罚决定书，认为光大证券在进行 ETF 套利交易时，因程序错误，其所使用的策略交易系统以 234 亿元的巨量资金申购 180ETF 成份股，实际成交 72.7 亿元为内幕信息。光大证券为内幕信息知情人。光大证券公司决策层了解相关事件的重大性之后，在没有向社会公开之前进行的交易，并非针对可能遇到的风险进行一般对冲交易的既定安排，而是利用内幕信息进行的交易，具有进行内幕交易的主观故意，符合《证券法》中“利用”要件，应当认定为内幕交易。据此，决定没收光大证券 ETF 内幕交易违法所得 13 070 806.63 元，并处以违法所得 5 倍的罚款；没收光大证券股指期货内幕交易违法所得 74 143 471.45 元，并处以违法所得 5 倍的罚款。

郭某兰系投资者，曾于 2013 年 8 月 16 日通过山东鲁证期货股份有限公司进行 IF1308、IF1309 股指期货交易。上述行政处罚决定书作出后，郭某兰提起诉讼，要求光大

① 本案例摘编自上海市第一中级人民法院（2013）沪一中民六（商）初字第 30 号民事判决书。

证券、上交所、中国金融期货交易所赔偿其投资损失。其认为，在该事件中，光大证券存在内控不严的过错，导致当日上午股指期货合约涨跌幅异常波动，故应对其在当日上午的交易损失承担侵权赔偿责任。上交所、中金所在明知光大证券出现异常交易及内幕交易的情况下，未及时发布提示性或警示性公告，上交所并发布公告称市场交易正常，导致投资者判断失误，未适当履行监管职责，且有误导市场之嫌，亦具有过错，应就其当日下午的交易损失与光大证券共同承担赔偿责任。请求法院判令：(1) 被告光大证券赔偿其交易损失 24 900 元；(2) 三被告共同赔偿其交易损失 19 800 元。

上海市第一中级人民法院认为，光大证券相关行为构成内幕交易，郭某兰在内幕交易时间段内进行 IF1309 交易且主要交易方向与光大证券内幕交易方向相反，故相关交易损失应由光大证券承担。针对郭某兰请求上交所、中金所承担民事责任的请求，法院认为，当前证据表明光大证券实施内幕交易行为时，上交所、中金所尚无从知晓其行为原因及性质。上交所、中金所亦无权对证券市场主体的该类行为是否违规作出认定，而发布信息义务，需以义务主体知晓相关信息为前提，故上交所、中金所在当日并无发布相关信息的事实基础。虽然上交所、中金所作为证券、期货交易市场的自律管理组织，具有为集中交易提供保障、发布信息的法定义务，并被赋予在法定条件下对特定市场主体采取单方、强制性、不利益措施的权力；但有关措施应由上交所、中金所结合当时市场具体状况，以合理合法为原则，以维护市场整体秩序及交易公平为目的自行决定，并非在市场出现异常时即必然立即行使。如否定上交所、中金所行使该种权力时的自主决定权，则证券市场的稳定及交易结果将因个别主体的违规行为而始终处于不确定状态，实质将对市场秩序及交易公平构成更大伤害。据此应当认为，无论交易所在行使其监管职权过程中作为或不作为，只要其行为的程序正当、目的合法，且不具有主观恶意，则交易所不应因其自主决定的监管行为而承担民事法律责任，否则其监管职能的行使将无从谈起。从当日交易情形来看，错单交易后市场已在短时间内恢复正常，不存在之后另行临时停市的必要；光大证券之后采取的内幕交易行为，在数量及金额上亦未达到限制交易的法定条件，故上交所、中金所未采取有关紧急处置措施，应属合理，并未影响证券市场秩序及交易公平。原告的该项主张，缺乏法律依据，不予支持。判决后，各方均未提起上诉。

法律要点

1. 证券交易所民事责任豁免制度；
2. 证券交易所存在重大过错的认定。

知识点介绍

一、证券法中关于证券交易所民事责任豁免的规定

证券交易所民事责任豁免是 2019 年《证券法》修订新增的内容，规定在其第 111

条和第113条。第111条规定："因不可抗力、意外事件、重大技术故障、重大人为差错等突发性事件而影响证券交易正常进行时，为维护证券交易正常秩序和市场公平，证券交易所可以按照业务规则采取技术性停牌、临时停市等处置措施，并应当及时向国务院证券监督管理机构报告。因前款规定的突发性事件导致证券交易结果出现重大异常，按交易结果进行交收将对证券交易正常秩序和市场公平造成重大影响的，证券交易所按照业务规则可以采取取消交易、通知证券登记结算机构暂缓交收等措施，并应当及时向国务院证券监督管理机构报告并公告。证券交易所对其依照本条规定采取措施造成的损失，不承担民事赔偿责任，但存在重大过错的除外。"第113条规定："证券交易所应当加强对证券交易的风险监测，出现重大异常波动的，证券交易所可以按照业务规则采取限制交易、强制停牌等处置措施，并向国务院证券监督管理机构报告；严重影响证券市场稳定的，证券交易所可以按照业务规则采取临时停市等处置措施并公告。证券交易所对其依照本条规定采取措施造成的损失，不承担民事赔偿责任，但存在重大过错的除外。"

上述规定虽然内容有一定差异，但内核却是一致的，即证券交易所在履行职责时，只要不存在重大过错，可以不承担民事责任。在普通法语境下，该规则又被称"正当监管民事责任豁免"，即豁免证券交易所基于善意进行自律管理的民事责任，是交易所在承担民事责任方面一项较为普遍的原则。① 其目的在于降低证券交易所的履职风险，保障其职能履行的积极性。而证券交易所之所以能够获得此种法律优待，亦与其履行自律管理法定义务，承担维护公共利益法定职责，以及自身近似"准政府机构"的法律特征密切相关。② 不过，与域外部分国家采用的绝对豁免模式不同，在我国，此种豁免的适用范围仅限于上述条文规定的情形，即适用于证券交易所在针对突发性事件和重大异常波动情形下按照业务规则采取技术性停牌、临时停市、取消交易、通知证券登记结算机构暂缓交收、限制交易、强制停牌、临时停市等处置措施的情况。因此，在上述情况之外对证券交易所提起的民事诉讼则不适用该制度。

二、认定证券交易所存在重大过错的双重维度

我国证券法以"重大过错"为核心设定证券交易所民事责任豁免具有重要意义。一方面有利于防止交易所陷入投资者滥诉风险，鼓励并支持交易所在市场上进行强有力的自律管理，另一方面又可以通过重大过错的分界防止交易所侵害市场主体利益的机会主义行为。不过，从民事侵权之诉的角度来看，只有妥当地理解认定重大过错的内涵，才能有效保障制度效用的实现，避免制度目标的偏离。

从字面上看，重大过错具有主观色彩，但实际上，在具体认定层面仍包含主观与客观两个维度。主观维度层面，此处的重大过错应包含故意或重大过失两种情形。2019年修订前的《证券法（二审稿）》曾将此处表述为"故意或者重大过失"，后续虽然只保留了重大过错，但依据举轻明重的一般法理，故意的目的本身就不正当，如重大过错尚

---

① 谢贵春，武俊桥．普通法系证券自律管理司法政策脉络与实践研究//黄元红，卢文道．证券法苑：第23卷．北京：法律出版社，2017：277－280.

② 卢文道．美国法院介入证券交易所自律管理之政策脉络．证券市场导报，2007（7）：10－13.

且不能豁免，故意情形就更应该承担责任。这就要求交易所实施自律管理行为时应以维护公共利益与市场秩序为目标，出于善意而无恶意，具有足够的目的正当性。客观维度层面，首先应关注交易所的行为是否为针对突发性事件和重大异常波动情形进行的履职行为并是否遵循了正当程序。如属于不作为的类型，则主要考察前者。除此之外，还应特别关注证券交易所区别于普通民事主体的专家身份，在明确其注意义务程度为专业水平的前提下进一步考察其作为专业主体是否认识到了风险与损害，以及客观上是否造成了巨大危险。[①]

案例评析

一、本案判决申明了证券交易所民事责任豁免的必要性

本案事实发生于 2013 年，诉讼终结于 2016 年。当时我国证券法中尚无证券交易所民事责任豁免制度，仅规定了证券交易所在应对突发性事件和重大异常波动情形下采取处置措施以及及时向中国证监会报告、备案的法定义务。但从现在的角度来看，本案的情况符合现行 2019 年《证券法》中证券交易所民事责任豁免的适用范围，并在判决中申明了该制度的必要性，具有标志性意义。在判决中，上海市第一中级人民法院首先强调了交易所的自主决定权系其履行监管职责的基础，指出针对光大证券错单交易是否采取临时停市、限制交易等措施，应由上交所、中金所结合当时市场具体状况，以合理合法为原则，以维护市场整体秩序及交易公平为目的自行决定，进而认为："无论交易所在行使其监管职权过程中作为或不作为，只要其行为的程序正当、目的合法，且不具有主观恶意，则交易所不应因其自主决定的监管行为而承担民事法律责任，否则其监管职能的行使将无从谈起。"由此可见，交易所民事责任豁免的必要性即在于保障交易所自律管理职能的积极行使。

二、本案上海证券交易所并不构成重大过错

本案的另一积极意义在于，为如何认定证券交易所履行自律管理行为是否重大过错提供了经验。上海市第一中级人民法院提出了三个认定标准，即程序正当、目的合法以及不具有主观恶意。这三个标准兼容了主观要素与客观要素，有利于妥当界定重大过错的内涵。不过，由于本案郭秀兰诉请针对的是上交所、中金所在知晓情况下未及时发布提示性或警示性公告，属于不作为的类型，因此判决在说理部分实际上未涉及程序正当有关具体内容，主要就"目的合法"与"不具有主观恶意"进行了结合性阐述。其首先肯认了交易所在突发事件与异常情况下采取处置措施的法定义务及其自主性。之后结合现有证据情况，排除了交易所具有故意的情形，进而认为在当时事件较为迅速发展且处于不明状态的情形下，交易所并非该类行为的违规认定主体，尚无从知晓其行为原因及

---

① 夏东霞，杨婷.证券交易所自律监管的司法介入机制——《证券法》(2019 年修订）项下的再审视//郭峰.证券法律评论：2020 年卷.北京：中国法制出版社，2020：138.

性质，而且市场在短时间内恢复正常后，亦不符合采取有关处置措施的条件，其审慎具有合理性，并不构成重大过错。

（撰稿人：姜　帅）

第二节　证券交易所与行政诉讼

案例简介

郑某军诉深圳证券交易所不履行颁发独立董事资格证书法定职责纠纷案[①]

2016 年 6 月 14 日，深交所发布“关于举办第 73 期上市公司独立董事培训班（首次培训）的通知”，通知称培训不设考试，但要求学员全程参加，考勤记录将作为参加培训并获得独立董事资格证书的重要凭证。郑某军参加了该次培训。2016 年7 月，深交所作出公司高管（独立董事）培训字（1607316×××）号“上市公司高级管理人员培训结业证”，内容为：“郑某军同志于 2016 年 06 月 29 日至 2016 年 07 月1 日参加了由中国证券监督管理委员会授权深交所举办的上市公司高级管理人员培训班学习，共计面授 30 学时，成绩合格，准予结业。”然而，郑某军领取该证书后，认为深交所并未依法发放独立董事资格证书，于 2016 年 11 月 8 日诉至法院。

深圳市中级人民法院认为：由于深交所确认其有对郑某军发放独立董事资格证书的义务，故本案实质上是审查深交所公司高管（独立董事）培训字（1607316×××）号“上市公司高级管理人员培训结业证”是否具有独立董事资格证书的效力。深圳市中级人民法院指出，判断一个证书的效力，不能仅仅从名称上进行判断，还要结合具体内容和现实效果予以考虑。结合该结业证书的文号和内容可知，其在内容上与原告主张的独立董事资格证书并没有实质性差异。从现实效果看，该结业证书能够得到上交所的认可，具有和独立董事资格证书同等的效力。同时，郑某军未能提供证据证明有因其持有结业证书而非独立董事资格证书从而不能担任上市公司独立董事的情形出现。因此，原告的主张缺乏事实根据，不予支持。郑某军不服，提起上诉，称：深交所 2016 年 8 月 16 日颁发给他人的“新式结业证”与深交所核发给上诉人的“结业证”不同，新式结业证才是独立董事的资格证。一审判决认定事实错误，请求撤销一审判决，改判深交所不颁发“上市公司独立董事资格证书”的行为违法，判令深交所向上诉人颁发“上市公司独立董事资格证书”。

广东省高级人民法院审查后认为：根据中国证监会发布的《上市公司高级管理人员培训工作指引》第 3 条、第 13 条及《上市公司独立董事培训实施细则》第 3 条的规定，

① 本案例摘编自广东省高级人民法院（2019）粤行终 143 号行政判决书，最高人民法院（2020）最高法行申 10330 号行政裁定书。

深交所具有对上市公司独立董事进行培训，并发放独立董事资格证书的职责。同时，根据《上市公司独立董事培训实施细则》第3条“……各上市公司独立董事必须参加任职资格培训和后续培训并获得资格证书才能上岗”的规定，任职资格培训和后续培训并考核合格，与获得资格证书呈对应关系。郑某军质疑原“上市公司高级管理人员培训结业证”的效力，理据不足。一审判决认定事实清楚、适用法律正确。郑某军又向最高人民法院申请再审。请求撤销一、二审判决，责令深交所履行颁发独立董事资格证职责。

最高人民法院再审裁定指出：证券交易所是为证券集中交易提供场所和设施，组织和监督证券交易，实行自律管理的会员制法人，根据证券交易所章程、业务规则对证券交易活动实行自律监管；此外，证券交易所作为法律、法规和规章授权的组织，有权按照法律、法规和规章的规定实施包括对证券市场的违法行为予以处罚等监管行为，故证券交易所同时具有相应的行政管理职能，可以作为行政案件的适格被告。依据《最高人民法院关于对与证券交易所监管职能相关的诉讼案件管辖与受理问题的规定》（法释〔2005〕1号）第2条关于证券交易所监管职能相关的诉讼案件的规定，本案深交所负责上市公司独立董事任前资格培训和后续培训，并发放相应资格证书的职责属于中国证监会依法授权的证券交易所监管职能之一。根据原审查明事实及当事人提交的证据材料，结业证虽然未署“独立董事资格证”字样，但该培训结业证是深交所依据《上市公司高级管理人员培训工作指引》《上市公司独立董事培训实施细则》的规定，对参加上市公司独立董事培训的人员发放的证书，其效力与郑某军主张的独立董事资格证的效力一致，对郑某军的权利义务没有造成实际影响。故一、二审判决驳回郑某军的诉讼请求和上诉，符合法律规定。郑某军主张的再审事由不能成立，不应予以支持。

法律要点

1. 证券交易所自律管理职能的行政属性；
2. 对自律管理行为提起行政诉讼的认定。

知识点介绍

一、证券交易所自律管理职能的行政属性

2019年《证券法》第96条规定：“证券交易所、国务院批准的其他全国性证券交易场所为证券集中交易提供场所和设施，组织和监督证券交易，实行自律管理，依法登记，取得法人资格。”所以，证券交易所除了为证券集中交易提供场所和设施外，还承担着组织和监管证券交易、实行自律管理的责任。然而，证券交易所作为市场主体以及证券市场交易有偿服务的提供者，自身具有营利性，自律管理也往往以会员利益优先，不利于市场秩序及社会公共利益维护。因此，2019年《证券法》第99条第1款规定：“证券交易所履行自律管理职能，应当遵守社会公共利益优先原则，维护市场的公平、

有序、透明。”

反映公共利益是行政行为的重要特征。《行政诉讼法》(2017 年修正) 第 2 条规定：“公民、法人或者其他组织认为行政机关和行政机关工作人员的行政行为侵犯其合法权益，有权依照本法向人民法院提起诉讼。前款所称行政行为，包括法律、法规、规章授权的组织作出的行政行为。”因此，赋予证券交易所维护社会公共利益的法定职责使其自律管理职能具有了鲜明的行政属性，证券法的明确规定也使证券交易所在特定情形下能够成为“法律、法规、规章授权的组织”。这为行政诉讼介入审查证券交易所自律管理行为，为有关主体提供救济奠定了基础。

二、对证券交易所自律管理行为提起行政诉讼的认定

虽然证券交易所的自律管理职能具有行政属性，证券交易所也符合行政诉讼的主体资格，但仍需进一步确定何种自律管理行为可被视为行政纠纷提起行政诉讼。这是因为，作为证券市场的一线监管者，证券交易所的自律管理有着区别于中国证监会行政监管的灵活、高效优势。不加区分地对自律管理行为适用行政诉讼程序，对之进行严格的权限、程序限制，将会使交易所业务规则失去“贴近市场”“填补立法”的作用和优势。① 因此，行政诉讼对证券交易所自律管理行为的介入应当在保障市场参与主体正当权益与尊重交易所自律管理之间取得平衡。

具体而言，应结合司法解释和有关法院文件认定。首先，应排除证券交易所作出的不具有可诉性的自律管理行为。《最高人民法院关于对与证券交易所监管职能相关的诉讼案件管辖与受理问题的规定》(2020 年修正)(法释〔2020〕20 号) 第 3 条规定：“投资者对证券交易所履行监管职责过程中对证券发行人及其相关人员、证券交易所会员及其相关人员、证券上市和交易活动作出的不直接涉及投资者利益的行为提起的诉讼，人民法院不予受理。”

其次，则应关注司法实践中有关法院的规定。《最高人民法院关于对与证券交易所监管职能相关的诉讼案件管辖与受理问题的规定》(2020 年修正) 第 2 条规定，与证券交易所监管职能相关的诉讼案件包括：第一，证券交易所根据《公司法》《证券法》《证券投资基金法》《证券交易所管理办法》等法律、法规、规章的规定，对证券发行人及其相关人员、证券交易所会员及其相关人员、证券上市和交易活动作出处理决定引发的诉讼；第二，证券交易所根据国务院证券监督管理机构的依法授权，对证券发行人及其相关人员、证券交易所会员及其相关人员、证券上市和交易活动作出处理决定引发的诉讼；第三，证券交易所根据其章程、业务规则、业务合同的规定，对证券发行人及其相关人员、证券交易所会员及其相关人员、证券上市和交易活动作出处理决定引发的诉讼；第四，证券交易所在履行监管职能过程中引发的其他诉讼。在司法实践中，上海金融法院以及深圳市中级人民法院分别在《关于服务保障设立科创板并试点注册制改革的实施意见》(2019 年)、《关于服务保障创业板改革并试点注册制的实施意见》(2020 年)

① 艾博. 新《证券法》下证券交易所自律管理职能的厘定与转变——以司法介入的诉讼方式为视角//彭冰. 金融法苑：总第 105 辑. 北京：中国金融出版社，2021：44.

中明确指出："对证券交易所依照业务规则进行自律监管引发的纠纷，一般作为民事案件立案审理。"据此，可以认为，除却上述第 3 项，其他由证券交易所监管职能相关的诉讼案件可以提起行政诉讼，但上述第 4 项中的"其他"和第 3 项中的"一般"表述表明，法院对此具有一定裁量空间。

案例评析

一、颁发独立董事资格证书系中国证监会依法授权的证券交易所监管职能

虽然本案顺利通过行政诉讼程序进行审理，但一审时，深圳市中级人民法院以深交所确认自身对此具有监管职责为由而对此未着笔墨。进入二审后，广东省高级人民法院指出，根据中国证监会发布的《上市公司高级管理人员培训工作指引》第 3 条关于"本指引适用于中国证监会组织实施的上市公司高级管理人员的岗位培训。培训对象包括：上市公司董事长、董事、监事、独立董事、总经理、财务总监、董事会秘书"的规定，第 13 条关于"上海证券交易所、深圳证券交易所职责为：（一）在证监会派出机构配合下，负责组织上市公司独立董事、董事会秘书培训……"的规定，以及《上市公司独立董事培训实施细则》第 3 条关于"上海、深圳证券交易所负责培训组织工作，包括课程设计、师资选择、场所安排、考试组织、证书发放、资料信息维护等"的规定，深交所具有对上市公司独立董事进行培训，并发放独立董事资格证书的职责。

进入再审后，最高人民法院在确认证券交易所具有相应的行政管理职能以及作为行政案件适格被告资格的同时，再次确认了深交所负责上市公司独立董事任前资格培训和后续培训，发放相应资格证书的职责属于证监会依法授权的证券交易所监管职能之一。而依据《证券交易所管理办法》（2021 年修订）第 7 条第 12 项，证券交易所也的确负有中国证监会许可、授权或者委托的其他职能。除此之外，结合《最高人民法院关于对与证券交易所监管职能相关的诉讼案件管辖与受理问题的规定》（2020 年修正）第 2 条第2 项，亦可知本案的纠纷类型属于证券交易所根据国务院证券监督管理机构的依法授权，对证券发行人及其相关人员、证券交易所会员及其相关人员、证券上市和交易活动作出处理决定引发的诉讼。

二、本案成功促进了证券交易所履职的完善

本案原告虽然败诉，却成功促进了证券交易所在上市公司独立董事培训以及发放相应资格证书方面的职责履行。从既往做法来看，深交所在完成独立董事培训后，仅发放结业证书，而不是资格证书。在字面上，该培训结业证也只限于深交所，是否等同于资格证书以及如果要成为上交所的独立董事，是否还需要取得上交所的独立董事结业证至少在规则层面不无疑问。本案通过行政诉讼澄清了上述规则的模糊性。一审二审判决书以及再审裁定书对该证书效力均予以明确认可，指出结业证书在内容上与独立董事资格证书并无实质性差异，现实中该结业证书也能够得到上交所的认可，具有和独立董事资格证书同等的效力。更难能可贵的是，二审判决中提到，在郑某军提起本案之诉后，深

交所后续已对类似的颁证行为进行了规范，其中即有原告长时间地不停呼吁和依法行使诉权等因素的推动。目前在实践中，深交所后续发放的新式结业证书名称已改为上市公司独立董事资格证书。

（撰稿人：姜　帅）

第三节　登记结算公司的法律责任

案例简介

陈某宇与安信证券股份有限公司证券登记、存管、结算纠纷案①

陈某宇系原告，安信证券股份有限公司、安信证券茂名分公司、安信证券公司茂名西粤营业部系被告，第三人上海证券交易所、深圳证券交易所、中国证券登记结算有限责任公司（以下简称“中国结算”）深圳分公司系第三人。

2013 年 6 月 5 日，原告陈某宇在被告安信证券公司茂名西粤营业部开设融资融券账户进行股票交易。陈某宇听取了证券营业部融资业务专员对融资融券业务规则、业务合同条款的讲解及风险揭示，并签署了“融资融券交易风险揭示书”，表示“全面知晓并理解‘融资融券交易风险揭示书’的全部内容，并愿意承担融资融券交易的风险和损失”，并与安信证券签订了“融资融券业务合同”。陈某宇诉称，其于 2018 年 3 月发现证券账户交易明细和资金流水存在异常情况，认为安信证券公司茂名西粤营业部存在违法、不当行为，以此将被告安信证券公司、安信证券茂名分公司、安信证券公司茂名西粤营业部诉至法院，要求赔偿损失。

一审中，上海金融法院认为陈某宇的举证，可分为两类：一类是交易流水，另一类是其单方陈述。就交易流水而言，并不能证明安信证券公司茂名西粤营业部篡改了交易记录，也无法据此认定存在其他侵权行为。就陈某宇的陈述而言，只是其个人观点，并无其他证据佐证，无法认定其诉称的各项侵权行为。因此，陈某宇的举证不足以证明其主张，应当承担不利后果。

本案二审期间，陈某宇向上海市高级人民法院提交“上诉人对《证据目录五》进一步补充”一份，自称是根据其一审中提交的“历史委托查询”自行制作，用以证明存在证券账户交易明细和资金流水异常情况。二审法院认为，陈某宇应当对其主张承担相应的举证责任，而其对交易的说明系其单方陈述及对相关数据的自行解读，对账单、历史分时股价走势图等亦不足以证明被上诉人实施了篡改交易记录和资金余额、挪用股票和资金、虚构交易等违法行为，也无法印证陈某宇所主张的损失及其计算方式的合理性。原告陈某宇的主张缺乏事实和法律依据，故依法裁定驳回起诉。

---

① 本案例摘编自上海市高级人民法院（2020）沪行终 604 号行政判决书。

法律要点

1. 证券托管制度；
2. 证券交易中的信用机制；
3. 证券交付。

知识点介绍

一、我国证券托管制度

在证券直接持有模式下，证券直接登记在投资人名下，投资人的证券交易必须通过代理人或者经纪人完成。所谓证券托管，是指证券投资者委托特定机构，对其证券资产的所有、变动以及与此相关的受益权进行保存管理和权益监护。一般而言，在我国这里的特定机构是指承担经纪功能的证券公司。2009 年《证券登记结算管理办法》第 78 条规定："托管，是指证券公司接受客户委托，代其保管证券并提供代收红利等权益维护服务的行为。"从证券托管的角度来看，证券投资者与其委托的证券公司之间建立的是合同关系，对于交易过程中所发生的一切证券纠纷，投资人只能向其所委托的证券公司提出请求，而不能直接向交易的第三者提出，即便其了解交易对手也是如此。

二、证券交易中的信用机制

在我国现行证券托管与存管体系下，证券交易的信用机制并不是建立在投资人之间的。以 A 股市场为例：股票买卖中交易的担保共同对手方是中国证券登记结算有限公司，投资人开户的证券公司、其他投资者等主体都不是股票交易的对手方。各个证券公司只是结算参与人，并不保证交易的实现。所有投资人的股票账户均存管在中国结算，投资人发出买卖股票的指令后，只要其账户的资金或者股票额度足够，交易自动完成。股票和资金账户余额的变动背后的结算与清算要稍后由中国结算处理。在这个过程中，中国结算是交易的担保方。

三、我国证券交付制度

一般而言，证券交易中的交割应该坚持"货银对付（Delivery Versus Payment，DVP）"原则，也就是说尽量做到一手交钱、一手交货，即时完成交易，以确保交易安全。货银对付是证券行业的结算程序，其中买方的证券支付义务在交付时到期。同时，货银对付也是一种结算系统，充当资金转移系统和证券转移系统之间的连接，规定现金支付必须在交付证券之前或同时进行。在货银对付的机制下，一旦结算参与人发生资金或证券交收违约，证券登记结算机构可以暂不向违约参与人交付其买入的证券或应收的资金，并在必要时对暂不交付的资金或证券进行处置，从而控制和化解结算机构本金损失的风险，保护履约参与人的合法权益。

根据我国的证券托管与存管机制，2009年《证券登记结算管理办法》第78条规定："货银对付，是指证券登记结算机构与结算参与人在交收过程中，当且仅当资金交付时给付证券、证券交付时给付资金。"如前文所述，所有股票交易的对手方并非其他参与人，而是中国结算，因此，货银对付也是发生在该公司与股票买方或者卖方之间的，由此而产生的权利义务关系以及责任分担也是存在于上述主体之间的。

根据2009年《证券登记结算管理办法》的规定，证券公司根据客户的委托，按照证券交易规则提出交易申报，根据成交结果完成其与客户的证券和资金的交收，并承担相应的交收责任；客户应当同意在集中交易结束后，由证券公司委托证券登记结算机构办理其证券账户与证券公司证券交收账户之间的证券划付。在我国目前的证券托管和存管机制下，由中国结算统一对证券进行登记结算管理。股票交易完成后，中国结算根据证券公司提供的数据，对投资者的账户数额进行变更登记。由于资金账户和证券账户是分别设立的，证券交付和资金结算并不是同步的。A股市场证券交付实行"T+1"（交易日第二日才能自由买卖）制度，即在交易日当日买入的股票当日不能卖出，只能在第二个交易日卖出。证券交付在交易当日交易时间结束后，由中国结算根据交易数据，在投资者的证券账户进行增减记载。不过，实施"T+1"制度主要不是基于技术层面的考虑，而是为了保护中小投资者的权益与保证市场的稳定。

案例评析

一、本案中国结算责任认定

从证券托管的角度来看，证券投资者与其委托的证券公司之间建立的是合同关系，若以证券公司违反合同义务或侵权及证券登记结算机构侵权为由起诉，对任一诉享有管辖权的法院均应予受理，而对于交易过程中所发生的一切证券纠纷，投资人只能向其所委托的证券公司提出请求，而不能直接向交易的第三者提出。本案中，上交所、深交所不是合同当事人，与本案既无法律关系，亦无事实上的利害关系，不应列为第三人；中国结算深圳分公司与本案纠纷无关。故三位无必要承担法律责任。

在淮安市住房公积金管理中心诉中国证券登记结算有限责任公司一案①中，因证券法律制度和交易所交易规则未规定中国结算须对国债回购登记申报进行审查以及证券交易的电子化特性决定中国结算无法对回购登记申报进行审查，法院认为中国结算对证券公司的回购登记申报不负有审查义务，又因上诉人证券账户内的国债已经成为涉案国债回购交易的担保品，且中登上海公司在结算参与人发生回购资金交收违约的情况下处置回购登记账户内的担保品，是履行证券法规定的清算、交收职能，法院亦认为中登上海公司对上诉人账户内的国债实施非交易过户符合法律规定。

2009年《证券登记结算管理办法》第14条规定："证券登记结算机构及其工作人员依法对与证券登记结算业务有关的数据和资料负有保密义务。对与证券登记结算业务

① 参见上海市高级人民法院（2009）沪高民二（商）终字第74号民事判决书。

有关的数据和资料，证券登记结算机构应当拒绝查询，但有下列情形之一的，证券登记结算机构应当依法办理：（一）证券持有人查询其本人的有关证券资料；（二）证券发行人查询其证券持有人名册及有关资料；（三）证券交易所、中国金融期货交易所依法履行职责要求证券登记结算机构提供相关数据和资料；（四）人民法院、人民检察院、公安机关和中国证监会依照法定的条件和程序进行查询和取证。证券登记结算机构应当采取有效措施，方便证券持有人查询其本人证券的持有记录。”根据上述规定，证券登记结算机构对与证券登记结算业务有关的数据和资料负有保密义务，且证券登记结算机构提供查询的情形不包括律师自行调查取证。《证券法》第41条规定“证券交易场所、证券公司、证券登记结算机构、证券服务机构及其工作人员应当依法为投资者的信息保密，不得非法买卖、提供或者公开投资者的信息”，进一步明确了证券登记结算机构、证券服务结构及其工作人员不得泄露所知悉的商业秘密。在颜某诉中国结算深圳分公司一案[①]中，法院认为律师调查取证权亦应当在法律规定的框架内行使，不得侵害国家利益、集体利益或者他人合法权益，原告向被告查询相关信息和资料系行使律师调查取证权的行为，而其查询事项系相关企业在被告处登记的股票质押信息及股票质押合同，涉及该企业的经营信息，属于商业秘密范畴，中国结算深圳分公司基于保护案外企业商业秘密的要求，未向上诉人提供相关证券登记信息，于法有据。

二、本案中证券公司营业部未构成侵权

原告陈某宇认为被上诉人存在篡改交易记录和资金余额、挪用股票和资金、虚构交易等违法行为并对其造成损失，根据《民事诉讼法》第64条的规定，陈某宇应当对其主张承担相应的举证责任。陈某宇为此提交的证据材料包括对账单、历史分时股价走势图及陈某宇对交易的说明等，其中，陈某宇对交易的说明系其单方陈述及对相关数据的自行解读，对账单、历史分时股价走势图等既不足以证明被上诉人实施了篡改交易记录和资金余额、挪用股票和资金、虚构交易等违法行为，也无法印证陈某宇所主张的损失及其计算方式的合理性。另外，广东省茂名市茂南区人民法院根据陈某宇的申请，分别向安信证券茂名分公司、中国结算深圳分公司调取了交易流水数据，这些交易流水数据亦不能证明安信证券公司茂名西粤营业部存在篡改交易记录、更改交易时间的事实。综上，陈某宇的主张缺乏事实和法律依据，其证据无法证明证券公司营业部构成侵权。

（撰稿人：杜一华）

---

① 参见广东省高级人民法院（2021）粤行终1178号行政判决书。

第十七章 证券监管制度

第一节　稽查执法制度

案例简介

深圳大通实业股份有限公司及相关责任人拒绝、阻碍证券执法案①

中国证券监督管理委员会经查明，认定深圳大通实业股份有限公司（以下简称“深大通”）存在以下违法事实：2018年7月17日至2019年6月5日期间，中国证监会检查、调查人员（以下简称“调查人员”）先后多次前往深大通相关办公场所进行检查、调查，调查人员均为二人以上，并出示执法证件和监督检查、调查通知书。期间，深大通及相关人员存在拒绝签收调查通知书，拒绝接受询问，拒绝在询问笔录上签字，拒绝提供会议记录等相关文件资料，强行闯入询问场所阻断询问，强行带离正在接受询问的人员，辱骂、威胁调查人员等拒绝、阻碍检查、调查的行为。其中，2019年5月22日下午，中国证监会调查人员在深大通深圳办公场所送达调查通知书过程中，深大通员工使用推搡、抓挠调查人员，抢夺、摔砸执法记录仪等暴力方法抗拒调查，致调查人员软组织损伤、手臂被抓伤、执法记录仪部分零件损毁。股东大会、董事会及监事会（以下简称“三会”）会议记录等文件资料作为公司重要档案，深大通应当予以妥善保存并如实向调查人员提供，但截至调查结束，深大通未按要求提供上述材料。此外，深大通还存在擅自转移、隐瞒存有周例会文件资料等重要证据的电子设备的行为。

上述违法事实，有现场执法记录、治安管理处罚记录、询问笔录、通讯记录、录像录音资料、情况说明、人员档案等证据证明，足以认定。深大通的行为违反了2014年《证券法》第183条关于“国务院证券监督管理机构依法履行职责，被检查、调查的单位和个人应当配合，如实提供有关文件和资料，不得拒绝、阻碍和隐瞒”的规定，构成2014年《证券法》第225条所述的“隐匿、伪造、篡改或者毁损有关文件和资料”中的隐匿有关文件和资料之情形。

---

① 本案例摘引自中国证监会行政处罚决定书（深大通）〔2019〕129号，中国证监会市场禁入决定书（姜某、李某燕、黄某华、牛某、李某）〔2019〕22号。

本案听证会中，深大通及相关责任人提出相关陈述申辩意见，针对本案相关行为作出解释说明，最终中国证监会对深大通要求免予行政处罚的意见不予采纳，依法决定对深大通给予警告并处以60万元罚款，对相关责任人则采纳其部分申辩诉求，适当调减相关责任人的证券市场禁入措施的年限。

法律要点

1. 证券监管部门稽查执法的程序性要求；
2. 单位和个人配合稽查执法的法定义务。

知识点介绍

一、证券监管部门稽查执法的程序性要求

稽查执法权是中国证监会稽查执法部门[①]履行证券期货监管职能的核心权力，作为证券期货市场监管的有力手段，其既是维护“公开、公正、公平”原则的坚实保障，也是稳定市场秩序、化解市场风险的有效依托，稽查执法的效能高低直接影响着证券市场各方主体的行为动向与预期。强有力的稽查执法同时也是保护投资者合法权益的最后一道防线，相当程度上直接决定着投资者权益受保障的程度。

稽查执法具有一定的特殊性，其相比行政许可审批更具对抗性，因而也意味着如果稽查执法权力行使不当，将更易于损害行政相对人的合法权益，并且伴随着资本市场的深化发展，稽查执法环境变得愈发复杂多变，监管人员在行使稽查执法权的过程当中更容易受到诸多不确定因素的干扰。基于此，有必要针对稽查执法权的运行设置有效的制度规则，以期规范证券期货市场稽查执法行为，这其中又以程序性规范为重点，作为看得见的正义，程序性规范及要求对于稽查执法制度具有重要意义，其能够最为直观地、有效地保障稽查执法权的合法有效行使。

根据中国证监会相关规章文件[②]，稽查执法工作在范畴上，概括性地包括如下内容：(1) 违法违规线索的发现、处理；(2) 立案分类、案件调查、管理；(3) 案件审理、处罚；(4) 执法监督与考核问责；(5) 稽查执法系统保障。作为稽查执法范畴的重点环节，稽查执法人员在案件调查时期避免不了经常性地直接接触行政相对人，并且通常伴随一系列调查取证及行政强制措施，相关行为直接关涉行政相对人的人身、财产等系列权利，有鉴于此，故而包括《证券法》《证券期货违法行为行政处罚办法》在内的相关法律法规，针对案件调查期间设置了系列程序性规范，保障程序正当，以切实促进严格执法、公正执法、文明执法。

---

① 证监会稽查局、稽查总队、各地方证监局稽查部门、沪深专员办、证监会行政处罚委员会统称稽查执法部门。

② 包括但不限于《证券期货违法行为行政处罚办法》《中国证券监督管理委员会关于进一步加强稽查执法工作的意见》《中国证监会稽查办案十项禁令》。

二、单位和个人配合稽查执法的法定义务

2019 年《证券法》第 170 条规定，中国证监会在依法履行职责时，有权采取系列措施[①]，包括但不限于现场检查、现场调查取证、查阅复制、封存扣押相关文件资料、冻结或查封相关财产、限制交易、监管谈话及警示等等；2019 年《证券法》第 173 条规定：“国务院证券监督管理机构依法履行职责，被检查、调查的单位和个人应当配合，如实提供有关文件和资料，不得拒绝、阻碍和隐瞒”；2019 年《证券法》第 218 条规定：“拒绝、阻碍证券监督管理机构及其工作人员依法行使监督检查、调查职权，由证券监督管理机构责令改正，处以十万元以上一百万元以下的罚款，并由公安机关依法给予治安管理处罚”；2019 年《证券法》第 214 条规定：“……泄露、隐匿、伪造、篡改或者毁损有关文件和资料的，给予警告，并处以二十万元以上二百万元以下的罚款……”。此外，《证券期货违法行为行政处罚办法》第 38 条[②]还详细列示了行政相对人拒绝、阻碍稽查执法的各种具体情形，明确了若存在前述情形可按照《证券法》第 218 条的规定追究相关法律责任。

根据上述法规规定，对违反证券法律法规之行为进行稽查执法是中国证监会的法定职责，在合法合规的限度范围内，任何单位及个人均有配合中国证监会稽查执法的法定义务，否则需要对其拒绝、阻碍证券执法之行为承担相关法律责任。

案例评析

一、本案中稽查执法行为的程序性规范

本案中，中国证监会前往深大通相关办公场所进行检查、调查时，调查人员均为两人以上，并出示执法证件和监督检查、调查通知书。前述检查、调查行为符合 2014 年

① 2019 年《证券法》第 170 条规定：“国务院证券监督管理机构依法履行职责，有权采取下列措施：(一）对证券发行人、证券公司、证券服务机构、证券交易场所、证券登记结算机构进行现场检查；(二）进入涉嫌违法行为发生场所调查取证；(三）询问当事人和与被调查事件有关的单位和个人，要求其对与被调查事件有关的事项作出说明；或者要求其按照指定的方式报送与被调查事件有关的文件和资料；(四）查阅、复制与被调查事件有关的财产权登记、通讯记录等文件和资料；(五）查阅、复制当事人和与被调查事件有关的单位和个人的证券交易记录、登记过户记录、财务会计资料及其他相关文件和资料；对可能被转移、隐匿或者毁损的文件和资料，可以予以封存、扣押；(六）查询当事人和与被调查事件有关的单位和个人的资金账户、证券账户、银行账户以及其他具有支付、托管、结算等功能的账户信息，可以对有关文件和资料进行复制；对有证据证明已经或者可能转移或者隐匿违法资金、证券等涉案财产或者隐匿、伪造、毁损重要证据的，经国务院证券监督管理机构主要负责人或者其授权的其他负责人批准，可以冻结或者查封，期限为六个月；因特殊原因需要延长的，每次延长期限不得超过三个月，冻结、查封期限最长不得超过二年；(七）在调查操纵证券市场、内幕交易等重大证券违法行为时，经国务院证券监督管理机构主要负责人或者其授权的其他负责人批准，可以限制被调查的当事人的证券买卖，但限制的期限不得超过三个月；案情复杂的，可以延长三个月；(八）通知出境入境管理机关依法阻止涉嫌违法人员、涉嫌违法单位的主管人员和其他直接责任人员出境。”“为防范证券市场风险，维护市场秩序，国务院证券监督管理机构可以采取责令改正、监管谈话、出具警示函等措施。”

② 《证券期货违法行为行政处罚办法》(中国证券监督管理委员会令第 186 号）第 38 条规定：“有下列拒绝、阻碍执法情形之一的，按照《证券法》第二百一十八条的规定追究责任：(一）殴打、围攻、推搡、抓挠、威胁、侮辱、谩骂执法人员的；(二）限制执法人员人身自由的；(三）抢夺、毁损执法装备及执法人员个人物品的；(四）抢夺、毁损、伪造、隐藏证据材料的；(五）不按要求报送文件资料，且无正当理由的；(六）转移、变卖、毁损、隐藏被依法冻结、查封、扣押、封存的资金或涉案财产的；(七）躲避推脱、拒不接受、无故离开等不配合执法人员询问，或在询问时故意提供虚假陈述、谎报案情的；(八）其他不履行配合义务的情形。”

《证券法》第 181 条等相关法规条款所明确规定的程序性规范，即“国务院证券监督管理机构依法履行职责，进行监督检查或者调查，其监督检查、调查的人员不得少于二人，并应当出示合法证件和监督检查、调查通知书。监督检查、调查的人员少于二人或者未出示合法证件和监督检查、调查通知书的，被检查、调查的单位有权拒绝”。值得指出的是，前述条款规定如调查人员相关稽查执法行为不满足程序性规范，则行政相对人有权拒绝检查、调查，此即证券法在保障行政机关稽查执法权的同时，也在关注对于公民合法权益的保护。

《行政处罚法》(2017 年修正) 第 37 条第 2 款规定：“行政机关在收集证据时，可以采取抽样取证的方法；在证据可能灭失或者以后难以取得的情况下，经行政机关负责人批准，可以先行登记保存，并应当在七日内及时作出处理决定，在此期间，当事人或者有关人员不得销毁或者转移证据。”《中国证券监督管理委员会案件调查实施办法》(证监发［2006］80 号) 第 21 条规定：封存可能被转移、隐匿或者毁损的文件和资料，调查组应当报案件主办单位负责人同意。封存文件和资料，应当向当事人出具封存文件资料通知书，并对封存的文件资料进行清点登记，填制封存文件资料清单，经调查人员和当事人签字或者盖章后，一式两份分别由调查人员和当事人保存。当事人拒绝签字或者签章的，调查人员应当予以记录并注明原因。封存文件和资料，可以采取张贴封条、专柜保管、将文件和资料存放在调查组认为安全的处所等方式。本案当中，中国证监会指出深大通存在“擅自转移、隐瞒存有周例会文件资料等重要证据的电子设备的行为”，其背景是中国证监会调查人员曾在深大通办公场所对存有周例会的相关电子设备进行装箱并封存于办公立柜之内，后续则发现相关电子设备不翼而飞。由于当时情况紧急，调查人员未经报请行政机关负责人批准，即对相关电子设备装箱处理并封存，该行政行为因违反程序性规范而存在无效或依法可撤销的风险。

有鉴于上述，为应对调查人员紧急性、必要性的稽查执法行为所可能面临的程序规范依据问题，中国证监会于 2021 年 7 月 14 日颁布施行的《证券期货违法行为行政处罚办法》第 22 条明确规定：“中国证监会及其派出机构依法需要采取封存、先行登记保存措施的，应当经单位负责人批准。遇有紧急情况，需要立即采取上述措施的，执法人员应当在二十四小时内向单位负责人报告，并补办批准手续。单位负责人认为不应当采取的，应当立即解除。”即其规定紧急情况下稽查执法人员可先行采取封存、先行登记保存措施，但仍应在 24 小时内报告单位负责人并补办手续，同时明确如单位负责人认为措施不当则应立即解除。前述规定既体现证券执法性规范根据执法实践的变化而不断深化改进，也同时体现出程序性规范对于稽查执法行为的合理约束，以保障程序正义和维护行政相对人的合法权益。

二、单位和个人配合检查、调查之法定义务

本案中，中国证监会认定“深大通及相关人员存在拒绝签收调查通知书”的行为，对此，虽然并无明确法律规定行政相对人存在配合签收调查通知书的法定义务，但监管机关在稽查执法实务中通常认为，根据 2014 年《证券法》第 181 条的规定，国务院证券监督管理机构依法履行职责，进行监督检查或调查，应当出示监督检查、调查通知书，未出示监督检查、调查通知书的，被检查、调查的单位有权拒绝。因此，证券监管机构在进行检

查、调查时，出示监督检查、调查通知书是法定程序之一，而被检查、调查对象有配合签收监督检查、调查通知书从而促使检查、调查工作能够顺利推进的义务，此系《证券法》规定有关单位和个人配合稽查执法人员检查、调查工作的必然要求。

案涉处罚决定书还提及在稽查执法人员对深大通检查、调查的过程中，相关人员不配合检查、调查的行为并非个别、偶发事件，而是深大通高级管理人员、中层管理人员及普通员工等多名人员，多次反复地消极对待、拒绝、阻碍检查、调查，甚至使用暴力方法抗拒调查，抵触、对抗特征明显，影响了稽查执法人员检查、调查工作正常进行。对此，深大通在陈述申辩当中主张：中国证监会将案涉人员的个人行为认定为公司行为，并把个人行为的违法后果体现在对公司的处罚上，本案当中深大通相关员工本身不存在中国证监会所认定的拒绝、阻碍检查、调查等违规行为。而且，即便相关员工在应对稽查人员检查活动中存在不配合或者产生冲突的行为，其也属于个人行为而非公司行为，不能代表公司意志，深大通本身不存在组织、策划、要求相关员工拒绝、阻碍检查或调查的行为。

针对上述情况，证券监管机关在稽查执法实务中通常认为，根据 2014 年《证券法》第 183 条规定，"国务院证券监督管理机构依法履行职责，被检查、调查的单位和个人应当配合，如实提供有关文件和资料，不得拒绝、阻碍和隐瞒"，单位和个人均有配合国务院证券监督管理机构依法履行职责的法定义务。通过单位和个人的行为，支持相关检查、调查工作顺利推进，应为法律规定的题中之义，包括为检查、调查人员进入相关场所提供便利，履行检查、调查工作所必要的程序性义务，按要求接受询问及提供文件资料等，单位和个人的行为不得成为检查、调查工作之阻碍。本案中，深大通作为一个单位，其配合义务是通过单位的管理人员及其他员工的配合行为来履行的。同时，深大通管理人员的配合义务包含两个层面：一是作为相关情况的知情人员，应当配合检查、调查工作，如，按要求接受询问，如实地将知悉的情况提供给检查、调查人员；二是作为单位的管理人员，还应根据其所任职务或实际履职情况，组织、协调单位其他人员配合检查、调查。但是，正如前文所述，深大通高级管理人员、中层管理人员及普通员工等多名人员的相关行为已经实际影响和阻碍了稽查执法活动的正常进行，对抗性明显，应当依法认定为深大通的公司行为，深大通需要对此承担相应法律责任。

（撰稿人：邢会强）

第二节　处理投诉制度

案例简介

朱某春诉中国证监会不依法履行行政复议职责案[①]

朱某春系广汇能源股份有限公司小股东。2018 年 11 月 17 日，朱某春向中国证监

① 本案例摘编自北京市高级人民法院（2020）京行终 1416 号行政判决书。

会新疆监管局（以下简称新疆监管局）举报，称广汇能源2013年至2017年年报多个科目钩稽关系存在巨额差异，年报存在虚假记载，涉嫌财务造假，并向新疆监管局提出履职申请，请求：(1) 对广汇能源2013年至2017年年度会计报表存在虚假记载嫌疑事实进行核查并依法对相关责任主体进行行政处罚；(2) 依法给予朱某春举报奖励；(3) 如果认为"分析说明"不存在问题，请针对上述问题进行详尽地解释或依法责令广汇能源公开披露其针对"分析说明"中涉及的嫌疑问题所作出的解释说明的具体内容，以保护朱某春以及广大投资者的知情权、财产权和投资决策权。

新疆监管局收到该信件与材料后，作为信访事项予以受理，并书面通知朱某春。2018年12月3日，新疆监管局向广汇能源及相应中介机构发出监管问询函，对举报事项进行调查。2019年1月24日，新疆监管局向朱某春作出1号答复函，告知其正按照相关证券法律法规的规定，在法定职权范围内进行核查。待核查完毕后，将及时予以答复。因认为新疆监管局未对其申请事项作出处理决定，朱某春向中国证监会提出行政复议申请，请求：(1) 决定新疆监管局不履行法定职责违法；(2) 决定新疆监管局依据朱某春的申请履行法定职责；(3) 决定新疆监管局赔偿朱某春因提起行政复议而造成的损失。2019年6月21日，中国证监会负责法制工作的相关机构收到该行政复议申请，审查后通知新疆监管局作出答复。2019年7月8日，新疆监管局出具答复意见。2019年9月16日，中国证监会作出行政复议决定书，驳回其复议申请。朱某春不服，提起行政诉讼。

北京市第一中级人民法院认为：根据2014年《证券法》第178条、第179条等规定，新疆监管局作为证券监管部门，对上市公司实施监管的目的在于维护证券市场秩序，进而实现对投资者权益的保护。这种保护并不是对投资者个体直接进行保护，而是通过对证券市场交易秩序的维护，为投资者提供公平的市场交易环境。因此，朱某春提出的其作为个人股东所享有的合法权益，并不属于证券监管部门在实施上市公司监管时所要考量的因素，故朱某春与其投诉事项之间不符合《行政复议法实施条例》第28条第2项之规定，即"申请人与具体行政行为有利害关系"，中国证监会据此驳回其复议申请正确，应予支持。朱某春不服一审判决，又向北京市高级人民法院提起上诉，请求撤销一审判决，撤销被诉决定书，判决中国证监会针对朱某春提出的行政复议申请重新作出行政复议决定。

北京市高级人民法院审查后认为：申请人与被申请复议的行政行为之间有利害关系，是行政复议受理的法定条件之一。在因申请行政机关作出行政行为未果而提起的行政复议中，此中的"利害关系"，应当是指相关行政法律规范赋予申请人要求行政机关作出特定内容的行政行为的请求权，在行政机关并未作出该行政行为之际，可以通过申请行政复议以寻求法律的保护。具体到举报投诉领域，主要包括如下衡量利害关系的标准，即申请人的合法权益是否因行政机关针对其履责申请未作出相应行政行为而可能受到侵害，如果存在可能的权益侵害，还要看这种权益是否属于特定的行政法律规范所明确保护的合法权益，同时还要考量特定的行政法律规范所提供的权益保护是否属于个别性保护，而不是基于行政管理秩序的维护所产生的、针对不特定公众所提供的一般性权利保护。如果行政机关的查处行为旨在维护公共利益，并在客观上起到保护不特定的市场参与主体合法权益的功能，对于具体的市场主体而言，则不具有诉请判决行政机关履行查处职责的原告主体资格。本案中，新疆监管局展开核查，虽然是由朱某春的履责申请所引起，但更是立足于对证券市场公平、公正、公开法律秩序的维护，面向的是整体证券市场信息披露规制以及与被投诉举报上市公司有关的所有市场主体，并不是新疆监管局基于具体的法律规范要求对朱某春提供个别性特别保护而作出的处理。

至于朱某春所主张的因举报事项成立而享有的受奖励权，该权益属于存在不确定性的期待权益，一般要以举报线索属实并据此作出行政处罚等作为前置条件，该期待性权益亦不足以产生要求中国证监会对其举报作出查处行为的请求权。综上，中国证监会接到行政复议申请后所履行的行政职责并无不当，朱某春要求中国证监会履行行政复议法定职责的理由不能成立，一审法院判决驳回其诉讼请求正确，北京市高级人民法院予以维持。

法律要点

1. 证券期货信访制度；
2. 信访投诉请求的类型与处理；
3. 信访投诉请求的提出与受理。

知识点介绍

一、证券监管部门主要通过信访制度受理投诉

公民、法人或者其他组织在证券期货领域提出建议、意见或者投诉，主要由证券监管部门通过信访制度进行受理。2014年，中国证监会根据国务院《信访条例》，制定了《中国证券监督管理委员会信访工作规则》（中国证券监督管理委员会公告〔2014〕39号），以规范证券期货信访工作，保护信访人的合法权益，维护信访秩序。

该工作规则规定，证券期货信访，是指公民、法人或者其他组织采用书信、传真、电话、走访、互联网等形式，向中国证监会及其派出机构反映情况，提出建议、意见或者投诉请求，依法由中国证监会及其派出机构处理的活动。证券期货信访工作由中国证监会办公厅信访办公室以及中国证监会派出机构负责信访工作的处室具体负责，接受上级统一领导，坚持属地管理、分级负责，谁主管、谁负责，深入调查研究，以事实为依据，依法、及时、就地解决问题与疏导教育相结合的原则。中国证监会及其派出机构应当畅通信访渠道，在办公场所或者通过报纸、网站等媒体向社会公布其通信地址、网址、信访电话、传真号码、信访接待时间和地点等相关事项，充分利用现有政务信息网络资源，建立统一的信访信息办公系统，加强内部信访信息交流，提高办理效率。同时，还应为信访人提出信访事项、查询信访事项办理情况提供便利，提高信访公信力。

二、信访投诉请求的类型与处理

依据中国证监会官网公布的《证券期货监管系统通过法定途径分类处理信访投诉请求

清单》，信访投诉请求分为三大类，由具体负责的信访工作机构通过法定途径分类处理。

一是信息公开类投诉请求。主要涉及依法申请公开监管信息，依据《政府信息公开条例》《中国证券监督管理委员会证券期货监督管理信息公开办法（试行）》的规定进行。

二是揭发控告类投诉请求。具体来讲，反映违反证券期货法律和行政法规的行为，并提供具体事实、线索或证据的，可以向中国证监会稽查局证券期货违法违规行为举报中心或各证监局提出，为此，中国证监会专门制定有《证券期货违法违规行为举报工作暂行规定》（2020 年修订）；反映中国证监会及系统单位各级党组织、党员及工作人员违反国家法律法规和党纪政纪等行为，可以向中国证监会各级纪检监察机构提出；反映中国证监会发行审核委员会、上市公司并购重组审核委员会委员违规违纪行为，可以向中国证监会纪委监察局提出。

三是申诉求决类投诉请求。所谓申诉求决，是指公民、法人或者其他组织依据法律法规或组织章程规定，向国家机关、政党、社会团体、企事业单位申诉，要求重新作出处理或解决矛盾纠纷。如反映中国证监会或其派出机构、授权组织作出的行政行为，或表示不服，此类内容可以向中国证监会行政复议机构提出行政复议，也可以直接向人民法院提起行政诉讼。除此以外，该类的其他投诉请求通过如下路径处理：（1）要求和督促中国证监会或其派出机构、授权组织对监管对象履行法定职责，予以关注、确认、监管，应当向监管对象所属证监局，或向中国证监会有关部门、授权组织提出。（2）对反映与市场经营主体之间的矛盾、纠纷的投诉，可以通过司法调解、仲裁、诉讼等法定途径予以解决，还可以向市场经营主体属地相关行业协会等机构申请调解，或向中国证监会投资者服务热线电话 12386 投诉。（3）对中国证监会系统内工作人员对会机关、系统单位的内部行政管理行为不服的投诉，通过内部申诉解决。

三、信访投诉请求提出与受理的具体要求

依据《中国证券监督管理委员会信访工作规则》，公民、法人或者其他组织在证券期货领域提出投诉以及证券监管部门受理投诉需遵循一定实体和程序要求。

首先，信访人提出信访事项，应当客观真实，对其所提供材料内容的真实性负责，不得捏造、歪曲事实，不得诬告、陷害他人。一般应当采用书面形式，提出投诉请求的，还应当载明信访人的姓名（名称）、身份证明信息、联系方式和请求、事实、理由等信息。采用走访形式提出信访事项的，应当到中国证监会或者其派出机构设立、指定的接待场所提出。5 名以上信访人采用走访形式提出同一信访事项，应当推选代表，代表人数不得超过 5 人。

其次，信访工作机构应当指定专人拆封、阅读、编号、登记信访人通过书信、传真、互联网提出的信访事项，对信访人的个人信息和检举、揭发材料以及其他相关信息保密。信访工作机构收到信访事项，能够当场答复是否受理的，应当当场书面答复；不能当场答复的，应当予以登记，在收到信访事项之日起 15 日内书面告知信访人。受理后，信访事项应在受理之日起 60 日内办结，予以书面答复。但信访人姓名（名称）、联系方式不清、虚假，或者明确要求不需要书面答复的除外。情况复杂的，承办信访事项

的会内有关部门经分管会领导批准，派出机构经负责人批准，可以适当延长办理期限，但延长期限不得超过 30 日，并告知信访人延期理由。信访人对处理意见不服的，可以自收到书面答复之日起 30 日内提出复查请求。

最后，有下列情形之一的，信访工作机构不予受理：一是信访事项不属于中国证监会及其派出机构职权范围的；二是投诉请求已经或者依法应当通过诉讼、仲裁、行政复议等法定途径解决的；三是信访事项已经受理或者正在办理，信访人在规定期限内再次提出同一信访事项且无新的事实理由的；四是信访人不服中国证监会派出机构作出的信访事项书面答复意见，自收到答复意见之日起超过 30 日向中国证监会请求复查的；五是信访工作机构已经就某一信访事项作出信访答复，信访人以同一事实和理由重复投诉的。前两项情形，信访工作机构应当告知信访人向有权的机关提出。

案例评析

一、本案当事人投诉事项属于揭发控告类投诉请求

本案中，朱某春举报广汇能源可能涉嫌财务造假，属于上述揭发控告类投诉请求，即举报有关主体违反证券期货法律和行政法规的行为。与其他大多数投诉请求不同，除了适用《中国证券监督管理委员会信访工作规则》外，中国证监会在 2014 年专门制定了《证券期货违法违规行为举报工作暂行规定》。这是因为，公众举报与交易所报告、日常监管机构移送，是监管部门案件调查的线索主要来源，实践中公众举报对揭发上市公司财务造假、证券经营机构违法违规的作用更为突出。[①] 这一内容也有着明确的上位法依据，2019 年《证券法》第 176 条和 2022 年通过的《期货和衍生品法》第 110 条均有规定，内容包括公民、组织的举报权，获得举报奖励权以及监管部门的保密义务。

二、本案当事人通过行政复议寻求救济不满足“利害关系”要求

针对朱某春对违法行为的举报，新疆监管局具有答复职责，进行核查后最终给予正式书面答复，二者之间成立行政法律关系。但当事人对此并不满意，认为其并未履行法定职责，试图在通过向中国证监会申请行政复议寻求救济，但最终被中国证监会驳回复议申请，历经行政诉讼也未取得结果。这主要是因为申请人与具体行政行为具有“利害关系”是提起行政复议的法定条件之一。法院认为，新疆监管局履行监管职责，查处违法行为，旨在维护证券市场整体秩序，为不特定的投资者的合法权益提供一般性的权利保护，并非基于具体的法律规范要求对朱某春提供个别性特别保护而作出的处理，因而朱某春不具有行政复议原告资格。显然，此种利害关系是一种法律上的利害关系，需要遵循法律规定进行认定，不能单纯地以行政行为对相对人产生直接或间接影响进行判断。不过，这并不意味着当事人不可以寻求其他救济途径，如《中国证券监督管理委员会信访工作规则》规定，信访人对处理意见不服的，可以自收到书面答复之日起 30 日内提出复查请求。

---

① 邢会强. 证券法学. 2 版. 北京：中国人民大学出版社，2020：162.

三、本案中当事人不符合获得举报奖励条件

《证券期货违法违规行为举报工作暂行规定》(2020修订)第12条规定，举报奖励适用于举报下列违法行为的实名举报：(1)欺诈发行证券；(2)信息披露违法；(3)操纵证券、期货市场；(4)内幕交易或利用未公开信息交易；(5)其他重大证券期货违法行为。然而，第13条又规定，奖励需满足事实清楚、线索明确，经调查属实，已依法作出行政处罚且罚没款金额在10万元以上或者已依法移送司法机关后作出生效的有罪判决。本案中，要求获得举报奖励虽非行政复议和行政诉讼中的具体事项，但根据情形可知，当事人显然不满足上述规定情形。

(撰稿人：姜　帅)

第三节　行政执法当事人承诺(行政和解)制度

案例简介

中国证监会与司度(上海)贸易有限公司等五家机构及其有关工作人员达成行政和解案①

2015年1月1日至2015年7月31日期间，司度(上海)贸易有限公司(以下简称"上海司度")委托资产管理机构设立多个资产管理计划，并控制、使用资产管理计划开立的账户进行了交易，其行为涉嫌违反账户管理使用的有关规定。富安达基金管理有限公司(以下简称"富安达基金")、中信期货有限公司(以下简称"中信期货")、北京千石创富资本管理有限公司(以下简称"千石资本")、国信期货有限责任公司(以下简称"国信期货")为满足上海司度交易需求，为其设立资产管理计划，供委托人控制、使用，其行为涉嫌违反资产管理业务的有关规定。

中国证监会始终坚持公开、公平和公正原则，坚决维护市场交易秩序，对上述行为进行了立案调查。上述五家机构及其相关工作人员(以下简称"申请人")就其涉嫌违法行为向中国证监会申请行政和解。

根据《行政和解试点实施办法》(以下简称《试点办法》)，中国证监会与上述上海司度等申请人于2019年12月31日达成行政和解(以下简称"上海司度案")。根据行政和解协议：

(1)上海司度及其相关工作人员已交纳行政和解金人民币6.7亿元，富安达基金及其相关工作人员已交纳行政和解金人民币180万元，中信期货及其相关工作人员已交纳行政和解金人民币1 000万元，千石资本及其相关工作人员已交纳行政和解金人民币

① 本案例摘编自中国证券监督管理委员会公告［2020］1号。

235 万元，国信期货及其相关工作人员已交纳行政和解金人民币 100 万元。

（2）申请人已采取必要措施加强公司的内控管理，并在完成后向中国证监会提交书面整改报告。

（3）根据《试点办法》第 29 条规定，中国证监会终止对申请人有关行为的调查、审理程序。

此外，在 2019 年 4 月 23 日，中国证监会公告与相关申请人达成行政和解协议。中国证监会依法与高盛（亚洲）有限责任公司（以下简称“高盛亚洲”）、北京高华证券有限责任公司（以下简称“高华证券”）以及高盛亚洲和高华证券的相关工作人员等 9 名行政和解申请人达成行政和解协议（以下简称“高盛高华案”）。申请人已履行行政和解协议规定的义务，交纳行政和解金 1.5 亿元人民币，并采取必要措施加强相关公司的内控管理，中国证监会依照规定终止对申请人有关行为的调查、审理程序。

根据公开资料查询，自 2015 年 2 月中国证监会正式发布《试点办法》和 2022 年 1 月 1 日施行《证券期货行政执法当事人承诺制度实施办法》（以下简称《实施办法》）以来，我国证券执法实践中仅有上述两例行政和解案例。

法律要点

1. 证券期货行政执法当事人承诺制度的发展、演变；
2. 证券期货行政执法当事人承诺制度的主要内容。

知识点介绍

一、证券期货行政执法当事人承诺制度的发展、演变

我国现行证券期货行政执法当事人承诺制度（以下简称“当事人承诺制度”），是对域外发达市场证券执法的经验借鉴。从美国、英国等国家和地区证券监管机构的执法实践看，行政和解在保护投资者权益、提升执法效能、打击证券违法、维护市场秩序等方面具有积极意义和制度价值。

2015 年 2 月，经国务院批准，中国证监会正式发布《试点办法》，在证券期货领域试点行政和解制度。行政和解制度是中国证监会主动适应资本市场快速发展需要，有效化解有限行政资源与行政效率之间矛盾，切实保护投资者合法权益的重要执法实践创新。

2019 年新修订《证券法》对行政和解制度作出了明确规定，并进一步将行政和解制度完善修改为当事人承诺制度。《证券法》第 171 条第 1 款规定：“国务院证券监督管理机构对涉嫌证券违法的单位或者个人进行调查期间，被调查的当事人书面申请，承诺在国务院证券监督管理机构认可的期限内纠正涉嫌违法行为，赔偿有关投资者损失，消除损害或者不良影响的，国务院证券监督管理机构可以决定中止调查。被调查的当事人履行承诺的，国务院证券监督管理机构可以决定终止调查；被调查的当事人未履行承诺

或者有国务院规定的其他情形的，应当恢复调查。具体办法由国务院规定”。据此，我国《证券法》意义上的行政执法当事人承诺制度，是指国务院证券监督管理机构对涉嫌证券期货违法的单位或者个人进行调查期间，被调查的当事人承诺纠正涉嫌违法行为、赔偿有关投资者损失、消除损害或者不良影响并经国务院证券监督管理机构认可，当事人履行承诺后国务院证券监督管理机构终止案件调查的行政执法方式。

为贯彻落实党中央、国务院决策部署和证券法要求，保障行政执法当事人承诺制度落地实施，结合前期多年制度实践和经验积累，中国证监会正式颁布了《实施办法》《证券期货行政执法当事人承诺制度实施规定》（以下简称《实施规定》）《证券期货行政执法当事人承诺金管理办法》等一系列配套法律法规，建立起较为完备的证券期货行政执法当事人承诺制度的法律体系。

二、证券期货行政执法当事人承诺制度的主要内容

根据我国《证券法》及上述《实施办法》等相关法律法规，我国现行当事人承诺制度的主要内容包括当事人承诺制度适用原则、申请基本流程、适用除外情形、集体决策程序、申请人权益保护等。

一是明确当事人承诺制度适用原则，即行政执法当事人承诺制度的实施应当遵循公平、自愿、诚信原则，不得损害国家利益、社会公共利益和他人合法权益。

二是规范当事人承诺的基本流程，包括规范当事人申请时间、当事人提交申请书及相关申请材料、中国证监会决定受理（不受理）申请、与当事人沟通协商、签署承诺认可协议并履行承诺认可协议、中止调查以及终止调查的效力等。

三是明确了当事人承诺制度适用的除外情形，包括：当事人因证券期货犯罪被判处刑罚，自刑罚执行完毕之日起未逾 3 年；或者因证券期货违法行为受到行政处罚，自行政处罚执行完毕之日起未逾 1 年；当事人涉嫌证券期货犯罪，依法应当移送司法机关处理；当事人涉嫌证券期货违法行为情节严重、社会影响恶劣；当事人已提出适用行政执法当事人承诺的申请但未被受理，或者其申请已被受理但其作出的承诺未获得国务院证券监督管理机构认可，没有新事实、新理由，就同一案件再次提出申请；当事人因自身原因未履行或者未完全履行经国务院证券监督管理机构认可的承诺，就同一案件再次提出申请；国务院证券监督管理机构基于审慎监管原则认为不适用行政执法当事人承诺的其他情形。

四是明确集体决策程序，根据《实施办法》第 17 条，国务院证券监督管理机构应当建立集体决策制度，讨论决定行政执法当事人承诺实施过程中的申请受理、签署承诺认可协议、中止或者终止案件调查等重大事项，并经国务院证券监督管理机构主要负责人或者其授权的其他负责人批准后执行。为此，中国证监会专门设立了行政执法当事人承诺审核委员会，并建立了专门工作制度，对当事人承诺申请、签署承诺认可协议、中止或终止案件调查等重大事项进行集体决策。

五是关于申请人权益保护的特别规定，比如《实施办法》第 10 条第 2 款规定，当事人提交的材料以及在沟通协商时所作的陈述，只能用于实施行政执法当事人承诺。第 15 条第 2 款规定，当事人完全履行承诺认可协议后，国务院证券监督管理机构应当终

止案件调查，向当事人出具终止调查决定书，并予以公告。国务院证券监督管理机构出具终止调查决定书后，对当事人涉嫌实施的同一个违法行为不再重新调查。

同时为保障《实施办法》实施，做好制度衔接和配套，中国证监会出台了《实施规定》，细化规定了办理程序、承诺金的管理使用等内容。具体情况如下：

厘清承诺办理部门与调查、审理部门之间的协调衔接机制。承诺办理部门应当就案件适用当事人承诺相关事项征求调查、审理部门的意见，适用当事人承诺的案件必须经过必要的调查，案件受理后不中止案件调查，中止案件审理；

明确承诺办理部门与承诺金测算部门做好协调配合。由投保基金公司负责测算投资者损失情况，调查部门、审理部门、交易所、证券登记结算机构、投资者保护机构等部门单位提供支持；

规定投资者赔付机制安排。要求投保基金公司制定承诺金管理使用方案并报中国证监会备案，同时明确当事人自行赔偿投资者程序，鼓励当事人提前赔偿投资者；

明确派出机构在行政执法当事人承诺中的作用。一方面，明确当事人所在辖区的派出机构负责核查验收当事人履行承诺认可协议的情况，另一方面，明确派出机构查处的案件可以适用行政执法当事人承诺，现阶段由承诺办理部门统一办理。

加强监督制约，严防道德风险。建立集体决策机制、内部监督制约机制，按要求及时公告披露承诺履行的相关信息。

案例评析

一、当事人承诺制度可有效提升监管执法效能

从上海司度案和高盛高华案这些少有的当事人承诺制度实践看，当事人承诺制度具有更及时赔偿当事人损失、更快恢复市场秩序、更好稳定市场预期、减少执法资源消耗、节约监管成本的制度优势，是有效提升资本市场监管执法效能的有益探索和实践创新。

近些年，随着全面注册制改革的实施，我国上市公司数量大幅、快速增加，资本市场愈加活跃，与之而来，证券期货市场违法违规形势严峻，违法违规的手法和手段更加复杂且日益创新。从执法监管实践来看，反映出的突出问题就是监管资源有限与案件高发多发的矛盾。对此，完善并充分发挥好当事人承诺制度，是切实提升监管执法效能的重要基础制度，有利于保护投资者合法权益，维护公开、公平、公正的资本市场秩序，促进资本市场平稳健康发展。

二、当事人承诺制度的具体调整有望加速实践落地

2015 年发布的《试点办法》对申请和解的适用范围限定于行政相对人涉嫌实施虚假陈述、内幕交易、操纵市场或者欺诈客户等违反证券期货法律、行政法规和相关监管规定的行为，即通过列举的方式实质限定了申请和解的案件范围，并规定中国证监会派出机构负责查处的案件，试点期间不适用行政和解程序。同时，对适用情形严格限定为涉嫌违法行为已经中国证监会正式立案，且经过了必要调查程序，但案件事实或者法律

关系尚难完全明确，即“事实不清”“法律不清”情形下才可以申请和解。

现行《实施办法》调整了适用范围和条件。一方面，删除了试点时关于行政和解仅适用于“涉嫌实施虚假陈述、内幕交易、操纵市场或者欺诈客户等违反证券期货法律、行政法规和相关监管规定的行为”，以及国务院证券监督管理机构派出机构查处的案件不适用承诺程序等规定；并以负面清单形式明确了不予受理的情形，以防止制度滥用。另一方面，《实施办法》将《试点办法》中“行政相对人违法行为的事实清楚，证据充分，法律适用明确，依法应当给予行政处罚”之规定删去，说明涉嫌违法行为在查明查实的情况下，仍可适用当事人承诺制度。

目前，当事人承诺制度处于稳步审慎的推进阶段，当事人承诺制度经过和解制度的发展演变及经验积累，作出了更具科学合理的规则调整，当事人承诺制度具有更大适用空间和实践可行性，《实施办法》的出台，有望加速当事人承诺制度更多实践案例落地。

（撰稿人：武融央）

第四节　行政监管措施

案例简介

郑某平诉上海证监局、中国证监会行政监管措施决定及行政复议决定案[①]

原告郑某平向法院起诉称：被告上海证监局于 2017 年 3 月 6 日对其作出行政监管措施决定书，主要内容为：郑某平所在的上海光大证券资产管理有限公司（以下简称“光大资管公司”）在集合资产管理计划申购新股过程中，多只集合计划的申报金额超过集合计划现金总额。上述行为违反了《证券公司客户资产管理业务管理办法》（以下简称《资管业务管理办法》）第 3 条第 1 款、《证券公司集合资产管理业务实施细则》第 34 条的规定。郑某平作为该公司合规总监和首席风险官，未有效履行合规风控的管理职责，按照《资管业务管理办法》第 56 条第 1 款的规定，要求郑某平携带有效的身份证件，于 2017 年 3 月 14 日 15 时 30 分，到上海证监局接受监督谈话。该监管决定于 2017 年 3 月 8 日送达郑某平。2017 年 3 月 14 日，上海证监局对原告郑某平实施监管谈话。

郑某平不服，向中国证监会申请行政复议，要求中国证监会撤销监管决定。中国证监会于 2017 年 8 月 3 日作出行政复议决定书，认为郑某平作为光大资管公司的合规总监和首席风险官，在新股申购的相关法规发生变动后，未能及时建议并督导公司评估其对公司合规管理的影响，而对集合计划申购新股的上限问题作出与法律规定不符的个人

---

① 本案例摘编自上海市浦东新区人民法院（2017）沪 0115 行初 874 号行政判决书，上海市第三中级人民法院（2018）沪 03 行终 34 号行政判决书。

解释，对于公司存在的顶格申购情况未采取有效的事前风控措施。上海证监局根据公司自查情况，对公司相关人员进行多次谈话取证，并前往公司进行现场核查，未发现郑某平所称本案处理程序不合法的情况。中国证监会决定维持上海证监局对郑某平作出的监管措施决定。

郑某平诉称：上海证监局作出的监管决定没有履行应有的程序和义务，认定事实错误，适用法律错误；中国证监会对原告申请复议的事项没有认真调查、了解、核实，没有作出明确、合理、合法的解释，作出的被诉复议决定错误。故请求一审法院依法撤销行政监管措施决定书及中国证监会行政复议决定书。

一审法院经审理查明：2016 年 9 月，多家媒体对部分公募基金、专户产品、集合计划在参与新股网下申购过程中涉嫌存在违规超额申报、获取超额收益的行为进行了集中报道，引发了市场高度关注。上海证监局对媒体报道情况进行了专项核查，要求包括光大资管公司在内的多家机构对新股申购情况进行自查，并对自查情况进行了核实。多次对光大资管公司相关人员进行了谈话取证，前往光大资管公司进行了现场核查，调取了相关证据材料。经核查，发现自 2016 年 6 月 1 日起，光大资管公司旗下 14 只产品在参与 35 只股票网下申购时出现 379 次申报金额超过产品现金总额的情况。上海证监局认为，郑某平作为光大资管公司的合规总监兼首席风险官，未能有效履行合规风控的管理职责，对原告郑某平实施了监管谈话。

二审法院认为：依据 2005 年《证券法》第 7 条、第 179 条、第 180 条等规定，被告上海证监局有权在中国证监会的授权范围内对光大资管公司的业务活动、经营管理情况以及相关责任人员履行职责的行为进行监督管理。本案中，原告作为光大资管公司的合规总监兼首席风险官，在新股申购的相关法规发生变动后，未能及时建议并督导公司评估其对公司合规管理的影响，未对立法本意有明确了解，且在未对风险有充分评估的情况下对集合计划申购新股的上限问题作出了不符合证券公司集合资产管理计划业务相关规定的个人解释，对光大资管公司违反《资管业务实施细则》、多只集合计划多次申购金额超过集合计划现金总额的情况未采取有效的事前风控措施，直至 2016 年 8 月 31 日有交易员向风控人员对顶格申购是否涉嫌违规提出疑问以及媒体提出质疑后才作出反应，进行监管咨询，显然未能有效履行合规风控的管理职责。上海证监局在调查取证的基础上，依据《资管业务管理办法》的规定，作出对原告采取监管谈话措施的决定，并无不当。上海证监局在公司自查的基础上对相关人员谈话取证、调取相关材料，进行情况核实，依法作出被诉监管决定并送达原告，不存在需要回避的情形，程序合法。中国证监会在复议过程中，依法经受理、审理、延期等程序后，在法定期限内作出被诉复议决定，并无不当。综上，一审法院判决驳回原告郑某平的诉讼请求。

郑某平不服，提起上诉称：上海证监局的行政程序违反正当程序原则和法律规定，上海证监局提供的证据不能证明其已依法履行了出具监督检查、调查通知书等合法必要的法律手续，上海证监局也没有采取监管措施的公文处理流程，未经适当调查程序，作出被诉监管措施前没有向上诉人进行告知和核实事实，上海证监局相关工作人员未履行回避义务，还存在作出被诉监管措施后违法收集证据的问题。上诉人向上海证监局依法维权，其履行职务的行为受阻，上海证监局打击报复目的明显。原审中，上诉人申请法院调取上海证监局作出被诉监管措施的必要证据，但法院未予调取。中国证监会对上诉人复议申请的事项没有认真进行调查、了解、核实，作出的被诉复议决定错误。原审缺乏必要、合法的证据支持被诉监管措施和被诉复议决定。请求撤销原判。

二审法院经审理认为：关于被诉监管措施是否程序合法、目的正当的问题，就作出行政监管措施决定并采取监管谈话的执法程序，相应的法律、法规、规章并未作出具体的规定。对于上诉人认为上海证监局未出具监督检查、调查通知书等法律手续的意见，上海证监局在诉讼中已作出了相应的解释——系在媒体报道后，基于光大资管公司自查基础上的核查，故未对上诉人出具正式书面的监督检查或调查通知书。上海证监局在核查过程中，对光大资管公司相关人员进行了谈话取证，前往光大资管公司进行了现场核查，调取了相关证据材料。上海证监局在对上诉人作出被诉监管措施前，亦对上诉人本人进行了谈话，听取了上诉人的意见，上诉人在核查过程中，并未提出回避请求。因此，上海证监局的行政程序并无明显不当。上海证监局认为其执法程序合法的诉讼意见，于法不悖，本院予以采信。上诉人称上海证监局作出被诉监管措施后违法收集证据的意见，缺乏相应的事实根据，本院不予采信。

针对上诉人对上海证监局执法目的正当性的异议，上海证监局辩称：针对此次发现的超过限额申购新股问题，对其他违反新股申购上限规定的证券基金机构及相关人员，均采取了相应措施，并非专门针对上诉人的打击报复行为。二审法院经审查认为：上诉人认为上海证监局行政执法系打击报复的诉讼意见，依法不能成立。最后，二审法院驳回上诉，维持原判。

法律要点

1. 什么是行政监管措施？
2. 证券行政监管措施的种类有哪些？
3. 行政监管措施与行政处罚的区别是什么？
4. 监管谈话的实施程序是什么？

知识点介绍

一、证券行政监管措施的由来与发展

证券行政监管措施来源于金融监管措施。金融监管措施原来主要针对金融机构（含其从业人员），属于审慎监管的范畴，目的是为了预防金融机构的风险。金融监管措施最早可追溯到美国的及时矫正措施（Prompt Corrective Action，PCA）。其针对的是金融机构的高风险行为，目的是预防金融机构的风险，从而保护金融消费者（客户）的利益。为了让监管者及时采取行动，避免畏首畏尾，防范和制止金融机构的高风险行为，因此在该行政行为的程序上设计得比较简单。

2005年《证券法》第150条至154条引入了针对证券公司的诸多行政监管措施。中国证监会于2008年制定了《证券期货市场监督管理措施实施办法（试行）》，将实施对象由证券公司扩展到所有的被监管对象，包括证券公司、证券服务机构、发行人等。2019年《证券法》修订通过后，2005年《证券法》第150条至154条被2019年《证券法》第140条至144条所取代，并略有变化：一是行政监管措施的适用前提增多了，不仅限于风险控制指标，还包括治理结构和合规管理方面。二是行政监管措施的种类有增有减。增加了“认定负有责任的董事、监事、高级管理人员为不适当人选”，删除了“停止批准增设、收购营业性分支机构”[①]。但2019年《证券法》仍然将行政监管措施的对象限于证券公司。

二、证券行政监管措施的种类

《证券期货市场监督管理措施实施办法（试行）》将行政监管措施分为法律、行政法规规定的监督管理措施和中国证监会规章规定的监督管理措施。

以下属于中国证监会规章规定的行政监管措施：（1）责令改正；（2）监管谈话；（3）出具警示函；（4）责令公开说明；（5）责令参加培训；（6）责令定期报告；（7）认定为不适当人选；（8）暂不受理与行政许可有关的文件。

以下属于法律、行政法规规定的行政监管措施：（1）责令增加内部合规检查的次数；（2）公开谴责；（3）责令处分有关人员；（4）责令停止职权或者解除职务；（5）责令更换董事、监事、高级管理人员或者限制其权利；（6）撤销任职资格；（7）暂停核准新业务或者增设、收购营业性分支机构申请；（8）限制证券期货经营机构业务活动；（9）限制股东权利或者责令转让股权；（10）临时接管。

以上行政监管措施共计18种。其实，证券市场禁入也是行政监管措施。

三、行政监管措施与行政处罚的区别

2009年施行的《证券期货市场监督管理措施实施办法（试行）》第3条规定了行政监管措施应坚持“效率”原则，第5条明确了“坚持审慎监管的原则，坚持及时矫正、防范或者控制风险与教育相结合的原则”。这正确地揭示了行政监管措施与行政处罚之间的差异：行政监管措施属于审慎监管的范畴，针对的行为不是违法行为而是不审慎的经营行为，目的是为了防范或者控制风险，具有及时矫正和面向未来的特征；而行政处罚针对的是过去的违法行为，目的是“处罚与教育相结合，教育公民、法人或者其他组织自觉守法”（《行政处罚法》（2021年修订）第6条），并以“使被处罚人受到教育”为根本目的[②]，具有惩戒性。

四、监管谈话的实施程序

与行政处罚相比，行政监管措施的程序相对简化。《证券期货市场监督管理措施实施

① 邢会强. 中华人民共和国证券法新旧条文对照与适用精解. 北京：中国法制出版社，2020：82.

② 江必新. 行政处罚法条文精释与实例精解. 北京：人民法院出版社，2021：29.

办法（试行）》第3章详细规定了行政监管措施的实施程序，每一种措施的程序略有不同。

就采取监管谈话措施而言，实施机构应当至少提前3个工作日向谈话对象发出书面决定，告知谈话的时间、地点、事由和应当提供的书面材料等内容。监管谈话应当由2名以上工作人员参加，制作谈话笔录并由谈话对象签字确认。

无论何种行政监管措施，实施机构的工作人员应当依法办事，公正廉洁，不得利用职务便利谋取不正当利益，不得泄露所知悉的有关单位和个人的商业秘密。实施机构的工作人员与当事人有利害关系的，应当回避。实施监督管理措施的，实施机构应当依法作出决定，使用统一的格式文书，由实施机构负责人或者其授权的人员签发。格式文书应当载明实施监督管理措施的事实、理由和依据，并告知当事人依法享有的权利。格式文书由中国证监会统一制作。

案例评析

本案中，上海证监局于2017年3月6日对郑某平作出行政监管措施决定书，告知谈话的时间（2017年3月14日15时30分）、地点（上海证监局）、事由（光大资管公司在集合资产管理计划申购新股过程中，多只集合计划的申报金额超过集合计划现金总额，违反了《资管业务管理办法》第3条第1款、《证券公司集合资产管理业务实施细则》第34条的规定。郑某平作为该公司合规总监和首席风险官，未有效履行合规风控的管理职责）。该监管决定于2017年3月8日送达郑某平。2017年3月14日，上海证监局对原告郑某平实施了监管谈话。此时，2018年《证券期货市场监督管理措施实施办法（试行）》还未发布。即使对照一年后发布的《证券期货市场监督管理措施实施办法（试行）》所规定的监管谈话的程序，上海证监局的做法也是合法的。综合本案的情况看，上海证监局的目的也是正当的，并非专门针对上诉人的打击报复行为。

（撰稿人：邢会强）

第五节　日常监管措施

案例简介

中国证监会对大华天诚会计师事务所采取监管关注函和行政处罚①

2003年12月25日，中国证监会会计部就深圳大华天诚会计师事务所（以下简称“大华所”）审计确认的2002年浙江信联股份有限公司（以下简称“信联股份”）股权转让

① 本案例摘编自中国证监会行政处罚决定书（大华所、李某心、徐某宁）〔2021〕18号。

一事出具了"关于对深圳大华天诚会计师事务所的监管关注函"（会计部监管关注函[2003] 11号）。

此后，中国证监会又对该所及两名签字会计师进行了行政处罚。中国证监会认定，大华所在对信联股份2002年年报审计中，对信联股份向深圳盛宏网络技术发展有限公司（现更名为深圳市冠群实业有限公司，以下简称"盛宏网络"）转让武汉迅宏科技投资有限公司（现更名为武汉迅宏科技有限公司，以下简称"武汉迅宏"）股权业务核实股权转让款时，未履行充分的审计程序，因而未能确认由盛宏网络代深圳市日昇实业有限公司（以下简称"深圳日昇"）支付2 000万元款项的事实。信联股份实际收到的股权转让款为3 080万元，占总价款的38.12%。但是，大华所在上述转让股权未完成过户，且收取的转让款不足50%的情况下，未能对其相应的会计处理提出异议，并未能在2002年度至2004年度出具的审计报告中对公司确认5 080万元股权转让款提出异议。

大华所及该所会计师李某心、徐某宁在陈述、申辩材料中提出的申辩理由之一是，对于其审计确认的2002年信联股份股权转让一事，中国证监会已出具监管函，中国证监会不能因为同一事项给予该所两次处罚。

对此，中国证监会认为：中国证监会会计部出具的"关于对深圳大华天诚会计师事务所的监管关注函"并非行政处罚，因此，该所提出的一事两罚的申辩理由不能成立。最后，中国证监会决定对大华所处以5万元的罚款；对李某心、徐某宁分别给予警告。

法律要点

1. 什么是监管关注函？
2. 监管关注函的法律定位是什么？
3. 对相对人的同一违法行为是否可以同时采取监管关注函与行政处罚？

知识点介绍

一、监管关注函是日常监管措施

早在中国证监会2013年10月25日的"新闻发布会"上，中国证监会新闻发言人明确对行政处罚、行政监管措施、监管关注函的适用情形作出了明确的区分："（1）发现存在不规范问题的，将采取出具监管关注函等日常监管措施，提醒公司改正并完善；（2）公司存在违规行为的，将采取责令改正、出具警示函等行政监管措施；（3）公司涉嫌违反《证券法》等法律法规的，将移交稽查立案（行政处罚）。"①

中国证监会《证监会通报证券公司投行业务内部控制及廉洁从业专项检查情况》也再次显示行政处罚、行政监管措施、监管关注函的适用情形有重大区别："……根据问

① 中国证券监督管理委员会官网. 2013年10月25日新闻发布会.（2013-10-25）[2023-05-06]. http://www.csrc.gov.cn/csrc/c100029/c1000314/content.shtml.

题的轻重，分类采取措施：（1）对违规问题多、情节严重，且涉及个案违法的华龙证券，综合采取行政处罚、监管谈话等措施；（2）对违规情节相对较轻的民生证券、国泰君安证券、联储证券、华安证券、招商证券 5 家公司分别采取了责令改正、出具警示函等行政监管措施；（3）对存在轻微问题的证券公司，予以监管关注和提示。”[①]

可见，行政处罚适用于违反证券法、违规问题多、情节严重的证券公司；行政监管措施（如责令改正、警示函）适用于违规情节相对较轻的证券公司；而监管关注函仅仅是一种日常监管措施，仅适用于存在轻微瑕疵的证券公司，用于提醒监管对象改正不规范的问题。

二、监管关注函不是行政监管措施

《证券期货市场监督管理措施实施办法（试行）》规定了 18 种行政监管措施：（1）责令改正；（2）监管谈话；（3）出具警示函；（4）责令公开说明；（5）责令参加培训；（6）责令定期报告；（7）认定为不适当人选；（8）暂不受理与行政许可有关的文件；（9）责令增加内部合规检查的次数；（10）公开谴责；（11）责令处分有关人员；（12）责令停止职权或者解除职务；（13）责令更换董事、监事、高级管理人员或者限制其权利；（14）撤销任职资格；（15）暂停核准新业务或者增设、收购营业性分支机构申请；（16）限制证券期货经营机构业务活动；（17）限制股东权利或者责令转让股权；（18）临时接管。这 18 种行政监管措施并不包括监管关注函。

案例评析

对相对人的同一违法行为同时采取监管关注函与行政处罚并不违反“一事不二罚”原则。

1996 年《行政处罚法》第 24 条规定：“对当事人的同一个违法行为，不得给予两次以上罚款的行政处罚。”2021 年修订后的《行政处罚法》第 29 条规定：“对当事人的同一个违法行为，不得给予两次以上罚款的行政处罚。同一个违法行为违反多个法律规范应当给予罚款处罚的，按照罚款数额高的规定处罚。”这就规定了“一事不二罚”原则。

《行政处罚法》规定的“一事不二罚”原则，核心要点包括：一是精准把握同一个违法行为。同一个违法行为，主要是指行政相对人在紧密连接的同一时间空间内，基于同一意思而实施的一次行为。二是精准把握不得给予两次以上罚款的行政处罚。就同一个违法行为，行政机关在适用不同法律规范时，可以综合运用法律，同时进行多个种类的处罚，包括警告、责令停产停业、吊销许可证等。但选择罚款进行处罚的话，只能进行一次罚款，而不能多次罚款。此外，同一个违法行为违反多个法律规范应当给予罚款

① 中国证券监督管理委员会官网．证监会通报证券公司投行业务内部控制及廉洁从业专项检查情况．(2022－11－25)［2023－05－06］．http：//www.csrc.gov.cn/csrc/c100028/c6698496/content.shtml.

处罚的，按照罚款数额高的规定处罚。这是新增的规定，也是法律规范竞合问题的处理原则。[①]

“一事不二罚”原则只是规定对当事人的同一个违法行为，不得给予两次以上“罚款”的行政处罚。中国证监会会计部于2003年12月25日就大华所审计确认的2002年信联股份股权转让一事出具的“关于对深圳大华天诚会计师事务所的监管关注函”既非罚款，甚至也不属于行政处罚或行政监管措施，因此，在出具了监管关注函之后，再进行行政处罚，并不违反“一事不二罚”原则。

（撰稿人：邢会强）

① 莫于川，哈书菊.新《行政处罚法》适用办案手册.北京：中国法制出版社，2022：76.

图书在版编目（CIP）数据

证券法案例教程/邢会强主编. --北京：中国人民大学出版社，2023.8
21世纪普通高等教育法学系列教材
ISBN 978-7-300-32064-9

Ⅰ.①证… Ⅱ.①邢… Ⅲ.①证券法-案例-中国-高等学校-教材 Ⅳ.①D922.287.5

中国国家版本馆CIP数据核字（2023）第150133号

21世纪普通高等教育法学系列教材
证券法案例教程
主 编 邢会强
Zhengquan Fa Anli Jiaocheng

出版发行	中国人民大学出版社		
社　　址	北京中关村大街31号	**邮政编码**	100080
电　　话	010－62511242（总编室）		010－62511770（质管部）
	010－82501766（邮购部）		010－62514148（门市部）
	010－62515195（发行公司）		010－62515275（盗版举报）
网　　址	http://www.crup.com.cn		
经　　销	新华书店		
印　　刷	北京市鑫霸印务有限公司		
开　　本	787 mm×1092 mm　1/16	**版　　次**	2023年8月第1版
印　　张	20.5 插页1	**印　　次**	2023年8月第1次印刷
字　　数	466 000	**定　　价**	78.00元

《　　　　　　》※任课教师调查问卷

为了能更好地为您提供优秀的教材及良好的服务，也为了进一步提高我社法学教材出版的质量，希望您能协助我们完成本次小问卷，完成后您可以在我社网站中选择与您教学相关的1本教材作为今后的备选教材，我们会及时为您邮寄送达！如果您不方便邮寄，也可以申请加入我社的**法学教师QQ群：436438859（申请时请注明法学教师）**，然后下载本问卷填写，并发往我们指定的邮箱（cruplaw@163.com）。

邮寄地址：北京市海淀区中关村大街31号中国人民大学出版社806室收

邮　　编：100080

再次感谢您在百忙中抽出时间为我们填写这份调查问卷，您的举手之劳，将使我们获益匪浅！

基本信息及联系方式：※

姓名：__________ 性别：__________ 课程：________________

任教学校：____________________ 院系（所）：____________

邮寄地址：____________________ 邮编：______________

电话（办公）：__________ 手机：__________ 电子邮件：__________

调查问卷：※

1. 您认为图书的哪类特性对您选用教材最有影响力？（　　）（可多选，按重要性排序）

   A. 各级规划教材、获奖教材　　B. 知名作者教材

   C. 完善的配套资源　　D. 自编教材

   E. 行政命令

2. 在教材配套资源中，您最需要哪些？（　　）（可多选，按重要性排序）

   A. 电子教案　　B. 教学案例

   C. 教学视频　　D. 配套习题、模拟试卷

3. 您对于本书的评价如何？（　　）

   A. 该书目前仍符合教学要求，表现不错将继续采用

   B. 该书的配套资源需要改进，才会继续使用

   C. 该书需要在内容或实例更新再版后才能满足我的教学，才会继续使用

   D. 该书与同类教材差距很大，不准备继续采用了

4. 从您的教学出发，谈谈对本书的改进建议：________________

____

____

选题征集：如果您有好的选题或出版需求，欢迎您联系我们：

联系人：黄　强　联系电话：010-62515955

索取样书：书名：____________________________

书号：________________________________

备注：※为必填项。